Schriftenreihe

Schriften zum Handels- und Gesellschaftsrecht

Band 149

ISSN 1860-8868

Verlag Dr. Kovač

Marc Hauser

Creeping-In – Notwendigkeit der Regulierung einer vermeintlichen Umgehung der Mindestpreisregeln des WpÜG?

Verlag Dr. Kovač

Hamburg
2014

VERLAG DR. KOVAČ GMBH
FACHVERLAG FÜR WISSENSCHAFTLICHE LITERATUR

Leverkusenstr. 13 · 22761 Hamburg · Tel. 040 - 39 88 80-0 · Fax 040 - 39 88 80-55

E-Mail info@verlagdrkovac.de · Internet www.verlagdrkovac.de

Bibliografische Information der Deutschen Nationalbibliothek
Die Deutsche Nationalbibliothek verzeichnet diese Publikation
in der Deutschen Nationalbibliografie;
detaillierte bibliografische Daten sind im Internet
über http://dnb.d-nb.de abrufbar.

ISSN: 1860-8868

ISBN: 978-3-8300-7669-8

Zugl.: Dissertation, Freie Universität Berlin (FUB), 2013

Printed in Germany

Gedruckt auf holz-, chlor- und säurefreiem, alterungsbeständigem Papier. Archivbeständig nach ANSI 3948 und ISO 9706.

Vorwort

Die vorliegende Arbeit wurde im Sommersemester 2013 vom Fachbereich Rechtswisschenschaften der Freien Universität Berlin als Dissertation angenommen. Das Manuskript wurde im Februar 2013 abgeschlossen; spätere Entwicklungen - sowohl auf nationaler Ebene als auch auf Ebene der EU - wurden bis Ende 2013 berücksichtigt.

Bedanken möchte ich mich hiermit bei all denen, die mich bei der Arbeit an dieser Dissertation unterstützt haben, sei es unmittelbar durch Anregungen, Ratschläge und Kritik, sei es mittelbar durch die notwendige Ablenkung von der Arbeit. In diesem Zusammenhang möchte ich folgende Personen ganz besonders hervorheben:

In erster Linie gilt mein Dank meiner Kollegin, Mentorin und Freundin Dr. Corinna Neumann. Sie hat es stets geschafft, für mich die richtige Balance von praktischer Tätigkeit in interessanten Projekten in der Kanzlei und Freiraum für meine wissenschaftliche Arbeit zu finden und hat mir damit ein perfektes Umfeld für das berufsbegleitende Arbeiten an der Dissertation zur Verfügung gestellt. Ihre intensive und kritische Auseinandersetzung mit meiner Arbeit sowie die wertvollen Anregungen, haben meiner Arbeit den nötigen Feinschliff gegeben. In diesem Zusammenhang möchte ich auch meinen Kollegen von Rittershaus, allen voran Prof. Dr. Christof Hettich und Christina Eschenfelder, für die unfassbar großartige Unterstüzung danken.

Danken möchte ich des Weiteren meinem Doktorvater Prof. Dr. Martin Schwab sowie Prof. Dr. Carl-Heinz Witt für die hervorragende Betreuung, das Interesse an meiner Arbeit und die Unterstützung.

Größten Dank schulde ich schließlich meinen Eltern Brigitte und Rüdiger sowie meinem Bruder Nico für die langjährige Unterstützung - sowohl ideeller als auch finanzieller Art - wodurch sie mir die Basis für meine persönliche und berufliche Entwicklung ermöglicht haben. Durch ihren steten Rückhalt, ihren Zuspruch und ihre Liebe haben sie im ganz wesentlichen Maße zum Gelingen der Arbeit beigetragen. Meiner Freundin Sarah Blickensdörfer gilt mein Dank vor allem für die unendliche Geduld während der langwierigen Arbeiten.

Mannheim, 11. Dezember 2013
Marc Hauser

Inhaltsverzeichnis

Abkürzungsverzeichnis

a.A.	andere Ansicht
a.E.	am Ende
a.F.	alte Fassung
ABl. EG	Amtsblatt der Europäischen Gemeinschaften (heute: Amtsblatt der Europäischen Union, ABl. EU)
Abs.	Absatz
ACS	Grupo Actividades de Construcción y Servicios SA
ADR	American Depositary Receipts
AG	Aktiengesellschaft, auch: Die Aktiengesellschaft (Zeitschrift)
AG	Amtsgericht
AktG	Aktiengesetz
AngebotsVO	Verordnung über den Inhalt der Angebotsunterlage, die Gegenleistung bei Übernahmeangeboten und Pflichtangeboten und die Befreiung von der Verpflichtung zur Veröffentlichung und zur Abgabe eines Angebots
Art.	Artikel
ARUG	Aktionärsrechterichtlinie
Aufl.	Auflage
BaFin	Bundesanstalt für Finanzidienstleistungsaufsicht
BB	Der Betriebsberater (Zeitschrift)
Bd.	Band
BeckRS	Beck Rechtsprechung
Begr.	Begründung
BEHG	schweizerisches Bundesgesetz über die Börsen und den Effektenhandel
Beil.	Beilage
Beschl.	Beschluss
BGB	Bürgerliches Gesetzbuch
BGBl.	Bundesgesetzblatt

BGHZ	Entscheidungen des Bundesgerichtshofs in Zivilsachen
BKR	Zeitschrift für Bank- und Kapitalmarktrecht (Zeitschrift)
BörsG	Börsengesetz
BR-Drs.	Bundesrats-Drucksache
BSK	Börsensachverständigenkommission
bspw.	beispielsweise
BT-Drs.	Bundestags-Drucksache
BT-Finanzausschuss	Finanzausschuss des Deutschen Bundestages
BVerfG	Bundesverfassungsgericht
BVerfGE	Entscheidungen des Bundesverfassungsgerichts
BVerwG	Bundesverwaltungsgericht
ca.	circa (lateinisch „ungefähr“)
CDU	Christlich Demokratische Union Deutschlands
CFL	Corporate Finance Law (Zeitschrift)
City Code	City Code on Takeovers and Mergers
d.h.	das heißt
DAX	Deutscher Aktienindex
DB	Der Betrieb (Zeitschrift)
DBW	Die Betriebswirtschaft (Zeitschrift)
ders.	derselbe
dies.	dieselben
Diss.	Dissertation
DStR	Deutsches Steuerrecht (Zeitschrift)
DSW	Deutsche Schutzvereinigung für Wertpapierbesitz e.V.
DZWIR	Deutsche Zeitschrift für Wirtschafts- und Insolvenzrecht (Zeitschrift)
e.V.	eingetragener Verein

EG	Europäische Gemeinschaft
Einl.	Einleitung
engl.	englisch
ErfurterKomm	Erfurter Kommentar zum Arbeitsrecht
EU	Europäische Union
EuGH	Europäischer Gerichtshof
EU-Kommission	Europäische Kommission
EuZW	Europäische Zeitschrift für Wirtschaftsrecht (Zeitschrift)
EWG	Europäische Wirtschaftsgemeinschaft
f., ff.	folgend, folgende
FB	Finanz Betrieb (Zeitschrift)
FDP	Freie Demokratische Partei
FGG	Gesetz über die Angelegenheiten der freiwilligen Gerichtsbarkeit
Fn.	Fußnote
FrankfurterKomm	Frankfurter Kommentar
FS	Festschrift
g.h.M.	ganz herrschende Meinung
GeschmMG	Geschmacksmustergesetz
GG	Grundgesetz der Bundesrepublik Deutschland
ggf.	gegebenenfalls
GmbH	Gesellschaft mit beschränkter Haftung
GmbHG	Gesetz betreffend die Gesellschaften mit beschränkter Haftung
grds.	grundsätzlich
GWR	Gesellschafts- und Wirtschaftsrecht (Zeitschrift)
h.M.	herrschende Meinung
Hdb.	Handbuch
Hdb. börsen. AG	Handbuch börsennotierte AG
Hdb. für Unternehmensübernahmen	Handbuch für Unternehmensübernahmen

HGB	Handelsgesetzbuch
Hrsg.	Herausgeber
html	hypertext markup language
http	hypertext transfer protocol
HV Hdb.	Arbeitshandbuch für die Hauptversammlung
i.R.d.	im Rahmen des/der
i.S.d.	im Sinne des
i.V.m.	in Verbindung mit
KapGesR	Recht der Kapitalgesellschaften
KölnKomm	Kölner Kommentar
LG	Landgericht
lit.	litera (i.S.v. Buchstabe)
LMK	Kommentierte BGH-Rechtsprechung Lindenmaier-Möhring
m.w.N.	mit weiteren Nachweisen
m.w.N.	mit weiteren Nachweisen
MDAX	Mid-Cap Deutscher Aktienindex
Mio.	Millionen
Mrd.	Milliarden
MüKo	Münchener Kommentar
Münch. Hdb. GesellR	Münchener Handbuch des Gesellschaftsrechts
NJOZ	Neue Juristische Online Zeitschrift (Zeitschrift)
NJW	Neue Juristische Wochenschrift (Zeitschrift)
Nr.	Nummer
NVwZ	Neue Zeitschrift für Verwaltungsrecht (Zeitschrift)
NZG	Neue Zeitschrift für Gesellschaftsrecht (Zeitschrift)
NZI	Neue Zeitschrift für das Recht der Insolvenz und Sanierung (Zeitschrift)
ÖBA	Zeitschrift für das gesamte Bank- und Börsenwesen (Zeitschrift)

OHG	Offene Handelsgesellschaft
OLG	Oberlandesgericht
österr.	österreichisches
öÜbG	österreichisches Übernahmegesetz
öÜbV	österreichische Übernahmeverordnung
pdf	portable document format
Reg. Begr.	Regierungsbegründung
RegE	Regierungsentwurf
RGBl.	Reichsgesetzblatt
Richtlinie	Richtlinie 2004/25/EG, L 142/12, des Europäischen Parlaments und des Rates vom 21. April 2004 betreffend Übernahmeangebote
RiLi	Richtlinie
RIW	Recht der internationalen Wirtschaft (Zeitschrift)
Rn.	Randnummer
S.	Seite
SB	Sonderbeilage
SDAX	Small-Cap Deutscher Aktienindex
SdK	Schutzgemeinschaft für Kapitalanleger e.V.
SEC	United States Securities and Exchange Commission
SPD	Sozialdemokratische Partei Deutschlands
stRspr	ständige Rechtsprechung
TecDAX	Deutscher Aktienindex für Technologiewerte
TUG	Transparenzrichtlinie-Umsetzungsgesetz
u.a.	unter anderem
Unterabs.	Unterabsatz
Urt.	Urteil
USA	United States of America
v.	vom
Vgl./ vgl.	Vergleiche / vergleiche
VO	Verordnung
VW	Volkswagen AG
VWD	Vereinigte Wirtschaftsdienste

VwVfG	Verwaltungsverfahrensgesetz
VwVG	Verwaltungsvollstreckungsgesetz
WM	Wirtschafts- und Bankrecht (Zeitschrift)
WpHG	Wertpapierhandelsgesetz
WpÜG	Wertpapiererwerbs- und Übernahmegesetz
WpÜG-*E*	Wertpapiererwerbs- und Übernahme-Gesetz
www	world wide web
z.B.	zum Beispiel
ZBB	Zeitschrift für Bankrecht und Bankwirtschaft (Zeitschrift)
ZGR	Zeitschrift für Unternehmens- und Gesellschaftsrecht (Zeitschrift)
ZHR	Zeitschrift für das gesamte Handelsrecht (Zeitschrift)
Ziff.	Ziffer
ZInsO	Zeitschrift für das gesamte Insolvenzrecht (Zeitschrift)
ZIP	Zeitschrift für Wirtschaftsrecht (Zeitschrift)

Einführung

I. Themendarstellung

Die Übernahmen bei Porsche/Volkswagen, VW/MAN, Deutsche Bank/Postbank und ACS/Hochtief haben für zahlreiche Kritik an den geltenden Regelungen des Wertpapiererwerbs- und Übernahmegesetzes (WpÜG)[1] zum Pflichtangebot gesorgt. Kritiker bemängeln, Minderheitsaktionäre sähen sich mit unattraktiven und unangemessenen Übernahmeangeboten konfrontiert und fordern daher zur Schließung dieser vermeintlichen Lücken eine Verschärfung des WpÜG. Andere Juristen und Praktiker halten das Pflichtangebot demgegenüber an sich schon für überflüssig.[2]

Im Oktober 2010 hat *Sigmar Gabriel* (SPD) im Vorfeld des damals geplanten und mittlerweile abgeschlossenen Übernahmeangebots des spanischen Baukonzerns *Grupo Actividades de Construcción y Servicios SA* (nachfolgend „ACS“) an die Aktionäre der Hochtief AG (nachfolgend „Hochtief“) dafür plädiert, das WpÜG an die Regelungen im europäischen Ausland anzupassen und sich für die Einführung eines weiteren Pflichtangebots bei Aufstockungen der Beteiligung um eine bestimmte Höhe nach Überschreiten der Kontrollerwerbsschwelle ausgesprochen.[3] Daraufhin brachte das Bundesland Nordrhein-Westfalen mit Datum vom 27. Oktober 2010 einen Gesetzentwurf in den Bundesrat[4] sowie die Fraktion der SPD mit gleichem Datum einen entsprechenden Entwurf in den Bundestag[5] ein, der die Änderung des Pflichtangebots zum Inhalt hatte. Diese Änderungsvorschläge sehen vor allem die Pflicht zur Abgabe mindestens eines weiteren Pflichtangebots für den Fall des sogenannten „Creeping-In“[6], dem

---

1 Vom 20. Dezember 2001 (BGBl. I S. 3822), zuletzt geändert durch Art. 2 Anlegerschutz- und Funktionsverbesserungsgesetz vom 5. 4. 2011 (BGBl. I S. 538).

2 So beispielsweise *Letzel*, BKR 2002, 293 ff., der das Pflichtangebot für eine „beispiellose Beeinträchtigung des Grundsatzes der Privatautonomie“ hält.

3 *Süddeutsche Zeitung*, 14. Oktober 2010, *„Sigmar Schröder - SPD-Chef Gabriel bei Hochtief“*; Sigmar Gabriel ist seit dem Jahr 2009 SPD-Parteivorsitzender.

4 Gesetzesentwurf des Landes Nordrhein-Westfalen, BR-Drs. 584/2/10.

5 Gesetzesentwurf der Fraktion der SPD, BT-Drs. 17/3481, S. 3; so auch in dem zuvor gefassten Beschluss des Parteivorstands der SPD vom 25.10.2010, „Lücken im Übernahmerecht schließen - Stärkung einer nachhaltigen Unternehmensführung“, abrufbar unter http://www.spd.de/aktuelles/Pressemitteilungen/5414/20101025_beschluss_ uebernahmerecht.html.

6 Der Begriff des Creeping-In wird verschiedentlich verwendet. *Baums* verweist darauf, dass der Begriff des Creeping-In auch benutzt werde, um die Meldepflichten des WpHG durch den Einsatz von Swaps, Aktienoptionen oder sonstigen Finanzinstrumenten zu umgehen und unbemerkt eine maßgebliche Beteiligung aufzubauen (vgl. *Baums*, ZIP 2010,

schleichenden Ausbau der Beteiligung an der zu übernehmenden Gesellschaft im Bereich der Stimmrechte von 30% bis 50%, vor. Ein solcher Vorschlag zur Regelung des Creeping-In war bereits Diskussion bei Erlass des WpÜG, wurde letztlich jedoch zur Vermeidung von Bürokratie aufgrund der durch eine solche Regelung eintretenden erheblichen Verkomplizierung des Gesetzes abgelehnt.[7]

Mit dem Ziel, die Reformdiskussion im Rahmen des Übernahmerechts auf europäischer und nationaler Ebene zu unterstützen und Anregungen für legislative Änderungen zu geben, hat die internationale Anwaltssozietät *Freshfields Bruckhaus Deringer LLP* eine Umfrage bei 375 ausgewählten Experten in der Zeit von August bis September 2011 durchgeführt und im Dezember 2011 einen entsprechenden Bericht zu den daraus gewonnen Ergebnissen veröffentlicht.[8]

Im November 2011 befasste sich der Finanzausschuss des Deutschen Bundestages mit der Frage, ob ein „*besserer Schutz für Unternehmen vor Übernahmen*“ notwendig ist.[9] Ziel war es hierbei, die Möglichkeiten der Fortentwicklung des WpÜG sowie die Möglichkeiten der Ausweitung der Pflicht zur Abgabe eines Angebots auf denjenigen, der über eine Kontrollmehrheit zwischen 30% und 50% der Gesamtstimmrechte verfügt, zu evaluieren.[10] *Bontrup* sah in diesem Zusammenhang die Arbeitnehmer sowie die Kunden und Lieferanten als „*große Verlierer*“ bei feindlichen Übernahmen, da diese von der derzeitigen gesetzlichen Regelung nicht geschützt würden.[11] *Hirte* verwies darauf, dass der Aktienkurs häufig unterhalb des Unternehmenswertes liege, welcher vernünftig offengelegt werden müsse.[12] *Schneider* sieht einen dringenden Handlungsbedarf im

2374, 2377, unter Verweis auf *Emmenegger* in: FS Hopt, 2010, S. 1763 f.; zur Begriffsverwendung im Zusammenhang mit der Umgehung von Meldepflichten nach dem WpHG vgl. *Hitzer/Düchting*, ZIP 2011, 1084, 1084 (Fn. 8)). Nachfolgend soll die Verwendung des Begriffs „Creeping-In“ im übernahmerechtlichen Sinn verstanden werden, nämlich im Hinblick auf den schleichenden Ausbau der Beteiligung im Bereich der Stimmrechte von 30% bis 50% nach erfolgter Abgabe eines den gesetzlichen Vorschriften entsprechenden Übernahme- oder Pflichtangebots.

7 Beschlussempfehlung und Bericht des Finanzausschusses, BT-Drs. 14/7477, S. 51.

8 Reform of the EU Takeover Directive and of German Takeover Law (abrufbar unter http://www.freshfields.com/ publications/pdfs/2011/nov11/31663.pdf); siehe auch *Seibt*, ZIP 2012, 1 ff.; vgl. auch *Weber*, NJW 2012, 274, 280.

9 Pressemitteilung des Deutschen Bundestags v. 09.11.2011 (abrufbar unter http://www.bundestag.de/ presse/hib/2011_11/2011_460/02.html).

10 Bericht des Finanzausschusses, BT-Drs. 17/4739, S. 13.

11 *Professor Heinz Bontrup* (Fachhochschule Gelsenkirchen).

12 *Professor Heribert Hirte* (Universität Hamburg).

Übernahmerecht, da das geltende Recht „*unfair*" gegenüber Aktionären sei und einen Nachteil für den Standort Deutschland darstelle.[13] *Seibt* spricht von einem strukturellen Ungleichgewicht zugunsten der Bieter, weshalb andere EU-Länder ihr Übernahmerecht bereits mit dem Ziel geändert hätten, die „Zielgesellschaften" besser vor Übernahmen zu schützen.[14] Die *Deutsche Kreditwirtschaft* sowie *Baums* halten das Übernahmerecht in seiner heutigen Form hingegen für gelungen und wettbewerbsfördernd, weshalb der Status Quo erhaltenswert sei. Übernahmen würden weder erleichtert noch erschwert, wobei *Baums* der Auffassung ist, dass es Nachbesserungen allenfalls beim Thema „*Anschleichen*" an Unternehmen geben könne.[15] Die BaFin bezeichnet das deutsche Übernahmerecht als international anerkannt und akzeptiert, hält Änderungen in Randbereichen jedoch für durchaus möglich.[16]

Diese im Jahre 2010 und 2011 erneut entfachte sowie aus juristischer und ökonomischer Sicht weitreichende, öffentliche Diskussion über eine Veränderung des WpÜG ist Anlass, sich mit der Frage zu befassen, ob eine Änderung des Gesetzes, insbesondere im Hinblick auf die Einführung einer entsprechenden Regelung des Creeping-In, zum Schutze und im Lichte überwiegender Rechtsgüter notwendig ist.[17] Dabei soll insbesondere auf die vorhandene Pflichtangebotsregel gemäß § 35 Abs. 2 WpÜG sowie die Regeln über freiwillige Übernahmeangebote gemäß § 29 Abs. 1 WpÜG eingegangen werden, da diese die wichtigsten Regelungen des WpÜG darstellen.[18]

---

13 *Professor Uwe Schneider* (Universität Darmstadt).

14 *Professor Christoph Seibt* (Wirtschaftskanzlei Freshfields Bruckhaus Deringer LLP).

15 *Professor Theodor Baums* (Goethe-Universität Frankfurt am Main).

16 Alle Stellungnahmen abrufbar unter http://www.bundestag.de/presse/hib/2011_11/2011_460/02.html.

17 Zum Stand der Diskussion vgl. insbesondere die Beiträge von *von Bülow*, *Bachmann*, *Cahn*, *Hopt*, *Meyer*, *Seibt*, *Tyrolt/Cascante* und *Verse* in: 10 Jahre WpÜG: Entwicklungsstand - Praktische Erfahrungen - Reformbedarf - Perspektiven (Beiträge zum Symposium auf Schloss Waldthausen in Mainz), ZHR-Beiheft 2011.

18 Jahresbericht 2009 der Bundesanstalt für Finanzdienstleistungsaufsicht (abrufbar unter www.bafin.de): Die BaFin gestattete 2010 insgesamt 23 Angebote (2009: 18; 2008: 39). Neun der insgesamt 23 Angebote waren Pflichtangebote, die ein Bieter abgeben muss, wenn er die Kontrolle an einer Zielgesellschaft erlangt, also 30 % oder mehr der Stimmrechte hält (2009: 7; 2008: 16). Bei weiteren elf Verfahren handelte es sich um Übernahmeangebote, die auf den Erwerb einer solchen Kontrollstellung gerichtet waren oder sind (2009: 8; 2008: 20). Drei Angebote waren einfache Erwerbsangebote (2009: 3; 2008: 3).

Bei der folgenden Untersuchung soll überlegt werden, ob und wie eine Änderung der Pflichtangebotsregeln möglich ist, da sich eine solche an der zugrunde liegenden europäischen Übernahmerichtlinie messen lassen müsste. Dabei sollen die unterschiedlichen Regelungen innerhalb und punktuell außerhalb der Europäischen Union sowie die bisherige Entwicklung der Angebotspflicht des WpÜG in der Praxis einer Reflexion unterzogen werden.

II. Problemdarstellung

Vor der Einführung des WpÜG im Jahre 2002 war die Regelung hinsichtlich eines Pflichtangebots unter Juristen stark umstritten.[19] Mittlerweile haben sich die Pflichtangebotsregeln etabliert und die Diskussion über das „*ob*" einer Angebotspflicht ist spätestens mit Erlass der Übernahmerichtlinie im Jahre 2004 und den verbindlichen Vorgaben hinsichtlich der Einführung eines Pflichtangebots obsolet geworden. Aufgrund mehrerer Übernahmen aus der jüngsten Vergangenheit sind jedoch die Anforderungen an ein Pflichtangebot in der Öffentlichkeit erneut in die Diskussion geraten.

1. Kritik an bestehenden Regelungen

Auf Kritik[20] stoßen insbesondere die Fälle, in denen ein freiwilliges Übernahme- oder Pflichtangebot basierend auf einem niedrigen Durchschnittsbörsenkurs mit

---

19 Vgl. hierzu *Assmann,* AG 1995, 563 f.; *Bernau*, WM 2004, 809, 810; *Wackerbarth,* WM 2001, 1741, 1745; *Hommelhoff/Kleindiek,* AG 1990, 106 f.; *Desper*, RIW 1992, 351, 359; *Altmeppen*, ZIP 2001, 1073, 1083; *Letzel*, BKR 2002, 293; *Neye,* AG 2000, 289, 292; *Berding,* WM 2002, 1149, 1156 f.; *Grunewald*, WM 1989, 1233, 1236 f.; *Grunewald,* WM 1991, 1361, 1362; *Hahn,* ZBB 1990, 10, 17; *Baums*, ZIP 1989, 1376, 1377; *Mertens,* AG 1990, 10, 17; kritisch wegen Einschränkung der Handlungsfreiheit der Unternehmen: *Röhrich*, RIW 1993, 93 ff.; *Kallmeyer*, ZHR 161, 435 ff.; Houben, WM 2000, 1873 f.; dem US-amerikanischen Bundesrecht sind Pflichtangebote gänzlich fremd - zu einzelnen Regelungen der Bundesstaaten innerhalb der USA vgl. *Krause/Pötzsch* in: Assmann/Pötzsch/Schneider, WpÜG, § 35 Rn. 285.

20 So beispielsweise *Merkt* in: Veil, Übernahmerecht in Praxis und Wissenschaft, 2009, S. 53, 70 f.; *ders.*, NZG 2011, 561, 562; *Hocker*, Hauptgeschäftsführer der DSW, in: *Frankfurter Allgemeine Zeitung*, 14. Oktober 2010, „*Das Übernahmegesetz gerät unter Feuer*"; (auch abrufbar unter www.dsw-info.de); vgl. auch *Nieding*, Schriftliche Stellungnahme zu dem Gesetzentwurf der Fraktion der SPD „*Änderung des Wertpapiererwerbs- und Übernahmegesetzes*" - BT-Drs. 17/3481; Pressemitteilung des DSW vom 13. Oktober 2010 (abrufbar unter www.dsw-info.de); Stellungnahme von *Hirte* in der Sitzung des BT-Finanzausschusses, 37. Sitzung, 01.12.2010, 30 = Der Konzern 2010, 599 f. (auch abrufbar unter http://www.bundestag.de/bundestag/aktuell/ - Stellungnahme zum Entwurf eines Gesetzes zur Änderung des Wertpapiererwerbs- und Übernahmegesetzes (BT-Drs. 17/3481)); *Knipper*, Hauptgeschäftsführer des Hauptverbandes der Deutschen Bauindust-

dem Ziel abgegeben wird, die Kontrollerwerbsschwelle gegen Zahlung einer - vermeintlich - niedrigen Mindestgegenleistung zu überschreiten und im Anschluss dauerhaft von der Angebotspflicht befreit zu sein. Bei Einhaltung der Pflichtangebotsregeln kann nach einem so herbeigeführten Kontrollerwerb nämlich ohne weitere Angebotspflicht die Anteilsposition beliebig und nach Ablauf eines Jahres auch zu Preisen über dem im Rahmen des Angebots angebotenen Mindestpreis ausgebaut werden.

Nach Ansicht von *Ulrich Hocker*, Hauptgeschäftsführer der Deutschen Schutzvereinigung für Wertpapierbesitz e.V. (nachfolgend „DSW“), mehren sich die Fälle, in denen Minderheitsaktionäre mit völlig unattraktiven und unangemessenen Übernahmeangeboten konfrontiert werden. Es werde immer offensichtlicher, dass diese Fälle Ausdruck einer Lücke im Übernahmegesetz seien. Die Offerten genügten zwar dem vorgeschriebenen Minimum, aber von der Idee des Wertpapierübernahmegesetzes, Privatanlegern im Falle von Kontrollwechseln einen geordneten Ausstieg gegen angemessene Abfindung zu garantieren, seien solche Angebote weit entfernt. Sie nützten allein dem Großaktionär, der damit seine lästige Pflicht erfülle und anschließend frei in der Wahl seiner Waffen sei.[21] Die Aktionärsschützer regen daher konkrete Nachbesserungen im Rahmen des WpÜG an, um Privatanleger besser zu schützen. So schlägt der DSW die Einführung einer zweiten Angebotsschwelle bei 50% vor. *Hocker* begründet dies damit, dass bei Erreichen dieses Anteils der Bieter das Zielobjekt konsolidieren könne. Spätestens dann sei es Zeit, ein neues Übernahmeangebot an alle Anleger zu machen. Zudem fordert die DSW, dass das Angebot in bar erfolgen und gerichtlich überprüfbar sein solle, da so neutral festgestellt werden könne, ob es angemessen sei.[22]

Hitzer/Düchting sehen den Fall ACS/Hochtief als Lehrstück für eine neue Strategie bei öffentlichen Unternehmensübernahmen. Chrakteristisch sei dabei das „*Kalkül des Bieters*“, sich durch ein günstig ausgestaltetes Initiativangebot (Low Balling), das nur zu einer minimalen Überschreitung der Kontrollschwelle führen solle, den strikten Pflichtangebotsvorschirften des WpÜG zu entziehen, um

rie, Presseinfo 10/11 v. 10.02.2011 (abrufbar unter www.bauindustrie.de/infocenter/presse/pressemitteilungen/_/artikel/presseinfo-1111/).

21 *Frankfurter Allgemeine Zeitung*, 14. Oktober 2010, „*Das Übernahmegesetz gerät unter Feuer*“ (auch abrufbar unter www.dsw-info.de).

22 Pressemitteilung des DSW vom 13. Oktober 2010 (abrufbar unter www.dsw-info.de).

im Anschluss größtmögliche Flexibilität für einen etwaigen Beteiligungsaufbau zu haben.[23]

Hirte ist der Auffassung, dass die Regelung des WpÜG ungerecht sei und zu Lasten sowohl der Minderheitsaktionäre als auch des Unternehmens gehe. Aus diesem Grund empfiehlt er eine Reform des Übernahmegesetzes nach englischem Vorbild, in dem für einen späteren Ausbau der Position des Bieters nach einer Übernahme eine zeitliche und anteilsmäßige Sperre vorgesehen sei.[24]

Seibt verwies gegen Ende des Jahres 2011 darauf, dass in mehreren EU-Mitgliedstaaten, wie beispielsweise in Frankreich, Italien oder dem Vereinigten Königreich, kürzlich zum Teil erhebliche Änderungen des nationalen Übernahmerechts verabschiedet worden seien, jeweils mit der Intention, die Interessen der Zielgesellschaft und ihrer Stakeholder stärker zu schützen und die Kapitalmarkttransparenz zu erhöhen.[25]

Der Vorstoß des Bundeslandes Nordrhein-Westfalen im Bundesrat[26] sowie der Fraktion der SPD im Bundestag[27] wurde damit begründet, dass das WpÜG keine erneute Veröffentlichungs- und Angebotspflicht vorsehe, sobald die Kontrollerwerbsschwelle des § 29 Abs. 2 WpÜG überschritten worden sei, und damit ermögliche, den mit dem Pflichtangebot beabsichtigten Schutz anderer Aktionäre zu unterlaufen. Nach Einschätzung der Fraktion der SPD bestehen mit einem solchen Vorgehen *„die Möglichkeit, sich an eine Zielgesellschaft anzuschleichen („creeping in“)*[28]*, um möglichst kostengünstig und möglichst unauffällig eine Kontrollposition von mehr als 30 Prozent der Anteile an einer Zielgesellschaft zu erhalten. Typischerweise erwirbt der Bieter hierzu in einem ersten Schritt eine Position von knapp unter 30 Prozent der Stimmrechte. In einem zweiten*

---

23 *Hitzer/Düchting*, ZIP 2011, 1084, 1091.

24 Prof. Dr. Heribert Hirte LL.M. (Berkley), Universität Hamburg, in *Frankfurter Allgemeine Zeitung*, 14. Oktober 2010, *„Das Übernahmegesetz gerät unter Feuer“.*

25 *Seibt*, CFL 2011, 213, 240.

26 Gesetzesentwurf des Landes Nordrhein-Westfalen, BR-Drs. 584/2/10.

27 Gesetzesentwurf der Fraktion der SPD, BT-Drs. 17/3481, S. 3; so auch in dem zuvor gefassten Beschluss des Parteivorstands der SPD vom 25.10.2010, „Lück*en im Übernahmerecht schließen - Stärkung einer nachhaltigen Unternehmensführung*“, abrufbar unter http://www.spd.de/aktuelles/Pressemitteilungen/5414/20101025_beschluss_ uebernahmerecht.html.

28 Zur unterschiedlichen Verwendung des Begriffs *„Creeping-In“* siehe Fn. 6.

Schritt richtet er an alle Aktionäre ein - freiwilliges - Übernahmeangebot nach § 29 Absatz 1 WpÜG. Ziel ist in diesen Fällen regelmäßig nicht der Erwerb aller Anteile, sondern der Erwerb lediglich hinreichend vieler Anteile zur Überschreitung der Kontrollschwelle des § 29 Absatz 2 WpÜG von 30 Prozent. Entsprechend macht der Bieter unter Ausnutzung eines ungünstigen Kursverlaufs ein wenig attraktives Übernahmeangebot. Für die Aktionäre einer Zielgesellschaft kann das bedeuten, dass sie im Rahmen eines Übernahmeangebots einen Preis unterhalb des aktuellen Börsenkurses hinnehmen müssen, da für die Bemessung des Mindestpreises in der Regel der Durchschnittskurs der letzten drei Monate maßgebend ist."[29]

Im Rahmen dieser Gesetzesinitiative wurde vorgetragen, dass gerade aufgrund der Finanzkrise in den Jahren 2008 und 2009 viele deutsche Unternehmen an der Börse unterbewertet seien und in das Visier von „*windigen Finanzinvestoren*" gerieten, die nur das Ziel der Zerschlagung der Gesellschaften und den damit verbundenen negativen Konsequenzen für Kleinaktionäre und Beschäftigte hätten, weshalb die Pflichtangebotsregeln überdacht werden sollten.[30]

von Falkenhausen verweist darauf, dass ein derartiges Vorgehen eines Aktionärs sogar als „*Missbrauch*" der Pflichtangebotsregeln unter Verletzung des übernahmerechtlichen Gleichbehandlungsgebotes verstanden werde.[31]

Knipper befürchtete Anfang des Jahres 2011, dass Hochtief nur der Anfang gewesen sei und andere prominente Opfer folgen würden. Der Gesetzgeber müsse deshalb endlich Maßnahmen gegen die drohende Übernahmewelle ergreifen, die derzeit auf die deutschen Aktiengesellschaften mit Streubesitz zurolle.[32]

Kossmann/Horz beklagen, dass die Möglichkeit zur Befreiung von einem Pflichtangebot durch vorherige Abgabe eines Übernahmeangebots nach § 35 Abs. 3 WpÜG dazu führe, dass eine zeitliche Vorverlagerung des öffentlichen

---

29 Gesetzesentwurf der Fraktion der SPD, BT-Drs. 17/3481, S. 3.

30 Stellvertretender Vorsitzende der SPD-Fraktion *Joachim Poß*, in Plenarprotokoll 17/71 vom 11. November 2010, S. 7621.

31 *Von Falkenhausen*, ZHR 174 (2010), 293, 299.

32 *Knipper*, Hauptgeschäftsführer des Hauptverbandes der Deutschen Bauindustrie, Presseinfo 10/11 v. 10.02.2011 (abrufbar unter www.bauindustrie.de/infocenter/presse/pressemitteilungen/_/artikel/presseinfo-1111/).

Kaufangebots erfolge, die dazu diene, den Mindestübernahmepreis gemäß § 5 AngebotsVO[33] i.V.m. § 10 Abs. 1 WpÜG einzufrieren.[34]

2. Übernahmeangebot Deutsche Bank/Postbank aus dem Jahr 2010

Zutreffend ist, dass es nach derzeitiger Gesetzeslage vielseitige Möglichkeiten gibt, die Bedingungen eines Pflichtangebots durch eine geschickte zeitliche Strukturierung weitestgehend zu beeinflussen. Diese Möglichkeiten sollen am Beispiel des im Jahre 2010 von der Deutschen Bank AG (nachfolgend „Deutsche Bank“) abgegebenen freiwilligen Übernahmeangebots an die Aktionäre der Postbank AG (nachfolgend „Postbank“) zunächst schwerpunktartig dargestellt werden. Denn aufgrund der gewählten zeitlichen Abfolge des freiwilligen öffentlichen Übernahmeangebots musste die Deutsche Bank als „angemessene“ Gegenleistung im Sinne des WpÜG nur einen vermeintlich niedrigen Preis anbieten.

Die Übernahme der Postbank durch die Deutsche Bank erfolgte im Wesentlichen in drei Schritten.[35] In einem ersten Schritt erwarb die Deutsche Bank im Rahmen einer Sachkapitalerhöhung 50 Millionen Aktien der Postbank, was einem Anteil von 22,9% entsprach. Der Wert dieses Aktienpakets betrug ungefähr € 1,1 Mrd.

In einem zweiten Schritt zeichnete die Deutsche Bank eine Pflichtumtauschanleihe der Deutschen Post AG (nachfolgend „Deutsche Post“), des bisherigen Mutterunternehmens der Postbank, die nach Ablauf von drei Jahren, nämlich im Jahr 2012, in 60 Millionen Aktien der Postbank, was einem Anteil von ungefähr

33 Verordnung über den Inhalt der Angebotsunterlage, die Gegenleistung bei Übernahmeangeboten und Pflichtangeboten und die Befreiung von der Verpflichtung zur Veröffentlichung und zur Abgabe eines Angebots erlassen durch das Bundesministerium der Finanzen aufgrund §§ 11 Abs. 4, 31 Abs. 7, 37 Abs. 2 WpÜG.

34 *Kossmann/Horz*, NZG 2006, 481, 481.

35 Ad-hoc Mitteilung Deutsche Bank AG vom 14. Januar 2009; bereits im September 2008 teilte die Deutsche Bank durch Ad-hoc Mitteilung mit, dass sie eine Beteiligung von 29,75% an der Postbank von der Deutschen Post AG erworben habe. Der Kaufpreis betrug pro Anteil € 57,25 und insgesamt € 2,79 Milliarden. Der Vollzug der Übertragung sollte im ersten Quartal 2009 erfolgen (vgl. Ad-hoc Mitteilung Deutsche Bank AG vom 12. September 2008). Nachdem die Postbank in Folge der Finanzkrise Liquiditätsprobleme bekam, musste eine Barkapitalerhöhung durchgeführt werden, woraufhin der Vertrag zur Durchführung der Transaktion zwischen der Deutschen Bank und der Deutschen

27,40% entspricht, getauscht werden soll. Der Barwert der Pflichtumtauschanleihe betrug etwa € 2,7 Mrd. und bei Umtausch somit ca. € 45 je Aktie der Postbank.

Der dritte Schritt der Übernahme sieht die Einräumung von Call-[36] und Put-Optionen[37] für weitere 26,4 Millionen Aktien, was einem Anteil von 12,1% entspricht, vor. Diese Optionen können jeweils zwischen dem 36. und 48. Monat nach Abschluss der Transaktion, nämlich zwischen 2012 und 2013, ausgeübt werden.[38] Der Wert dieser Optionen ist nicht öffentlich bekannt. Aufgrund veröffentlichter Angaben zum Gesamtwert der Transaktion ergibt sich im Wege der Rückrechnung jedoch ein Preis pro Aktie zwischen € 35 und € 38.[39]

Betrachtet man alle drei Schritte der Übernahme gemeinsam, beabsichtigt die Deutsche Bank insgesamt 62,4% der Anteile der Postbank von der Deutschen Post zu erwerben.

Zum 12. September 2010 hielt die Deutsche Bank 29,95% der Stimmrechte an der Postbank und bewegte sich somit knapp unterhalb der Kontrollerwerbsschwelle von 30%. Die Beteiligung setzte sich aus dem von der Deutschen Post erworbenen Aktienpaket in Höhe von 22,9% sowie aus weiteren über den Kapitalmarkt erworbenen Stimmrechten in Höhe von 7,05% zusammen.

Post AG am 14. Januar 2009 angepasst wurde. Demnach sollte die Transaktion nunmehr in drei Schritten durchgeführt werden.

36 Eine Call-Option (dt. *Kaufoption*) ist eine Option, bei welcher dem Käufer das Recht zusteht, innerhalb eines festgelegten Zeitraums (sog. amerikanische Optionen) oder zu einem zuvor festgelegten Zeitpunkt (sog. europäische Optionen) einen bestimmten Basiswert (Underlying) zu einem bestimmten Ausübungspreis (Strike Price) und einer bestimmten Anzahl, die jeweils beide bei Abschluss der Option zuvor vereinbart wurden, zu erwerben. Er wird sein Recht nur dann ausüben, wenn der Preis des Basiswertes über dem Ausübungspreis liegt.

37 Eine Put-Option (dt. *Verkaufsoption*) ist eine Option, bei welcher dem Verkäufer das Recht zusteht, innerhalb eines festgelegten Zeitraums (sog. amerikanische Optionen) oder zu einem zuvor festgelegten Zeitpunkt (sog. europäische Optionen) eine bestimmte Anzahl eines bestimmten Basiswertes (Underlying) zu einem zuvor bestimmten Ausübungspreis (Strike Price) zu veräußern. Er wird sein Recht nur dann ausüben, wenn der Preis des Basiswertes unter dem Ausübungspreis liegt.

38 Ad hoc Mitteilung der Deutsche Bank AG vom 14. Januar 2009; mit „*Transaktion*“ ist der Abschluss der ersten beiden Schritte bezeichnet.

39 *Meilicke/Meilicke*, ZIP 2010, 558, 560.

Zu diesem Datum beschloss die Deutsche Bank, ein freiwilliges öffentliches Angebot auf Übernahme der auf den Namen lautenden Stückaktien der Postbank abzugeben.[40] Die Deutsche Bank bot den Aktionären der Postbank eine Geldleistung in Höhe des gewichteten durchschnittlichen inländischen Börsenkurses der vergangenen drei Monate, der mit € 25 errechnet wurde, als Gegenleistung an. Am 10. November 2010 gab die Deutsche Bank gemäß § 23 Abs. 1 S. 1 Nr. 2 WpÜG bekannt, dass das Übernahmeangebot innerhalb der Annahmefrist zu einer Gegenleistung von € 25 pro Aktie für insgesamt 25.113.466 Postbank-Aktien angenommen worden war.[41] Dies entspricht einem Anteil von ca. 11,47% des Grundkapitals der Postbank.

Vergleicht man vor diesem Hintergrund den zwischen der Deutschen Bank und der Deutschen Post vereinbarten Preis von bis zu € 45 pro Postbank-Anteil mit dem den übrigen Aktionären im Rahmen des freiwilligen Übernahmeangebots angebotenen Mindestpreis von € 25, wird deutlich, dass die Deutsche Bank die Kontrollerwerbsschwelle im Rahmen des nach den geltenden Vorschriften des WpÜG durchgeführten freiwilligen Übernahmeangebots zu einem wesentlich niedrigeren Preis pro Anteil hat überschreiten können, als sie im Vorfeld bereit war, der Deutschen Post für die von dieser gehaltenen Anteile zu bieten. Durch das erfolgreiche Überschreiten der Kontrollerwerbsschwelle ist die Deutsche Bank jedoch nunmehr dauerhaft von der Pflicht zur Abgabe eines weiteren Angebots an die übrigen Aktionäre befreit.

Im Ergebnis wird die Deutsche Bank ca. € 6,9 Mrd. für den Erwerb der Anteile an der Postbank zahlen. Davon entfallen ca. € 5 Mrd. auf Aktienpakete, die die Deutsche Bank von der Deutschen Post erworben hat beziehungsweise erwerben wird. € 1,3 Mrd. wurden von der Deutschen Bank für den Erwerb von Anteilen über die Börse und gerade einmal weitere ca. € 600 Mio. im Rahmen des freiwilligen Übernahmeangebots aufgebracht. Nach Angaben von *Josef Ackermann* spart die Deutsche Bank durch das freiwillige Übernahmeangebot ca. € 1,7 Mrd.;[42] hätte sie mit der Abgabe eines Angebotes gewartet, wäre womöglich der

---

40 Ad hoc Mitteilung der Deutsche Bank AG vom 12. September 2010.

41 Bekanntmachung der Deutschen Bank AG gemäß § 23 Abs. 1 S. 1 Nr. 2 WpÜG vom 10. November 2010.

42 *Spiegel Online*, 13. September 2010, „*Vorgezogenes Angebot soll Milliarden sparen*"; Josef Ackermann war von 2006 bis Ende Mai 2012 der Vorsitzende des Vorstands und des *Group Executive Committee* der Deutschen Bank.

mit der Deutschen Post vereinbarte Preis von € 45 je Aktie auch den übrigen Aktionären anzubieten gewesen.

Das Beispiel der Übernahme der Postbank durch die Deutsche Bank verdeutlicht, dass durch eine geschickte zeitliche Strukturierung des Kontrollerwerbs der angemessene Preis der Gegenleistung niedrig gehalten werden kann, indem der Bieter den Zeitpunkt für die Abgabe des Angebots und somit den relevanten durchschnittlichen Börsenkurs frei wählen kann. Im Anschluss an die erfolgreiche Abgabe eines Angebots kann der Bieter nach derzeitiger Gesetzeslage seine Beteiligung beliebig weiter ausbauen und Anteile der Zielgesellschaft auch zu einem über dem angebotenen Mindestpreis erwerben, ohne den übrigen Aktionären erneut den Ausstieg aus der Gesellschaft ermöglichen zu müssen.

III. Gegenstand und Entwicklung vorliegender Arbeit

Aufgrund der Kritik an den bestehenden Regelungen zum Pflichtangebot innerhalb des WpÜG sowie der vorgeschlagenen Gesetzesänderung soll es Thema dieses Dissertationsvorhabens sein zu klären, ob die derzeitigen Regelungen des WpÜG bezüglich des Pflichtangebots noch dem sich im ständigen Wandel befindlichen Kapitalmarkt ausreichend Rechnung tragen oder ob diese Regelungen, insbesondere im Vergleich mit anderen internationalen Standards, zu modifizieren sind.[43]

Das Vorhaben, über eine Novellierung der Regeln zum Pflichtangebot nach einigen Jahren praktischer Anwendung des Gesetzes nachzudenken, soll in verschiedene Aspekte unterteilt werden. Zunächst soll auf die Entstehungsgeschichte des WpÜG und der diesem zugrunde liegenden Richtlinie sowie die Motivation für die Schaffung eines geregelten Übernahmemarktes eingegangen werden. Die damalige Motivation und Intention des Gesetzgebers soll daraufhin untersucht werden, ob diese Motive auch heute noch greifen und wie gegebenenfalls eine Anpassung des Gesetzes zu erfolgen hat, um die damaligen wie heutigen

43 Die EU-Übernahmerichtlinie 2004/25/EG enthält in Art. 20 Abs. 1 eine Revisionsklausel, wonach fünf Jahre nach dem in Art. 21 Abs. 1 genannten Zeitpunkt [= 20.05.2011] die Kommission die Richtlinie auf der Grundlage der bei ihrer Anwendung gewonnenen Erfahrung überprüft hat. Das Ergebnis dieser Überprüfung ist unter http://ec.europa.eu/internal_market/company/docs/takeoverbids/COM2012_347_en.pdf abrufbar. Die Kommission kommt zu dem Ergebnis, dass die durch die Übernahmericht-

Ziele des Übernahmerechts weiterhin bestmöglich umsetzen zu können. Ferner sollen verschiedene Regelungen im europäischen Ausland mit dem WpÜG verglichen werden. Aus der Perspektive der Rechtsvergleichung sollen dabei bestimmte Aspekte und Abweichungen einzelner Rechtsordnungen punktuell herausgegriffen und anhand ihrer eine mögliche Modifikation des WpÜG erarbeitet werden.

Die Untersuchung soll auf die Frage ausgerichtet sein, ob das Pflichtangebot als Kernerlement des WpÜG aufgrund geänderter Verhältnisse angepasst werden sollte. Ein besonderer Schwerpunkt soll hierbei auf der Frage nach dem Bedürfnis einer „Creeping-In Regelung" liegen, wie sie teilweise im europäischen Ausland zu finden und für das deutsche Recht vermehrt, insbesondere von der Fraktion der SPD, vorgeschlagen worden ist.[44] Dabei soll geprüft werden, ob eine solche Regelung einerseits mit den europäischen Vorgaben sowie mit deutschem Verfassungsrecht vereinbar ist. Andererseits soll untersucht werden, ob die bereits bestehenden Schutzmechanismen des WpÜG den Minderheitsaktionären einen vergleichbaren und ausreichenden Schutz bieten können oder ob eine Regelung des Creeping-In zu ihrem Schutz erforderlich wäre.

Weiter soll geklärt werden, ob die normierte Höhe der Kontrollerwerbsschwelle, bei deren Überschreiten eine Angebotspflicht ausgelöst wird, aus heutiger Sicht noch eine angemessene Regelung darstellt. Ferner soll im Hinblick auf den mit dem WpÜG bezweckten Schutz der Minderheitsaktionäre untersucht werden, welche Aktien von der Angebotspflicht umfasst sind, sowie die umstrittene Frage erörtert werden, ob eigene Aktien der Zielgesellschaft beim Übernahmeangebot erfasst werden. Ferner soll überlegt werden, ob eine für das Pflichtangebot vorgesehene Befreiungsregelung auch für das Übernahmeangebot eingeführt werden sollte.

---

linie geschaffene Marktordnung im Allgemeinen zufriedenstellend funktioniert. Anpassungen seien nur punktuell nötig beziehungsweise wünschenswert.

44 Ferner befürwortet eine Mehrheit von 60% der zur Reform der EU-Übernahmerichtlinie und des deutschen Übernahmerechts durch *Freshfields Bruckhaus Deringer LLP* befragten Experten die Einführung einer der von der SPD vorgeschlagenen „Creeping-In"-Regelung (vgl. http://www.freshfields.com/publications/pdfs/2011/nov11/31663.pdf; siehe auch *Seibt*, ZIP 2012, 1, 4, 7.

Im Rahmen der Betrachtung einer möglichen Gesetzesänderung sollen die kollidierenden Interessen gegeneinander abgewogen werden. Für den Bieter bedeuten die Pflicht zur Abgabe eines Angebots und der damit verbundene Kontrahierungszwang eine weitreichende Einschränkung seiner Privatautonomie.[45] Denn jeder Aktionär, der eine Mehrheitsbeteiligung an einer börsennotierten Aktiengesellschaft anstrebt und dabei die gesetzlich definierte Kontrollerwerbsschwelle überschreitet, muss damit rechnen, auch alle anderen Anteile seiner Mitaktionäre übernehmen und somit das gesamte Unternehmen erwerben zu müssen. Dabei hat der Bieter grundsätzlich das Bestreben zu verhindern, dass er durch das Bekanntwerden seiner Entscheidung die Übernahme selbst verteuert. Überhaupt führt eine Pflichtangebotsregelung grundsätzlich zu einer erheblichen Verteuerung von Unternehmensübernahmen.[46]

Demgegenüber haben die Minderheitsaktionäre ein Interesse an der Möglichkeit eines Ausstiegs aus der Gesellschaft zu einer angemessenen Gegenleistung nach einem Kontrollwechsel.[47] Denn mit der Erlangung der Kontrolle kann eine Änderung der Geschäftspolitik sowie der Ausrichtung des Unternehmens einhergehen, die wiederum Auswirkungen auf die Ertragslage der Gesellschaft und somit auf die übrigen Aktionäre oder eine Gewinn- und Vermögensverlagerungen[48] zur Folge haben kann.[49] Ferner geht es neben der Privatautonomie des Bieters auch um die Privatautonomie der Minderheitsaktionäre, die aufgrund des kontrollierenden Einflusses eines Großaktionärs faktisch ein „wertloses" Stimmrecht halten. Denn durch die kontrollierende Beteiligung wird ihnen die zumindest theoretische Chance genommen, in Zusammenwirkung mit anderen Aktionären eine Mehrheit innerhalb der Gesellschaft zu erlangen.[50] Hierbei sind auch

---

45 *Altmeppen*, ZIP 2001, 1073, 1081; *Noack/Zetsche* in: Schwark/Zimmer, WpÜG, § 35 Rn. 2 m.w.N.

46 *Kallmeyer*, ZHR 1997, 435, 436; *von Falkenhausen*, ZHR 174, 293.

47 Richtlinie 2004/25/EG, L 142/12.

48 *Liebscher* ZIP 2001, 853, 866; *Hommelhoff/Witt* in: FrankfurterKomm, WpÜG, Vor §§ 35 bis 39 Rn. 33; *Schlitt/Ries* in: MüKo, WpÜG, § 35 Rn. 5; *Fleischer/Kalss,* Wertpapiererwerbs- und Übernahmegesetz, S. 131; *Meyer* in: Geibel/Süßmann, WpÜG, § 35 Rn. 9; *Grunewald* in: *Grunewald/Schlitt*, Einführung in das Kapitalmarktrecht, S. 308.

49 *Liebscher,* ZIP 2001, 853, 866.

50 Vgl. auch *Hirte*, Der Konzern 2010, 599, 601 (Stellungnahme zu dem Entwurf eines Gesetzes zur Änderung des Wertpapiererwerbs- und Übernahmegesetzes (BT-Drucks. 17/3481), S. 2).

die unmittelbaren Rechts- und Treuepflichten des Mehrheitsaktionärs gegenüber den außenstehenden Aktionären zu berücksichtigen.[51]

---

[51] Vgl. zum Schutz der außenstehenden Aktionäre: *BVerfG*, Urt. v. 11.07.2012 = NZG 2012, 825, 829; *BGH*, Urt. v. 01.02.1988 = NJW 1988, 1579, 1581 (Linotype); *BGH*, Urt. v. 16.02.1976 = WM 1976, 449, 450 (Audi/NSU); *BGH*, Urt. v. 20.03.1996 = NJW 1995, 1739 (Girmes).

1. Teil: Angebotsarten und (Mindest-) Gegenleistungen des Übernahmerechts

I. Europäische Übernahmerechtrichtlinie

1. Entstehungsgeschichte

Die Übernahmerechtrichtlinie geht auf eine 30-jährige Entwicklung zurück. Die ersten Ansätze einer europaweiten Regelung stammen aus dem Jahre 1974 und bauen auf dem von der EU-Kommission in Auftrag gegebenen Entwurf des englischen Professors *Robert Pennington* auf (sogenannter *Pennington-Entwurf*[52]). Dieser sich stark an den britischen *City Code on Takeovers and Mergers* (nachfolgend „City Code"), der das Pendant zum WpÜG darstellt und das Übernahmerecht in Großbritannien regelt, anlehnende Vorentwurf für eine Richtlinie stieß allerdings auf Ablehnung bei den meisten Mitgliedsstaaten, die befürchteten, ihre regulatorische Freiheit durch zu starre gesetzliche Vorgaben zu verlieren.[53] In der im Jahre 1977 veröffentlichten, unverbindlichen Empfehlung der Kommission betreffend europäische Wohlverhaltensregeln für Wertpapiertransaktionen kam lediglich der Grundsatz der Gleichbehandlung aller Aktionäre im Rahmen des Erwerbs von Kontrollbeteiligungen zum Ausdruck, wobei der Schwerpunkt auf einer konkreten Publizitätspflicht liegen solle.[54]

Es dauerte bis ins Jahr 1985, als die EG-Kommission in ihrem Weißbuch[55] eine Richtlinie auf europäischer Ebene ankündigte.[56] Nach einigen Vorentwürfen folgte im Jahre 1989 durch die Kommission ein offizieller Vorschlag für eine Richtlinie zur Regelung des Übernahmerechts.[57] Auslöser hierfür war das 1988 abgegebene feindliche Übernahmeangebot des italienischen Geschäftsmanns *De Benedetti* an die Aktionäre der Holding-Gesellschaft *Société Générale de Belgi-*

---

52 *Pennington,* Takeover and other bids, Kommissions-Dokument XI/56/74-D - „*Pennington Entwurf*"(abgedruckt in *Fleischer/Kalss,* Wertpapiererwerbs- und Übernahmegesetz, S. 831).

53 *Beß*, AG 1976, 206, 209; darunter auch Großbritannien selbst.

54 Empfehlung der Kommission betreffend europäische Wohlverhaltensregeln für Wertpapiertransaktionen vom 25.07.1977, ABl, EG, L 212/37, C. Dritter allgemeiner Grundsatz.

55 Weißbücher werden von der Europäischen Kommission veröffentlicht und beinhalten Vorschläge für ein Vorgehen in einem bestimmten Bereich auf europäischer Ebene.

56 *Hopt*, ZHR 161 (1997), 368, 373.

57 Vorschlag für eine dreizehnte Richtlinie des Rates auf dem Gebiet des Gesellschaftsrechts über Übernahmeangebote, ABl. EG Nr. C 64 vom 14.03.1989 (abgedruckt in *Fleischer/Kalss,* Wertpapiererwerbs- und Übernahmegesetz, S. 935 f.).

que, die an mehreren Blue-Chips[58] in Belgien beteiligt war.[59] Weder Belgien noch ein anderes kontinentaleuropäisches Land verfügten zu diesem Zeitpunkt über Vorschriften, die ein feindliches Übernahmeangebot regelten und eine Pflichtangebotsregelung vorsahen. Auch dieser Entwurf der Kommission, der sich seinerseits an dem *Pennington-Entwurf* sowie dem *City Code* orientierte,[60] stieß auf Ablehnung, da neben dem schon angeführten Bedenken bezüglich des Verlusts der Selbstregulierung auch das obligatorische Übernahmeangebot heftig kritisiert wurde.[61] Daraufhin legte die Kommission im Jahr 1990 einen geänderten Vorschlag für eine Richtlinie über Übernahmeangebote[62] vor, der jedoch, mangels Einigung im Rat erneut keine Mehrheit fand. In der Folge wurden die Verhandlungen abgebrochen.[63]

Ein grundlegend veränderter Richtlinienvorschlag wurde von der Kommission im Jahr 1996 eingebracht.[64] Dieser Entwurf enthielt eine begrenzte Anzahl an allgemeinen Anforderungen für freiwillige und verpflichtende Angebotsarten, überließ es aber den jeweiligen nationalen Gesetzgebern, die Mittel zur Erreichung der Regelungsziele zu wählen.[65] So wurde den Gesetzgebern die Mög-

---

58 Als „Blue Chips" werden im Börsen- und Wertpapierhandelsbereich besonders werthaltige Anlagen beziehungsweise profitable Unternehmen bezeichnet (vgl. hierzu auch *BPatG*, Beschl. v. 11.11.2003 = BeckRS 2009, 03534). Zumeist handelt es sich hierbei um umsatzstarke Aktien von Gesellschaften mit einem hohem Börsenwert, einer hohen Börsenkapitalisierung und damit einer hohen Gewichtung im jeweiligen Aktienindex. Ferner handelt es sich meistens um Aktien großer, internationaler sowie allgemein bekannter und angesehener Unternehmen mit hoher Solidität und Bonität, die sich durch Substanz- und Ertragsstärke auszeichnen.

59 Cour d'Appel de Bruxelles in der Sache Benedetti gegen Société Générale de Belgique, ZIP 1989, 1290 f. (bearbeitet und übersetzt von *Heribert Hirte*); dazu auch *Hirte*, ZIP 1989, 1233 f.; *Hopt*, ZHR 161 (1997), 369, 373; *Krause*, ZGR 2002, 500, 501; vgl. auch *Geens* in: Meijer/Geens, Defensive Measures Against Hostile Takeovers in the Common Market, 1990, S. 55, 73; *Simont* in: Hopt/Wymeersch, European Takeovers: law and practice, 1992, S. 228.

60 *Roßkopf*, Selbstregulierung von Übernahmeangeboten in Großbritannien, 2000, S. 270.

61 *Roos*, WM 1996, 2177 m.w.N.; *Beckmann*, DB 1995, 2407; ablehnend wegen mangelnden Regulierungsbedarfs: Rechtsausschuss des Bundestages, Beschlussempfehlung und Bericht v. 08.03.1990, BT-Drs. 11/6612; *Roßkopf*, Selbstregulierung von Übernahmeangeboten in Großbritannien, 2000, S. 272.

62 ABl. EG Nr. C 240 vom 26.09.1990, S. 7 f. (abgedruckt in *Fleischer/Kalss*, Wertpapiererwerbs- und Übernahmegesetz, S. 947 f.).

63 *Zehetmeier-Müller/Zirngibl* in: Geibel/Süßmann, WpÜG, Einl. Rn. 7; *Roßkopf*, Selbstregulierung von Übernahmeangeboten in Großbritannien, 2000, S. 278.

64 ABl. EG Nr. C 162 vom 06.06.1996, S. 5 f. (abgedruckt in *Fleischer/Kalss*, Wertpapiererwerbs- und Übernahmegesetz, S. 977 f.).

65 *Pötzsch/Möller*, WM 2000 Sonderbeilage 2, 5.

lichkeit eingeräumt, anstatt des grundsätzlich vorgesehenen Pflichtangebotes die Sicherstellung des Schutzes der Minderheitsaktionäre durch wenigstens gleichwertige Vorkehrungen zu gewährleisten, Art. 3 der Richtlinie-*E.* Aufgrund einiger Änderungsvorschläge des Europäischen Parlaments wurde der Entwurf durch die Kommission erneut abgeändert und dem Rat sodann zur Beratung vorgelegt.[66]

Im Jahr 2000 gelang es eine politische Einigung über den Inhalt der Richtlinie zu erzielen, woraufhin der Rat (unter deutscher Ratspräsidentschaft) einen Gemeinsamen Standpunkt zu dem geänderten Vorschlag veröffentlichte. Darin wurde von der Möglichkeit abgewichen, anstelle eines Pflichtangebots gleichwertige Vorkehrungen vorzusehen. Ein Pflichtangebot wurde für alle Mitgliedstaaten als zwingend vorgeschrieben, wobei die die Höhe der ein solches Pflichtangebot auslösenden Kontrollerwerbsschwelle in das Ermessen des jeweiligen Mitgliedstaates gestellt wurde, Art. 5 des Gemeinsamen Standpunktes. Das Europäische Parlament stand dem Vorschlag jedoch weiterhin kritisch gegenüber und beschloss daraufhin 15 Änderungen des Gemeinsamen Standpunkts.[67] Nachdem der Rat die Änderungen des Parlaments nicht in Gänze übernehmen wollte, wurde in Folge dessen der Vermittlungsausschuss einberufen.

In dem Vermittlungsverfahren aus dem Jahr 2001 konnte man sich auf eine Kompromisslösung einigen. Allerdings lehnte das Europäische Parlament trotz der zustande gekommenen Einigung die vorgeschlagene Übernahmeangebot-Richtlinie erneut ab.

Bereits kurz nach dem Scheitern der Übernahmeangebot-Richtlinie setzt die Kommission eine Expertengruppe, die sogenannte *Winter-Gruppe*[68], ein, welche einen neuen Richtlinienvorschlag erarbeiten sollte. Im Januar 2002 legte die *Winter-Gruppe* einen Bericht über die Abwicklung von Unternehmensübernahmen vor.[69] Die Schwerpunkte der Stellungnahme der *Winter-Gruppe* bestanden

---

66 ABl. EG Nr. C 378 vom 13.12.1997, S. 10 f. (abgedruckt in *Fleischer/Kalss,* Wertpapiererwerbs- und Übernahmegesetz, S. 983 f.).

67 *Neye*, ZIP 2001, 1120, 1121; *Neye*, AG 2000, 289 f.

68 Namensgeber war der Leiter der Gruppe: *Jaap Winter*.

69 abgedruckt in *Pötzsch*, Übernahmerecht, S. 358 f.

in den Ausführungen zum Erfordernis eines *level playing field*[70], der Bestimmung der Gegenleistung bei den zwingend vorgeschriebenen Pflichtangeboten sowie zur Einführung einer Squeeze-Out-Regelung.[71]

Der Vorschlag der Kommission aus dem Jahr 2002 für eine „*Richtlinie des Europäischen Parlaments und des Rates betreffend Übernahmeangebote*“ übernahm in weiten Bereichen die Anregungen der *Winter-Gruppe*. So enthielt der Vorschlag insbesondere die von der Winter-Gruppe erarbeiteten Regelungen zur Bemessung der Gegenleistung im Rahmen eines Pflichtangebots, die Pflicht zur Veröffentlichung von Kapital- und Kontrollstrukturen sowie die Regelung zum Verfahren bei Squeeze-Out und Sell-Out.[72] Problematisch war jedoch weiterhin, dass der Vorschlag aus Sicht mehrerer Mitgliedstaaten keine einheitlichen Rahmenbedingungen schuf, was das im Auftrag des Europäischen Parlaments erstellte Gutachten der Professoren *Dauner-Lieb/Lamandini* bestätigte.[73] Aus diesem Grund stieß auch dieser Entwurf auf breite Ablehnung.[74]

Basierend auf portugiesischer und vorgeschlagen unter italienischer Ratspräsidentschaft, wurde ein weiterer Kompromissvorschlag durch die Kommission als unakzeptabel eingestuft, obwohl dieser sowohl bei den Mitgliedstaaten als auch im Europäischen Parlament auf große Zustimmung stieß. Nichts desto trotz erzielte der vorgelegte Entwurf die Zustimmung des Ministerrates[75], weshalb die Zustimmung der Kommission entbehrlich wurde.[76] Dies machte den Weg frei für die Annahme des Richtlinienvorschlags durch das Europäische Parlament im Jahre 2003. Die Richtlinie wurde schließlich im Jahr 2004 verabschiedet.[77]

Am 20.05.2004 trat die EU-Übernahmerichtlinie 2004/25/EG in Kraft, welche gemäß Artikel 21 Abs. 1 S. 1 der Übernahmerichtlinie binnen zwei Jahren in na-

---

70 Level Playing Field umschreibt einen Zustand, bei dem gleiche Ausgangsbedingungen für Unternehmensübernahmen innerhalb des Gebiets der Europäischen Gemeinschaft bestehen (vgl. hierzu *Zehetmeier-Müller/Zirngibl* in: Geibel/Süßmann, WpÜG, Einl., Das neue Übernahmerecht, Rn. 13).

71 *Pötzsch* in: Assmann/Pötzsch/Schneider, WpÜG, Einl. Rn. 88.

72 *Wiesner*, ZIP 2004, 343, 345; ausführlich hierzu *Pötzsch* in: Assmann/Pötzsch/Schneider, WpÜG, Einl. Rn. 94 f.

73 *Dauner-Lieb/Lamandini*, BB 2003, 265, 267.

74 *Wiesner*, ZIP 2002, 208 f.; *Wiesner*, ZIP 2002, 1967 f.

75 14 Ja-Stimmen, 1 Enthaltung (Spanien).

76 Art. 250 Abs. 1 EG-Vertrag a.F.

77 *Wiesner*, ZIP 2004, 343, 346.

tionales Recht umzusetzen war. Kernelement der Richtlinie ist das in Art. 5 Abs. 1 verankerte, obligatorische Pflichtangebot, das in den jeweiligen nationalen Regelungen vorzusehen ist.

Der langwierige Prozess zur Verabschiedung einer europaweiten Richtlinie bezüglich der Pflicht zur Abgabe eines Angebots an die übrigen Aktionäre zeigt, wie umstritten das Pflichtangebot bereits seinerzeit war.

2. Inhalt der Richtlinie

Ziel der Richtlinie 2004/25/EG (nachfolgend „Richtlinie“) war es, die nationalen Schutzbestimmungen für Gesellschaften, deren Wertpapiere an einem geregelten Markt zugelassen sind, in den einzelnen Mitgliedsstaaten gleich zu gestalten und so die Interessen der Wertpapierinhaber zu schützen. Es sollten Rahmenbedingungen geschaffen werden, innerhalb derer die Mitgliedsstaaten die notwendigen Schritte unternehmen sollten, um Wertpapierinhaber, insbesondere solche mit Minderheitsbeteiligung, nach einem Kontrollwechsel zu schützen.[78] Dementsprechend sollen Inhaber von Wertpapieren die Möglichkeit haben, den Bieter, der im Zuge eines Übernahmeangebots einen bestimmten Prozentsatz des stimmberechtigten Kapitals einer Gesellschaft erworben hat, zum Erwerb ihrer Wertpapiere verpflichten zu können.[79] Deshalb sieht Art. 5 der Richtlinie eine Pflicht zur Abgabe eines Angebots an die übrigen Aktionäre bei Erwerb einer kontrollierenden Beteiligung vor.

Zum Schutz der Minderheitsaktionäre soll ein Bieter demnach zur Abgabe eines Angebots verpflichtet sein, sofern er einen die Kontrolle begründenden Anteil an Stimmrechten der Gesellschaft hält.[80] Ein Angebot im Sinne der Richtlinie ist ein an die Inhaber der Wertpapiere einer Gesellschaft gerichtetes öffentliches Pflicht- oder freiwilliges Angebot zum Erwerb eines Teils oder aller dieser Wertpapiere, das sich an den Erwerb der Kontrolle der Zielgesellschaft im Sinne des einzelstaatlichen Rechts anschließt oder diesen Erwerb zum Ziel hat.[81] Den die Kontrolle begründenden prozentualen Anteil der Stimmrechte und die Art der Berechnung desselben legen die einzelnen Mitgliedsstaaten fest.[82]

78 Richtlinie 2004/25/EG, L 142/12.
79 Richtlinie 2004/25/EG, L 142/13.
80 Art. 5 Abs 1 der Richtlinie.
81 Art. 2 Abs. 1 a) der Richtlinie.
82 Art. 5 Abs. 3 der Richtlinie.

Die Verpflichtung zur Abgabe eines Angebots wird dahingehend eingeschränkt, dass eine solche nicht mehr besteht, wenn die Kontrolle aufgrund eines freiwilligen Angebots erlangt worden ist, das im Einklang mit den Regelungen der Richtlinie für Pflichtangebote allen Wertpapierinhabern für alle ihre Wertpapiere unterbreitet worden ist.[83]

Zur Angemessenheit der im Rahmen des Angebots anzubietenden Gegenleistung führt die Richtlinie aus, dass der höchste Preis gilt, der vom Bieter oder einer mit ihm gemeinsam handelnden Person in einem von den Mitgliedstaaten festzulegendem Zeitraum von mindestens sechs und höchstens zwölf Monaten vor dem Angebot gemäß Art. 5 Abs. 1 der Richtlinie für eine Aktie der Zielgesellschaft gezahlt worden ist (Vorerwerb).[84]

Ferner wird der sogenannte Parallelerwerb geregelt.[85] Danach muss der Bieter oder eine mit ihm gemeinsam handelnde Person beim Erwerb von Wertpapieren zu einem höheren Preis als dem Angebotspreis nach Bekanntmachung des Angebots und vor Ablauf der Annahmefrist sein Angebot mindestens auf den höchsten Preis erhöhen, der für die dergestalt erworbenen Wertpapiere gezahlt wurde.

Die Gegenleistung kann aus Wertpapieren, einer Geldleistung oder einer Kombination aus beidem bestehen.[86] Die Gegenleistung muss jedoch wahlweise eine Geldleistung umfassen, wenn die Wertpapiere nicht liquide sind[87] oder wenn der Bieter oder eine mit ihm gemeinsam handelnde Person innerhalb eines bestimmten Zeitraums Wertpapiere gegen Geldleistung erworben hat, die mindestens 5% der Stimmrechte an der Zielgesellschaft verleihen.[88] Dieser Zeitraum beginnt zu demselben Zeitpunkt wie der von den Mitgliedstaaten festgelegte Vorerwerbszeitraum und endet mit dem Ablauf der Annahmefrist.

---

83 Art. 5 Abs. 2 der Richtlinie.
84 Art. 5 Abs. 4 Unterabs. 1 S. 1 der Richtlinie.
85 Art. 5 Abs. 4 Unterabs. 1 S. 2 der Richtlinie.
86 Art. 5 Abs. 5 Unterabs. 1 der Richtlinie.
87 Art. 5 Abs. 5 Unterabs. 2 der Richtlinie.
88 Art. 5 Abs. 5 Unterabs. 3 der Richtlinie.

Den Mitgliedstaaten steht es hingegen frei, vorzuschreiben, dass in allen Fällen eines Pflichtangebots den Minderheitsaktionären zumindest wahlweise eine Geldleistung als Gegenleistung anzubieten ist.[89] Nach Ansicht von *Maul* führt dies zu erheblichen Konsequenzen, da der Bieter vor Abgabe des Übernahmeangebots dafür Sorge zu tragen habe, dass er über ausreichend liquide Mittel verfügt, um im Zweifel die Zielgesellschaft vollständig übernehmen zu können. Der Nachweis von ausreichend liquiden Mitteln sollte regelmäßig schwieriger sein, als der Nachweis von liquiden Aktien. Im Ergebnis würde dies zu einer Erschwerung von Übernahmen führen.[90]

II. Rechtslage nach WpÜG

In Deutschland regelt das WpÜG das Übernahmerecht sowie die Voraussetzungen für Übernahme- und Pflichtangebote.

1. Entstehungsgeschichte

Vor Inkrafttreten des WpÜG gab es in Deutschland kein Gesetz, durch welches öffentliche Angebote zum Erwerb von Wertpapieren und Unternehmensübernahmen geregelt wurden. Seit dem Jahre 1995 existierte lediglich ein Übernahmekodex der Börsensachverständigenkommission beim Bundesministerium für Finanzen (BSK)[91], mit dem eine freiwillige Selbstkontrolle von börsennotierten Aktiengesellschaften verfolgt wurde.[92] Allerdings wurde dieser unverbindliche Kodex nicht von allen börsennotierten Aktiengesellschaften anerkannt, weshalb er in der Praxis nur eingeschränkt zur Geltung kam.[93]

Das WpÜG ist am 01.01.2002 und somit vor Verabschiedung der Richtlinie in Kraft getreten. Die dann am 20.05.2004 in Kraft getretene Richtlinie, welche gemäß Artikel 21 Abs. 1 S. 1 binnen zwei Jahre in nationales Recht umzusetzen war, wurde durch das Übernahmerichtlinie-Umsetzungsgesetz mit Wirkung zum 13.07.2006 umgesetzt.[94] Allerdings enthielt die Richtlinie nur einzelne Abweichungen von den bereits national geltenden Normen des WpÜG. Denn das

---

[89] Art. 5 Abs. 5 Unterabs. 4 der Richtlinie.
[90] *Maul*, NZG 2005, 151, 156.
[91] abgedruckt in AG 1995, 572 ff.
[92] *Zehetmeier-Müller/Zirngibl* in: Geibel/Süßmann, WpÜG, Einleitung Rn. 1; *Noack/Zetzsche* in: Schwark/Zimmer, WpÜG, Einleitung Rn. 1.
[93] *Pöztsch/Möller*, WM 2000 Sonderbeilage 2, 13.
[94] BGBl. I 2006, S. 1426.

WpÜG wurde aufgrund der langwierigen Entwicklung der Richtlinie in Kenntnis der oben dargestellten Entwicklung auf europäischer Ebene und unter Berücksichtigung einer möglichen europäischen Übernahmerichtlinie verfasst[95], weshalb es daher weitgehend den Anforderungen der Richtlinie entsprach.[96] Hervorzuheben ist lediglich die Verlängerung des Referenzzeitraums für Vorerwerbe von drei auf sechs Monate gemäß § 31 Abs. 1 S. 2 WpÜG in Verbindung mit § 4 AngebotsVO.

Weitere Änderungen erfuhr das WpÜG durch das Transparenzrichtlinie-Umsetzungsgesetz (TUG)[97], das Risikobegrenzungsgesetz[98] sowie die Finanzmarktstabilisierungsgesetze[99]. Auch das FGG-Reformgesetz[100] sowie das Gesetz zur Umsetzung der Aktionärsrechterichtlinie (ARUG)[101] führten zu inhaltlichen Änderungen des WpÜG.

2. Zielsetzung

Das mit dem WpÜG verfolgte Ziel besteht nach Intention des deutschen Gesetzgebers darin, den Wirtschaftsstandort und den Finanzmarkt Deutschland auch im internationalen Vergleich zu stärken.[102] Insbesondere soll das WpÜG Leitlinien für ein faires und geordnetes Angebotsverfahren schaffen, ohne Unternehmensübernahmen zu fördern oder zu verhindern. Zugleich sollen die Information und Transparenz für die betroffenen Wertpapierinhaber und Arbeitnehmer durch das WpÜG verbessert werden. Ferner soll die rechtliche Stellung von Minderheitsaktionären bei Unternehmensübernahmen gestärkt und an international üblichen Standards orientiert werden.[103]

95 *Van Kann*, DStR, 2006, 328.
96 BT-Drs. 16/1003, S. 12.
97 BGBl. I 2007, S. 10.
98 BGBl. I 2008, S. 1666.
99 BGBl. I 2008, S. 1982 und BGBl. I 2009, S. 725.
100 BGBl. I 2008, S. 2586.
101 BGBl. I 2009, S. 2479.
102 Reg. Begr. BT-Drs. 14/7034, S. 1.
103 Reg. Begr. BT-Drs. 14/7034, S. 28; vgl. auch ausführlich dzau *Zinser,* NZG 2000, 573 f.; *Fleischer,* NZG 2002, 545, 546; *Ekkenga/Hofschroer*, DStR 2002, 768, 771; *Hasselbach* in: KölnKomm, WpÜG, § 35 Rn. 1, 6; *Meyer* in: Geibel/Süßmann, WpÜG, § 35 Rn. 1; *Hommelhoff/Witt* in: FrankfurterKomm, WpÜG, § 35 Rn. 1; *Fleischer/Kalss,* Wertpapiererwerbs- und Übernahmegesetz, S. 131; *Thaeter* in: Thaeter/Brandi, Öffentliche

Des Weiteren soll das WpÜG einerseits im Interesse eines funktionierenden Kapitalmarkts Anleger von börsennotierten Gesellschaften bei einem Übernahmeangebot vor Behinderungen durch den Vorstand der Zielgesellschaft schützen. Andererseits sollen die Allgemeinheit sowie die Arbeitnehmer und die Gläubiger im Zusammenhang mit feindlichen Übernahmen vor *Raidern* (engl. „Angreifer; Räuber; Plünderer“) geschützt werden.[104]

3. Anwendungsbereich WpÜG

Das WpÜG ist systematisch dem Kapitalmarktrecht zuzuordnen. Allerdings hat es Ausstrahlwirkung in zahlreiche benachbarte Rechtsgebiete wie das Aktien-, Konzern-, Umwandlungs- und Kartellrecht.[105] *von Falkenhausen* beschreibt das Pflichtangebot als „*Zwitter*“, da es als kapitalmarktrechtliches Instrument in der Sache den Zwecken des Konzernrechts diene.[106]

Der Anwendungsbereich des WpÜG erstreckt sich nach § 1 Abs. 1 WpÜG auf Angebote zum Erwerb von Wertpapieren, die von einer Zielgesellschaft ausgegeben wurden und zum Handel an einem organisierten Markt zugelassen sind. Diese in § 1 Abs. 1 WpÜG verwendeten Begriffe werden in § 2 WpÜG definiert. Demnach sind Angebote gemäß § 2 Abs. 1 WpÜG freiwillige oder auf Grund einer Verpflichtung nach dem WpÜG erfolgende Kauf- oder Tauschangebote zum Erwerb von Wertpapieren einer Zielgesellschaft. Nach § 2 Abs. 2 WpÜG zählen zu Wertpapieren, auch wenn für sie keine Urkunden ausgestellt sind, Aktien und mit diesen vergleichbare Wertpapiere und Zertifikate, die Aktien vertreten, sowie andere Wertpapiere, die den Erwerb von Aktien oder mit diesen vergleichbare Wertpapiere oder Zertifikate, die Aktien vertreten, zum Gegenstand haben. Mithin fallen unter das WpÜG Aktien, Zwischenscheine, Optionsanleihen, Optionsscheine, die ein Bezugsrecht gewähren sowie Wandel-

---

Übernahmen, Rn. 516; *Habersack* in: Emmerich/Habersack, Aktien- und GmbH-Konzernrecht, Vor § 311 Rn. 25.

[104] *Wackerbarth*, WM 2001, 1741, 1742.

[105] *Mülbert*, ZIP 2001, 1221, 1222 (differenzierend nach Übernahmeangebot (Kapitalmarktrecht) und Pflichtangebot (Aktienrecht)); *Fleischer*, NZG 2002, 545 ff.; *Krause/Pötzsch* in: Assmann/Pötzsch/Schneider, WpÜG, § 35 Rn. 32; *Meyer* in: Geibel/Süßmann, WpÜG, § 35 Rn. 3.

[106] *Von Falkenhausen*, ZHR 174 (2010), 293, 298.

schuldverschreibungen.[107] Unter Zertifikaten, die Aktien vertreten, sind insbesondere *American Depositary Receipts* (ADR)[108] zu verstehen.

Diese Wertpapiere müssen für die Anwendbarkeit des WpÜG ferner an einem organisierten Markt zugelassen sein. Darunter fällt in der Bundesrepublik Deutschland der regulierte Markt im Sinne von §§ 32 ff. BörsG. Ferner fallen darunter die geregelten Märkte innerhalb der Europäischen Wirtschaftsgemeinschaft, die in den Veröffentlichungen gemäß Art. 4 Abs. 1 Nr. 14 MiFID 2004/39/EG[109] genannt werden.

§ 2 Abs. 4 WpÜG definiert Bieter als „*natürliche oder juristische Personen oder Personengesellschaften, die allein oder gemeinsam mit anderen Personen ein Angebot abgeben, ein solches beabsichtigen oder zur Abgabe verpflichtet sind*". In der vorliegenden Ausarbeitung soll der Begriff des „*Bieters*" umfassend verwandt werden, auch wenn dogmatisch genau genommen ein Aktionär frühestens mit der Veröffentlichung seiner Absicht zur Abgabe eines Angebots nach dem WpÜG als Bieter zu qualifizieren ist.[110]

Der Begriff des Bieters ist weit zu verstehen, weshalb alle Formen von Personengesellschaften, Kapitalgesellschaften, Genossenschaften und juristischen Personen nach dem bürgerlichen und dem öffentlichen Recht erfasst sind.[111] Ausgenommen hiervon sind jedoch Gesellschaften des bürgerlichen Rechts, bei denen es sich um reine Innengesellschaften handelt.[112] Dies ist damit zu begrün-

---

107 Reg. Begr. BT-Drs. 14/7034 S. 34.

108 *Noack/Holzborn* in: Schwark/Zimmer, WpÜG, § 2 Rn. 15: ADR sind eine Kreation der Finanzmärkte, wonach von der Gesellschaft statt der Aktie ein oder mehrere Anteilscheine in Umlauf gebracht werden. Für Aktiengesellschaften mit Sitz in Deutschland, deren Anteile im hiesigen Börsenhandel notieren, ist diese Gestaltung bislang nicht üblich. (ausführlich hierzu 3. Teil, V, 2.).

109 Richtlinie 2004/39/EG des Europäischen Parlaments und des Rates vom 21. April 2004 über Märkte für Finanzinstrument.

110 § 35 WpÜG wird aufgrund der Verwendung des Begriffs „*Bieter*" für sprachlich verfehlt gehalten, da § 35 WpÜG erst die entsprechende Pflicht zur Veröffentlichung der Kontrollerlangung und zur Abgabe eines Angebots begründe: *Baums/Hecker* in: Baums/Thoma, WpÜG, § 35 Rn. 5; *Hommelhoff/Witt* in: FrankfurterKomm, WpÜG, § 68 Rn. 32.

111 *Wackerbarth* in: MüKo, WpÜG, § 2 Rn. 49; *Santelmann* in: Berliner Kommentar, WpÜG, § 2 Rn. 12; *Schüppen* in: FrankfurterKomm, WpÜG, § 2 Rn. 32; *Pötzsch/Favoccia* in: Assmann/Pötzsch/Schneider, WpÜG, § 2 Rn. 78 f.

112 *Baums/Hecker* in: Baums/Thoma, WpÜG, § 2 Rn. 101; *Angerer* in: Geibel/Süßmann, WpÜG, § 2 Rn. 11; *Versteggen* in: KölnKomm, WpÜG, § 2 Rn. 126, 128.

den, dass bei einer solchen im Außenverhältnis nicht die Gesellschaft selbst, sondern stets deren Hauptgesellschafter handelt.[113] Somit wird dieser durch sein Handeln berechtigt und verpflichtet, weshalb er und nicht die Innengesellschaft als Bieter im Sinne im Sinne des § 2 Abs. 4 WpÜG anzusehen ist.[114] Darüber hinaus können jedoch die weiteren Gesellschafter der Innengesellschaft, abhängig vom konkreten Einzelfall, als mit dem Bieter gemeinsam handelnde Personen im Sinne des § 2 Abs. 5 WpÜG anzusehen sein und somit ebenfalls dem WpÜG unterfallen. Aufgrund der weiten Begriffsauslegung können Bieter im Sinne eines Pflichtangebots nach § 2 Abs. 4 WpÜG auch natürliche Personen sein, die nach der gesetzlichen Definition des verbundenen Unternehmens in § 15 AktG keine Unternehmensqualität im Sinne des Konzernrechts besitzen.[115]

Die bei Einführung des WpÜG teilweise in der Literatur vertretene und von der Bundesanstalt für Finanzdienstleistungsaufsicht (BaFin) damals geteilte Ansicht, dass das WpÜG auch dann Anwendung finde, wenn die Zielgesellschaft eigene Aktien zurückerwerbe und somit Bieter und Zielgesellschaft in einer Person zusammen fallen,[116] dürfte seit Implementierung der Richtlinie im Jahre 2006 Rechtsgeschichte sein.[117] Denn im Rahmen der Gesetzgebung zu dem Übernahmerichtlinien-Umsetzungsgesetz wurde seitens der Bundesregierung darauf verwiesen, dass man mangels Informationsbedürfnis der Aktionäre die Einbeziehung von Rückerwerben für entbehrlich halte.[118] Im Zuge dessen hat auch die

---

113 *Ulmer/Schäfer* in: MüKo, BGB, § 705 Rn. 284.

114 so auch *Baums/Hecker* in: Baums/Thoma, WpÜG, § 2 Rn. 101; *Angerer* in: Geibel/Süßmann, WpÜG, § 2 Rn. 11.

115 *Wackerbarth* in: MüKo, WpÜG, § 2 Rn. 49; *Baums/Hecker* in: Baums/Thoma, WpÜG, § 2 Rn. 95; *Hopt* ZHR 166 (2002), 383, 396; zur Definition des verbundenen Unternehmens nach § 15 AktG vgl. *Hirschmann* in: Hölters, AktG, § 15 Rn. 1 f.

116 für die Anwendung des WpÜG damals: BaFin-Jahresbericht 2002, Teil A, S. 172; *Fleischer/Körber*, BB 2001, 2589, 2589; *Paefgen*, ZIP 2002, 1509, 1513 f.; *Fleischer*, NZG 2002, 545, 546; *Lenz/Linke*, AG 2002, 420 f.; *Santelmann* in: Steinmeyer/Häger, 1. Aufl. 2004, § 1 Rn. 9; *Pötzsch* in: Assmann/Pötzsch/Schneider, 1. Aufl. 2005, WpÜG, § 2 Rn. 40 f.;
gegen die Anwendbarkeit des WpÜG damals: *Angerer* in: Geibel/Süßmann, WpÜG, 1. Aufl. 2002, § 1 Rn. 99f, 102; *Pötzsch/Favoccia* in: Assmann/Pötzsch/Schneider, WpÜG, § 2 Rn. 40 f.; *Hüffer*, AktG, § 71 Rn. 19l; *Koch*, NZG 2003, 61 f.; *Versteegen* in: KölnKomm, 1. Aufl. 2003, WpÜG, § 1 Rn. 22; *Noack/Holzborn* in: Schwark/Zimmer, WpÜG, § 1 Rn. 11; *Süßmann*, AG 2002, 424 f.

117 *Santelmann* in: Berliner Kommentar, WpÜG, § 1 Rn. 9; *Noack/Holzborn* in: Schwark/Zimmer, WpÜG, § 1 Rn. 11.

118 BT-Drs. 16/1003, S. 17.

BaFin ihre Verwaltungspraxis geändert.[119] Der Rückerwerb von eigenen Aktien der Zielgesellschaft führt demnach nicht zur Anwendbarkeit des WpÜG und demnach auch nicht zu einer Angebotspflicht der Zielgesellschaft selbst.

4. Kontrollerwerbsschwelle

Nach dem Vorgänger des WpÜG, dem unverbindlichen Übernahmekodex, war der Bieter zur Abgabe eines Angebots verpflichtet, wenn er mindestens 75% der Stimmrechte des vertretenen Kapitals in den letzten drei ordentlichen Hauptversammlungen inne gehabt hätte.[120] Auf die Überschreitung eines bestimmten Schwellenwertes kam es in dieser Konstellation nach dem Übernahmekodex nicht an. Somit war für die Frage, ob der Bieter ein Pflichtangebot abzugeben hatte, zu ermitteln gewesen, wie hoch die jeweiligen Hauptversammlungspräsenzen der vergangenen drei Jahre gewesen sind und ob die jeweilige, vom Bieter gehaltene Beteiligung eine ¾ Mehrheit begründet hätte.

Für die Aufnahme einer derartigen Lösung in das WpÜG hat, zumindest in ähnlicher Form, auch die Börsensachverständigenkommission (BSK) in ihrer Stellungnahme zur künftigen Regelung von Unternehmensübernahmen im Jahre 1999 plädiert. Danach sollte eine Kontrollposition eines Aktionärs auch dann anzunehmen sein, wenn er unter Berücksichtigung der vergangenen Hauptversammlungspräsenzen relativ über mehr als 50% der Stimmrechte verfügte, jedoch absolut weniger als 30% des stimmberechtigten Kapitals hielt. Es kam nach diesem Vorschlag nur darauf an, dass der Bieter einen tatsächlich beherrschenden Einfluss im Rahmen der Hauptversammlung ausüben konnte, nicht aber auf das Überschreiten einer anderen prozentualen Schwelle. Die BSK wollte mit dieser Regelung explizit eine einzelfallgerechte Lösung unter Berücksichtigung der Hauptversammlungspräsenzen jeder einzelnen Gesellschaft schaffen, anstatt die Kontrollerwerbsschwelle anhand eines starren Prozentwertes auszumachen.[121]

---

[119] Bekanntmachung der BaFin vom 09. August 2006 (abrufbar unter www.bafin.de/bekanntmachungen/060809.htm).

[120] Art. 16 Übernahmekodex vom 14. 7. 1995 i.d.F. vom 28. 11.1997 (abgedruckt in NZG 2000, 390).

[121] Börsensachverständigenkommission beim Bundesministerium der Finanzen, "Standpunkte der Börsensachverständigenkommission zur künftigen Regelung von Unternehmensübernahmen", Februar 1999, S. 14.

Nach Art. 5 Abs. 3 der Richtlinie hat der jeweilige nationale Gesetzgeber jedoch festzulegen, ab welchem prozentualen Anteil der Stimmrechte an der Zielgesellschaft die Kontrolle über diese begründet ist. Der deutsche Gesetzgeber hat deshalb entsprechend den europäischen Vorgaben einen prozentualen Anteil der Stimmrechte festgelegt und in § 29 Abs. 2 WpÜG normiert, dass Kontrolle das Halten von mindestens 30% der Stimmrechte an der Zielgesellschaft ist.

Nach dem eindeutigen Wortlaut von § 29 Abs. 2 WpÜG handelt es sich um einen formellen Kontrollbegriff, der sich ausschließlich an der objektiven Voraussetzung des Haltens von 30% der Stimmrechte der Zielgesellschaft orientiert.[122] Nicht entscheidend ist demnach, ob das Erreichen der 30%-Schwelle auch die faktische Kontrolle über die Zielgesellschaft darstellt oder nach Ansicht des Bieters darstellen soll.[123] Sollte eine kontrollierende Beteiligung jedoch trotz des Überschreitens der Kontrollerwerbsschwelle nicht vorliegen, ist eine Befreiung nach § 37 Abs. 1 WpÜG in Verbindung mit § 9 AngebotsVO möglich.[124] Die Kontrollerwerbsschwelle von 30% orientiert sich nach der Begründung des Gesetzgebers an den Regelungen in anderen europäischen Staaten. So sähen Frankreich, Italien, Österreich, die Schweiz und das Vereinigte Königreich Schwellen von 30% oder 1/3 der Stimmrechte vor. Darüber hinaus, so die Gesetzesbegründung, zeigten auch die Präsenzen in den Hauptversammlungen börsennotierter deutscher Unternehmen, dass mit einer Beteiligung von 30% an dem Unternehmen in den meisten Fällen eine Hauptversammlungsmehrheit bestehe. Durch eine niedrigere Kontrollschwelle (z. B. 25%) würde den Unternehmen auf Grund der Regelung über Pflichtangebote die Möglichkeit genommen, gesellschaftsrechtliche Minderheitsbeteiligungen zu erwerben. Gegen eine höhere Kontrollschwelle sprächen der internationale Vergleich und - wie erwähnt - die in der Praxis bestehenden Hauptversammlungspräsenzen.[125]

---

122 ausführlich zum Kontrollbegriff *Cahn, Der Kontrollbegriff des WpÜG,* in: 10 Jahre WpÜG, ZHR Beiheft 2011, S. 77 ff.

123 *ArbG Stuttgart,* Beschl. v. 29.04.2008 = BeckRS 2008, 55726; *Verse*, NZG 2009, 1331, 1333; *Diekmann* in: Baums/Thoma, WpÜG, § 29 Rn. 37; *Steinmeyer* in: Berliner Kommentar, § 29 Rn. 12; *Noack* in: Schwark/Zimmer, WpÜG, § 29 Rn. 30; *Thoma,* NZG 2002, 105, 111.

124 bei gleichbleibender Kontrolle im Rahmen einer Verschmelzung greift § 35 WpÜG nicht ein: *Burg/Braun*, AG 2009, 22 ff.

125 Reg. Begr. BT-Dr 14/7034, S. 53.

5. Gleichbehandlungsgrundsatz

Das Übernahmerecht basiert auf dem in § 3 Abs. 1 WpÜG normierten Gleichbehandlungsgrundsatz, wonach Inhaber von Wertpapieren der Zielgesellschaft, die derselben Gattung angehören, gleich zu behandeln sind. Der Gleichbehandlungsgrundsatz stellt das zentrale Element des Übernahmerechts dar und wird verschiedentlich auch als „*Magna Charta des Übernahmerechts*" betitelt.[126] Durch die gesetzlich geforderte Gleichbehandlung soll ein „faires" Angebotsverfahren ermöglicht und dadurch zugleich die Attraktivität von Investitionen in die Zielgesellschaft gefördert werden.[127]

Der übernahmerechtliche Gleichbehandlungsgrundsatz geht, wie *Beckmann* zutreffend ausführt, über den aktienrechtlichen Gleichbehandlungsgrundsatz des § 53a AktG hinaus und findet deshalb neben diesem Anwendung.[128] Denn § 53a AktG dient dem Schutz der Mitgliedschaft des Aktionärs[129] vor Eingriffen der Gesellschaftsorgane Vorstand und Aufsichtsrat sowie insbesondere der Hauptversammlung, die nicht den einen Teil der Aktionäre hinter den anderen Teil zurücksetzen darf, es sei denn, eine Ungleichbehandlung ist sachlich berechtigt und nicht willkürlich.[130] Dieser Gleichbehandlungsgrundsatz stellt ein Instrument der Einwirkungskontrolle dar und dient dem Schutz des einzelnen Aktionärs.[131] Der Gleichbehandlungsgrundsatz bindet jedoch ausschließlich die Aktiengesellschaft bzw. nach § 278 Abs. 3 AktG die Kommanditgesellschaft auf Aktien als Normadressat, nicht aber einzelne Aktionäre[132] und deshalb erst Recht keinen außenstehenden Dritten wie den Bieter nach dem WpÜG, welcher nicht zwangsläufig bereits Mitaktionär sein muss.[133] Der übernahmerechtliche Gleichbehandlungsgrundsatz des WpÜG richtet sich deshalb an den Bieter und hat damit einen von dem in § 53a AktG festgelegten Gleichbehandlungsgrund-

---

126 *Schwennicke* in: Geibel/Süßmann, WpÜG, § 3 Rn. 3; *Baums/Hecker* in: Baums/Thoma, WpÜG, § 3 Rn. 4; *Habersack*, ZIP 2003, 1123, 1124; *Roos*, WM 1996, 2177, 2182; *Berger*, ZIP 1991, 1644, 1651; *Krause*, WM 1996, 845, 893.

127 *Versteegen* in: KölnKomm, WpÜG, § 3 Rn. 11, 12; *Baums/Hecker* in: Baums/Thoma, WpÜG, § 3 Rn. 4.

128 *Beckmann* in: Beckmann/Kersting/Mielke, S. 13 Rn. A 40.

129 *Drygala* in: KölnKomm, AktG, § 53a Rn. 1, 9.

130 *BGH*, Urt. v. 06.10.1960 = BGHZ 33, 175, 186; *BGH*, Urt. v. 19.12.1977 = BGHZ 70, 117, 121.

131 *Hüffer*, AktG, § 53a Rn. 4.

132 *Bungeroth* in: MüKo, AktG, § 53a Rn. 5 m.w.N.

133 bezüglich der Reichweite des Gleichbehandlungsgrundsatzes auch *Rieder*, GWR 2009, 392.

satz abweichenden Normadressat. Andererseits bindet der übernahmerechtliche Gleichbehandlungsgrundsatz aufgrund des vorhandenen aktienrechtlichen Gleichbehandlungsgrundsatzes nicht den Vorstand und Aufsichtsrat und aufgrund des grundgesetzlich normierten Gleichbehandlungsgrundsatzes aus Art. 3 GG auch nicht die BaFin als Körperschaft des öffentlichen Rechts.[134]

6. Angebotsarten

Das WpÜG beinhaltet drei von einander abzugrenzende Angebotsarten und lässt sich aufgrund seiner Systematik hinsichtlich der verschiedenen Angebotsarten in drei Teile unterteilen. Unterschieden wird dabei zwischen obligatorischen Pflichtangeboten sowie freiwilligen Angeboten, die sich wiederum in freiwillige Angebote mit und ohne Kontrollerwerb unterteilen lassen.[135] Darin besteht ein wesentlicher Unterschied zum bisherigen, unverbindlichen Übernahmekodex, der nur zwischen zwei Angebotsarten, dem freiwilligem Übernahmeangebot sowie dem Pflichtangebot, differenzierte.[136]

In einem ersten Teil (3. Abschnitt des WpÜG) wird das freiwillige öffentliche Angebot geregelt, welches nicht auf den Erwerb einer kontrollierenden Beteiligung gerichtet ist. Zugleich statuiert dieser Abschnitt Grundregeln, die auf alle Angebotsarten des WpÜG Anwendung finden. Den zweiten Teil (4. Abschnitt des WpÜG) bilden die freiwilligen öffentlichen Angebote, die auf den Erwerb der Kontrolle an der Zielgesellschaft gerichtet sind, für die sodann zusätzliche, besondere Anforderungen gelten. Im dritten Teil (5. Abschnitt des WpÜG) stellt das Gesetz weitere Anforderungen auf, die im Anschluss an das Überschreiten der Kontrollerwerbsschwelle für ein öffentliches Angebot zu beachten sind. Das WpÜG lässt sich daher in das Erwerbsangebot (Abschnitt 3), das Übernahmeangebot (Abschnitte 3 und 4) sowie das Pflichtangebot (Abschnitte 3, 4 und 5) un-

---

[134] *Baums/Hecker* in: Baums/Thoma, WpÜG, § 3 Rn. 5; *Stephan* in: Assmann/Pötzsch/Schneider, WpÜG, § 3 Rn. 8; *Versteegen* in: KölnKomm, WpÜG, § 3 Rn. 16; *Schüppen* in: FrankfurterKomm, WpÜG, § 3 Rn. 6; *Noack/Holzborn* in: Schwark/Zimmer, WpÜG § 3 Rn. 4; a.A. *Wackerbarth* in: MüKo, WpÜG, § 3 Rn. 5 der auch Vorstand und der Aufsichtsrat der Zielgesellschaft sowie die BaFin in den Gleichbehandlungsgrundsatz einbezogen sieht; zustimmend *Schwennicke* in: Geibel/Süßmann, WpÜG, § 3 Rn. 3.

[135] vgl. auch *Buck-Heeb*, § 14 Rn. 627.

[136] Übernahmekodex der Börsensachverständigenkommission beim Bundesministerium der Finanzen vom 15. Juli 1995 mit Änderung zum 01.01.1998 (abgedruckt in *Fleischer/Kalss*, Wertpapiererwerbs- und Übernahmegesetz, S. 201.).

terteilen. Soweit nichts anderes bestimmt ist, gelten die Vorschriften des jeweils vorangegangenen Abschnitts auch für die ihm nachfolgenden Abschnitte.[137]

a) Erwerbsangebot

Das Erwerbsangebot nach §§ 10-28 WpÜG bildet den Grundfall des WpÜG. Es handelt sich hierbei um ein freiwilliges Angebot zum Erwerb von Wertpapieren, die von der Zielgesellschaft ausgegeben wurden. Die Abgabe sowie die Ausgestaltung des Erwerbsangebots orientieren sich nicht an gesetzlichen Normierungen, sondern hängen ausschließlich von der Entscheidung des Bieters ab.[138] Entscheidender Unterschied zwischen einem Erwerbs- und einem Übernahmeangebot ist, dass mit Abgabe des Erwerbsangebots nicht die Erlangung der Kontrolle über die Zielgesellschaft im Sinne des § 29 Abs. 2 WpÜG beabsichtigt ist.

Es kann bei Erwerbsangeboten weiter differenziert werden zwischen Einstiegs- und Aufstockungsangeboten.[139] Von ersterem ist die Rede, wenn ein Erwerbsangebot unterhalb der gesetzlich normierten Kontrollerwerbsschwelle abgegeben wird und diese mit dem Angebot auch nicht überschritten werden soll. Um ein Aufstockungsangebot handelt es sich hingegen, wenn die Kontrollerwerbsschwelle bereits zuvor überschritten wurde und im Anschluss die Beteiligung durch ein öffentliches Angebot aufgestockt werden soll.

Nach § 10 Abs. 1 S. 1 WpÜG hat der Bieter seine Entscheidung zur Abgabe eines Angebots unverzüglich zu veröffentlichen. Nach der Begründung des Gesetzgebers ist es Sinn und Zweck dieser Regelung, die Öffentlichkeit frühzeitig über marktrelevante Daten zu informieren, um damit das Ausnutzen von Spezialwissen zu verhindern.[140] Vor der Veröffentlichung hat der Bieter seine Entscheidung zur Abgabe eines Angebotes den Geschäftsführungen der Börsen, an denen die Wertpapiere des Bieters und der Zielgesellschaft sowie Derivate auf diese zum Handel zugelassen sind, sowie der BaFin mitzuteilen, § 10 Abs. 2 S. 1 WpÜG. Im Anschluss hat der Bieter seine Entscheidung nach § 10 Abs. 3 S. 1 WpÜG durch Bekanntgabe im Internet sowie *„über ein elektronisch betriebenes*

---

137 *Steinmeyer* in: Berliner Kommentar, WpÜG, Einl. Rn. 29, der dieses Prinzip im materiell-rechtlichen Teil als „Baukastenprinzip" bezeichnet.

138 *Nack/Holzborn* in: Schwark/Zimmer, WpÜG, § 10 Rn. 6; *Wackerbarth* in: MüKo, WpÜG, § 10 Rn. 6.

139 *Liebscher*, ZIP 2001, 853, 857.

140 Reg. Begr. BT-Drs. 14/7034, S. 39.

Informationsverbreitungssystem, das bei Kreditinstituten, Finanzdienstleistungsinstituten, nach § 53 Abs. 1 des Gesetzes über das Kreditwesen tätigen Unternehmen, anderen Unternehmen, die ihren Sitz im Inland haben und an einer inländischen Börse zur Teilnahme am Handel zugelassen sind, und Versicherungsunternehmen weit verbreitet ist", zu veröffentlichen. Hierunter fallen beispielsweise die elektronischen Informationsverbreitungssysteme von *Reuters* oder *Bloomberg* sowie der *Vereinigten Wirtschaftsdienste* (VWD).[141] Diese Veröffentlichung nach Abs. 3 S. 1 hat der Bieter gemäß § 10 Abs. 4 S. 1 WpÜG dann wiederum den Geschäftsführungen der in § 10 Abs. 2 S. 1 WpÜG genannten Börsen sowie der BaFin zu übersenden. In einem letzten Schritt teilt der Bieter unverzüglich im Anschluss an die Veröffentlichung nach § 10 Abs. 3 S. 1 WpÜG seine Entscheidung zur Abgabe eines Angebots dem Vorstand der Zielgesellschaft mit, § 10 Abs. 5 S. 1 WpÜG.

§ 10 WpÜG ist der Ad-hoc-Publizitätspflicht des § 15 WpHG, der die Veröffentlichung und Mitteilung von Insiderinformationen regelt, nachgebildet und geht dieser vor, § 10 Abs. 6 WpÜG.[142] Nach *Schwark* handelt es sich bei § 10 WpÜG um einen gesetzlich geregelten Spezialfall der Ad-hoc-Publizität.[143] Aufgrund dessen, dass bereits die Entscheidung zur Abgabe eines Angebots unverzüglich zu veröffentlichen ist, soll die Manipulation des Marktes durch Insidergeschäfte verhindert werden. Durch die Entscheidung zur Abgabe des Angebots wird jedoch keine *„Pflicht zum Durchmarsch"* begründet, sondern vielmehr kann das Angebot ohne zivilrechtliche Folgen wieder zurückgenommen werden.[144]

b) Übernahmeangebot

aa) Allgemeines

Das Übernahmegebot stellt einen Sonderfall des Erwerbsangebots dar. Es gelten hierfür die Vorschriften über das Erwerbsangebot, modifiziert durch die speziellen, zwingenden Regelungen der §§ 29-34 WpÜG.

---

[141] *Thoma* in: Baums/Thoma, WpÜG, § 10 Rn. 89; *Geibel* in: Geibel/Süßmann, WpÜG, § 10 Rn. 73.

[142] Reg. Begr. BT-Drs. 14/7034, S. 39.

[143] *Noack/Holzborn* in: Schwar/Zimmer, WpÜG, § 10 Rn. 5.

[144] *Assmann* in: Assmann/Pötzsch/Schneider, WpÜG, § 10 Rn. 50; *Hirte* in: KölnKomm, WpÜG, § 10 Rn. 19 ff.; *Noack/Holzborn* in: Schwark/Zimmer, WpÜG, § 10 Rn. 2; a.A. *Thaeter* in: Thaeter/Brandi, WpÜG, Rn. 65.

Die unverzügliche Veröffentlichungspflicht wie bei Abgabe eines Erwerbsangebots gilt auch im Rahmen eines Übernahmeangebots. Maßgebender Zeitpunkt für die Veröffentlichung eines Übernahmeangebots ist auch hier die Entscheidung des Bieters, §§ 34, 10 Abs. 1 S. 1 WpÜG.

Um ein Übernahmeangebot handelt es sich immer dann, wenn das freiwillige öffentliche Angebot auf Erlangung der Kontrolle an der Zielgesellschaft gerichtet ist, § 29 Abs. 1 WpÜG. Dies ist der Fall, wenn es aufgrund der Anzahl der mit dem Angebot angesprochenen Aktionäre möglich erscheint, dass der Bieter nach Annahme des Angebots durch die außenstehenden Aktionäre[145] und unter Berücksichtigung seiner bereits gehaltenen Stimmrechte sowie der ihm nach § 30 WpÜG zuzurechnenden Stimmrechte die Kontrollerwerbsschwelle überschreitet.[146] Bezüglich der Möglichkeit des Überschreitens der Kontrollerwerbsschwelle und somit der Qualifizierung des Angebots als Übernahmeangebot kommt es lediglich auf die objektive Möglichkeit an, dass durch das Angebot eine kontrollierende Beteiligung im Sinne des WpÜG erlangt werden kann. Auf die subjektive Einschätzung des Bieters, also ob die Kontrollerlangung gewollt ist, kommt es hingegen nicht an, da der Schutz der Aktionäre durch die Regeln des Übernahmeangebots unabhängig von der subjektiven Einschätzung des Bieters besteht.[147]

---

145 Der Begriff des „*außenstehenden Aktionärs*“ kommt aus dem Aktienrecht im Rahmen der Behandlung von Beherrschungs- und Gewinnabführungsverträgen. Außenstehende Aktionäre sind im Grundsatz alle Aktionäre der Gesellschaft mit Ausnahme des anderen Vertragsteils und derjenigen Aktionäre, die aufgrund rechtlich fundierter wirtschaftlicher Verknüpfung mit dem anderen Vertragsteil von der Gewinnabführung unmittelbar oder mittelbar in ähnlicher Weise profitieren wie dieser (vgl. *BGH,* Urt. v. 8.5.2006 = NJW 2006, 3146, 3147). Der Begriff des außenstehenden Aktionärs wird im Übernahmerecht für die Aktionäre der Zielgesellschaft verwendet, die im Rahmen eines Übernahme- oder Pflichtangebots nicht Bieter oder eine mit diesem gemeinsam handelnde Person sind.

146 Reg. Begr. BT-Drs. 14/7034, S. 53; zum „Acting in Concert“ beim Aktienerwerb siehe *Oechsler*, ZIP 2011, 449 ff.; zur Problematik der Zurechnung bei minderjährigen Aktionären siehe *Leuering*, NZG 2010, 1285 ff.

147 *Nack/Holzborn* in: Schwark/Zimmer, WpÜG, § 29 Rn. 4; *von Bülow* in: KölnKomm, WpÜG, § 29 Rn. 45; *Haarmann* in: FrankfurterKomm, WpÜG, § 29 Rn. 20; *Oechsler* in: Ehricke/Ekkenga/Oechsler, WpÜG, § 29 Rn. 2; *Assmann* in: Assmann/Pötzsch/Schneider, WpÜG, § 29 Rn. 4; *Diekmann* in: Baums/Thoma, WpÜG, § 29 Rn. 20.

bb) Tatsächliche Kontrolle

Die Frage, ob ein Angebot anhand der objektiven Kriterien als Erwerbsangebot oder als Übernahmeangebot zu beurteilen ist, ist im Wege einer *ex-ante* Prognose zu beantworten.[148] Es kommt also darauf an, ob die Beteiligung des Bieters bei einer Annahme des Angebots in dem vom Bieter beabsichtigten Umfang durch alle angesprochenen Aktionäre sowie unter Berücksichtigung der bereits vom Bieter gehaltenen Stimmrechte die Kontrollerwerbsschwelle nach § 29 Abs. 2 WpÜG überschreiten würde.[149] Unerheblich ist, ob die Kontrollerwerbsschwelle von 30% im Sinne des § 29 Abs. 2 WpÜG in Folge des Übernahmeangebots auch tatsächlich überschritten wird.[150] Nicht maßgeblich ist ferner, ob unabhängig von dem Erreichen der formalen Schwelle im Sinne des § 29 Abs. 2 WpÜG auch Kontrolle im materiellen Sinne, also die Möglichkeit zur faktischen Ausübung von Kontrolle auf den Hauptversammlungen, erlangt wurde.[151] Denn nach dem eindeutigen Willen des Gesetzgebers ist bei der Berechnung der prozentualen Höhe der Stimmrechte und der Kontrollschwelle jeweils auf die absolute Zahl der Stimmrechte und gerade nicht auf die Hauptversammlungspräsenzen der jeweiligen Gesellschaft abzustellen.[152]

c) Pflichtangebot

Für das Pflichtangebot gelten neben den allgemeinen Vorschriften nach §§ 10 ff. WpÜG sowie den für das Übernahmeangebot ergänzenden Vorschriften der §§ 29 ff. WpÜG zusätzlich die Sonderregeln der §§ 35-39 WpÜG. Demnach ist ein Pflichtangebot ein zwingendes, öffentliches Angebot, welches vom Bieter abzugeben ist, wenn dieser die Kontrolle über die Zielgesellschaft erlangt hat, § 35 Abs. 2 WpÜG. Die Erlangung der Kontrolle ist zuvor nach § 35 Abs. 1 WpÜG zu veröffentlichten.

---

148 *von Bülow* in: KölnKomm, WpÜG, § 29 Rn. 44; *Assmann* in: Assmann/Pötzsch/Schneider, WpÜG, § 29 Rn. 4; *Noack* in: Schwark/Zimmer, WpÜG, § 29 Rn. 5; *Oechsler* in: Ehricke/Ekkenga/Oechsler, WpÜG, § 29 Rn. 2.

149 Reg. Begr. BT-Drs. 14/7034, S. 53.

150 *Wackerbarth* in: MüKo, WpÜG, § 29 Rn. 17; *Süßmann* in: Geibel/Süßmann, WpÜG, § 29 Rn. 6.

151 *Diekmann* in: Baums/Thoma, WpÜG § 29 Rn. 21; *Steinmeyer* in: Berliner Kommentar, WpÜG, § 29 Rn. 6; *Geibel* in: Geibel/Süßmann, WpÜG, § 29 Rn. 5; *von Bülow* in: KölnKomm, WpÜG, § 29 Rn. 44.

152 Reg. Begr. BT-Drs. 14/7034, S. 53.

aa) Veröffentlichungspflicht, § 35 Abs. 1 WpÜG

Wenn ein Aktionär die Kontrollerwerbsschwelle des § 29 Abs. 2 WpÜG überschritten hat, hat dieser nach § 35 Abs. 1 S. 1 WpÜG in Verbindung mit § 10 Abs. 3 S. 1 und 2 WpÜG diese Kontrollerlangung unverzüglich, spätestens aber innerhalb von sieben Kalendertagen, zu veröffentlichen. Die Vorschriften des § 10 Abs. 2, Abs. 3 S. 3 und Abs. 4 bis 6 WpÜG hinsichtlich der Reihenfolge der Veröffentlichung gelten nach § 35 Abs. 1 S. 4 WpÜG entsprechend. Maßgebender Zeitpunkt für die Pflicht zur Veröffentlichung ist der Zeitpunkt der Kontrollerlangung. Die Frist zur Veröffentlichung beginnt gemäß § 35 Abs. 1 S. 2 WpÜG mit dem Zeitpunkt, zu dem der Bieter Kenntnis davon hat oder nach den Umständen haben musste, dass er die Kontrolle im Sinne des WpÜG über die Zielgesellschaft erlangt hat.

Da es sich bei § 29 Abs. 2 WpÜG um einen formellen Begriff handelt, ist nach zutreffender Ansicht nicht zu differenzieren, ob die Stimmrechte nur für eine kurze Dauer gehalten werden.[153] Hätte der Gesetzgeber das kurzzeitige Halten von Stimmrechten ausklammern wollen, hätte es einer entsprechenden Einschränkung, wie beispielsweise beim Erwerb eigener Aktien im Rahmen von § 71 Abs. 1 Nr. 7 AktG, wonach explizit auf den Handelsbestand *„am Ende jeden Tages“* abzustellen ist, bedurft.[154] Die Gegenansicht, wonach das Halten der Stimmrechte über zumindest eine gewisse Dauer verlangt wird, da es ansonsten an einem Schutzbedürfnis der außenstehenden Aktionäre fehle,[155] vermag nicht zu überzeugen. Denn wie das *OLG Frankfurt* richtiger Weise ausführt, bestünde ansonsten eine erhebliche Missbrauchsgefahr, dass der Bieter sich den Pflichten des § 35 WpÜG entziehen könnte.[156] Vielmehr ist es Sache der BaFin, in Fällen des unbeabsichtigten und kurzfristigen Überschreitens der Kontrollerwerbsschwelle von den Pflichten des § 35 WpÜG entsprechend § 37 WpÜG i.V.m. § 9 S. 1 Nr. 6 AngebotsVO zu befreien. Gerade diese Befreiungsmöglichkeit deutet darauf hin, dass es bei der formalen Schwelle des § 29 Abs. 2 WpÜG nicht auf die Dauer des Haltens ankommt. Vielmehr liegt es in der Natur der Sa-

---

[153] *Haarmann* in: FrankfurterKomm, WpÜG, § 29 Rn. 26; *Noack* in: Schwark/Zimmer, WpÜG, § 29 Rn. 24; *Diekmann* in: Baums/Thoma, § 29 Rn. 43; *Krause/Pötzsch* in: Assmann/Pötzsch/Schneider, WpÜG, § 35 Rn. 74.

[154] *Von Bülow* in: KölnKomm, WpÜG, § 29 Rn. 140.

[155] so aber *Süßmann* in: Geibel/Süßmann, WpÜG, § 29 Rn. 18 f.

[156] *OLG Frankfurt*, Urt. v. 14.11.2006 = NZG 2007, 533.

che, dass der Normierung von formalen Kritierien eine grob typisierende Betrachtungsweise zugrunde liegt.

bb) Angebotspflicht, § 35 Abs. 2 WpÜG

Nach erfolgter Veröffentlichung der Kontrollerlangung ist ein Pflichtangebot an alle außenstehenden Aktionäre nach § 35 Abs. 2 WpÜG abzugeben.

Wie bereits erwähnt, stellt die Pflicht zur Abgabe eines öffentlichen Angebots einen erheblichen Eingriff in die Privatautonomie des Bieters dar.[157] Denn jeder Aktionär, der eine Mehrheitsbeteiligung an einer börsennotierten Aktiengesellschaft anstrebt und dabei die Schwelle des § 29 Abs. 2 WpÜG überschreitet, muss damit rechnen, alle Anteile seiner Mitaktionäre zu übernehmen und somit 100% des Unternehmens erwerben zu müssen. Der hinter dieser Pflicht stehende Zweck ist darin zu sehen, dass durch die veränderten Beherrschungsverhältnisse an der Gesellschaft sich für die außenstehenden Aktionäre eine Veränderung der Geschäftsgrundlage bezüglich ihrer ursprünglichen Investitionsentscheidung ergibt.[158] Darüber hinaus werden wiederum die außenstehenden Aktionäre durch die veränderten Kontrollverhältnisse in ihrer von Verfassungs wegen geschützten Privatautonomie beeinträchtigt, da diese zum Verbleib in einer Gesellschaft, in der sie ein faktisch wertloses Stimmrecht besitzen, gezwungen werden, ohne dass ihnen der Ausstieg zu angemessenen, mithin nicht durch den Kontrollwechsel beeinflussten Bedingungen ermöglicht wird. Des Weiteren kann durch die Erlangung der Kontrolle eine Änderung der Geschäftspolitik sowie eine Änderung der Ausrichtung des Unternehmens einhergehen, die wiederum eine Gewinn- und Vermögensverlagerung zur Folge[159] oder Auswirkungen auf die Ertragslage und somit auf die übrigen Aktionäre haben kann.[160] Zur Stärkung der außenstehenden Aktionäre bei einem Kontrollerwerb sah sich der Gesetzgeber aus Gründen des Minderheitenschutzes veranlasst, ein Pflichtangebot im Sinne des § 35 WpÜG einzuführen und dem Minderheitsaktionär dadurch einen Ausstieg aus der Gesellschaft zu ermöglichen, der nicht faktisch dadurch verhindert

---

[157] *Altmeppen*, ZIP 2001, 1073, 1081; *Letzel*, BKR 2002, 293, 294; *Kallmeyer*, ZHR 161 (1997), 435, 436.

[158] *Verse*, NZG 2009, 1331, 1332; *Fleischer*, NZG 2002, 545, 549; *Kleindiek*, ZGR 2002, 546, 558; *Noack/Zetsche* in: Schwark/Zimmer, WpÜG, Einl. WpÜG Rn. 9.

[159] *Schlitt/Ries* in: MüKo, WpÜG, § 35 Rn. 5; *Cahn/Senger*, FB 2002, 277, 290.

[160] *Liebscher*, ZIP 2001, 853, 866.

werden soll, dass bei einem etwaigen massenhaften Verkauf der Beteiligungen der Minderheitsaktionäre im Anschluss an die Kontrollübernahme ein angemessener Preis aufgrund der Volatilität des Kurses nicht zu erzielen wäre.[161]

Von der Angebotspflicht sind aufgrund der Unzulässigkeit von Teilangeboten nach §§ 39, 32 WpÜG grundsätzlich alle Aktien der Zielgesellschaft erfasst.[162] Weitestgehend Einigkeit besteht ferner darüber, dass Wandel- und Optionsrechte im Sinne des § 2 Abs. 2 Nr. 2 WpÜG nicht unter die Angebotspflicht fallen.[163] Zu dieser Auslegung muss man kommen, da die Abschnitte vier und fünf des WpÜG jeweils nur „*Aktien*" der Zielgesellschaft in Bezug nehmen. Wandel- und Optionsanleihen sowie schuldrechtliche und dingliche Optionen sind bereits dem Wortlaut nach nicht einbezogen und eine Analogie ist mangels vergleichbaren Schutzbedürfnisses sowie eines fehlenden Stimmrechts abzulehnen. Dafür spricht auch die oben dargelegte Gesetzesbegründung.

7. Sicherstellung der Gegenleistung

Das WpÜG erfordert gemäß § 13 Abs. 1 S. 1 WpÜG zum einen, dass der Bieter vor der Veröffentlichung der Angebotsunterlage die notwendigen Maßnahmen zu treffen hat, um sicherzustellen, dass ihm die zur vollständigen Erfüllung des Angebots notwendigen Mittel zum Zeitpunkt der Fälligkeit des Anspruchs auf die Gegenleistung zur Verfügung stehen. Zum anderen verlangt § 13 Abs. 1 S. 2 WpÜG die schriftliche Bestätigung durch ein vom Bieter unabhängiges Wertpapierdienstleistungsunternehmen, dass der Bieter eben diese notwendigen Maßnahmen getroffen hat.[164]

Fraglich ist im Hinblick auf die Regelung des § 13 Abs. 1 S. 1 WpÜG, ob die Vorgaben der Richtlinie in Art. 3 Abs. 1 e) richtig in nationales Recht umgesetzt

161 *V. Lingelsheim* in: Heidel, AtkG, WpÜG, § 35 Rn. 1; *Hommelhoff/Witt* in: Frankfurter-Komm, WpÜG, Vor § 35 Rn. 32; *Fleischer*, NZG 2002, 545, 546.

162 Zu den Einzelheiten siehe 3. Teil, III. sowie 3. Teil, V.

163 g.h.M..: *Krause/Pötzsch* in: Assmann/Pötzsch/Schneider, WpÜG, § 35 Rn. 223; *Schlitt/Ries* in: MüKo, WpÜG, § 35 Rn. 202; *Noack/Zetsche* in: Schwark/Zimmer, WpÜG, § 35 Rn. 39; *Baums/Hecker* in: Baums/Thoma, WpÜG, § 1 Rn. 71; *Hommelhoff/Witt* in: Frankfurter Kommentar, WpÜG, § 35 Rn. 93; *Schlitt/Seiler/Singhof*, AG 2003, 254, 267; *Ekkenga/Hofschroer* DStR 2002, 768, 771; *Kopp/von Dryander* in: Apfelbacher/Barthelmess/Buhl/von Dryander, German Takeover Law, Sec. 35 Rn. 15; *Houben*, WM 2000, 1873, 1879 plädierte vor Einführung des WpÜG aus Gleichbehandlungsgründen für die Einbeziehung von Wandelanleihen.

164 Ausführlich zur Finanzierung öffentlicher Übernahmen *Mayer-Uellner*, AG 2012, 399 f.

wurden. Denn danach ist verlangt, dass die Sicherstellung der Gegenleistung vor „*Ankündigung des Angebots*" zu erfolgen hat. § 13 Abs. 1 S. 1 WpÜG stellt hingegen auf den Zeitpunkt vor „*Veröffentlichung der Angebotsunterlage*" ab. Darüber hinaus stellt der deutsche Gesetzgeber im Rahmen der Gesetzesbegründung klar, dass der Bieter beispielsweise im Fall eines Barangebotes zum Zeitpunkt der Veröffentlichung nach § 10 WpÜG nicht bereits über das Geld zum Erwerb der Wertpapiere der Zielgesellschaft verfügen müsse, sondern es vielmehr ausreichend sei, dass dem Bieter bei Fälligkeit der Geldleistung die notwendigen Mittel zur Verfügung stünden.[165] Folglich verlangt das WpÜG erst zu einem zeitlich späteren Zeitpunkt die Sicherstellung der Finanzierbarkeit des Angebots als dies von der Richtlinie vorgegeben ist.

Ob eine Änderung des § 13 Abs. 1 S. 1 WpÜG auf den Zeitpunkt vor „*Abgabe des Angebotes*" im Hinblick auf den bezweckten Schutz der außenstehenden Aktionären eine Verbesserung darstellen würde, erscheint jedoch zweifelhaft. Denn der Begriff „*Sicherstellung*" bedeutet in diesem Zusammenhang nicht, dass eine Sicherheitsleistung im technischen Sinne erforderlich ist. Es ist folglich keine Sicherheitsleistung im Sinne der §§ 232 f. BGB gemeint.[166] Auch erfordert die Sicherstellung beispielsweise keine Erbringung einer Garantie eines Kreditinstituts, durch welche ein unmittelbarer Anspruch gegen dieses gewährleistet wird, wie dies im Rahmen des § 327b Abs. 3 AktG oder § 22 UmwG der Fall ist. Dies ist damit zu begründen, dass die außenstehenden Aktionäre bei einem Pflichtangebot nach dem WpÜG grundsätzlich frei entscheiden können, ob sie dieses annehmen oder nicht. Das Sicherungsbedürfnis ist in diesem Fall geringer, als bei außenstehenden Aktionären die im Wege eines Squeeze-Out-Verfahrens zwangsweise ausgeschlossen werden.[167] *Vogel* führt zutreffend aus, dass demnach eine Bankbürgschaft oder -garantie für die Sicherstellung zwar ausreichend, nach dem Gesetz aber nicht erforderlich ist.[168]

Ferner ist Sinn und Zweck des § 13 WpÜG vielmehr, dass ein Bieter lediglich sicherstellen soll, dass die Mittel zum späteren Zeitpunkt der Erfüllung der Ver-

---

165 Reg. Begr. BT-Drs. 14/7034 S. 44.

166 *Marsch-Barner* in: Baums/Thoma, WpÜG, § 13 Rn. 10; *Vogel* in: FrankfurterKomm, WpÜG, § 13 Rn. 76; *Möller/Pötzsch*, ZIP 2001, 1256, 1258; *Wackerbarth* in: MüKo, WpÜG, § 13 Rn. 8.

167 So auch *Vogel* in: FrankfurterKomm, WpÜG, § 13 Rn. 76.

168 *Vogel* in: FrankfurterKomm, WpÜG, § 13 Rn. 77.

träge bei Annahme des Angebots in ausreichendem Maß zur Verfügung stehen. Es müssen zuvor nur geeignete Maßnahmen getroffen worden sein, die das Erbringen der Gegenleistung zu dem späteren Zeitpunkt sicherstellen.[169] Im Rahmen der Veröffentlichung der Angebotsunterlage besteht hingegen keine Pflicht des Bieters, bereits über die Gegenleistung zu verfügen. Dass das Gesetz lediglich das Ergreifen von geeigneten Maßnahmen verlangt, spricht ferner dafür, dass das Vorhandensein der Gegenleistung zum Zeitpunkt ihrer späteren und bis dato unsicheren Fälligkeit noch nicht sicher feststehen muss.[170] Es müssen nur die erforderlichen Maßnahmen getroffen sein, damit die Gegenleistung rechtzeitig zur Verfügung steht. Der Zeitpunkt der Fälligkeit der Gegenleistung ergibt sich wiederum aus der veröffentlichten Angebotsunterlage nach § 2 Nr. 4 AngebotsVO. Die Rechtsfolge einer nicht sicheren Finanzierung führt dazu, dass aufgrund des Vertrages, der durch die Annahme des Angebotes begründet wird, ein vertraglicher Verzugsschaden denkbar oder ein Rücktritt vom Vertrag möglich ist.[171] Es handelt sich also nicht um wesentliche Angaben der Angebotsunterlage, die eine Haftung aus § 12 WpÜG begründen könnten.

Mithin hätte eine Vorverlagerung des maßgeblichen Zeitpunkts auf die Zeit „*vor Abgabe des Angebots*“ keine Auswirkungen auf den Schutz der außenstehenden Aktionäre, da die Gegenleistung erst zum Zeitpunkt der Fälligkeit sicher sein muss. Auch im Falle eines Barangebots erfolgt die Finanzierungsbestätigung, die nach der Richtlinie nicht erforderlich ist, vor dem Zeitpunkt der Veröffentlichung der Angebotsunterlage. Nichts desto trotz steht die Vorschrift des § 13 Abs. 1 S. 1 WpÜG nicht im Einklang mit der Richtlinie, weshalb sich hier eine Änderung empfiehlt.[172] Deshalb sollte S. 1 in Einklang mit der Richtlinie wie folgt lauten:

> *„Der Bieter hat vor der Veröffentlichung des Angebots die notwendigen Maßnahmen zu treffen, um sicherzustellen, dass ihm die zur vollständigen Erfüllung des Angebots notwendigen Mittel zum Zeitpunkt der Fälligkeit des Anspruchs auf die Gegenleistung zur Verfügung stehen.“*

---

[169] *Süßmann* in: Geibel/Süßmann, WpÜG, § 13 Rn. 4; *Wackerbarth* in: MüKo, WpÜG, § 13 Rn. 8.

[170] *Wackerbarth* in: MüKo, WpÜG, § 13 Rn. 8.

[171] *Möllers* in: KölnKomm, WpÜG, § 13 Rn. 62; *Steinhardt* in: Berliner Kommentar, WpÜG, § 13 Rn. 13.

[172] So im Grundsatz auch *Vogel* in: FrankfurterKomm, WpÜG, § 13 Rn. 17, 75.

III. Übernahme- und Pflichtangebot

In Anbetracht des Untersuchungsgegenstands dieser Arbeit soll der Schwerpunkt der nachfolgenden Betrachtung auf dem Übernahme- und Pflichtangebot liegen und das Erwerbsangebot, welches nicht auf die Erlangung der Kontrolle gerichtet ist und somit keinen besonderen gesetzlichen Vorgaben hinsichtlich des Angebotsinhalts unterliegt, außen vor bleiben.

Sowohl für das Übernahmeangebot, welches auf die Erlangung der Kontrolle an der Zielgesellschaft abzielt, als auch für das Pflichtangebot, welches Folge einer vorausgegangenen Kontrollerlangung an der Zielgesellschaft ist, ist nach § 11 Abs. 1 S. 1 WpÜG eine Unterlage über das Angebot (Angebotsunterlage) durch den Bieter zu erstellen und zu veröffentlichen.

Gibt der Bieter ein freiwilliges Übernahmeangebot ab, hat er nach § 14 Abs. 1 S. 1 WpÜG binnen vier Wochen nach Veröffentlichung der Entscheidung zur Abgabe eines Angebots an die BaFin eine Angebotsunterlage zu übermitteln. Wird die Veröffentlichung von der BaFin gestattet oder das Angebot innerhalb von zehn Werktagen seit Eingang der Angebotsunterlage nicht untersagt, hat der Bieter nach § 14 Abs. 2 S. 1 WpÜG die Angebotsunterlage unverzüglich in der vorgeschriebenen Art des § 14 Abs. 3 WpÜG zu veröffentlichen. Dazu ist die Angebotsunterlage durch Bekanntgabe im Internet und durch Bekanntgabe im elektronischen Bundesanzeiger oder durch Bereithalten zur kostenlosen Ausgabe bei einer geeigneten Stelle im Inland zu veröffentlichen. Die letztgenannte Alternative, die auch als Schalterpublizität bezeichnet wird, kann durch Bereithalten der Angebotsunterlage in der Zentrale oder den Filialen des Bieters, den Zulassungstellen der Börsen im Inland, an denen die Wertpapiere der Zielgesellschaft gehandelt werden, den Depotbanken der Wertpapierinhaber der Zielgesellschaft sowie der Zentrale oder Zweigstelle der die Transaktion begleitenden Bank erfüllt werden.[173] Ausreichend ist das Bereithalten bei *einer* geeigneten Stelle.[174] Die Schalterpublizität setzt weiter voraus, dass im Bundesanzeiger[175]

---

[173] *Santelmann* in: Berliner Kommentar, WpÜG, § 14 Rn. 32; *Thoma* in: Baums/Thoma, WpÜG, § 14 Rn. 88; *Scholz* in: FrankfurterKomm, WpÜG, § 14 Rn. 45.

[174] So *Thoma* in: Baums/Thoma, WpÜG, § 14 Rn. 89, der das Bereithalten durch die die Transaktion begleitende Bank, die die Angebotsunterlage auf Verlangen verschickt, für ausreichend hält.

[175] Gemäß § 5 Abs. 1 S. 1 Verkündungs- und Bekanntmachungsgesetz (VkBkmG) wird der Bundesanzeiger vom Bundesministerium der Justiz elektronisch herausgegeben. Neben

die Stelle, bei der die Angebotsunterlage bereit gehalten wird, bekannt gemacht und - nach zutreffender, herrschender Meinung - die Ausgabe der Angebotsunterlage kostenlos bereit gehalten wird.[176]

Hat der Bieter ein Pflichtangebot abzugeben, so hat der Bieter nach § 35 Abs. 2 S. 1 WpÜG ebenfalls eine Angebotsunterlage zunächst an die BaFin zu übermitteln und anschließend zu veröffentlichen, § 14 Abs. 2 S. 1 WpÜG. Allerdings ist maßgebender Zeitpunkt für die Übermittlung nicht die Veröffentlichung der Entscheidung zur Abgabe eines Angebotes, denn § 14 Abs. 1 S. 1 WpÜG findet gemäß § 39 WpÜG keine Anwendung, sondern Anknüpfungspunkt ist die Veröffentlichung der Kontrollerlangung im Sinne des § 35 Abs. 1 WpÜG.

In beiden Fällen ist die Angebotsunterlage dem Vorstand der Zielgesellschaft unverzüglich nach der Veröffentlichung zu übermitteln, § 14 Abs. 4 WpÜG.

1. Angebotsunterlage

§ 11 Abs. 1 S. 2 WpÜG schreibt vor, dass die Angebotsunterlage die Angaben enthalten muss, die notwendig sind, damit die Angebotsadressaten in Kenntnis der Sachlage über das Angebot entscheiden können. Der Mindestinhalt der Unterlage ergibt sich aus § 11 Abs. 2 WpÜG sowie aus der aufgrund § 11 Abs. 4 WpÜG erlassenen AngebotsVO.

a) Art der Gegenleistung

Ein zentraler Bestandteil der Angebotsunterlage ist die Beschreibung der angebotenen Gegenleistung. § 11 Abs. 2 S. 2 Nr. 4 WpÜG sieht vor, dass der Bieter die Art und Höhe der Gegenleistung in die Angebotsunterlage aufzunehmen hat. Grundsätzlich hat der Bieter hinsichtlich der Art die Wahlmöglichkeit, ob er die

---

dem gedruckten Bundesanzeiger bestand seit 2002 bis zum 31. März 2012 der elektronische Bundesanzeiger als eigenständiges amtliches Verkündungs- und Bekanntmachungsorgan im Internet. Mit Wirkung zum 1. April 2012 wurde § 5 VkBkmG neu gefasst (Gesetz v. 22. 12. 2011, BGBl. I S. 3044), wodurch die bisherige Zweiteilung aufgegeben und die offizielle Bezeichnung „*elektronischer*" entfallen ist. Das neu gefasste Verkündungs- und Bekanntmachungsorgan wird seither ausschließlich unter der Bezeichnung „*Bundesanzeiger*" herausgegeben.

176 *Geibel* in: Geibel/Süßmann, WpÜG, § 14 Rn. 53; *Scholz* in: FrankfurterKomm, WpÜG, § 14 Rn. 45; *Thoma* in: Baums/Thoma, WpÜG, § 14 Rn. 87; a.A. *Oechsler* in: Ehricke/Ekkenga/Oechsler, WpÜG, § 14 Rn. 12, der davon ausgeht, dass „*kostenlos*" nicht gleich „*unentgeltlich*" bedeute.

Gegenleistung in Form eines Kauf- oder Tauschangebots erbringen möchte.[177] Es steht ihm also frei, den Aktionären der Zielgesellschaft entweder eine Gegenleistung in Geld oder in liquiden Aktien, zumeist in Aktien des Bieters, anzubieten, § 31 Abs. 2 S. 1 WpÜG.[178]

Die Wahlmöglichkeit des Bieters bezüglich der Art der Gegenleistung ist nach § 31 Abs. 3 WpÜG eingeschränkt, wenn er, mit ihm gemeinsam handelnde Personen oder deren Tochterunternehmen in den sechs Monaten vor der Veröffentlichung gemäß § 10 Abs. 3 Satz 1 WpÜG bis zum Ablauf der Annahmefrist insgesamt mindestens 5% der Aktien oder Stimmrechte an der Zielgesellschaft gegen Zahlung einer Geldleistung erworben hat. In diesem Fall hat der Bieter den Aktionären der Zielgesellschaft eine Geldleistung in Euro anzubieten. Solche zu berücksichtigende Erwerbsgeschäfte sind in der Angebotsunterlage nach § 2 Nr. 5, Nr. 7 AngebotsVO sowie § 23 WpÜG offenzulegen. Diese Einschränkung der Wahlmöglichkeit ist wiederum Ausfluss des in § 3 Abs. 1 WpÜG verankerten Gleichbehandlungsgrundsatzes, damit alle Aktionäre die Möglichkeit haben, gegen Geldleistung und somit auf die gleiche Art und Weise aus der Gesellschaft auszusteigen. Die Aktionäre sollen in diesem Fall nicht mit Kursschwankungen unterlegenen Aktien des Bieters belastet werden, sondern die Möglichkeit haben, die sichere Art der Gegenleistung, die Geldleistung, erhalten zu können.[179]

b) Höhe der Gegenleistung

Anders als bei einem bloßen Erwerbsangebot hat der Bieter im Rahmen eines Übernahme- oder Pflichtangebots nicht die Möglichkeit die Höhe der Gegenleistung frei zu bestimmen. Vielmehr hat der Bieter in diesen Fällen eine *angemessene Gegenleistung* nach §§ 31 Abs. 1 S. 1, 39 WpÜG anzubieten.

Nach § 31 Abs. 1 S. 2 WpÜG sind bei der Bestimmung der angemessenen Gegenleistung grundsätzlich der durchschnittliche Börsenkurs der Aktien der Zielgesellschaft und Erwerbe von Aktien der Zielgesellschaft durch den Bieter, mit ihm gemeinsam handelnder Personen oder deren Tochterunternehmen zu be-

---

[177] *Geibel/Süßmann* in: Geibel/Süßmann, WpÜG, § 11 Rn. 14; *Noack/Holzborn* in: Schwark/Zimmer, WpÜG, § 11 Rn. 11.

[178] *Wackerbarth* in: MüKo, WpÜG, § 11 Rn. 31; *Thoma*, NZG 2002, 105, 108.

[179] *Krause* in: Assmann/Pötzsch/Schneider, WpÜG § 31 Rn. 66; *Noack* in: Schwark/Zimmer, WpÜG § 31 Rn. 63; *Tröger*, DZWIR 2002, 397, 399; *Houben*, WM 2000, 1873, 1879.

rücksichtigen. Hierbei gilt das Prinzip der Meistbegünstigung.[180] Dies bedeutet, dass der jeweils höhere Wert, sei es der Wert des gewichteten durchschnittlichen Börsenkurses oder der gezahlte Preis im Rahmen des Vorerwerbs, maßgebend für die Höhe der Gegenleistung ist. § 31 Abs. 1 WpÜG enthält also zwei kumulativ anzuwendende Preisregeln.[181] Die konkrete Ausgestaltung ist in der aufgrund § 31 Abs. 7 WpÜG erlassenen AngebotsVO geregelt.

aa) Vorerwerbe

aaa) Einbeziehung von Vorerwerben

Letzel vertrat vor Erlass der Richtlinie die Auffassung, dass der im Rahmen eines Vorerwerbs gezahlte Paketzuschlag durch den Bieter auch als Belohnung für ein besonders marktschonendes Verhalten des veräußernden Großaktionärs gesehen werden könne, von dem der Kleinaktionär ebenfalls profitiere und deshalb diesem der gezahlte Preis nicht im Rahmen des Angebots anzubieten sei. Die dahinterstehende Idee ist die folgende: Wenn ein Großaktionär, der ein solches Aktienpaket hält und an den Bieter veräußern will, die Aktien nach und nach oder sogar auf einen Schlag über die Börse veräußern würde, werde dadurch ein Kursverfall ausgelöst, der auch den Kleinaktionären schaden würde. In jedem Fall entspreche es aber dem Wesen eines marktwirtschaftlichen Systems, dass die Preisfindung allein eine Sache der Beteiligten sei und keine Veranlassung bestehe, andere Marktteilnehmer an den Erträgen eigener guter Geschäfte teilhaben zu lassen.[182]

Als Ausfluss des Gleichbehandlungsgrundsatzes sieht die Übernahmerichtlinie in Art. 5 Abs. 4 Unterabs. 1 S. 1 jedoch vor, dass als angemessener Preis der höchste Preis gilt, der vom Bieter oder einer mit ihm gemeinsam handelnden Person in einem von den Mitgliedstaaten festzulegenden Zeitraum von mindestens sechs und höchstens zwölf Monaten vor dem Angebot gemäß Art. 5 Abs. 1 der Richtlinie für die gleichen Wertpapiere gezahlt worden ist. Aufgrund dieser europarechtlichen Vorgaben ist die von *Letzel* vor Erlass der Richtline vertretene Auffassung heute nicht mehr vertretbar.[183]

---

180 *Noack* in: Schwark/Zimmer, WpÜG § 31 Rn. 6; *Marsch-Barner* in: Baums/Thoma, § 31 Rn. 16; *Krause* in: Assmann/Pötzsch, WpÜG, § 3 WpÜG-AngVO Rn. 5; *Santelmann/Nestler* in: Berliner Kommentar, WpÜG, § 31 Rn. 8.

181 *Wackbarth* in: MüKo, WpÜG, § 31 Rn. 22.

182 *Letzel*, BKR 2002, 293, 298.

183 *Letzel*, Fn. 182.

Entsprechend den europäischen Vorgaben sind im Rahmen der Bemessung der Gegenleistung gemäß § 31 Abs. 1 S. 2 WpÜG in Verbindung mit § 4 AngebotsVO Vorerwerbe des Bieters, einer mit ihm gemeinsam handelnden Person oder deren Tochterunternehmen zu berücksichtigen. Dabei muss die Gegenleistung mindestens dem Wert der höchsten gewährten oder vereinbarten Gegenleistung für den Erwerb von Aktien der Zielgesellschaft innerhalb der letzten sechs Monate vor der jeweiligen Veröffentlichung entsprechen. Anders gesagt soll die Gegenleistung im Rahmen des Angebots mindestens dem an einen anderen Aktionär gezahlten Preis entsprechen.[184] Der deutsche Gesetzgeber hat mit der zeitlichen Begrenzung auf sechs Monate die durch die Richtlinie kürzeste zulässige Referenzperiode für die Berücksichtigung von Vorerwerben übernommen.

Die Einbeziehung von Vorerwerben ist trotz ihrer europarechtlichen Vorgaben nicht frei von Kritik. So sind *Häger/Santelmann* der Auffassung, dass die angeführte Gleichbehandlung als Grund für die Einbeziehung von Vorerwerben kein sachlicher Grund sei, da die Gleichbehandlung nur in eine Richtung wirke. So wird darauf abgestellt, dass diejenigen Aktionäre, die ihre Anteile im Rahmen des Vorerwerbs veräußert haben, nicht an einem späteren, eventuell höheren Preis im Rahmen des Übernahme- bzw. Pflichtangebots partizipieren würden, sondern nur die Aktionäre, die das spätere Angebot annehmen von einem höheren Vorerwerbspreis profitieren.[185] Dabei wird jedoch unberücksichtigt gelassen, dass derjenige, der seine Anteile als Vorerwerbsgeschäft veräußert, aus freien Stücken handelt, da er von der Angemessenheit des Preises ausgeht. Zu diesem Zeitpunkt besteht noch kein kontrollierender Einfluss, er wird vielmehr womöglich erst durch den Vorerwerb begründet. In Folge dessen muss derjenige, der die Anteile als Vorerwerbsgeschäft veräußert, nicht geschützt werden. Die einseitige Berücksichtigung von Vorerwerben im Rahmen der anzubietenden Mindestgegenleistung ist demnach gerechtfertigt.

Ungeachtet dessen sind aufgrund der europarechtlichen Vorgaben die Vorerwerbe im Sinne des § 4 AngebotsVO in jedem Fall zu berücksichtigen.

---

[184] *Süßmann* in: Geibel/Süßmann, § 31 Rn. 86.
[185] *Santelmann/Nestler* in: Berliner Kommentar, WpÜG, § 31 Rn. 14.

bbb) Einbeziehung von börslichen Vorerwerben

Nach ganz herrschender Auffassung sind im Rahmen des Vorerwerbs neben außerbörslichen auch börsliche Erwerbe zu berücksichtigen.[186] *Wackerbarth* vertritt hingegen die Ansicht, dass durch eine teleologische Reduktion des § 4 AngebotsVO nur außerbörsliche Erwerbe Berücksichtigung finden sollten. *Wackerbarth* sieht eine teleologische Reduktion deshalb als erforderlich und begründet an, da in § 5 AngebotsVO als spezielle Regelung bereits ausdrücklich die Art und Weise der Berücksichtigung des Börsenkurses und zwar des gewichteten durchschnittlichen Börsenkurses geregelt sei. Würde man börsliche Geschäfte des Bieters auch im Rahmen des Vorerwerbs berücksichtigen, so würden seiner Ansicht nach diese in doppelter Hinsicht Berücksichtigung finden. Zum Einen fließe der gezahlte Preis an der Börse über dessen Gewichtung in den durchschnittlichen Kurs mit ein und zum Anderen diene er als Mindestpreisregelung im Rahmen des Vorerwerbs.[187]

(1) Gesetzeswortlaut

Diese Ansicht kann jedoch aus mehreren Aspekten nicht überzeugen. Zum einen unterscheidet § 31 Abs. 1 WpÜG iVm § 4 AngebotsVO nicht zwischen börslichen und außerbörslichen Erwerben. Der Gesetzeswortlaut lässt folglich eine weite Auslegung, nach der alle Arten von Erwerben erfasst sind, zu. Vielmehr muss man im Wege eines Umkehrschlusses die Einbeziehung von börslichen Erwerben fordern, denn in § 31 Abs. 5 WpÜG (Nacherwerb) erfolgt ausdrücklich eine Beschränkung auf außerbörsliche Erwerbe. Auch wenn der Gesetzgeber keine explizite Begründung für diese Differenzierung anführt, kann die differenzierte Gestaltung des Gesetzgebers durch eine teleologische Reduktion nicht ohne weiteres unterlaufen werden.

(2) Europarechtliche Vorgaben

Darüber hinaus gilt nach Art. 5 Abs. 4 Unterabs. 1 der Richtlinie als angemessener Preis der höchste Preis, den der Bieter oder eine mit ihm gemeinsam handelnde Person vor dem Angebot für die gleichen Wertpapiere gezahlt hat. Die

---

186 *Noack* in: Schwark/Zimmer, WpÜG, § 31 Rn. 22; *Süßmann* in: Geibel/Süßmann, WpÜG, § 31 Rn. 88; *Kremer/Oesterhaus* in: KölnKomm, WpÜG, Anh. § 31, AngebotsVO § 4 Rn. 10; *Marsch-Barner* in: Baums/Thoma, WpÜG, § 31 Rn. 25; *Krause* in: Assmann/Pötzsch/Schneider, WpÜG, § 4 WpÜG-AngebotsVO Rn. 8; *Santelmann/Nestler* in: Berliner Kommentar, WpÜG § 31 Rn. 15.

187 *Wacherbarth* in: MüKo, WpÜG, § 31 Rn. 34.

Berücksichtigung des gewichteten durchschnittlichen Börsenkurses ist von der Richtlinie nicht vorgesehen, sondern vom deutschen Gesetzgeber zusätzlich als Mindestgrenze für die Gegenleistung eingeführt worden. Die Vorerwerbsregelung der Richtlinie differenziert folglich auch nicht danach, ob der Vorerwerb börslich oder außerbörslich erfolgt ist, sondern erfasst vielmehr alle Erwerbe. Diese Einbeziehung aller Erwerbe des Bieters kann nicht durch die Einführung einer Regelung über die Berücksichtigung des durchschnittlichen Börsenkurses umgangen oder eingedämmt werden. Würde man die deutsche Regelung nach § 4 AngebotsVO so verstehen, dass nur außerbörsliche Erwerbe erfasst seien, also eine teleologische Reduktion der nationalen Vorschriften vornehmen, würde diese Regelung gegen die europarechtlichen Vorgaben verstoßen. Im Übrigen erstreckt sich die Berücksichtigung der Vorerwerbe auf sechs und der Referenzzeitraum für den gewichteten durchschnittlichen Börsenkurs auf lediglich drei Monate. Die von *Wackerbarth* vertretene Auffassung könnte somit lediglich für den Zeitraum, in dem der Börsenkurs auch tatsächlich berücksichtigt wird, also für die drei Monate vor Veröffentlichung, Anwendung finden.

(3) Doppelte Berücksichtigung des Börsenkurses

Des Weiteren kann die Beschränkung auf außerbörsliche Erwerbe auch inhaltlich nicht überzeugen, denn entgegen der Ansicht von *Wackerbarth* findet keine doppelte Berücksichtigung des Börsenpreises statt. Vielmehr ist es so, dass nach dem Prinzip der Meistbegünstigung entweder die Vorerwerbsregelung oder die Börsenpreisregelung greift. Hat also der Bieter an der Börse Aktien der Zielgesellschaft erworben, deren Preis über dem des gewichteten durchschnittlichen Börsenkurses lag, ist allein der Vorerwerbspreis maßgebend. Auf den durchschnittlichen Börsenkurs kommt es mithin überhaupt nicht mehr an. Im umgekehrten Fall, also bei einem Vorerwerbspreis der unterhalb des gewichteten durchschnittlichen Börsenkurses liegt, richtet sich die Höhe der Gegenleistung ausschließlich nach dem Durchschnittskurs. Der Preis für den Vorerwerb ist dabei irrelevant, wird aber im durchschnittlichen Börsenkurs gewichtet berücksichtigt. Folglich kommt es in keiner denkbaren Konstellation zu einer doppelten, sondern lediglich, aber auch stets, zur einfachen Berücksichtigung des börslich gezahlten Preises.

ccc) Berücksichtigung von schuldrechtlichen Geschäften

Grundsätzlich werden bei den Vorerwerben nach § 4 AngebotsVO nur solche Erwerbsvorgänge berücksichtigt, bei denen der Bieter das dingliche Eigentum an den Aktien erhält.[188] Dafür spricht der klare Wortlaut „*Aktien*" des § 31 Abs. 3 WpÜG sowie des § 4 AngebotsVO. Allerdings müssen auch Vorerwerbe von mit Aktien vergleichbaren Wertpapieren und Zertifikaten, die Aktien vertreten, insbesondere ADRs, einbezogen werden, da diese nach der Intention des Gesetzgebers Aktien gleichstehen sollen, § 2 Abs. 2 Nr. 1 WpÜG.[189]

Um Umgehungen der Vorerwerbsregelung zu vermeiden, beispielsweise durch Abschluss eines Kaufvertrages über Aktien mit hinausgeschobenem Erfüllungszeitpunkt, werden nach § 31 Abs. 6 WpÜG in Verbindung mit § 4 S. 2 AngebotsVO dem Erwerb, d.h. der Erlangung des Eigentums an der Aktie, Vereinbarungen gleichgestellt, aufgrund derer die Übereignung von Aktien verlangt werden kann.[190] Einbezogen werden sowohl Kauf- und Tauschverträge als auch der Abschluss von Optionsgeschäften, die zum Bezug der Aktien berechtigen. Somit finden auch die durch den engen Wortlaut zunächst ausgenommenen Vereinbarungen wie Call-Optionen und Wandel- oder Optionsanleihen über § 31 Abs. 6 WpÜG Berücksichtigung.[191] Wegen der Gleichstellung mit dem dinglichen Erwerb kommt es nicht darauf an, ob der Bieter die Option ausgeübt hat. Vielmehr ist bereits der Abschluss entsprechender schuldrechtlicher Verträge zum Erwerb von Aktien ausreichend.[192] Dies ist damit zu begründen, dass bereits der Abschluss eines schuldrechtlichen Vertrages die Bereitschaft des Bieters zeigt, einen höheren Erwerbspreis für Anteile der Zielgesellschaft zu zahlen.

---

188 *Haarmann* in: FrankfurterKomm, WpÜG, § 31 Rn. 66; *Noack* in: Schwark/Zimmer, WpÜG, § 31 Rn. 21; *Wackerbarth* in: MüKo, WpÜG, § 31 Rn. 84; *Oechsler* in: Ehricke/Ekkenga/Oechsler, WpÜG, § 31 Rn. 21.

189 So auch *Krause* in: Assmann/Pötzsch/Schneider, WpÜG, § 4 WpÜG-AngVO Rn. 6; *Kremer/Oesterhaus* in: KölnKomm, WpÜG, § 31 Rn. 50; *Wackerbarth* in: MüKo, WpÜG, § 31 Rn. 33.

190 Reg. Begr. BT-Drs. 14/7034, S. 57.

191 *Süßmann* in: Geibel/Süßmann, WpÜG, § 31 Rn. 41, 67; *Wackerbarth* in: MüKo, WpÜG, § 31 Rn. 84; *Kremer/Oesterhaus* in: KölnKomm, WpÜG, § 31 Rn. 98; *Haarmann* in: FrankfurterKomm, WpÜG, § 31 Rn. 66; *Noack* in: Schwark/Zimmer, WpÜG, § 31 Rn. 93; *Krause* in: Assmann/Pötzsch/Schneider, WpÜG, § 31 Rn. 155.

192 Reg. Begr. BT-Drs. 14/7034, S. 57; *Wackerbarth* in: MüKo, WpÜG, § 31 Rn. 84; *Süßmann* in: Geibel/Süßmann, WpÜG, § 31 Rn. 41, 67.

bb) Gewichteter durchschnittlicher Börsenkurs

Sind die Aktien der Zielgesellschaft zum Handel an einer inländischen Börse zugelassen, schreibt § 5 Abs. 1 AngebotsVO vor, dass die Gegenleistung mindestens dem gewichteten durchschnittlichen inländischen Börsenkurs dieser Aktien während der letzten drei Monate vor der Veröffentlichung nach § 10 Abs. 1 Satz 1 WpÜG beziehungsweise nach § 35 Abs. 1 Satz 1 WpÜG entsprechen muss.[193] Sind zu einem dieser genannten Zeitpunkte die Aktien der Zielgesellschaft noch nicht seit mindestens drei Monaten zum Handel zugelassen, ist der gewichtete durchschnittliche Börsenkurs seit Einführung der Aktien maßgebend, § 5 Abs. 2 AngebotsVO. Die Berücksichtigung des gewichteten durchschnittlichen Börsenkurses ist eine durch den deutschen Gesetzgeber eingeführte und für die außenstehenden Aktionäre günstige Regelung, die nicht zwingend von der Richtlinie vorgesehen, jedoch zulässig ist.[194]

Der gewichtete durchschnittliche Börsenkurs wird von der BaFin nach § 5 Abs. 3 AngebotsVO ermittelt und bemisst sich nach dem Umsatz der nach § 9 WpHG als börslich gemeldete Geschäfte. Die Berechnung erfolgt durch Multiplikation der gehandelten Anteile mit dem pro Anteil gezahlten Preis, woraus sich der Umsatz eines jeden Geschäfts ergibt. Die einzelnen Umsätze werden sodann addiert und die Summe durch die Gesamtzahl der gehandelten Aktien dividiert. Dadurch entsteht die Gewichtung der einzelnen Umsätze bezogen auf den Gesamtumsatz. Folge dieser Vorgehensweise ist, dass eine Transaktion mit großem Umsatz stärker in die Durchschnittsermittlung eingeht als eine kleine Transaktion, was im Ergebnis dazu führt, dass unverhältnismäßig starke Kursschwankungen im Referenzzeitraum geglättet werden und damit bei der Mindestpreisermittlung unberücksichtigt bleiben.[195]

Die vom deutschen Gesetzgeber vorgeschriebene Berücksichtigung des durchschnittlichen gewichteten Börsenkurses sowie die Festlegung des dreimonatigen Referenzzeitraums entspricht der höchstrichterlichen Rechtsprechung des *BGH* zur Angemessenheit einer Abfindung im Rahmen eines Beherrschungs- und

---

193 Zum Ende des Dreimonatszeitraums siehe auch *Hasselbach/Klüsener*, DB 2010, 657 ff.

194 *Krause* in: Assmann/Pötzsch/Schneider, WpÜG, § 31 Rn. 22; *Krause*, BB 2004, 113, 116; *Glade/Haak/Hellich*, Der Konzern 2004, 455, 458; a.A. *Mülbert*, NZG 2004, 633, 640; so auch *Maul/Muffat-Jeandet*, AG 2004, 221, 231.

195 *Santelmann/Nestler* in: Berliner Kommentar, WpÜG, § 31 Rn. 27; *Marsch-Barner* in: Baums/Thoma, WpÜG, § 31 Rn. 38; *Wackerbarth* in: MüKo, WpÜG, § 31 Rn. 41.

Gewinnabführungsvertrages in seiner *DAT/Altana*-Entscheidung.[196] Danach wurde der Verkehrswert einer börsennotierten Aktiengesellschaft in der Regel als dem Börsenwert entsprechend und als unterste Grenze für eine Abfindung angesehen. Der *BGH* hatte im Anschluss an den Beschluss des *BVerfG* vom 27.04.1999[197] hierzu ausgeführt:[198]

> *„Die Barabfindung i.S. des § 305 Abs. 2 Nr. 3 AktG ist nur dann angemessen, wenn dem außenstehenden Aktionär eine volle Entschädigung gewährt wird. Nach der Entscheidung des BVerfG vom 27.04.1999 (BVerfGE 100, 289) ist der Verkehrswert der Aktie die untere Grenze des dem Aktionär zu zahlenden Entschädigungsbetrags. Er wird als ein Wert verstanden, der durch die Verkehrsfähigkeit der Aktie geprägt wird und dem Betrag entspricht, den der Aktionär auf Grund der Möglichkeit, sie frei zu veräußern, auf dem dafür relevanten Markt zu erzielen vermag. Der Verkehrswert der Aktie ist, wie das BVerfG weiter ausgeführt hat, in der Regel mit dem Börsenwert identisch. Da er stets die untere Grenze der wirtschaftlich vollen Entschädigung bildet, muss dem außenstehenden Aktionär grundsätzlich mindestens der Börsenwert als Barabfindung gezahlt werden."*

Zu der Referenzperiode des durchschnittlichen Börsenkurses führt der *BGH* aus:[199]

> *„... Manipulationen werden erheblich erschwert, mit einiger Wahrscheinlichkeit sogar ausgeschlossen, wenn ein durchschnittlicher Referenzkurs gewählt wird. Da dieser Referenzkurs auf den Tag zu beziehen ist, an dem die Hauptversammlung der beherrschten AG dem Abschluss des Unternehmensvertrages zugestimmt hat, muss er aus den in einem Zeitraum festgestellten und berücksichtigungsfähigen Kursen gebildet werden, der in größtmöglicher Nähe zu diesem Stichtag liegt. Das Erfordernis dieser Nähe lässt es ferner geboten erscheinen, einen relativ kurzen Zeitraum zu wählen. Der Senat hält einen solchen von drei Monaten, der unmittelbar vor der Hauptversammlung der beherrschten AG liegt, für erforderlich, aber auch*

---

196 *BGH*, Beschl. v. 12.03.2001 = NJW 2001, 2080 ff. (DAT/Altana).
197 *BVerfG*, Beschl. v. 27.04.1999 = BVerfGE 100, 289 (DAT/Altana).
198 *BGH*, Beschl. v. 12.03.2001 = NJW 2001, 2080, 2081 (DAT/Altana).
199 *BGH*, Beschl. v. 12.03.2001 = NJW 2001, 2080, 2082 (DAT/Altana).

für ausreichend, um den aufgezeigten Gefahren wirksam begegnen zu können. Um einen Referenzkurs zu erlangen, der eine kontinuierliche Entwicklung des Börsenkurses in dem maßgebenden Zeitraum repräsentiert, müssen außergewöhnliche Tageausschläge oder sprunghafte Entwicklungen binnen weniger Tage, die sich nicht verfestigen - gleichgültig, ob es sich um steigende oder fallende Kurse handelt - unberücksichtigt bleiben.“

Diese auch für den Referenzzeitraum im Rahmen des WpÜG zutreffenden Überlegungen stehen bezüglich des maßgeblichen Referenzzeitraums ferner im Einklang mit der neueren Rechtsprechung.[200]

Mit den gleichen vom *BGH* angeführten Argumenten ist der gesetzgeberische Ansatz sowohl hinsichtlich der Einbeziehung des Börsenkurses sowie hinsichtlich der gewählten Länge des Referenzzeitraums nachvollziehbar und angemessen. Aufgrund der Berücksichtigung des Börsenwertes kann der Verkehrswert eines börsennotierten Unternehmens in den meisten Fällen zuverlässig abgebildet werden. Die Länge des Referenzzeitraums ermöglicht Kursausschläge unberücksichtigt zu lassen und einen „fairen“ Wert der Aktie zu ermitteln.

cc) Nachbessern der Gegenleistung

Das Gleichbehandlungsgebot des § 3 Abs. 1 WpÜG erfordert, dass jeder Aktionär den gleichen Preis für seine Aktien erhalten und keine Bevorzugung eines einzelnen Aktionärs erfolgen soll. Sollte der Bieter nach Vorlage der Angebotsunterlage deshalb bereit sein, innerhalb einer gewissen Zeitspanne einen höheren Preis für Anteile der Zielgesellschaft zu zahlen, so soll dies zur Nachbesserung der in der Angebotsunterlage angebotenen Gegenleistung führen.[201] Zu unterscheiden sind hierbei Parallel- und Nacherwerbe.

aaa) Parallelerwerbe

Der Parallelerwerb ist in § 31 Abs. 4 WpÜG geregelt. Ein Parallelerwerb liegt vor, wenn der Bieter, mit ihm gemeinsam handelnde Personen oder deren Tochterunternehmen nach Veröffentlichung der Angebotsunterlage und vor der Veröffentlichung des Ergebnisses des Angebots nach § 23 Abs. 1 Satz 1 Nr. 2

200 *BGH*, Beschl. v. 19.07.2010 = NJW 2010, 2657 (*Stollwerck*); *OLG Stuttgart*, Beschl. v. 04.05.2011 = AG 2011, 560.

201 Reg. Begr. BT-Drs. 14/7034, S. 56.

WpÜG (unverzüglich nach Ablauf der Annahmefrist) Aktien der Zielgesellschaft erwerben und hierfür wertmäßig eine höhere als die im Angebot genannte Gegenleistung gewährt oder vereinbart wird. Die Folge eines Parallelerwerbs ist, dass sich die den Angebotsempfängern der jeweiligen Aktiengattung geschuldete Gegenleistung von Gesetzes wegen um den Unterschiedsbetrag erhöht. Der Bieter ist nach § 23 Abs. 2 WpÜG verpflichtet, innerhalb des Refernzzeitraums die getätigten Parallelerwerbe zu veröffentlichen.

bbb) Nacherwerbe

§ 31 Abs. 5 WpÜG statuiert einen nachträglichen Anspruch derjenigen Aktionäre, die das Angebot angenommen haben. Ein Nacherwerb liegt vor, wenn der Bieter, mit ihm gemeinsam handelnde Personen oder deren Tochterunternehmen innerhalb eines Jahres nach der Veröffentlichung gemäß § 23 Abs. 1 Satz 1 Nr. 2 WpÜG (unverzüglich nach Ablauf der Annahmefrist) außerhalb der Börse Aktien der Zielgesellschaft erwerben und hierfür wertmäßig eine höhere als die im Angebot genannte Gegenleistung gewährt oder vereinbart wird. Die Folge eines Nacherwerbs ist, dass der Bieter gegenüber den (ehemaligen) Inhabern der Aktien, die das Angebot angenommen haben, zur Zahlung einer Geldleistung in Euro in Höhe des Unterschiedsbetrages verpflichtet ist. Im Gesamtzusammenhang betrachtet, komplementieren die Regeln über den Nacherwerb die Vorschriften des Vorerwerbs gemäß § 31 Abs. 1 WpÜG und des Parallelerwerbs gemäß § 31 Abs. 4 WpÜG.[202] Ein Anspruch auf Zahlung des Unterschiedsbetrages steht jedoch nur denjenigen Aktionären zu, die das Angebot des Bieters angenommen haben. Die außenstehenden Aktionäre, die das Angebot nicht angenommen haben, haben keinen Anspruch darauf, das Angebot nachträglich annehmen oder eine Geldleistung von dem Bieter verlangen zu können.[203]

Erfasst von der Nacherwerbsregelung ist nach dem eindeutigen Wortlaut nur der außerbörsliche Erwerb. Darunter fallen auch Erwerbe von Aktien aufgrund von Wandelschuldverschreibungen, die erst nach Ablauf der Annahmefrist für das Angebot fällig werden, sowie der Bezug von Aktien aus Optionen des Bieters innerhalb des Jahreszeitraums. Ein börslicher Erwerb kann hingegen eine Verpflichtung zur Zahlung des Unterschiedsbetrages nicht begründen. Dies findet seine Rechtfertigung darin, dass der Bieter auf den börslichen Preis keinen Ein-

---

202 So auch *Krause* in: Assmann/Pötzsch/Schneider, WpÜG, § 31 Rn. 130.

203 *Santelmann/Nestler* in: Berliner Kommentar, WpÜG, § 31 Rn. 93.

fluss ausüben kann und ansonsten, wenn auch börsliche Erwerbe der Nacherwerbsregelung unterwerfen wären, der Bieter im Handel mit den Aktien der Zielgesellschaft zu weit eingeschränkt würde.[204] Mit den gleichen Argumenten geht die wohl herrschende Meinung ferner davon aus, dass § 31 Abs. 5 WpÜG dahingehend einschränkend auszulegen ist, dass außerbörsliche Nacherwerbe dann nicht von der Vorschrift erfasst werden, wenn der vereinbarte Preis zwar oberhalb der im Rahmen des Angebots angebotenen Gegenleistung liegt, jedoch dem derzeitigen Börsenpreis entspricht oder darunter liegt.[205]

Von der Nachbesserungspflicht hingegen erfasst sind wiederum Vereinbarungen aufgrund derer die Übereignung von Aktien verlangt werden kann, § 31 Abs. 6 S. 1 WpÜG.

ccc) Bezugsrechte

Die Nachbesserungspflicht erstreckt sich nicht auf Aktienerwerbe des Bieters die aus der Ausübung eines gesetzlichen Bezugsrechts aufgrund einer Erhöhung des Grundkapitals der Zielgesellschaft resultieren, § 31 Abs. 6 S. 2 WpÜG. Denn derartige Erwerbsvorgänge ermöglichen nur die bereits bestehende Beteiligung an der Zielgesellschaft bei einer Kapitalerhöhung im bisherigen Umfang beizubehalten und sind daher nicht mit Erwerbsvorgängen gleichzusetzen, die auf eine Erhöhung der Beteiligung bzw. des Stimmrechtsanteils gerichtet sind.[206] Unerheblich ist dabei, ob andere Bezugsrechtsaktionäre ihre Bezugsrechte ausüben und so eine prozentuale Erhöhung der Beteiligung des Bieters erreicht wird, denn Ziel der Ausübung des Bezugsrechts ist stets nur die Aufrechterhaltung der bisherigen Beteiligungsquote.[207]

---

204 Finanzausschuss zum RegE WpÜG, BeschlussEmpf BT-Drs. 14/477, S. 53, S. 69; *Noack* in: Schwark/Zimmer, WpÜG, § 31 Rn. 86; *Santelmann/Nestler* in: Berliner Kommentar, WpÜG, § 31 Rn. 95.

205 *Kremer/Oesterhaus* in: KölnKomm, WpÜG, § 31 Rn. 90; *Wackerbarth* in: MüKo, WpÜG, § 31 Rn. 78; *Santelmann/Nestler* in: Berliner Kommentar, WpÜG, § 31 Rn. 95; *Oechsler* in: Ehricke/Ekkenga/Oecksler, WpÜG, § 31 Rn. 41; a.A. *Marsch-Barner* in: Baums/Thoma, WpÜG § 31 Rn. 110, der auf den Gesetzeswortlaut abstellt.

206 Reg. Begr. BT-Drs. 14/7034, S. 57.

207 *Krause* in: Assmann/Pötzsch/Schneider, WpÜG, § 31 Rn. 158; *Kremer/Oesterhaus* in: KölnKomm, WpÜG, § 31 Rn. 101.

Die Ausnahmeregelung des § 31 Abs. 6 S. 2 WpÜG greift nicht für den Fall, dass der Bieter Bezugsrechte von einem Dritten erwirbt und ausübt.[208] Denn in dieser Konstellation geht es nicht mehr um die vom Gesetzgeber beabsichtigte Möglichkeit zur Beibehaltung der Beteiligungsquote, sondern vielmehr um die Erhöhung derselben.

dd) Unternehmenswert

§ 31 Abs. 1 S. 2 WpÜG legt fest, dass im Rahmen der Angemessenheit der Gegenleistung grundsätzlich die Vorerwerbe, mindestens aber der gewichtete durchschnittliche Börsenkurs maßgeblich sind. Der Unternehmenswert wird, anders als im AktG oder im UmwG, grundsätzlich nicht berücksichtigt.[209] Dies hängt damit zusammen, dass die Ermittlung des Unternehmenswertes sich in der Praxis als schwierig herausstellen kann. Im Rahmen einer „freundlichen" Übernahme, folglich einer Übernahme, in der die Zielgesellschaft Vorteile für die Gesellschaft durch den Kontrollwechsel sieht, wird die Zielgesellschaft dem Bieter zumeist gestatten, vor Erwerb eines Aktienpakets von einem Großaktionär, welches zum Überschreiten der Kontrollerwerbsschwelle führt, oder vor Abgabe eines Übernahmeangebots eine entsprechende Due Diligence Prüfung durchzuführen.[210] Anders hingegen bei einer „feindlichen" und unkoordinierten Übernahme, im Rahmen welcher der Bieter zumeist keine Möglichkeit hat, an die für das Ertragswert- oder Cash Flow-Verfahren erforderlichen internen Unternehmensdaten heranzukommen, wenn die Zielgesellschaft noch nicht von ihm kontrolliert wird. Auch besteht keinerlei Pflicht der Zielgesellschaft diese Daten dem Bieter zugänglich zu machen, vielmehr würde sich gerade die Problematik der Zulässigkeit der Weitergabe der Informationen durch den Vorstand nach § 93 Abs. 1 S. 2 AktG stellen, insbesondere unter Berücksichtigung dessen Pflicht zur Verschwiegenheit.[211] Allerdings kann der Vorstand zur Weitergabe von Information an den Bieter im Einzelfall berechtigt sein, wenn dies im Inte-

---

208 *Marsch-Barner* in: Baums/Thoma, WpÜG, § 31 Rn. 125; *Krause* in: Assmann/Pötzsch/Schneider, WpÜG, § 31 Rn. 160; *Santelmann/Nestler* in: Berliner Kommentar, WpÜG, § 31 Rn. 108.

209 *Noack* in: Schwark/Zimmer, WpÜG, § 31 Rn. 35.

210 *Süßmann*, NZG 2011, 1281, 1281; *Brandi* in: Thaeter/Brandi, Öffentliche Übernahmen, Rn. 36.

211 *Thoma*, NZG 2002, 105, 108.

resse des Unternehmens liegt und der Vorstand entsprechende Vereinbarungen zur Vertraulichkeitsbehandlung mit dem Bieter geschlossen hat.[212]

Dass der Unternehmenswert grundsätzlich unberücksichtigt bleibt, ergibt sich auch aus einem Umkehrschluss des § 5 Abs. 4 AngebotsVO. Denn danach ist der Unternehmenswert lediglich dann zu berücksichtigen, wenn an weniger als einem Drittel der Börsentage Kurse festgestellt wurden und die nacheinander festegestellten Kurse um mehr als 5% voneinander abweichen. Der Grund liegt darin, dass in diesen Fällen kein fairer Wert des Unternehmens anhand des Börsenkurses ermittelt werden kann und somit der tatsächliche Unternehmenswert heranzuziehen ist. Da weder Wortlaut noch Regierungsbegründung nähere Angaben dazu machen, wie die Unternehmensbewertung in einem solchen Falle zu erfolgen hat, wird der Bieter vor nicht unerhebliche Probleme gestellt.[213]

ee) Folge bei Unangemessenheit der Gegenleistung

Die BaFin kann im Rahmen der Prüfung der Angebotsunterlage bei evidenter Unangemessenheit das Angebot nach § 15 Abs. 1 Nr. 2 WpÜG untersagen.[214] Dies gilt auch, wenn die notwendigen Angaben im Sinne des § 11 Abs. 2 WpÜG und der AngebotsVO fehlen, § 15 Abs. 1 Nr. 1 WpÜG. Sollte die BaFin das Angebot trotz Evidenz der Unangemessenheit nicht untersagen, stehen den Aktionären dennoch keine Ansprüche gegen diese zu, da die BaFin gemäß § 4 Abs. 4 Finanzdienstleistungsaufsichtsgesetz (FinDAG) ausschließlich im öffentlichen Interesse tätig wird.[215]

---

212 Vgl. *Fleischer* in: Spindler/Stilz, AktG, § 93 Rn. 170; *Hopt* in: GroßKomm, AktG, § 93 Rn. 213; *Spindler* in: MüKo, AktG, § 93 Rn. 120 ff.; *Seibt*, CFL 2011, S. 213; *Rittmeister*, NZG 2004, 1032 ff.; *Zumbansen/Lachner*, BB 2006, 613, 614; *Hemeling*, ZHR 169 (2005), 275, 279; *Fleischer*, ZIP 2002 S. 651, 651 f.

213 *Kremer/Oesterhaus* in: KölnKomm, WpÜG, Anh. § 31, § 5 AngebotsVO Rn. 24.

214 *Krause* in: Assmann/Pötzsch/Schneider, WpÜG, § 31 Rn. 163; *Marsch-Barner* in: Baums/Thoma, WpÜG, § 31 Rn. 127; *Noack* in: Schwark/Zimmer, WpÜG, § 31 Rn. 98; *Süßmann* in: Geibel/Süßmann, WpÜG, § 31 Rn. 27; *Lappe/Stafflage*, BB 2002, 2185, 2189.

215 *OLG Frankfurt*, Beschl. v. 04.07.2003 = BB 2003, 2589 (Procter & Gamble/Wella); dazu auch *Ihrig*, ZHR 167 (2003), 315, 319 f.; *Lappe/Stafflage*, BB 2002, 2185, 2189; *Seibt*, ZIP 2003, 1865 f.; *Cahn*, ZHR 167 (2003), 262, *273; Haarmann in:* FrankfurterKomm, WpÜG, § 31 Rn. 156 f.; *Krause in:* Assmann/Pötzsch/Schneider, WpÜG, § 31 Rn. 166; *Marsch-Barner in:* Baums/Thoma, WpÜG, § 31 Rn. 127; *Noack in:* Schwark/Zimmer, WpÜG, § 31 Rn. 98.

Jeder Aktionär, der von der Unangemessenheit der Gegenleistung ausgeht, kann seinen vermeintlichen Schadensersatz- oder Nachbesserungsanspruch vor den ordentlichen Gerichten durchsetzen. Anspruchsgrundlage hierfür ist der zwischen dem Bieter und dem einzelnen Aktionär im Rahmen des Angebots zustande gekommene Kauf- oder Tauschvertrag, unabhängig davon, ob sich der Anspruch aufgrund von Vor-, Parallel- oder Nacherwerben ergibt.[216] Anders als bei Abfindungsangeboten nach dem AktG oder UmwG sieht das WpÜG keine Entscheidung im Spruchverfahren vor. Folglich hat eine Entscheidung über die Angemessenheit keine Wirkung gegenüber den anderen Aktionären (*inter omnes*) im Sinne des § 13 S. 2 SpruchG, sondern wirkt nur zwischen den am Verfahren beteiligten (*inter partes*).[217]

2. Unterlassene Übermittlung oder Veröffentlichung der Angebotsunterlage

Ist der Bieter nach § 35 Abs. 1 WpÜG zur Veröffentlichung der Kontrollerlangung bzw. nach § 35 Abs. 2 WpÜG zur Veröffentlichung der Angebotsunterlage verpflichtet und verstößt er gegen die ihm obliegende Pflicht, führt dies gemäß § 59 S. 1 WpÜG dazu, dass bis zum Zeitpunkt der Nachholung der Pflichten die Rechte aus allen Aktien des Bieters vollständig versagt werden.[218] Dies hat zur Folge, dass dem Bieter weder Stimmrechte aus den Aktien noch Bezugsrechte im Rahmen einer Kapitalerhöhung zustehen. Auch das Recht auf Dividende ist von dem vorübergehenden, aber umfassenden Rechtsverlust erfasst.[219]

Ferner hat der Bieter die Gegenleistung gemäß § 38 Nr. 2 WpÜG für die Dauer zu verzinsen, in der er die Angebotsunterlage zu dem Pflichtangebot nicht durch

---

216 *Marsch-Barner* in: Baums/Thoma, WpÜG, § 31 Rn. 128; *Kremer/Oesterhaus* in: KölnKomm, WpÜG, § 31 Rn. 107; *Verse*, ZIP 2004, 199, 201; a.A. *Krause* in: Assmann/Schneider/Pötzsch, 1. Aufl. 2005, WpÜG, § 31 Rn. 166a f.

217 *Kremer/Oesterhaus* in: KölnKomm, WpÜG, § 31 Rn. 107; Geibel/*Süßmann*, § 31 Rn. 75; *Santelmann/Nestler* in: Berliner Kommentar, WpÜG, § 31 Rn. 109; *Haarmann* in: FrankfurterKomm, WpÜG, § 31 Rn. 158; *Lappe/Stafflage*, BB 2002, 2185, 2190; *Verse*, ZIP 2004, 199, 207.

218 *Hecker* in: Baums/Thoma, WpÜG, § 59 Rn. 70; *Hommelhoff/Witt* in: FrankfurterKomm, WpÜG, § 59 Rn. 2; *Santelmann* in: Berliner Kommentar, WpÜG, § 59 Rn. 17.

219 Vgl. hierzu beispielsweise den Rechtsverlust der DAH Capital GmbH, deren Geschäftsführer Daniel Hopp ist, die als Großaktionärin beim Vereinigten Wirtschaftsdienst (VWD) auf eine Dividende in Höhe von € 400.000,- verzichten musste, da sie nach Überschreiten der Schwelle von 30% der Stimmrechte kein Pflichtangebot an die außenstehenden Aktionäre abgegeben hatte (http://www.spiegel.de/wirtschaft/unternehmen/0,1518,756464,00.html).

Bekanntgabe im Internet und im elektronischen Bundesanzeiger gemäß § 14 Abs. 3 S. 1 WpÜG veröffentlicht und das Angebot damit abgibt.[220]

Verstößt der Bieter vorsätzlich oder leichtfertig gegen eine in § 35 Abs. 1 oder Abs. 2 WpÜG vorgesehene Pflicht, kann gegen ihn gemäß § 60 Abs. 1 Nr. 1 a) WpÜG ein Bußgeld in Höhe von bis zu € 1 Mio. verhängt werden.

Ferner kann die BaFin die Abgabe eines Pflichtangebotes durch eine gemäß § 4 Abs. 1 S. 3 WpÜG zu erlassene Verfügung verlangen und über § 46 WpÜG i.V.m. § 11 VwVG wiederholt ein Zwangsgeld in Höhe von bis zu € 500.000 festsetzen, bis der Bieter seiner Verpflichtung nachkommt. Unter Wahrung des Verhältnismäßigkeitsgrundsatzes nach § 9 Abs. 2 VwVG kann die BaFin auch unmittelbaren Zwang gemäß § 12 VwVG anwenden, wenn weder Zwangsgeld noch Ersatzvornahme zur Erfüllung der dem Bieter obliegenden Pflicht führen beziehnungsweise führten. Eine Ersatzvornahme nach § 10 VwVG wäre hingegen nur möglich, wenn die Vornahme der Handlung durch einen Anderen möglich ist (vertretbare Handlung). Dieses Zwangsmittel wird deshalb in der Praxis regelmäßig ausscheiden, da die meisten nach dem WpÜG zu erfüllenden Pflichten, insbesondere die Abgabe des Angebots selbst, höchstpersönlicher und individueller Natur sind und es sich deshalb um unvertretbare Handlungen handelt.[221] *Klepsch* geht hingegen davon aus, dass eine Ersatzvornahme wohl allerdings dann in Betracht käme, wenn der Inhalt der vorzunehmenden Veröffentlichung bereits feststeht.[222] Den außenstehenden Aktionären steht im Übrigen kein subjektiv-öffentliches Recht zur Erzwingung eines Angebots zu.

3. Vorausgegangenes Übernahmeangebot

a) Befreiende Wirkung

§ 35 Abs. 3 WpÜG sieht eine gesetzliche Ausnahme von der Pflicht zur Veröffentlichung des Kontrollerwerbs und der Abgabe eines öffentlichen Angebots vor, wenn die Kontrolle über die Zielgesellschaft aufgrund eines zuvor erfolgten

---

220 Vgl. hierzu ausführlich *Schanz/Wedell*, AG 2011, 615 ff.

221 *Wackerbarth/Kresse* in: MüKo, WpÜG, § 46 Rn. 6; *Uhlendorf* in: Geibel/Süßmann, WpÜG, § 46 Rn. 12; *Giesberts* in: KölnKomm, WpÜG, § 46 Rn. 16; *Assmann* in: Assmann/Pötzsch/Schneider, WpÜG, § 46 Rn. 13; *Ritz* in: Baums/Thoma, WpÜG, § 46 Rn. 11.

222 *Klepsch* in: Berliner Kommentar, WpÜG, § 46 Rn. 11.

Übernahmeangebots nach § 29 Abs. 1 WpÜG erworben wurde.[223] Dies ist nach der Intention des Gesetzgebers damit zu begründen, dass eine Belastung des Bieters, insbesondere durch den mit dem Angebot verbundenen Zeit und Kostenaufwand, durch die Abgabe von zwei aufeinander folgenden Angeboten vermieden werden soll.[224] Die Befreiung rechtfertigt sich daraus, dass nach dem Konzept des WpÜG für freiwillige Übernahmeangebote und für Pflichtangebote grundsätzlich die gleichen Vorschriften gelten, wie aus § 39 WpÜG deutlich wird. Voraussetzung für die Befreiung ist, dass das freiwillige Übernahmeangebot den gesetzlichen Anforderungen des 4. Abschnitts entspricht und ordnungsgemäß abgegeben[225] sowie dass das Übernahmeangebot von ausreichend vielen Aktionären innerhalb der Annahmefrist nach § 16 Abs. 1 WpÜG angenommen wurde.[226]

---

[223] Kritisch hierzu *Hommelhoff/Witt* in: FrankfurterKomm, WpÜG, § 35 Rn. 109 f. (Befürwortung einer teleologischen Reduktion des § 35 Abs. 3 WpÜG auf Übernahmeangebote, deren Wirksamkeit vom Erreichen von mindestens der Kontrollerwerbsschwelle abhängig gemacht wird).

[224] Reg. Begr. BT-Drs. 14/7034, S. 60; dem folgend: *Pötzsch/Möller,* WM 2000, SB Nr. 2, 20; *Schlitt/Ries* in: MüKo, WpÜG, § 35 Rn. 250; *Hommelhoff/Witt* in: FrankfurterKomm, WpÜG, § 35 Rn. 104; *Kalss* in: *Semler/Volhard,* Hdb. für Unternehmensübernahmen, Band II, § 51 Rn. 84.

[225] *Hommelhoff/Witt* in: FrankfurterKomm, WpÜG, § 35 Rn. 104; *Steinmeyer* in: Berliner Kommentar, WpÜG, § 35 Rn. 120; *Harbarth,* ZIP 2002, 321, 327; *Schlitt/Ries* in: MüKo, WpÜG, § 35 Rn. 253; *Krause/Pötzsch* in: Assmann/Pötzsch/Schneider, WpÜG, § 35 Rn. 275; *Hasselbach* in: KölnKomm, WpÜG, § 35 Rn. 245 (wonach das Angebot nicht in allen Punkten den Anforderungen des Abschnitts 4 entsprechen muss).

[226] Die Zaunkönigregelung des § 16 Abs. 2 S. 1 WpÜG (weitere Annahmefrist) ist teleologisch zu reduzieren und beginnt nur zu laufen, wenn der Bieter mit dem Übernahmeangebot innerhalb der Annahmefrist von § 16 Abs. 1 WpÜG die Kontrollerwerbsschwelle überschritten hat. Ein anderes Verständnis würde zu einem „Gefangenendilemma“ führen und wäre mit der ausdrücklichen Intention des Gesetzgebers unvereinbar. Vgl. Reg. Begr. BR-Drs. 574/01, S. 112; Reg. Begr. BT-Drs. 14/7034, S. 46; *Steinmeyer* in: Berliner Kommentar, WpÜG, § 35 Rn. 126; *Geibel* in: Geibel/Süßmann, WpÜG, § 16 Rn. 37; *Thoma/Stöcker* in: Baums/Thoma, WpÜG, § 16 Rn. 44; *Noack* in: Schwark/Zimmer, WpÜG, § 16 Rn. 17; *Wackerbarth* in: MüKo, WpÜG, § 16 Rn. 20 f.; *Seiler* in: Assmann/Pötzsch/Schneider, WpÜG, § 16 Rn. 34; *Witt,* Übernahmen von Aktiengesellschaften und Transparenz der Beteiligungsverhältnisse, 1998, S. 82 f.; so auch *Scholz* in: FrankfurterKomm, WpÜG, § 16 Rn. 18; *Mühle,* WpÜG, S. 431 f. (jedoch nur de lege ferenda) m.w.N.; a.A. *Hasselbach* in: KölnKomm, WpÜG, § 16 Rn. 41 f.; *Hommelhoff/Witt* in: FrankfurterKomm, WpÜG, § 35 Rn. 109, wonach - zu weit gehend - im Wege einer teleologischen Reduktion die Wirksamkeit von Übernahmeangeboten vom Erreichen der Mindestbeteiligungsschwelle in Höhe von wenigstens 30% der Stimmrechte der Zielgesellschaft abhängig gemacht werden solle; mit gleichem Ansatz *Santelmann,* AG 2002, 497, 499.

Dadurch entstehen keine Nachteile für die Aktionäre der Zielgesellschaft. Zwar haben diese dann nur einmal die Möglichkeit, aus der Zielgesellschaft durch Veräußerung ihrer Anteile an den Bieter auszuscheiden.[227] Da jedoch das freiwillige Übernahmeangebot sowie das Pflichtangebot nach § 39 WpÜG den gleichen Voraussetzungen unterliegen, ist hierin keine Benachteiligung für die außenstehenden Aktionäre zu sehen. Ziel des Übernahmerechtes ist es, die rechtliche Stellung von Minderheitsaktionären bei Unternehmensübernahmen zu stärken[228] und ihnen mit Hilfe des Pflichtangebots einen Austritt aus der Gesellschaft zu ermöglichen, der nicht faktisch dadurch verhindert werden soll, dass die Gegenleistung für dessen Anteile deutlich unterhalb des bisherigen Börsenkurses liegt.[229] Gibt der Bieter zuvor ein freiwilliges Übernahmeangebot an die außenstehenden Aktionäre der Zielgesellschaft ab, sehen diese sich einer bevorstehenden, veränderten Beherrschungsstruktur der Zielgesellschaft gegenübergestellt.[230] Die für das Pflichtangebot geltenden Vorschriften können vom Bieter auch in diesem Fall nicht unterlaufen werden, sie gelten in dem vorab durchgeführten Übernahmeangebot, insbesondere unterliegt das Übernahmeangebot den gleichen Mindestbedingungen wie das Pflichtangebot gemäß §§ 39, 31 WpÜG.[231] Mithin bekommen die außenstehenden Aktionären entsprechend dem Sinn des WpÜG die Möglichkeit, aus der Zielgesellschaft gegen Veräußerung ihrer Anteile auszusteigen. Im Ergebnis sollen die Aktionäre auch nicht über Gebühr profitieren und durch zwei aufeinander folgende Angebote erneute eine Ausstiegschance erhalten.

---

[227] *Harbarth,* ZIP 2002, 321, 327; *Hasselbach* in: KölnKomm, WpÜG, § 35 Rn. 243 f.; *Noack/Zetsche* in: Schwark/Zimmer, WpÜG, § 35 Rn. 25; *Hommelhoff/Witt* in: Haarmann/Schüppen, WpÜG, § 35 Rn. 95; *Geibel/Süßmann,* BKR 2002, 52, 53.

[228] Reg. Begr. BT-Drs. 14/7034, S. 28; vgl. auch ausführlich dzau *Zinser,* NZG 2000, 573 f.; *Fleischer,* NZG 2002, 545, 546; *Ekkenga/Hofschroer,* DStR 2002, 768, 771; *Hasselbach* in: KölnKomm, WpÜG, § 35 Rn. 1, 6; *Meyer* in: Geibel/Süßmann, WpÜG, § 35 Rn. 1; *Hommelhoff/Witt* in: FrankfurterKomm, WpÜG, § 35 Rn. 1; *Fleischer/Kalss,* Wertpapiererwerbs- und Übernahmegesetz, S. 131; *Thaeter* in: Thaeter/Brandi, Öffentliche Übernahmen, Rn. 516; *Habersack* in: Emmerich/Habersack, Aktien- und GmbH-Konzernrecht, Vor § 311 Rn. 25.

[229] *Fleischer,* NZG 2002, 545, 548; *Rau-Bredow,* DBW 59 (1999), 763, 773; *Baums,* ZIP 2010, 2374, 2382; *Baums/Hecker* in: Baums/Thoma, WpÜG, Vor § 35 Rn. 91.

[230] Kritisch hierzu: *Hommelhoff/Witt* in: FrankfurterKomm, WpÜG, § 35 Rn. 108 f., da der außenstehende Aktionär nicht wisse, ob auch tatsächlich eine Kontrollerlangung durch das Übernahmeangebot erreicht werde. Allerdings sieht das Gesetz in § 23 WpÜG während der Annahmefrist wöchentliche sowie in der letzten Woche vor Ablauf der Annahmefrist tägliche „Wasserstandsmeldungen" vor, die vor dieser Unsicherheit schützen sollen.

[231] *Schlitt/Ries* in: MüKo, WpÜG, § 35 Rn. 7.

b) Tatbestandsmerkmal „auf Grund“

Der Befreiungstatbestand des § 35 Abs. 3 WpÜG ist dem Wortlaut nach erfüllt, wenn der Bieter die Kontrollerwerbsschwelle „*auf Grund*“ des Übernahmegebots im Sinne des § 29 Abs. 2 WpÜG überschritten hat.

aa) Kausalitätserfordernis

Nach zutreffender Ansicht von *Harbarth* handelt es sich bei der Formulierung „*auf Grund*“ nicht um ein bloßes Kausalitätserfordernis.[232] Denn handelte es sich um ein solches, wäre jeder erworbene Anteil im Rahmen eines Übernahmeangebots kausal für eine spätere, auch außerhalb des Übernahmeangebots liegende Überschreitung der 30%-Schwelle. Dies wäre immer dann relevant, wenn ein Aktionär im Rahmen eines freiwilligen Übernahmeangebots zunächst weniger als 30% der Stimmrechtsanteile, jedoch nach Beendigung des Übernahmeangebots weitere Anteile erwirbt, die sodann zur Überschreitung der 30% Schwelle ausreichen. In diesem Fall darf die Kontrolle nicht "*auf Grund*" des Übernahmeangebots erlangt sein. Die im Rahmen des Übernahmeangebots erworbenen Anteile waren zwar kausal für das spätere Überschreiten der Kontrollerwerbsschwelle. Würde allerdings die bloße Kausalität genügen, würde jeder Erwerb, auch nur einer einzigen Aktie, im Rahmen eines freiwilligen Übernahmeangebots letztlich kausal für das spätere Überschreiten der Kontrollerwerbsschwelle sein und folglich die Befreiung des § 35 Abs. 3 WpÜG nach sich ziehen. Dies bedeute, dass eine Befreiung immer eintrete, wenn der Bieter ein Übernahmeangebot unter Beachtung der Mindestangebotsregeln durchführt und dabei auch nur eine Aktie erwirbt. Ein solches Verständnis ist jedoch mit der Intention des Gesetzgebers unvereinbar, welcher lediglich den unnötigen Zeit- und Kostenaufwand für ein weiteres Angebot - diesmal als Pflichtangebot - vermeiden wollte.[233] Diese Befreiung von der Angebotspflicht ist nur angemessen, wenn der Bieter mit dem Übernahmeangebot eine kontrollierende Beteiligung im Sinne des WpÜG erwirbt. Würde ein Kausalitätserfordernis für die Befreiung nach § 35 Abs. 3 WpÜG ausreichen, bestünde eine Schutzlücke für diejenigen

---

232 *Harbarth*, ZIP, 2002, 321, 327; dem folgend *Krause/Pötzsch* in: Assmann/Pötzsch/Schneider, WpÜG, § 35 Rn. 275; *Hommelhoff/Witt* in: FrankfurterKomm, WpÜG, § 35 Rn. 105; *Schlitt/Ries* in: MüKo, WpÜG, § 35 Rn. 254; *Meyer* in: Geibel/Süßmann, WpÜG, § 35 Rn. 72; *Ekkenga/Schulz* in: Ehricke/Ekkenga/Oechsler, WpÜG, § 35 Rn. 67; *Hasselbach* in: KölnKomm, WpÜG, § 35 Rn. 247; *Lenz/Behnke*, BKR 2003, 43, 48; vertiefend *Kossmann/Horz*, NZG 2006, 481, 482.

233 Vgl. hierzu Reg. Begr. BT-Drs. 14/7034, S. 60.

Aktionäre, die nach Abgabe des Übernahmeangebots, aber vor Überschreiten der Schwelle von 30% Aktien erwerben, da ihnen aufgrund der Befreiungsregelung im Fall des Kontrollerwerbs (30%) nicht die Möglichkeit zum Ausstieg aus der Gesellschaft gegeben würde. Eine Befreiung nach § 35 Abs. 3 WpÜG ist somit nur dort möglich, wenn der Bieter mit dem Übernahmeangebot auch tatsächlich die Schwelle von 30% überschreitet.[234]

bb) Sachlicher und zeitlicher Zusammenhang

Andererseits fordert das WpÜG nach richtiger Ansicht aber nicht, dass die Kontrollerwerbsschwelle nur aufgrund von Anteilserwerben erfolgt, die unmittelbar auf die Annahme das den außenstehenden Aktionären unterbreiteten Übernahmeangebots zurückgehen. Vielmehr reicht es aus, wenn der Bieter durch parallel Zukäufe während der Dauer des Übernahmeangebots, mithin innerhalb der Angebotsfrist, jedoch außerhalb des formalen Übernahmeangebots die Schwelle von 30% überschreitet. Denn nach zutreffender Ansicht von *Widder* gibt es keinen Grund, warum die Aktionäre der Zielgesellschaft neben dem Übernahmeangebot durch ein zusätzliches Pflichtangebot geschützt werden sollten, nur weil die Kontrolle nicht durch Vollzug des Übernahmeangebots, folglich die Annahme desselben, sondern durch Parallelerwerbe erlangt wurde.[235] Vielmehr muss es ausreichend sein, dass den außenstehenden Aktionären im Rahmen des abgegebenen Übernahmeangebots überhaupt die Möglichkeit zum Ausstieg aus der Gesellschaft eingeräumt wird. Es kann jedoch nicht darauf ankommen, ob die Kontrollerwerbsschwelle aufgrund von dem Bieter im Rahmen des Übernahmeangebots angedienten Aktien überschritten wird oder aufgrund vom Bieter während des Übernahmeangebots getätigten Parallerwerben. Denn auch im letzteren Fall haben sich die außenstehenden Aktionäre, die ihre Aktien nicht an den Bieter veräußert haben, in Kenntnis des (bevorstehenden) Kontrollwechsels für einen Verbleib in der Gesellschaft entschieden. Ferner ist eine Umgehung der Vorschriften über das Pflichtangebot nicht zu befürchten, da die außenstehenden Aktionäre durch die Bestimmungen zur Mindestgegenleistung nach § 31 Abs. 4 WpÜG (Parallelerwerbe) ausreichend geschützt werden.[236]

---

[234] So auch *Harbarth*, ZIP 2002, 321, 327.

[235] *Widder*, BKR 2005, 499, 500, 501.

[236] So auch *Schlitt/Ries* in: MüKo, WpÜG, § 35 Rn. 255.

Im Jahr 2006 hat sich das *OLG Düsseldorf*[237] bezüglich der Auslegung des Tatbestandmerkmals *„auf Grund"* daher den ganz herrschenden Literaturmeinungen[238] sowie der Auslegung durch die BaFin[239] angeschlossen und lässt einen zeitlichen Zusammenhang der Kontrollerlangung im Rahmen des Übernahmeangebots für eine Befreiung nach § 35 Abs. 3 WpÜG genügen. Durch die obergerichtliche Entscheidung wurde eine bislang bestehende Rechtsunsicherheit beim Bieter zumindest teilweise beseitigt.[240] Denn die Befreiung nach § 35 Abs. 3 WpÜG tritt von Gesetzes wegen ein, weshalb eine Befreiungsbescheid durch die BaFin weder möglich noch nötig ist. Darüber hinaus hatte die Auslegung der BaFin gegenüber dem Bieter keine Bindungswirkung für die Gerichte. Durch die Entscheidung des *OLG Düsseldorf* wurde die Auslegung der BaFin gerichtlich untermauert. Ausreichend aber auch erforderlich ist demnach, dass der Bieter die Kontrollerwerbsschwelle bis zum Ende der Angebotsfrist des Übernahmeangebots überschreitet. Es muss folglich bei Abgabe des Übernahmeangebots nur die theoretische Möglichkeit bestehen, dass allein aufgrund der Ausgestaltung des Angebots eine Kontrollerlangung möglich ist, um das Übernahmeangebot als solches zu qualifizieren.[241] Unerheblich ist hingegen, ob die Überschreitung der Kontrollerwerbsschwelle durch einen entsprechenden Paketerwerb oder aufgrund von im Rahmen des Übernahmeangebots übertragenen Anteilen der außenstehenden Aktionäre erfolgt. Eine enge Auslegung am Wortlaut der Vorschrift würde nicht der Intention des Gesetzgebers entsprechen, dem es wegen der gleichen Ausgestaltung des Übernahme- und Pflichtangebots darauf ankam,

---

237 *OLG Düsseldorf*, Beschl. v. 11.08.2006 = AG 2007, 363.

238 *Von Bülow* in: KölnKomm, WpÜG, 1. Aufl. 2003, § 35 Rn. 185 (so auch Hasselbach in: KölnKomm, WpÜG, § 35 Rn. 247, 248); *Meyer* in: Geibel/Süßmann, WpÜG § 35 Rn. 52; *Hommelhoff/Witt* in: FrankfurterKomm, WpÜG, § 35 Rn. 105; *Baums/Hecker* in: Baums/Thoma, WpÜG, § 35 Rn. 286; *Noack/Zetsche* in: Schwark/Zimmer, WpÜG, § 35 Rn. 26; *Krause/Pötzsch* in: Assmann/Pötzsch/Schneider, WpÜG, § 35 Rn. 275; *Schlitt/Ries* in: MüKo, WpÜG, § 35 Rn. 254; *Steinmeyer* in: Berliner Kommentar, WpÜG, § 35 Rn. 124; *Widder*, BKR 2005, 499, 500; *Harbarth*, ZIP 2002, 321, 327; *Bork*, NZG 2011, 650, 652.

239 Merkblatt zur Auslegung des § 35 Abs. 3 WpÜG der BaFin (www.bafin.de --> Veröffentlichungen).

240 Eine höchstrichterliche Entscheidung des BGH liegt bisher nicht vor.

241 *Steinmeyer* in: Berliner Kommentar, § 35 Rn. 124 Fn. 252 (mit folgendem Beispiel: *„So war zum Beispiel das Übernahmeangebot der Axel Springer AG an die Aktionäre der ProSiebenSat. 1 AG vom 16. September 2005 sowohl an die Stamm- als auch an die Vorzugsaktionäre gerichtet, obwohl feststand, dass sämtliche ausstehende Stammaktien und damit der Rest der Stimmrechte auf Grund eines privaten Paketerwerbs erworben würden.*").

dass der Bieter nicht gezwungen ist, zwei aufeinander folgende Angebote abzugeben. Eine Einbeziehung von Vor- und Nacherwerben erfolgt freilich nicht.

Der Zweck des § 35 Abs. 3 WpÜG geht allerdings noch über die in der Gesetzesbegründung angegebenen Erwägungen bezüglich der Vermeidung von unnötigem Zeit- und Kostenaufwand hinaus. Sinn und Zweck der Pflichtangebotsregel ist, den außenstehenden Aktionären aufgrund des Kontrollwechsels die Möglichkeit zum Ausstieg aus der Gesellschaft zu geben. Überschreitet ein Bieter mit einem Übernahmeangebot die Kontrollerwerbsschwelle und wurde den außenstehenden Aktionären im Rahmen dieses Angebots die Möglichkeit zum Ausstieg gewährt, sind keine Gründe ersichtlich, den außenstehenden Aktionären durch ein weiteres Angebot erneut die Möglichkeit eines Ausstiegs zu bieten. Vielmehr wurde ihnen durch das Übernahmeangebot aufgrund der bevorstehenden und veränderten Situation die Möglichkeit eines Ausstiegs gewährt; im Ergebnis soll jeder Aktionär nur eine Gelegenheit erhalten, seine Anteile zwecks eines Ausstiegs aus der Zielgesellschaft auf den kontrollierenden Aktionär zu übertragen.[242]

cc) Zeitpunkt des Kontrollerwerbs

Nach überzeugender Ansicht der BaFin sowie des *OLG Düsseldorf* ist für eine Befreiung auch der Erwerb eines Aktienpakets außerhalb der Börse während der Angebotsfrist ausreichend. Offen gelassen wurde die Frage, ob der befreiende Kontrollerwerb schon nach Veröffentlichung der Entscheidung zur Abgabe eines Übernahmeangebots oder erst nach Abgabe des Angebots erfolgen kann.[243]

Teilweise wird angenommen, dass § 35 Abs. 3 WpÜG, zumindest in analoger Anwendung, auch dann greife, wenn der Zeitpunkt des Überschreitens der Kontrollerwerbsschwelle zwischen der Veröffentlichung der Entscheidung zur Abgabe eines Übernahmeangebots und der Veröffentlichung der Angebotsunterlage liege.[244] Dies sei damit zu begründen, dass den außenstehenden Aktionären

---

[242] Im Ergebnis zustimmend: *Meyer* in: Geibel/Süßmann, WpÜG, § 35 Rn. 51; *Baums/Hecker* in: Baums/Thoma, WpÜG, § 35 Rn. 283; *Hommelhoff/Witt* in: FrankfurterKomm, WpÜG, § 35 Rn. 105; *Letzel*, BKR 2002, 293, 301.

[243] *OLG Düsseldorf*, Beschl. v. 11.08.2006 = AG 2007, 363.

[244] *Hommelhoff/Witt* in: FrankfurterKomm, WpÜG, § 35 Rn. 105; *Schlitt/Ries* in: MüKo, WpÜG, § 35 Rn. 255; *Krause/Pötzsch* in: Assmann/Pötzsch/Schneider, WpÜG, § 35 Rn. 275; *Lenz/Behnke*, BKR 2003, 43, 48; *Wittig* in: FS Kirchhof, 2003, S. 533, 539.

im Rahmen des auf den Kontrollerwerb gerichteten Übernahmeangebots die Möglichkeit gegeben werde, aus der Zielgesellschaft unter Berücksichtigung der Vorschriften über die anzubietende Mindestgegenleistung auszusteigen. Ihnen entstehe dadurch auch kein Nachteil, da sie durch die Vorschrift über Vorerwerbe gemäß § 31 Abs. 1 S. 2 WpÜG in Verbindung mit § 4 AngebotsVO, von der sowohl börsliche als auch außerbörsliche, mithin sämtliche Erwerbe des Bieters, erfasst sind, geschützt werden.[245]

Nach Ansicht von *Kossmann/Horz* ist jedoch zu differenzieren, wann der Erwerb erfolgt.[246] Erfolgt der Vollzug eines Paketkaufs vor dem Beginn der Annahmefrist aber nach Veröffentlichung der Entscheidung zur Abgabe des öffentlichen Angebots, so sei für die rechtliche Wertung danach zu unterscheiden, ob die Kontrollschwelle bereits allein durch den Paketerwerb überschritten werde oder nicht. Werde sie nicht durch den Paketerwerb, sondern erst durch das nachfolgende Übernahmeangebot überschritten, greife § 35 Abs. 3 WpÜG. Werde sie bereits durch den Paketerwerb überschritten, werde das zuvor angekündigte freiwillige Übernahmeangebot zum Pflichtangebot umqualifiziert. Auch *Baums/Hecker*[247] sowie *Ekkenga/Schulz*[248] sind der Ansicht, dass bei einer Kontrollerlangung im Zeitpunkt zwischen der Veröffentlichung der Entscheidung zur Abgabe eines Übernahmeangebots und der Veröffentlichung der Angebotsunterlage ein Pflichtangebot ausgelöst werde, mithin die Befreiung nach § 35 Abs. 3 WpÜG keine Anwendung finde.[249]

Der Literaturstreit bezüglich des maßgebichen Zeitpunkts ist dogmatischer Natur, da unabhängig davon, ob das Angebot als Übernahme- oder Pflichtangebot qualifiziert wird, nur ein Angebot zu den jeweils selben Bedingungen abzugeben ist. Auf dogmatischer Ebene ist allerdings der Ansicht zu folgen, dass eine Befreiung nach § 35 Abs. 3 WpÜG auch für den Fall eintritt, wenn der Zeitpunkt des Überschreitens der Kontrollerwerbsschwelle zwischen Veröffentlichung der Entscheidung zur Abgabe eines Übernahmeangebots und der Veröffentlichung der Angebotsunterlage liegt. Zwar erfolgt dogmatisch gesehen der Erwerb in

---

245 *Hommelhoff/Witt* in: FrankfurterKomm, WpÜG, § 35 Rn. 105; *Schlitt/Ries* in: MüKo, WpÜG, § 35 Rn. 255.
246 *Kossmann/Horz*, NZG 2006, 481, 486.
247 *Baums/Hecker* in: Baums/Thoma, WpÜG, § 35 Rn. 286.
248 *Ekkenga/Schulz* in: Ehricke/Ekkenga/Oechsler, WpÜG, § 35 Rn. 67.
249 So auch *Meyer* in: Geibel/Süßmann, WpÜG, § 35 Rn. 72.

diesem Fall nicht „*auf Grund*" des Angebots, da zu diesem Zeitpunkt noch kein Angebot vorliegt, sondern erst mit Veröffentlichung der Angebotsunterlage, §§ 14 Abs. 3, 16 Abs. 1 S. 1 WpÜG. Somit überschreitet der Bieter in diesem Fall die Schwelle von 30%, bevor ein freiwilliges Übernahmeangebot abgegeben oder gar durchgeführt wurde. Allerdings ist kein Grund ersichtlich, warum eine Umqualifizierung in ein Pflichtangebot erfolgen beziehungsweise von der Befreiungswirkung abgesehen werden sollte. Denn entsprechend Sinn und Zweck des WpÜG erhalten die außenstehenden Aktionäre die Möglichkeit, aus der Gesellschaft auszusteigen. Ferner sind nach § 31 WpÜG die Vorschriften über die Mindestgegenleistung zu berücksichtigen. Für die außenstehenden Aktionäre entsteht keine Schutzlücke, denn ein Erwerb in dem Zeitraum zwischen Veröffentlichung der Entscheidung zur Abgabe eines Angebots und dem Beginn der Annahmefrist, welcher gemäß § 14 Abs. 1 S. 1 WpÜG bis zu vier Wochen betragen kann, ist angesichts der Vorschriften über die Einbeziehung von Vorerwerben zu berücksichtigen. Erwerbe des Bieters in diesem Zeitraum, gleich ob börslich oder außerbörslich, werden in die Berechnung der Gegenleistung einbezogen. Denn der Zeitraum für die Einbeziehung von Vorerwerben endet nach § 31 Abs. 1 Alt. 2 WpÜG in Verbindung mit § 4 AngebotsVO erst mit dem Zeitpunkt der Veröffentlichung der Angebotsunterlage nach § 14 Abs. 2 S. 1 WpÜG und der damit beginnenden Annahmefrist, §§ 14 Abs. 3, 16 Abs. 1 S. 2 WpÜG. Folglich findet auch ein außerbörslicher Paketerwerb vor Beginn der Angebotsfrist Berücksichtigung bei der Bemessung der Angemessenheit der Gegenleistung. Mit *Lenz/Behnke* ist ferner zu beachten, dass eine erneute Veröffentlichungspflicht und die gleichzeitige Ankündigung, dass nunmehr ein Pflichtangebot und nicht wie zuvor angekündigt ein Übernahmeangebot abgegeben werde, verwirrend wäre.[250]

Nicht zu folgen ist ferner der Argumentation von *Baums/Hecker*, dass eine solche Ausdehnung auf den Zeitpunkt der Veröffentlichung der Entscheidung zur Abgabe eines Angebotes zu Lasten des Bieters gehe, da diese Veröffentlichung zumeist einen Kursanstieg zur Folge habe und somit die anzubietende Mindestgegenleistung beeinflusse.[251] Denn für die Berechnung der Mindestgegenleistung ist es unerheblich, ob nach Kontrollerlangung in der Zeit von Veröffentlichung der Entscheidung zur Abgabe eines Angebots bis zur Veröffentlichung

[250] *Lenz/Behnke*, BKR 2003, 43, 48.
[251] *Baums/Hecker* in: Baums/Thoma, WpÜG, § 35 Rn. 286.

der Angebotsunterlage und dem Beginn der Annahmefrist ein (befreiendes) Übernahmeangebot oder ein Pflichtangebot abgegeben wird. In beiden Fällen sind Erwerbe in dieser Frist als Vorerwerbe zu berücksichtigen.

Im Ergebnis greift die Befreiungsregelung des § 35 Abs. 3 WpÜG somit immer dann ein, wenn der Bieter nach Veröffentlichung seiner Absicht zur Abgabe eines Übernahmeangebots und vor Ende der Angebotsfrist die Kontrollerwerbsschwelle überschreitet und ein ordnungsgemäßes Übernahmeangebot im Sinne des WpÜG abgegeben hat.

dd) Auswirkungen in Praxis

Diese weite Auslegung wird in der Praxis dazu genutzt, die Übernahme zeitlich so zu terminieren, dass die Schwelle von 30% aufgrund des Erwerbs von Aktienpaketen oder Erwerben über die Börse innerhalb der Zeitspanne zwischen Veröffentlichung der Absicht zur Abgabe eines Angebots und dem Ende der Angebotsfrist sicher überschritten und somit die Angebotspflicht dauerhaft ausgeschlossen wird. Um einerseits die sofortige Entstehung eines Pflichtangebots zu vermeiden, aber andererseits bei Abgabe eines freiwilligen Übernahmeangebots die Schwelle von 30% sicher zu überschreiten, kann der Bieter beispielsweise schuldrechtliche Vereinbarungen über einen Paketerwerb treffen und deren Fälligkeit auf die von ihm gewünschte Zeit im Rahmen des freiwilligen Übernahmeangebots legen. Denn nach § 30 Abs. 1 Nr. 5 WpÜG führen schuldrechtliche Vereinbarungen nicht beziehungsweise nur in Ausnahmefällen zu einer Zurechnung von Stimmrechten, welche die Pflichten nach § 35 WpÜG auslösen würden.[252] Doch hat der Bieter dadurch die Gewissheit, das freiwillige Übernahmeangebot erfolgreich durchführen zu können und als Folge die Befreiung nach § 35 Abs. 3 WpÜG zu erreichen.

---

[252] Zur Problematik der Zurechnung von Stimmrechten bei Abschluss einer schuldrechtlichen Vereinbarung am Beispiel des Übernahmeangebots der Deutschen Bank an die Aktionäre der Postbank siehe ausführlich *Meilicke/Meilicke*, ZIP 2010, S. 558, 561.

2. Teil: Problemdarstellung

Aufgrund der Befreiungsregelung des § 35 Abs. 3 WpÜG kommt dem Bieter faktisch eine Wahlmöglichkeit zu. Er kann entscheiden, ob er ein Pflichtangebot nach § 35 Abs. 2 WpÜG abgibt, sobald er die Kontrolle über die Zielgesellschaft erlangt hat, oder ob er versucht, über ein freiwilliges Übernahmeangebot nach § 29 Abs. 1 WpÜG die Konditionen des Kontrollerwerbs (mit-) zu steuern. Ein Bieter wird in Praxis in der Regel versuchen zu vermeiden, die Kontrollerwerbsschwelle des § 29 Abs. 2 WpÜG außerhalb eines Übernahmeangebots zu überschreiten und sich „*in das enge zeitliche Korsett des Pflichtangebots*" zwingen zu lassen.[253] Denn der Vorteil des freiwilligen Übernahmeangebots liegt freilich darin, dass der Bieter den Zeitpunkt des Angebots frei bestimmen kann. Eine geschickte zeitliche und auf das Vorhaben des Bieters abgestimmte Strukturierung kann es ermöglichen, die preisbildenden Faktoren für die Angemessenheit der Gegenleistung wie den durchschnittlichen gewichteten Börsenkurs sowie die Vor-, Parallel- und Nacherwerbe zu steuern. Denn wie bereits dargestellt, unterliegt die Angemessenheit der Gegenleistung nach § 31 WpÜG dem Prinzip der Meistbegünstigung, weshalb der jeweils höhere Wert von durchschnittlichem Börsenkurs und Vorerwerben maßgebend ist. Gelingt es dem Bieter, die Kontrollerlangung zu steuern oder ein freiwilliges Übernahmeangebot auf die Kontrollerlangung auszurichten, kann er einen für ihn günstigen Zeitpunkt abwarten, in dem der gewichtete durchschnittliche Börsenkurs besonders niedrig ist.[254]

Wie das punktuell beschriebene Beispiel oben gezeigt hat, ist es der Deutschen Bank durch eine geschickte zeitliche Strukturierung und Gliederung der Übernahme der Postbank in verschiedene Schritte gelungen, den Mindestpreis für die anzubietende Gegenleistung im Rahmen des Übernahmeangebots gering zu halten und gleichzeitig die ihr obliegende, einmalige Pflicht zur Abgabe eines Angebots nach dem WpÜG zu erfüllen. Mangels eines weiteren Pflichtangebots bei Ausbau der Beteiligung ist die Deutsche Bank nach dem erfolgreichen Überschreiten der Kontrollerwerbsschwelle dauerhaft von einer Angebotspflicht befreit. Die grundsätzlichen Möglichkeiten und die Spielräume bei einer vom Bieter frei wählbaren zeitlichen Gestaltung sollen nachfolgend dargestellt und am Beispiel der Übernahme der Postbank vertieft werden. Anhand weiterer Beispie-

---

[253] *Geibel* in: Geibel/Süßmann, WpÜG, § 35 Rn. 74.
[254] So auch *Geibel* in: Geibel/Süßmann, WpÜG, § 35 Rn. 74, 75.

le soll ferner aufgezeigt werden, wie sich das Fehlen einer weiteren Angebotspflicht beim Ausbau der Beteiligung auswirkt.

I. Gewichteter durchschnittlicher Börsenkurs

1. Allgemein

Maßgebend für die Entscheidung des Bieters, ob er ein freiwilliges Übernahmeangebot abgibt, wird zunächst die Entwicklung des Börsenkurses sein. Denn wenn der Bieter beabsichtigt, die Kontrolle im Sinne des WpÜG über die Zielgesellschaft in absehbarer Zeit zu erlangen und somit in Folge dessen ein Pflichtangebot abgeben müsste, kann er zuvor einen günstigen gewichteten durchschnittlichen Börsenkurs nutzen und vor Überschreiten der Kontrollerwerbsschwelle ein freiwilliges Übernahmeangebot abgeben. Die Überschreitung der Erwerbsschwelle von 30% im Rahmen des freiwilligen Übernahmeangebots führt sodann automatisch zur Befreiung von der Pflicht nach § 35 Abs. 1 und insbesondere § 35 Abs. 2 WpÜG. Sieht sich der Bieter also in der Lage, die Überschreitung der Kontrollerwerbsschwelle innerhalb der Angebotsfrist sicher zu stellen, kann er durch Abgabe eines freiwilligen Übernahmeangebots den Zeitpunkt, ab welchem der Referenzzeitraum als Grundlage für die Angemessenheit der Gegenleistung berücksichtigt wird, frei bestimmen.

Juristisch betrachtet entsteht den außenstehenden Aktionären der Zielgesellschaft dadurch keinerlei Nachteil. Denn wie sich aus der Konzeption des WpÜG ergibt, sind die Voraussetzungen für die Angemessenheit der Gegenleistung im Rahmen eines freiwilligen Übernahmeangebots identisch mit denen eines Pflichtangebots, § 39 WpÜG.

Der wirtschaftliche Vorteil liegt jedoch auf Seiten des Bieters. Zwar muss dieser bei Abgabe eines freiwilligen Übernahmeangebots womöglich die Finanzierung des Angebots vorziehen, kann jedoch durch eine zeitlich geschickte Strukturierung seiner Kontrollerlangung einen aktuell günstigen gewichteten Durchschnittsbörsenkurs für sich nutzen.

2. Übernahmeangebot Deutsche Bank/Postbank

Für die Angemessenheit der Gegenleistung im Rahmen des Übernahmeangebots von der Deutschen Bank an die Aktionäre der Postbank war der gewichtete durchschnittliche inländische Börsenkurs in den letzten drei Monaten vor der

Entscheidung zur Abgabe eines freiwilligen Übernahmeangebots maßgebend, § 5 AngebotsVO. Die Veröffentlichung der Entscheidung zur Abgabe eines Übernahmeangebots erfolgte am 12. September 2010. Die BaFin hat der Deutschen Bank am 21. September 2010 mitgeteilt, dass der für den Stichtag 11. September 2010 ermittelte gültige Drei-Monats-Durchschnittskurs € 25 pro Anteil der Postbank betrage.[255] Aufgrund dieses Durchschnittskurses konnte das Angebot entsprechend der Angebotsunterlage der Deutschen Bank in dem Zeitraum vom 08. Oktober 2010 bis zum 04. November 2010 angenommen werden.[256] Am 22. Oktober 2010 sowie durch Ergänzung vom 29. Oktober 2010 empfahlen Vorstand und Aufsichtsrat der Postbank ihren Aktionären das Übernahmeangebot der Deutschen Bank anzunehmen, da sich der Preis aus ihrer Sicht als finanziell angemessen darstelle.[257]

Am 10. November 2010 gab die Deutsche Bank gemäß § 23 Abs. 1 S. 1 Nr. 2 WpÜG bekannt, dass das Übernahmeangebot innerhalb der Annahmefrist zu einer Gegenleistung von € 25 pro Aktie für insgesamt 25.113.466 Postbank-Aktien angenommen wurde.[258] Dies entspricht einem Anteil von ca. 11,47% des Grundkapitals der Postbank.

II. Vorerwerbe

1. Allgemein

Für die Angemessenheit des Börsenkurses ist neben dem gewichteten durchschnittlichen Börsenkurs der höchste in den letzten sechs Monaten vor Veröffentlichung der Absicht zur Abgabe eines Übernahmeangebots beziehungsweise vor Erlangung der Kontrolle gezahlte Preis pro Aktie maßgebend. Ist der Bieter nicht gewillt, diesen Preis gegebenenfalls allen außenstehenden Aktionären zu zahlen, muss er mit der Kontrollerlangung bzw. der dieser vorangegangenen Abgabe eines Angebots bis zum Ablauf von mindestens sechs Monaten nach

---

255 Presseinformation der Deutschen Bank AG vom 21. September 2010.

256 Angebotsunterlage zum Übernahmeangebot für die Postbank (veröffentlicht unter www.deutsche-bank.de).

257 Gemeinsame Stellungnahme des Vorstands und Aufsichtsrats der Deutschen Postbank AG, S. 28 (veröffentlicht unter www.postbank.de); zu den Anforderungen im Rahmen der Stellungnahme der Verwaltung der Zielgesellschaft im Hinblick auf die Angemessenheit der Gegenleistung (Wertindikation) vgl. *Leyendecker/Kleinhenz*, BB 2011, 2952 f.; siehe auch *Kossmann*, NZG 2011, 46 ff.

258 Bekanntmachung der Deutschen Bank AG gemäß § 23 Abs. 1 S. 1 Nr. 2 WpÜG vom 10. November 2010.

dem letzten Hinzuerwerb weiterer Aktien bzw. dem Abschluss von Vereinbarungen im Sinne des § 31 Abs. 6 WpÜG warten. Der Bieter kann also gegebenenfalls einerseits einen günstigen Referenzzeitraum bezüglich des gewichteten durchschnittlichen Börsenkurses für sein Übernahmeangebot wählen und andererseits in Kenntnis der Vorerwerbsregelung den Kauf von Aktienpaketen zeitlich so terminieren, dass zwischen Erwerb des Pakets und Angebotsbeginn die Einbeziehungsfrist verstrichen ist.[259] *Marsch-Barner* rät sogar ausdrücklich dazu, aus angebotstaktischen Gesichtspunkten keine relevanten Vorerwerbe zu tätigen.[260]

2. Übernahmeangebot Deutsche Bank/Postbank

Die Deutsche Bank hat vor der Abgabe des Angebots sowohl börslich als auch außerbörslich Anteile an der Postbank erworben. Allerdings blieben diese getätigten Vorerwerbe aufgrund der zeitlichen Strukturierung der Übernahme bei der Berechnung der Angemessenheit der Gegenleistung unberücksichtigt. Der Erwerb des Aktienpakets von 50 Mio. Aktien zu einem Wert von € 1,1 Mrd. von der Deutschen Post, der Mutter der Postbank, erfolgte außerhalb des relevanten Vorerwerbszeitraums. Nach § 4 AngebotsVO waren nur Vorerwerbe innerhalb der letzten sechs Monate vor der Veröffentlichung der Angebotsunterlage, mithin in den sechs Monaten vor dem 07.Oktober 2010, zu berücksichtigen. Der Paketerwerb erfolgte bereits im Jahre 2009 und war damit nicht zu berücksichtigen.

Auch die börslichen Erwerbe der Deutschen Bank sind bereits im Jahr 2009 erfolgt und blieben mithin für die Berechnung der Angemessenheit der Gegenleistung ebenfalls unberücksichtigt.

Zwar werden im Rahmen des Vorerwerbs nach § 4 S. 2 AngebotsVO auch solche Vereinbarungen nach § 31 Abs. 6 S. 1 WpÜG erfasst, aufgrund derer die Übereignung von Aktien verlangt werden kann. Damit werden neben Kaufverträgen auch Call-Optionen sowie Wandel- und Optionsanleihen erfasst.[261] Sinn und Zweck dieser Regelung ist es, eine Umgehung der Mindestanforderungen

---

[259] So bereits *Geibel/Süßmann*, BKR 2002, 52, 58 (damals noch mit dreimonatigen Einbeziehungszeitraum).

[260] *Marsch-Barner* in: Baums/Thoma, WpÜG, § 31 Rn. 27.

[261] *Krause* in: Assmann/Pötzsch/Schneider, WpÜG, § 31 Rn. 151, 155; *Noack* in: Schwark/Zimmer, WpÜG, § 31 Rn. 93.

an die Gegenleistung durch Hinausschieben der Fälligkeit zu vermeiden.[262] Allerdings erfolgte der Abschluss der Pflichtumtauschanleihe sowie der Optionsvereinbarung im Rahmen der Postbankübernahme ebenfalls vor Beginn des zu berücksichtigenden Vorerwerbszeitraums, weshalb auch der Abschluss der schuldrechtlichen Vereinbarungen unberücksichtigt blieb.[263]

III. Parallelerwerbe

Da die Deutsche Bank auf den Erwerb von weiteren Aktien innerhalb des Zeitraums zwischen Angebotsvorlage bis zur Veröffentlichung des Ergebnisses des Angebots nach § 23 Abs. 1 Nr. 2 WpÜG verzichtete, kam es auch nicht zur Nachbesserung der Gegenleistung.

IV. Nacherwerbe

Ist dem Bieter bewusst, dass er in Zukunft Aktien außerbörslich erwerben wird, und liegt aktuell der gewichtete durchschnittliche Börsenkurs unterhalb des in Zukunft zu zahlenden Bezugspreises, so kann er durch frühzeitige Abgabe eines freiwilligen Übernahmeangebots die Einbeziehung des Nacherwerbs gegebenenfalls ausschließen.

Hätte die Deutsche Bank innerhalb eines Jahres nach Ende der Angebotsfrist, also bis zum 04. November 2011, außerbörslich Aktien der Postbank erworben und hierfür einen Preis gezahlt, der über der im Rahmen des Übernahmeange-

---

262 Reg. Begr. BR-Drs. 17/7034, S. 57.

263 Bestätigt durch *LG Köln*, Urt. v. 29.07.2011 = BeckRS 2011, 20382; so auch BaFin, Jahresbericht 2010, S. 220 f.; a.A. *Meilicke/Meilicke*, ZIP 2010, S. 558, 561: Die Stimmrechte aus der Pflichtwandelanleihe seien der Deutschen Bank zuzurechnen, da der Tatbestand „*für Rechnung des Bieters*" nach § 30 Abs. 1 Nr. 2 WpÜG erfüllt sei. Entscheiden sei, wem die Chancen und Risiken, also Gewinnanteile und Kursveränderungen träfen. Diese lägen bereits mit schuldrechtlichem Vertrag bei der Deutschen Bank. Das zeige auch ein Vergleich mit dem Kauf einer beweglichen Sache und anschließender Stundung. Auch in diesem Fall könne der Verkäufer die Sache nicht mehr frei wie ein Eigentümer nutzen und darüber verfügen. Der Verkäufer halte den Gegenstand dann für Rechnung des Erwerbers. Die Entscheidung des *LG Köln* ebenfalls ablehnend *Wackerbarth*, ZIP 2012, 253, 258 f.: *Wackerbarth* will das zeitlich gestreckte Vorgehen der Deutschen Bank und der Deutschen Post in Bezug auf die Pflichtwandelanleihe plakativ auf den Punkt bringen und stellt heraus, dass Deutsche Post und Deutsche Bank sich während des gesamten Referenzzeitraums des § 4 Satz 1 AngebotsVO einig waren über eine „*Vereinbarung, aufgrund derer die Übereignung von Aktien der Zielgesellschaft verlangt werden kann*". Dies genüge nach Ansicht von *Wackerbarth* um die Mindestpreisschwelle für das Übernahmeangbot vom 7. Oktober 2012 auf € 45,45 hinaufzusetzen. Siehe hierzu auch *Karl*, CFB 2011, 204, 205.

bots angebotenen Gegenleistung von € 25 pro Aktie lag, hätte sie den Unterschiedsbetrag in bar ausgleichen müssen. Ein solcher Erwerb hat jedoch nicht stattgefunden.

Auch die Aktien, die die Deutsche Bank aufgrund der Pflichtwandlung der Anleihe zu einem Preis von € 45 erwerben wird, werden keine Pflicht zur Nachzahlung begründen. Dies liegt daran, dass die Wandlung erst nach Ablauf von drei Jahren seit Zeichnung der Anleihe erfolgt und somit zeitlich nach dem Ablauf eines Jahres seit Ende der Angebotsfrist. Das gleiche gilt für die gegenseitig eingeräumten Optionsrechte. In Folge dessen sind im Rahmen der Postbankübernahme weder der für die Pflichtumtauschanleihe vereinbarte Wandlungspreis noch der vereinbarte Preis pro Aktie im Rahmen der Kauf- und Verkaufsoptionen zu berücksichtigen.

V. Creeping-In

1. Allgemein

Die derzeitige Systematik des WpÜG sieht vor, dass ein Bieter keiner weiteren Veröffentlichungs- oder Angebotspflicht unterliegt, wenn er die Kontrollerwerbsschwelle aufgrund eines Übernahmeangebots überschritten oder nach dem Überschreiten dieser Schwelle ein Pflichtangebot abgegeben hat. Folglich kann der Bieter im Anschluss an den Kontrollerwerb, abgesehen von den Fällen eines Nacherwerbs, problemlos weitere Stimmrechte an der Zielgesellschaft erwerben ohne den außenstehenden Aktionären erneut einen Ausstieg aus der Gesellschaft zu einem angemessenen Preis ermöglichen zu müssen.

2. Deutsche Bank/Postbank

Wie zuvor im Beispiel der Übernahme Deutsche Bank/Postbank bereits dargestellt, hat die Deutsche Bank zu einem Zeitpunkt, der innerhalb der Angebotsfrist lag, die Kontrollerwerbsschwelle von 30% überschritten. Dies hatte zur Folge, dass sie nach § 35 Abs. 3 WpÜG dauerhaft von der Angebotspflicht befreit ist und nunmehr weitere Aktien erwerben kann, ohne dass dabei ein weiteres Angebot an die außenstehenden Aktionäre abgegeben werden müsste.

3. ACS/Hochtief

Auslöser für eine erneute und aktuelle Diskussion über die Schaffung einer Creeping-In Regelung im deutschen Übernahmerecht war, wie oben bereits erwähnt, das Übernahmeangebot des spanischen Baukonzerns ACS an die Aktionäre von Hochtief.

Am 16. September 2010 hat ACS ein freiwilliges Übernahmeangebot für alle ausstehenden Aktien der Hochtief angekündigt.[264] Zu diesem Zeitpunkt hielt ACS 29,98% des stimmberechtigten Kapitals an Hochtief. Das öffentliche Übernahmeangebot erfolgte im Wege eines Tauschangebots, bei dem als Gegenleistung für je 5 Hochtief-Aktien 8 Stammaktien von ACS angeboten wurden. Die Höhe der angebotenen Gegenleistung wurde nach dem gewichteten durchschnittlichen Börsenpreis der vergangenen drei Monate berechnet. Die BaFin hatte den gewichteten durchschnittlichen Börsenkurs für Hochtief zum Stichtag 15. September 2010 auf € 50,97 sowie aufgrund des geplanten Tauschangebots den gewichteten durchschnittlichen Börsenkurs zum gleichen Stichtag für ACS auf € 32,85 berechnet. Aufgrund des angebotenen Umtauschverhältnisses von 5:8 ergibt sich ein Wert der Angebotsgegenleistung von rund € 52,56 je Hochtief-Aktie und somit eine wertmäßige Prämie pro Hochtief-Aktie von € 1,59 gegenüber dem gewichteten durchschnittlichen Börsenkurs. Diese Prämie entspricht wiederum einem Aufschlag von 3,12% pro Anteil.

Nach eigenen Angaben erwartete ACS *„nicht unbedingt, dass mit diesem Angebot die Schwelle von 50% der Stimmrechte erreicht"* werde, gab aber an, man wolle die Beteiligung längerfristig auf knapp über 50% ausbauen, damit Hochtief voll konsolidiert werden könne.[265] Zum 03. Februar 2011 gab ACS bekannt, dass 3,64% des stimmberechtigten Kapitals der Hochtief im Rahmen des Übernahmeangebots auf ACS übertragen wurden. ACS selbst habe zu diesem Tag über einen Anteil von 27,25% verfügt. Nach Ablauf der weiteren Annahmefrist habe ACS selbst 2,60% der Stimmrechte über die Börse erworben. Insgesamt halte ACS deshalb ca. 33,49% des stimmberechtigten Kapitals.[266]

---

[264] Veröffentlichung der Entscheidung zur Abgabe eines Übernahmeangebotes gemäß § 10 Abs. 1 und Abs. 3 i.V.m. §§ 29 Abs. 1, 34 des Wertpapiererwerbs- und Übernahmegesetzes (WpÜG) vom 16.09.2010 (abrufbar unter http://www.acs-offer.com/deutsch/pflicht veroeffentlichungen.php).

[265] www.acs-offer.com.

[266] Veröffentlichung nach § 23 Abs. 1 Nr. 3 WpÜG vom 03.02.2011 (abrufbar unter www.acs-offer.com).

Nach Abschluss der Annahmefrist hielt ACS demnach 30,89% der Stimmrechte der Hochtief. ACS hat somit im Rahmen der des freiwilligen Übernahmeangebots die Kontrollerwerbsschwelle des § 29 Abs. 2 WpÜG überschritten und hatte dementsprechend kein weiteres Pflichtangebot abzugeben, § 35 Abs. 3 WpÜG. Vielmehr ist ACS nunmehr dauerhaft von den Verpflichtungen zur Abgabe eines Angebots nach dem WpÜG befreit und kann, wie bereits angekündigt, die Anteile an Hochtief auch bis auf eine Beteiligung von über 50% sukzessive ausbauen.

4. Volkswagen/Porsche

Ein weiteres bekanntes Beispiel zu dieser Problematik ist die geplante, aber letztendlich gescheiterte, vollständige Übernahme der Volkswagen AG (nachfolgend „Volkswagen") durch die Porsche AG (nachfolgend „Porsche") und das hierzu abgegebene Übernahmeangebot. Durch die Ausübung von Optionen erhöhte sich der Stimmrechtsanteil von Porsche zum 26. März 2007 auf 30,9% der Stimmrechte an Volkswagen.[267] Als gesetzlich geregelte Folge dessen unterbreitete Porsche den Aktionären von Volkswagen ein Pflichtangebot. Die Besonderheit hierbei war, dass der Pflichtangebotspreis, der sich aus dem gewichteten durchschnittlichen Börsenkurs der vergangenen drei Monate vor Überschreitung der Kontrollerwerbsschwelle errechnete, unterhalb des damals aktuellen Börsenkurses lag. Daher wurde das gesetzliche Pflichtangebot von den Aktionären als unattraktiv eingestuft und kaum angenommen. Da es im Rahmen eines Pflichtangebots jedoch nicht darauf ankommt, wie viele Aktionäre bereit sind das Angebot anzunehmen, ist Porsche von der Pflicht eines weiteren Angebots befreit. Porsche konnte im Anschluss weitere Aktien über die Börse erwerben, deren Preis über dem Pflichtangebotspreis lag, ohne den außenstehenden Aktionären einen erneuten Ausstieg aus der Gesellschaft ermöglichen zu müssen.[268]

5. Weitere Fälle

Ferner gibt es Fälle, in denen kein Pflichtangebot bei Überschreiten der Kontrollerwerbsschwelle abgegeben wird, weil nach § 36 WpÜG Stimmrechte des Bieters unberücksichtigt bleiben oder dieser nach § 37 WpÜG von der Ange-

---

267 Vgl. Ad-hoc Mitteilung vom 26.03.2007: Dr. Ing. h. c. F. Porsche AG: Porsche AG übt Option auf Stammaktien der Volkswagen AG aus - Beteiligung an Stammaktien steigt auf 30,9 Prozent (veröffentlicht unter www.porsche-se.com).

268 Vgl. hierzu *von Falkenhausen*, ZHR 174 (2010) 293, 298.

botspflicht befreit wird. Die Folge dessen ist, dass der Bieter überhaupt kein Pflichtangebot abzugeben hat, weder beim Überschreiten der 30% Schwelle noch beim späteren Ausbau seiner Beteiligung.[269] Auch in dieser Konstellation kann eine Creeping-In Regelung gefordert werden.

VI. Ergebnis

Wie die Beispiele zeigen, haben in der Praxis bereits etliche Bieter einen günstigen Zeitpunkt zum Überschreiten der Kontrollerwerbsschwelle ausgenutzt und zuvor ein freiwilliges Übernahmeangebot zum Minimalpreis abgegeben, mit der Folge, dass das vermeintlich unattraktive Angebot von den meisten Aktionären nicht angenommen wurde, der Bieter im Ergebnis aber von seiner „*lästigen*" Pflicht befreit war. Derartige Angebote sollen in der Praxis als „*lustlose Angebote*" bezeichnet werden.[270] *Hitzer/Düchting* bezeichnen dieses Vorgehen des Bieters als charakteristisches Kalkül, um im Anschluss größtmögliche Flexibilität für einen etwaigen Beteiligungsaufbau zu haben.[271]

Das Beispiel der Übernahme der Postbank durch die Deutsche Bank hat verdeutlicht, wie durch eine geschickte zeitliche Strukturierung des Kontrollerwerbs der angemessene Preis der Gegenleistung niedrig gehalten werden kann, indem der Bieter den Zeitpunkt für die Abgabe des Angebots und somit für den relevanten durchschnittlichen Börsenkurs frei wählen und zudem den Vor- und Nacherwerb ausklammeren kann. Nach dem erfolgreichen Überschreiten der 30%-Schwelle im Rahmen des freiwilligen Übernahmeangebots ist die Deutsche Bank aufgrund der aktuell gesetzlichen Lage nunmehr dauerhaft von einer weiteren Angebotspflicht befreit und kann seit dem 04. November 2011 ohne weitere Angebotspflichten die Anteile der Postbank auch zu Preisen über dem angebotenen Mindestpreis, wie beispielsweise im Rahmen der Pflichtumtauschanleihe oder der Optionen, erwerben.

Dies zeigt, dass der Bieter eine Vielzahl von - nach geltendem Recht unstrittig zulässigen[272] - Strukturierungsmöglichkeiten im Rahmen der Angebotsabgabe

---

[269] *Zietsch/Holzborn*, WM 2001, 1753, 1755; *Merkt*, NZG 2011, 561, 562.

[270] *Hirte*, Der Konzern 2010, 599, 601; auch abrufbar unter http://www.bundestag.de/bundestag/aktuell/ - Stellungnahme zum Entwurf eines Gesetzes zur Änderung des Wertpapiererwerbs- und Übernahmegesetzes (BT-Drs. 17/3481).

[271] *Hitzer/Düchting*, ZIP 2011, 1084, 1091.

[272] *Cascante/Tyrolt*, AG 2012, 97, 105.

hat. So kann der Bieter schuldrechtliche Vereinbarungen auf Übertragung von Aktien zu einem in der Zukunft liegenden Zeitpunkt schließen, die zum Einen noch kein Pflichtangebot auslösen, da nach § 30 Abs. 1 Nr. 5 WpÜG schuldrechtliche Vereinbarungen zum Erwerb weiterer Stimmrechte nicht zu einer Zurechnung derselben führen, und welche zum Anderen nicht im Rahmen der Angemessenheit der Gegenleistung berücksichtigt werden müssen. Ferner besteht die Möglichkeit, die Fälligkeit solcher Vereinbarungen auf die vom Bieter gewünschte Zeit, nämlich auf einen Zeitpunkt innerhalb der Annahmefrist für das freiwillige Übernahmeangebot zu legen, um so sicher die Kontrollerwerbsschwelle von 30% überschreiten und eine Befreiung nach § 35 Abs. 3 WpÜG erreichen zu können.

Merkt sieht das Problem einer solchen Vorgehensweise darin, dass die Minderheit in einem Zeitpunkt, in dem eigentlich noch gar kein Kontrollwechsel stattfindet, in geringem Umfang „*entschädigt*" würde, während sie in jenem Zeitpunkt, in dem der Kontrollwechsel tatsächlich stattfände, gerade nicht entschädigt wird.[273]

Nach *Hitzer/Düchting* ist es in der Tat möglich, die Pflichtangebotsregelung in § 35 WpÜG zu umgehen, wie das Beispiel ACS/Hochtief gezeigt habe.[274]

Derartige Fälle waren Anlass für die Gesetzesinitiative der SPD, in deren Begründung ausgeführt wird, dass der Bieter regelmäßig nicht am Erwerb aller Anteile, sondern lediglich am Erwerb hinreichend vieler Anteile zur Überschreitung der Kontrollschwelle des § 29 Abs. 2 WpÜG von 30 % interessiert sei, um so eine Befreiung nach § 35 Abs. 3 WpÜG zu erlangen. Entsprechend mache der Bieter unter Ausnutzung eines ungünstigen Kursverlaufs ein wenig attraktives Übernahmeangebot. Für die Aktionäre einer Zielgesellschaft könne das bedeuten, dass sie im Rahmen eines Übernahmeangebots einen Preis unterhalb des aktuellen Börsenkurses hinnehmen müssen, da für die Bemessung des Mindestpreises in der Regel der Durchschnittskurs der letzten drei Monate maßgebend sei.[275] Aufgrund dieser nach aktueller Rechtslage bestehenden Problematik wird die Einführung eines weiteren Pflichtangebots in Form einer Creeping-In Rege-

---

273 *Merkt*, NZG 2011, 561, 562.
274 *Hitzer/Düchting*, ZIP 2011, 1084, 1086.
275 Gesetzesentwurf der Fraktion der SPD, BT-Drs. 17/3481, S. 3.

lung gefordert, also für den Fall, dass der Bieter nach Überschreiten der Kontrollerwerbsschwelle weitere Anteile innerhalb eines bestimmten Zeitraums hinzuerwirbt.

3. Teil: Zulässigkeit und Sinnhaftigkeit einer Creeping-In Regelung zur Verhinderung von vermeintlichen Umgehungen der Mindestpreisregeln

I. Erwägungen für und gegen ein Pflichtangebot

Munscheck verwies vor Erlass des WpÜG darauf, dass ein Kontrollwechsel innerhalb einer Gesellschaft sowohl positive als auch negative Folgen haben könne. Negative Folgen wirkten sich nicht nur auf die vom Bieter gehaltenen Anteile, sondern auch auf die von den außenstehenden Aktionären gehaltenen Anteile aus. Im Falle eines Kontrollwechsels könnten sich die außenstehenden Aktionäre jedoch nur beschränkt zur Wehr setzen, weshalb sie zu schützen seien.[276]

Der *EuGH* hat in seinem Urteil vom 15.10.2009 explizit darauf hingewiesen, dass es keinen allgemeinen Rechtsgrundsatz gibt, vermöge dessen Kleinaktionäre dadurch geschützt werden, dass der kontrollierende Aktionär verpflichtet sei, die übrigen Aktien der außenstehenden Aktionäre aufkaufen zu müssen. Auch aus der Übernahmerichtlinie ergebe sich nichts anderes, da der Anwendungsbereich des Pflichtangebots und des damit verbundenen Andienungsrechts an spezielle Voraussetzungen, wie beispielsweise die Börsennotierung einer Gesellschaft und das Halten einer kontrollierenden Beteiligung, geknüpft sei.[277] Somit seien die Bestimmungen der Richtlinie nur auf spezielle Situationen anwendbar, so dass aus ihnen kein allgemeiner Grundsatz mit einem bestimmten Inhalt abgeleitet werden könne. Es fehle an einem übergreifenden Charakter, der allgemeinen Rechtsgrundsätzen naturgemäß innewohne.[278]

Folglich ist zum Schutz der außenstehenden Aktionäre die Umsetzung der Richtlinie in nationales Recht und die entsprechende Einführung eines Pflichtangebots notwendig. Sinn und Zweck des Pflichtangebotes ist der Schutz der Minderheitsaktionäre, die sich aufgrund einer veränderten Situation in der Gesellschaft einer kontrollierenden Beteiligung eines anderen Aktionärs gegenüber sehen. In diesem Fall sollen die Minderheitsaktionäre die Möglichkeit zur Veräußerung ihrer Beteiligung an der Gesellschaft zu einem angemessenen Preis haben.[279]

---

[276] *Munscheck*, RIW 1995, 998, 998.
[277] Unter Verweis auf Art. 1 und Art. 5 der Richtlinie.
[278] *EuGH*, Urt. v. 15.10.2009 = NZG 2009, 1350, 1352.
[279] Reg. Begr. BT-Drs. 14/7034, S. 28, 30.

Die Regelung über die Pflicht zur Abgabe eines Angebots beruht auf einer Richtlinie, weshalb die Regelung eines Pflichtangebotes nicht diskutabel ist. Im Rahmen der Überlegungen, ob das bestehende Pflichtangebot einen ausreichenden Schutz gewährleistet oder ob ein erneutes Pflichtangebot beim Hinzuerwerb weiterer Stimmrechte oder dem Überschreiten einer zweiten prozentualen Schwelle notwendig und sinnvoll ist, ist jedoch zunächst die Frage zu stellen, welche Gründe für und gegen ein Pflichtangebot sprechen. Nach einigen Jahren praktischer Anwendung des WpÜG ist es im Hinblick auf die Überlegungen zur Weiterentwicklung des Pflichtangebots daher sinnvoll, die damaligen Überlegungen für sowie die Bedenken gegen die Einführung eines Pflichtangebots kurz darzustellen.

1. Ausreichender Schutz durch Konzernrecht

Unbestritten war bei Einführung des Pflichtangebots im Rahmen des WpÜG, dass ein funktionsfähiger und liquider Kapitalmarkt auch des Kapitals von Kleinanlegern bedürfe, weshalb grundsätzlich ein Schutzmechanismus zugunsten der Minderheitsaktionäre erforderlich sei. Umstritten war hingegen, wie ein solcher ausgestaltet sein solle beziehungsweise woraus sich ein solcher bereits ergebe.[280]

Von Teilen der Literatur wurde kritisiert, dass die vorhandenen Schutzmechanismen des Gesellschaftsrechts bereits ausreichend seien, weshalb es der Einführung eines Pflichtangebots nicht bedürfe.[281] Gegen die Normierung der Angebotspflicht im WpÜG wurde vorgebracht, dass die Aktionäre der Zielgesellschaft eines Schutzes durch ein Pflichtangebot nicht bedürften, da bereits das aktienrechtliche Konzernrecht mit seinen §§ 291 ff und §§ 311 ff AktG einen hinreichenden Schutz enthalte und vor allem eine interessengerechte Lösung ermögliche.[282] Diese Auffassung wurde damals auch von der Bundesregierung vertreten.[283]

---

280 *Houben*, WM 2000, 1873.

281 *Mülbert*, ZIP 2001, 1221, 1226; *Kallmeyer*, ZHR 1997, 435, 437; *Neye*, DB 1996, 1121, 1125; *Roos*, WM 1996, 2177, 2184; *Schindler*, Das Austrittsrecht bei Kapitalgesellschaften, S. 384; andere Ansicht: *Weber*, EuZW, 1998, 464, 468; *Hopt*, ZHR, 1997, 368, 387; *Habersack/Mayer*, ZIP 1997, 2141, 2143.

282 *Pietzke* in: FS Fikentscher, S. 601, 604 f., 612 f.; *Hommelhoff* in: FS Semler, S. 455 f.; *Hommelhoff/Kleindiek*, AG 1990, 106 f.; *Mertens*, AG 1990, 252, 258f.; *Kallmeyer*, ZHR 161 (1997), 435, 436 f.; *Pluskat*, WM 2001, 1937, 1941; *Assmann*, AG 1995, 563, 570; *Altmeppen*, ZIP 2001, 1073, 1082 f.; tendenziell auch *Wackerbarth*, WM 2001, 1741,

Es wurde dabei angenommen, dass das Konzernrecht in der Lage sei zu verhindern, dass ein kontrollierender Aktionär seine oben dargestellte Einflussmöglichkeit auf die Organe der Gesellschaft ausübe und damit die Unternehmenspolitik zum Nachteil der Minderheitsaktionäre verändere.[284] Ein darüber hinaus gehender Schutz der Minderheitsaktionäre sei deshalb in Deutschland, anders als in Ländern die nicht über ein solches Konzernrecht verfügten, entbehrlich.[285]

Der im Jahre 1996 vorgelegte Richtlinienvorschlag forderte in Art. 3, dass Mitgliedstaaten zum Schutz der außenstehenden Aktionäre dafür Sorge tragen müssen, dass Vorschriften oder sonstige Verfahren in Kraft sind, die entweder zur Abgabe eines Angebots nach Art. 10 des Richtlinienvorschlags verpflichten oder andere geeignete und mindestens gleichwertige Vorkehrungen zum Schutz der Minderheitsaktionäre dieser Gesellschaft vorsehen.[286] Die Kommission verwies im Hinblick auf *„andere geeignete und mindestens gleichwerte Vorkehrungen"* ausdrücklich auf das in manchen Mitgliedstaaten bestehende Konzernrecht. Dies spricht für die Vergleichbarkeit von Übernahme- und Konzernrecht.

Andererseits wurde als Argumentation für die Einführung eines Pflichtangebots vorgebracht, dass ein Pflichtangebot notwendig sei, um die Minderheitsaktionäre vor den Nachteilen eine Konzernierung und vor den Schwächen des bestehenden Konzernrechts hinreichend zu schützen.[287] *Houben* kritisierte im Rahmen des konzernrechtlichen Minderheitenschutzes, dass es sich um einen *ex-post* Schutzmechanismus handele, der nicht dazu geeignet sei, die Minderheitsaktionäre vor dem Verlust ihres Stimmrechtswertes zu schützen, sondern nur direkt vor einer Schädigung der Gesellschafter durch den Kontrollerwerber.[288]

1745 f.; *Forum Europaeum Konzernrecht*, ZGR 1998, 672, 727; vgl. ferner *Meyer* in: Geibel/Süßmann, WpÜG, § 35 Rn 3; *Schlitt/Ries* in: MüKo, WpÜG, § 35 Rn. 38; *Baums/Hecker* in: Baums/Thoma, Vor § 35 Rn. 93; *Krause/Pötzsch* in: Assmann/Pötzsch/Schneider, WpÜG, § 35 Rn. 43.

283 BT-Drs. 11/6612; BT-Drs. 12/1465.

284 So auch *Baums/Hecker* in: Baums/Thoma, WpÜG, Vor § 35 Rn. 93.

285 *Altmeppen*, ZIP 2001, 1073, 1082; a.A. *Hopt*, ZHR 161 (1997), 368, 387.

286 ABl. EG Nr. C 162 vom 06.06.1996, 5 f. (abgedruckt in *Fleischer/Kalss,* Wertpapiererwerbs- und Übernahmegesetz, S. 977 f.).

287 *Hopt*, ZHR 161 (1997), 369, 387 f.

288 *Houben*, WM 2000, 1873, 1875.

Sollten, ungeachtet der zwingenden europarechtlichen Vorgaben, die bereits bestehenden Schutzmechanismen außerhalb des WpÜG einen hinreichenden Schutz der Minderheitsaktionäre gewährleisten und somit das schon bestehende Pflichtangebot nicht zwingend geboten sein, spräche dies gegen die Einführung einer weiteren Angebotspflicht.

Der Minderheitenschutz im Konzernrecht ergibt sich aus §§ 291 f., 311 f. AktG. Demnach soll bei Abschluss eines Beherrschungs- oder Gewinnabführungsvertrages zwischen der Aktiengesellschaft und einem anderen Unternehmen eine Ausgleichszahlung an die außenstehenden Aktionäre gemäß § 304 Abs. 1 AktG geleistet werden. Die Angemessenheit dieser Ausgleichszahlung bemisst sich nach § 304 Abs. 2 AktG anhand der bisherigen sowie der zu erwartenden zukünftigen Ertragslage der Gesellschaft. Besteht kein Beherrschungsvertrag, sondern liegt ein faktischer Konzern vor, verbietet § 311 Abs. 1 AktG jede nachteilige Einflussnahme auf die Gesellschaft durch das herrschende Unternehmen, es sei denn, das herrschende Unternehmen gewährt einen Nachteilsausgleich oder sagt einen solchen rechtsverbindlich zu und wahrt damit die Vermögensinteressen der abhängigen Aktiengesellschaft.

a) Einzelfallgerechtigkeit

Der Vergleich des Konzernrechts mit dem Übernahmerecht zeigt, dass während das WpÜG formal auf das Überschreiten der Stimmrechtsschwelle von 30% abstellt, es für einen kontrollierenden Einfluss entsprechend dem AktG auf das tatsächliche Vorliegen einer kontrollierenden Beteiligung ankommt.

Folglich kann mit dem Minderheitenschutz im Konzernrecht gemäß §§ 291, 311 f. AktG eine einzelfallgerechtere Lösung erreicht werden, da auf das Vorliegen eines tatsächlich beherrschenden Einflusses bzw. eine tatsächliche Kontrollmöglichkeit abgestellt wird. *Mülbert* verwies vor Inkrafttreten des WpÜG darauf, dass bei niedrigen Hauptversammlungspräsenzen bereits ein Stimmrechtsanteil von 20% ausreiche, um die Hauptversammlungsmehrheit zu erlangen. Derartige Fälle würden aber, anders als nach den Vorschriften der Konzernierung nach § 311 ff. AktG, nicht vom WpÜG erfasst. Das AktG stelle somit nach seiner Ansicht eine flexiblere Lösung dar.[289] Denn nach dem konzernrechtlichen Minderheitenschutz wird einerseits von einem in Mehrheitsbesitz stehenden Unternehmen gemäß § 17 Abs. 2 AktG widerleglich vermutet, dass es von dem an ihm mit Mehrheit beteiligten Unternehmen abhängig ist. Andererseits ist für die Begründung einer Abhängigkeit von zwei Gesellschaften bereits ausreichend, dass ein Unternehmen unmittelbar oder mittelbar einen beherrschenden Einfluss ausüben kann, § 17 Abs. 1 AktG. *Emmerich* führt hierzu aus, dass dies der Fall sei, wenn ein Unternehmen in seinem Interesse einen maßgeblichen Einfluss auf die Personal-, Geschäfts- und Unternehmenspolitik des abhängigen Unternehmens ausübt, folglich „*wenn es die Personal-, Geschäfts- und Unternehmenspolitik des abhängigen Unternehmens in seinem Interesse steuern kann, so dass das abhängige Unternehmen nicht mehr in der Lage ist, sich bei seinen geschäftlichen Entscheidungen allein an seinen Interessen zu orientieren*“.[290]

Daraus folgt, dass bereits eine Minderheitsbeteiligung einen beherrschenden Einfluss begründen kann. So hat beispielsweise der *BGH* im Rahmen der Beteiligung des Landes Niedersachsen an der Volkswagen AG ausgeführt, dass

> „*das Land Niedersachsen im Geschäftsjahr 1993 einen beherrschenden Einfluß i.S. des § 17 Abs. 1 AktG auf die VW-AG ausüben konnte. Die Voraussetzungen des Abhängigkeitstatbestands nach dieser Vorschrift sind dann gegeben, wenn ein rechtlich selbständiges Unternehmen - aus seiner Sicht - in eine Situation geraten ist, nach der es der Möglichkeit einer Beherrschung durch ein anderes Unternehmen ausgesetzt ist (allg. Meinung, vgl. Hüffer, AktG aaO [2. Aufl.], § 17 Rdnr. 4). Insbesondere kann auch eine unter 50 % liegende Beteiligung in Verbindung mit weiteren verläßlichen Umständen rechtlicher oder tatsächlicher Art eine Abhängigkeit i.S. des § 17 Abs. 1 AktG begründen (*BGHZ 69, 334, 347*). Erforderlich ist die Möglichkeit einer Einflußnahme, die beständig, umfassend und gesellschaftsrechtlich vermittelt ist (*BGHZ 90, 381; *vgl. auch Hüffer, AktG aaO, § 17 Rdnr. 4). Das kann bereits dann der Fall sein, wenn die Hauptversammlungen einer AG erfahrungsgemäß so besucht sind, daß die unter 50 % liegende Beteiligung eines Großaktionärs regelmäßig ausreicht, um für einen längeren Zeitraum Beschlüsse mit einfacher Mehrheit durchzusetzen*

---

[289] *Mülbert,* ZIP 2001, 1221, 1225.

[290] *Emmerich* in: Emmerich/Habersack, Aktien- und GmbH-Konzernrecht, § 17 Rn. 5; so auch: *BGH*, Beschl. v. 19.01.1993 = BGHZ 121, 137, 146; *OLG Stuttgart*, Beschl. v. 03.12.2008 = AG 2009, 204, 205; *Schall* in: Spindler/Stilz, AktG, § 17 Rn. 9 f.

(BGHZ 69 aaO, 347; Koppensteiner, in: Kölner Komm. z. AktG aaO [2. Aufl.], § 17 Rdnr. 36). Die Abhängigkeit kann ferner durch die Möglichkeit einer tatsächlichen Einflußnahme auf den Vorstand und seine Geschäftspolitik verstärkt werden, die ein Großaktionär bei einer Gesellschaft, an der überwiegend Klein- und Kleinstaktionäre beteiligt sind, in hohem Maße ausüben kann. Das ist insbesondere dann der Fall, wenn er ein oder mehrere Mandate im Aufsichtsrat besetzen kann. Diese Voraussetzungen sind bei dem Land Niedersachsen insgesamt erfüllt. Es hatte in der für das Geschäftsjahr 1993 durchgeführten Hauptversammlung im fünften aufeinanderfolgenden Jahr mit seiner Beteiligung von 20% die Mehrheit der Stimmrechte der in der Hauptversammlung vertretenen Aktionäre. Hinzu kommt, daß das Land Niedersachsen mit zwei Mandaten im Aufsichtsrat der VW-AG vertreten ist. Daraus ergeben sich nach §§ 84 Abs. 1 S. 1, 101 Abs. 1 S. 1 AktG zusätzliche Möglichkeiten, auf die Geschäftspolitik der Gesellschaft Einfluß zu nehmen. Diese Umstände reichen aus, um aus der Sicht der VW-AG die Möglichkeit einer beständigen und umfassenden Einflußnahme auf das Unternehmen bejahen zu können.“[291]

Auch in seinem Urteil vom 13.10.1977 hat der *BGH* entschieden, dass im dort vorliegenden Fall eine Beteiligung von 43,7% der Stimmrechte an einem Unternehmen bereits einen beherrschenden Einfluss begründe, da die Hauptversammlungspräsenzen jeweils kaum wesentlich mehr als 80% betragen hatten.[292] Dabei wurde nochmals ausdrücklich darauf hingewiesen, dass für die Begründung eines Abhängigkeitsverhältnisses die Möglichkeit genüge, beherrschenden Einfluss auszuüben.[293] Auf das Halten eines festen prozentualen Stimmrechtsanteils kommt es für das aktienrechtliche Konzernrecht mithin gerade nicht an.

Die Besonderheit des § 17 AktG gegenüber § 29 Abs. 2 WpÜG liegt folglich darin, dass ab einem Stimmrechtsanteil von 50% plus einer Aktie ein beherrschender Einfluss, wenn auch widerleglich, vermutet wird. Allerdings kann auch bereits unterhalb der Stimmrechtsmehrheit eine solche Einflussmöglichkeit kraft Beteiligung an der Gesellschaft begründet sein.[294] Das Arbeitsgericht Stuttgart

---

[291] *BGH*, Beschl. v. 17.03.1997 = NJW 1997, 1855, 1856 f.

[292] *BGH*, Urteil vom 13.10.1977 – II ZR 123/76 = NJW 1978, 104 f.

[293] *BGH*, Urteil vom 13.10.1977 – II ZR 123/76 = NJW 1978, 104, 106; so auch bereits *BGH*, Urt. v. 4. 3. 1974 - II ZR 89/72 = NJW 1974, 855 f.

[294] *Hüffer*, AktG, § 17 Rn. 9; *Oetker* in: ErfurterKomm, AktG, § 17 Rn. 2.

hat allerdings zutreffend klargestellt, dass aufgrund der starren und formalen Schwelle des § 29 Abs. 2 WpÜG eine Verpflichtung zur Abgabe eines Pflichtangebots nach den Bestimmungen des WpÜG kein Indiz für eine beherrschende Stellung im Sinne des Konzernrechts nach Maßgabe von § 17 Abs. 1 AktG darstellen kann.[295]

Im Ergebnis stellt das Konzernrecht auf den jeweiligen Einzelfall und die tatsächliche Möglichkeit zur Ausübung der Kontrolle ab, während das WpÜG aufgrund der formalen und starren Kontrollerwerbsschwelle von 30% sämtliche Fälle nicht erfasst, in denen ein Aktionär höchstens einem Stimmrechtsanteil bis zu einschließlich 29,99% hat, selbst wenn er einen beherrschenden Einfluss, z.B. aufgrund niedriger Präsenzen bei den Hauptversammlungen, ausüben kann. Aufgrund des klaren Wortlauts und der eindeutigen Intention des Gesetzgebers scheidet in solchen Fällen auch eine analoge Anwendung des § 29 Abs. 2 WpÜG aus.[296] Die Vorteile einer solch formalen und damit auch abschließenden Regelung sind für den Markt klare und erkennbare Vorgaben und erleichtern die Ermittlung der Beteiligungsverhältnisse, weshalb sie den Beteiligten ein hohes Maß an Planungssicherheit bietet.[297] Allerdings verfügt das Konzernrecht in diesem Punkt über einen weitergehenden Schutz als das Übernahmerecht.

b) Unternehmenseigenschaft

Bieter im Sinne eines Pflichtangebots kann nach § 2 Abs. 4 WpÜG sowohl eine juristische als auch eine natürliche Person sein. Voraussetzung für das Eingreifen des Konzernrechts nach § 291 Abs. 1 AktG sowie der faktischen Konzernierung nach § 311 AktG ist hingegen ein herrschendes „*Unternehmen*". Dem Wortlaut des § 291 Abs. 1 AktG nach kann ein Beherrschungsvertrag somit nicht von einem privaten Anteilsinhaber abgeschlossen werden.[298] Dies könnte

---

295 *ArbG Stuttgart, Beschl. v. 29.04.2008 = ArbRB 2008, 133 f.*

296 *Noack* in: Schwark/Zimmer, WpÜG, § 29 Rn. 30; *von Bülow* in: KölnKomm, WpÜG, 1. Aufl. 2003 § 29 Rn. 72; *Steinmeyer* in: Berliner Kommentar, § 29 Rn. 13, 15; *Harbarth*, ZIP 2002, 321, 323; *Thoma*, NZG 2002, 105, 111.

297 Reg. Begr. BT-Drs. 14/7034, S. 53, 82; *Thoma*, NZG 2002, 105, 111 („abstrakter Kontrollbegriff"); *von Bülow* in: KölnKomm-WpÜG, § 29 Rn. 73 („formaler Kontrollbegriff"); *Süßmann* in: Geibel/Süßmann,WpÜG, § 29 Rn. 15; *Noack* in: Schwark/Zimmer, WpÜG, § 29 Rn. 30; *Diekmann* in: Baums/Thoma, WpÜG, § 29 Rn. 37f.; *Wackerbarth* in: MüKo, WpÜG, § 29 Rn. 7; *Faden*, Das Pflichtangebot nach dem Wertpapiererwerbs- und Übernahmegesetz (WpÜG), § 3 S. 20.

298 Dieser Auslegung folgend: *Emmerich/Habersack*, Aktien- und GmbH-Konzernrecht, § 291 Rn. 9.

dazu führen, dass ein Privataktionär, der eine kontrollierende Beteiligung im aktienrechtlichen Sinn hält, keinen Beherrschungsvertrag im Sinne des § 291 Abs. 1 AktG abschließen könnte[299] und somit auch keine Beschränkung seines Einflusses sowie eine Ausgleichspflicht nach § 311 Abs. 1 und Abs. 2 AktG bestünde. Möglicherweise ist der durch das WpÜG vermittelte Schutz dem des Konzernrechts bereits dadurch überlegen, dass das WpÜG auf das Tatbestandsmerkmal eines Unternehmens verzichtet und die Angebotspflicht jedem Aktionär auferlegt.

In der Literatur umstritten und durch die Rechtsprechung bisher nicht geklärt ist, ob nicht in der Regel ein Privataktionär, der einen Beherrschungsvertrag mit einer Gesellschaft abschließt, spätestens in diesem Moment Unternehmensqualität im Sinne des § 15 AktG erlangt und somit den Pflichten des § 291 AktG unterfällt.[300] Folglich würde insoweit der Schutz des Konzernrechts in diesem Punkt nicht kürzer greifen als der des WpÜG.

Dieser Streit soll jedoch hier nicht weiter vertieft werden, da eine Vergleichbarkeit bereits aus anderen Gründen nicht gegeben ist.

c) Berechnung Unternehmenswert

Die Vergleichbarkeit des Schutzes von Konzern- und Übernahmerecht könnte daran scheitern, dass im Rahmen des Konzernrechts der Wert des Unternehmens anhand der bisherigen und künftigen Ertragsaussichten zu ermitteln ist, während die Angemessenheit der Gegenleistung im Rahmen des Übernahmerechts nach dem durchschnittlichen Börsenkurs bzw. den Vor-, Parallel- oder Nacherwerbspreisen bemessen wird und der Unternehmenswert grundsätzlich unberücksichtigt bleibt.[301]

---

[299] *Altmeppen* in: MüKo, AktG, § 291 Rn. 3 f; *Koppensteiner* in: KölnKomm, AktG, § 291 Rn. 8.

[300] Befürwortend: *Emmerich/Habersack*, Aktien- und GmbH-Konzernrecht, § 291 Rn. 9a; *Krieger* in: Münch. Hdb. GesellR, AG, § 70 Rn. 9; *K. Schmidt*, FS für Koppensteiner, S. 191 f., 206 f.; *Veil*, Unternehmensverträge, S. 169 f.; a.A.: *Altmeppen* in: MüKo, AktG, § 291 Rn. 5 f; *Koppensteiner* in: KölnKomm, AktG, § 291 Rn. 14, § 15 Rn. 26 (mit abweichender Begründung).

[301] Eine Unternehmensbewertung erfolgt nur, wenn der durchschnittliche Börsenkurs nicht aussagekräftig ist, vgl. §§ 5 Abs. 4 und 6 Abs. 6 AngebotsVO.

Aus diesem Grund lehnt *Dausend* einen vergleichbaren Schutz der Minderheitsaktionäre durch das Konzernrecht mit der Begründung ab, dass die Berechnung der Abfindung auf dem Unternehmenswert beruhe, der mit keiner Methode verlässlich berechnet werden könne. Zwar könne man die Höhe des Anspruchs gemäß § 305 AktG in Verbindung mit § 1 Nr. 1 SpruchG in einem Spruchverfahren gerichtlich nachprüfen lassen, allerdings habe auch ein Gericht keine sichere Erkenntnis über den Wert eines Unternehmens.[302]

Dem ist jedoch entgegenzutreten, da auch die Berücksichtigung des Börsenkurses beziehungsweise die gezahlten Vor- und Nacherwerbspreise im Rahmen eines Pflichtangebots nicht den „*wahren*" Wert des Unternehmens widerspiegeln, sondern dieser vielmehr auf die Einschätzung der Markteilnehmer zurückgeht, wie sich das Unternehmen in Zukunft entwickeln werde. Dies sind aber lediglich subjektive Einschätzungen beruhend auf dem Verhältnis von Angebot und Nachfrage, bei denen eine Über- oder Unterbewertung eines Unternehmens, insbesondere bei geringem Streubesitz oder Handelsvolumen, nicht ausgeschlossen werden kann. Damit soll nicht gesagt werden, dass die eine oder andere Bewertungsmethode geeigneter sei, sondern lediglich, dass beispielsweise die Ertragswertmethode oder das Discounted-Cash-Flow-Verfahren nicht entscheidend schlechter sind als die Bewertung der Zielgesellschaft aufgrund der Berücksichtigung des Börsenkurses. Im Übrigen hat der *BGH* im Anschluss an den Beschluss des *BVerfG* vom 27.04.1999[303] ausgeführt, dass der Verkehrswert der Aktie eines börsennotierten Unternehmens, welcher in der Regel mit dem Börsenwert identisch sei, die untere Grenze des dem Aktionär zu zahlenden Entschädigungsbetrages sei, weshalb dem außenstehenden Aktionär mindestens grundsätzlich der Börsenwert als Barabfindung gezahlt werden müsse.[304]

Mithin kann zwischen den unterschiedlichen Bewertungsverfahren kein qualitativer Unterschied ausgemacht werden, der die fehlende Vergleichbarkeit des Schutzes durch das Konzernrecht gegenüber der Methode zur Berechnung der Abfindung im Rahmen des Übernahmerechts zu begründen vermag.

---

302 *Dausend*, Pflichtangebot gemäß § 35 ff. WpÜG und negative Eigentumsfreiheit, S. 212.
303 *BVerfG*, Beschl. v. 27.04.1999 = BVerfGE 100, 289 (DAT/Altana).
304 *BGH*, Beschl. v. 12.03.2001 = NJW 2001, 2080, 2081 (DAT/Altana).

d) Schutzrichtung

Die Vergleichbarkeit des aktienrechtlichen Konzernrechts mit dem durch das WpÜG eingeführten Pflichtangebots scheitert allerdings daran, dass ansonsten übersehen würde, dass ein bestehendes Konzernrecht ein Pflichtangebot bereits deshalb nicht ersetzen kann, da mit einem Pflichtangebot ein anderer Schutzzweck als mit dem im Aktiengesetz geregelten Konzernrecht verfolgt wird.[305] Vielmehr geht der Schutzzweck des Pflichtangebots über den des Konzernrechts hinaus, indem das Pflichtangebot nicht nur eine kompensierende Abfindung aufgrund der veränderten Beherrschungsverhältnisse vorsieht, sondern darüber hinaus den Ausstieg aus der Gesellschaft ermöglicht.[306] Es wird jedem Aktionär die Möglichkeit gegeben, seine ursprüngliche Anlageentscheidung zu überdenken und an die veränderten Umstände anzupassen.[307]

Houben differenziert zutreffend zwischen zwei unterschiedlichen Arten von Anlegern: den Aktionären, die aus Spekulationsaspekten Aktien der Gesellschaft halten, und denen, die die Geschicke der Gesellschaft anhand ihres Stimmrechts lenken wollen.[308] Für die Aktionäre, die Aktien der Gesellschaft aus Spekulationsaspekten halten, ist der Schutz des Konzernrechts völlig ausreichend, sofern den Aktionären eine angemessene Ausgleichszahlung gewährt wird. Diejenigen Aktionäre, die die Geschicke der Gesellschaft anhand ihres Stimmrechts lenken wollen und die aufgrund des kontrollierenden Einflusses faktisch ein „wertloses“ Stimmrecht halten, werden nicht ausreichend durch die bestehenden konzernrechtlichen Regelungen geschützt. Denn durch die kontrollierende Beteiligung wird ihnen die zumindest theoretische Chance genommen, in Zusammenwirkung mit anderen Aktionären eine Mehrheit innerhalb der Gesellschaft zu erlangen.[309]

Vor diesem Hintergrund ist auch die Behauptung von *Letzel*, dass es für den deutschen Aktienmarkt indes empirisch nicht belegt sei, dass das Vorhandensein oder spätere Eintreten eines Mehrheitsaktionärs sich nachteilig auf die Kursent-

---

[305] So auch *Hommelhoff/Witt* in: FrankfurterKomm, WpÜG, Vor §§ 35 bis 39 Rn. 36 f.; *Baums/Hecker* in: Baums/Thoma, WpüG, Vor § 35 Rn. 93.

[306] S.a. *Brenner-Heinacher*, DB 1997, 2521, 2521.

[307] Vgl. hierzu *Weber-Rey*, AG 2001, 325, 328.

[308] *Houben*, WM 2000, 1873, 1875 f.

wicklung einer börsennotierten Gesellschaft auswirke[310], irrelevant.[311] Zwar mag dies richtig sein. Dennoch wird bei dem bloßen Abstellen auf den Kurs der Aktie verkannt, dass Ziel des WpÜG nicht der Schutz vor Kursverlusten ist, sondern der besondere Schutz des Minderheitsaktionärs, der sich nach einem Kontrollwechsel einer veränderten Situation gegenüber seiner ursprünglichen Investitionsentscheidung ausgeliefert sieht und dem deshalb ein Austritt aus der Gesellschaft ermöglicht werden soll.[312] Diesem Minderheitsaktionär soll ein Ausstieg aus der Gesellschaft ermöglicht und nicht faktisch dadurch verhindert werden, dass bei einem (etwaigen) massenhaften Verkauf der Beteiligungen der Minderheitsaktionäre ein angemessener Preis aufgrund der Volatilität des Kurses nicht zu erzielen wäre.[313]

Nach zutreffender Ansicht handelt es sich also beim aktienrechtlichen Konzernrecht um einen Konzernfolgeschutz und bei den Regeln über das Pflichtangebot um einen Konzerneingangsschutz, der den außenstehenden Aktionären ein Austrittsrecht in Form eines präventiven Schutzes vor einer potenziellen Veränderung der Unternehmenspolitik sowie einem drohenden Kursverfall gewährt.[314] Mithin werden unterschiedliche Schutzrichtungen verfolgt.

e) Ergebnis

Von einem gleichwertigen Schutz des aktienrechtlichen Konzernrechts und dem des im WpÜG verankerten Übernahmerechts kann deshalb im Ergebnis nicht ausgegangen werden, da die beiden Systeme unterschiedliche Schutzrichtungen verfolgen.[315]

---

309 Vgl. auch *Hirte*, Der Konzern 2010, 599, 601 (Stellungnahme zu dem Entwurf eines Gesetzes zur Änderung des Wertpapiererwerbs- und Übernahmegesetzes (BT-Drucks. 17/3481), S. 2).

310 *Letzel*, BKR 2002, 293, 297; so auch *Pietzke*, in: Festschrift Fikentscher, S. 601, 612f.

311 So auch *Munscheck*, RIW 1995, 998, 998.

312 Reg. Begr. BT-Drs. 14/7034, S. 60; *Fleischer*, NZG 2002, 545, 549; *Kleindiek*, ZGR 2002, 546, 558; *Verse*, NZG 2009, 1331, 1332; *Noack/Zetsche* in: Schwark/Zimmer, WpÜG, Einl. WpÜG Rn. 9.

313 *V. Lingelsheim* in: Heidel, AtkG, WpÜG, § 35 Rn. 1; *Hommelhoff/Witt* in: Frankfurter-Komm, WpÜG, Vor §§ 35 bis 39 Rn. 32; *Fleischer*, NZG 2002, 545, 546.

314 *Tröger*, DZWiR 2002, 397, 404f.; *Noack/Zetsche* in: Schwark/Zimmer, WpÜG, § 35 Rn. 3; *Hommelhoff/Witt* in: FrankfurterKomm, WpÜG, Vor §§ 35 bis 39 Rn. 32; *Fleischer* in: Fleischer/Kalss, Das neue Wertpapiererwerbs- und Übernahmegesetz, 2002, S. 131 f.; *Wolf*, AG 1998, 212, 220; *Houben*, WM 2000, 1873, 1875 ff.; *Hopt*, ZHR 166 (2002) 383, 415: *Munscheck*, RIW 1995, 998, 998.

315 Ablehnend im Ergebnis auch *Hopt*, ZHR 161 (1997) 368, 387, 419.

2. Eingriff in die Privatautonomie

Ein weiterer Kritikpunkt am existierenden Pflichtangebot ist der erhebliche Eingriff in die Privatautonomie des Bieters. Denn dieser wird durch die Verpflichtung, allen Aktionären ihre Anteile zu einem angemessen Preis abzukaufen, in seiner freien Willensentschließung beeinträchtigt.[316] Im Zweifel muss der Bieter also befürchten, das gesamte Unternehmen zu 100% zu erwerben, ohne dass er dies je wollte.[317]

3. Konzentration durch Pflichtangebot

An anderer Stelle in der Literatur wurde vorgetragen, dass ein Pflichtangebot und die damit verbundene Möglichkeit zum Erwerb der gesamten Zielgesellschaft konzentrationsfördernd sei.[318]

Nicht gefolgt werden kann in diesem Zusammenhang der Ansicht von *von Falkenhausen*, der davon ausgeht, dass die Konzentrationswirkung dadurch entstehe, dass wegen der starren Preisregelungen im Rahmen von Pflichtangeboten Transaktionen verhindert würden.[319] Vielmehr ist gerade der umgekehrte Fall einschlägig. Denn die Abgabe eines Pflichtangebots kann dazu führen, dass der Bieter 100% des Unternehmens erwirbt, was dann eine Konzentrationswirkung zur Folge hätte, da sich die Anteile in der Hand einer Person vereinigen würden und die übernommenen Unternehmen vom Kapitalmarkt genommen werden könnten (*Delisting*). Dadurch würde ein hoher Streubesitz (*Free-Float*) der Anteile verhindert, was, wie *Krause/Pötzsch* zutreffend ausführen, wiederum einer Stärkung des Kapitalmarkts widerspreche.[320]

---

[316] *Altmeppen*, ZIP 2007, 1073, 1081; *von Falkenhausen*, ZHR 174 (2010), 293, 296; *Noack/Zetsche* in: Schwark/Zimmer, WpÜG, § 35 Rn. 2; *Bernau*, WM 2004, 809, 810; *Kallmeyer*, ZHR 1997, 435, 436; *Mertens*, AG 1990, 252, 252.

[317] *Letzel*, BKR 2002, 293, 294.

[318] *Krause/Pötzsch* in: Assmann/Pötzsch/Schneider, WpÜG, § 35 Rn. 34; *Kallmeyer*, ZHR 161 (1997), 435, 436.

[319] *Von Falkenhausen*, ZHR 174 (2010), 293, 296.

[320] *Krause/Pötzsch* in: Assmann/Pötzsch/Schneider, WpÜG, § 35 Rn. 34.

4. Kosten des Angebots

Ein weiterer Kritikpunkt an der Angebotspflicht ist, dass ein Kontrollwechsel durch sie verteuert werde.[321]

Dies liegt zum Einen daran, dass ein Bieter bei Abgabe eines Pflichtangebots stets damit rechnen muss, alle Anteile der außenstehenden Aktionäre erwerben zu müssen und dadurch das Volumen der Transaktion größer wird. Zum Anderen liegt dies auch daran, dass nach dem deutschen Recht der Bieter nach § 13 Abs. 1 S. 1 WpÜG vor der Veröffentlichung der Angebotsunterlage die notwendigen Maßnahmen zu treffen hat, um sicherzustellen, dass ihm die zur vollständigen Erfüllung des Angebots notwendigen Mittel zum Zeitpunkt der Fälligkeit des Anspruchs auf die Gegenleistung zur Verfügung stehen. In diesem Zusammenhang ist der Angebotsunterlage nach § 11 Abs. 2 S. 3 Nr. 4 WpÜG eine Finanzierungsbestätigung gemäß § 13 Abs. 1 S. 2 WpÜG für den Fall beizufügen, dass das Angebot als Gegenleistung die Zahlung einer Geldleistung vorsieht. Dafür ist durch ein vom Bieter unabhängiges Wertpapierdienstleistungsunternehmen schriftlich zu bestätigen, dass der Bieter die notwendigen Maßnahmen getroffen hat, um sicherzustellen, dass die zur vollständigen Erfüllung des Angebots notwendigen Mittel zum Zeitpunkt der Fälligkeit des Anspruchs auf die Geldleistung zur Verfügung stehen. Diese schriftliche Finanzierungsbestätigung muss bei Abgabe eines Angebots vorliegen.

Der Begriff des Wertpapierdienstleistungsunternehmens ist im WpÜG selbst nicht legal definiert. Der Gesetzgeber verweist in seiner Regierungsbegründung jedoch auf die Definition des § 2 Abs. 4 WpHG, wonach Wertpapierdienstleistungsunternehmen Kreditinstitute, Finanzdienstleistungsinstitute und nach § 53 Abs. 1 Satz 1 des Kreditwesengesetzes tätige Unternehmen sind, die Wertpapierdienstleistungen allein oder zusammen mit Wertpapiernebendienstleistungen gewerbsmäßig oder in einem Umfang erbringen, der einen in kaufmännischer Weise eingerichteten Geschäftsbetrieb erfordert.[322]

---

321 *Krause/Pötzsch* in: Assmann/Pötzsch/Schneider, WpÜG, § 35 Rn. 34; *Assmann*, AG 1995, 563, 570; *Kallmeyer*, ZHR 161 (1997), 435, 436; *Röhrich*, RIW 1993, 93, 98; *Sandberger*, DZWiR 1993, 319, 321 f.

322 Reg. Begr. BT-Drs. 14/7034 S. 44.

Umstritten ist, ob es sich bei der Finanzierungsbestätigung um eine Garantie handelt, die den außenstehenden Aktionären einen direkten Anspruch gegen das Wertpapierdienstleistungsunternehmen einräumt,[323] oder ob es sich hierbei um eine reine Wissenserklärung über Tatsachen handelt, die einen Anspruch der außenstehenden Aktionäre nur dann begründet, wenn die Finanzierungsbestätigung unrichtig war und dies auf ein Verschulden des Wertpapierdienstleistungsunternehmen zurückzuführen ist.[324] Der Streit soll an dieser Stelle jedoch dahinstehen.

Diese Finanzierungsbestätigung ist für den Bieter mit nicht unerheblichen Kosten verbunden, da Kreditinstitute hierfür Gebühren wie für eine Bürgschaft verlangen[325], also wie wenn die Finanzierungsbestätigung einen Direktanspruch vermitteln würde. Dies führt dazu, dass der Bieter bereits vor der eigentlichen Durchführung des Angebots erhebliche Kosten zu tragen hat, unabhängig davon, ob das Angebot von den außenstehenden Aktionären angenommen wird.

Des Weiteren verursacht ein Pflichtangebot sowohl für die BaFin als auch die Zielgesellschaft einen erheblichen Prüfungsaufwand, der wiederum mit Kosten verbunden ist.[326] So müssen Vorstand und Aufsichtsrat der Zielgesellschaft eine Stellungnahme zu dem Angebot sowie zu jeder seiner Änderungen veröffentlichen, in der sie sich zu Art und Höhe der Gegenleistung, den Folgen des Angebots für die Zielgesellschaft sowie den vom Bieter verfolgten Zielen und ihrer eigenen Absicht, das Angebot anzunehmen, äußern müssen, § 27 Abs. 1 WpÜG. Dies führt dazu, dass sich die Verwaltung der Zielgesellschaft im Rahmen eines abgegebenen Übernahme- oder Pflichtangebots mit kurzfristiger und kurzatmiger Unternehmenspolitik beschäftigen muss und dabei die Gefahr besteht, dass mittel- und langfristige Unternehmensziele, zumindest vorübergehend, in den Hintergrund treten.[327]

---

323 So *Oechsler*, NZG 2001, 817, 826; *Vogel* in: FrankfurterKomm, WpÜG, § 13 Rn. 103 („Kapitalmarktinformation mit Garantieelemente"); *Steinhardt* in: Berliner Kommentar, WpÜG, § 13 Rn. 16 (vergleichbar einer Bürgschaft auf erstes Anfordern oder einer Finanzierungsgarantie).

324 *Berrar*, ZBB 2002, 174, 180; *Singhof/Weber*, WM 2002, 1158, 1161; *Krause* in: Assmann/Pötzsch/Schneider, WpÜG, § 13 Rn. 82; *Marsch-Barner* in: Baums/Thoma, WpÜG, § 13 Rn. 59.

325 *Von Falkenhausen*, ZHR 174 (2010), 293, 296.

326 Vgl. auch *von Falkenhausen*, ZHR 174 (2010), 293, 296.

327 So bereits *Mertens*, AG 1990, 252, 252.

Ferner führt jedes Angebot dazu, dass sich die BaFin hiermit befassen muss. Diese hat entweder die vom Bieter erstellte Angebotsunterlage zu prüfen oder gegebenenfalls sich mit vom Bieter gestellten Befreiungsanträgen auseinander zu setzen.

5. Zusammenfassung

Die vorgebrachten Einwände zeigen, dass bereits die Einführung des geltenden Pflichtangebots umstritten war. Die dagegen vorgebrachten Bedenken sind bei der Überlegung, ob ein weiteres Pflichtangebot im Rahmen einer Creeping-In Regelung eingeführt oder das bisherige einer Veränderung bedarf, zu berücksichtigen und erneut zu prüfen.

II. Kontrollerwerbsschwelle von 30%

Der deutsche Gesetzgeber hat in § 29 Abs. 2 WpÜG normiert, dass mit dem Überschreiten der Schwelle von 30% der Stimmrechte an der Zielgesellschaft eine kontrollierende Beteiligung begründet und in Folge der Überschreitung dieser Schwelle ein Pflichtangebot an die außenstehenden Aktionäre abzugeben ist.

Im Rahmen der weiteren Erwägungen bezüglich der Einführung einer zusätzlichen Angebotspflicht in Form einer Creeping-In Regelung stellt sich zunächst die Frage, ob die bestehende Regelung des § 29 Abs. 2 WpÜG mit den europarechtlichen Vorgaben vereinbar ist, wie diese dogmatisch einzurodnen ist sowie ferner die Frage, ob diese formelle Kontrollerwerbsschwelle mit dem deutschen Verfassungsrecht vereinbar ist. Des Weiteren stellt sich die Frage, ob ein materieller Kontrollbegriff aufgrund der Richtlinie zulässig und gegebenenfalls dem formellen Kontrollbegriff des WpÜG vorzuziehen wäre. Davon hängt ab, ob und gegebenenfalls wie die Einführung einer weiteren Angebotspflicht ausgestaltet werden sollte.

1. Europarechtliche Vorgaben

Fraglich ist, ob eine formelle Schwelle wie die des § 29 Abs. 2 WpÜG mit den Vorgaben des Europarechts vereinbar ist.

Die Richtlinie sieht in Art. 5 Abs. 3 vor, dass die Mitgliedstaaten den „*prozentualen Anteil der Stimmrechte, der eine Kontrolle im Sinne des Absatzes 1 begründet*“, festzulegen haben. Bereits aus dem Wortlaut folgt, dass der deutsche

Gesetzgeber dazu verpflichtet ist, eine prozentuale Schwelle in das WpÜG aufzunehmen, ab der eine kontrollierende Beteiligung anzunehmen ist. Auch aus der maßgeblichen englischen Fassung der Richtlinie ergibt sich nichts anderes. Denn dort heißt es: "*the percentage of voting rights which confers control for the purposes of paragraph 1 and the method of its calculation shall be determined by the rules of the Member State in which the company has its registered office*".[328] Es besteht deshalb nicht die Möglichkeit, auf eine Kontrollerwerbsschwelle in prozentualer Form vollständig zu verzichten und, entsprechend beispielsweise dem deutschen AktG, ausschließlich auf die tatsächliche und einzelfallbezogene Möglichkeit zur Kontrollausübung über ein Unternehmen abzustellen. Vielmehr ist die Normierung jedenfalls einer prozentualen Schwelle aufgrund der Richtlinie als Mindeststandard zu sehen und für die Mitgliedsstaaten verbindlich, weshalb der deutsche Gesetzgeber eine solche in das WpÜG aufzunehmen hatte.[329]

Im Ergebnis verstößt die Wahl einer formellen Schwelle im Rahmen des deutschen WpÜG somit nicht gegen die europarechtlichen Vorgaben.

2. Dogmatische Einordnung des § 29 Abs. 2 WpÜG

Im Zusammenhang mit den Erwägungen bezüglich eines möglichen Reformbedarfs der Vorschriften über das Pflichtangebot stellt sich vorab die Frage nach der dogmatischen Einordung des § 29 Abs. 2 WpÜG. Der darin verwendete Begriff „*Kontrolle*“ ist umstritten. Fraglich ist hierbei, ob es sich bei der nach Europarecht zulässigen formalen Schwelle um eine widerlegliche oder unwiderlegliche Vermutungsregelung oder um eine bloße Begriffsbestimmung handelt.

a) Vermutungsregelung oder Begriffsbestimmung

Von Bülow geht davon aus, dass § 29 Abs. 2 WpÜG keine gesetzliche Vermutung dahingehend beinhalte, dass derjenige, der 30% oder mehr Stimmrechte an der Zielgesellschaft halte, diese auch kontrolliere. Vielmehr handele es sich nach seiner Auffassung lediglich um eine Bestimmung dessen, was als „*Kontrolle*“

---

[328] DIRECTIVE 2004/25/EC OF THE EUROPEAN PARLIAMENT AND OF THE COUNCIL of 21 April 2004 on takeover bids, L 142/17.

[329] *Kalss* in: Baums/Cahn, Die Umsetzung der Übernahmerichtlinie in Europa, S. 29, *Der Anpassungsbedarf im österreichischen Übernahmerecht zur Übernahmerichtlinie.*

im übernahmerechtlichen Sinn zu verstehen sei.[330] Jedoch begründet *von Bülow* diese Auffassung nicht näher. Auch der *BGH* hat - ebenfalls ohne nähere Begründung - in seinem Urteil vom 15. Dezember 2011 ausgeführt, dass der in § 29 Abs. 2 WpÜG geregelte Beherrschungsbegriff formaler Natur sei und dass die Vorschrift des § 29 Abs. 2 WpÜG *„eine eigenständige, an den spezifischen Zwecken des Wertpapiererwerbs- und Übernahmegesetzes ausgerichtete Begriffsbestimmung"* enthalte.[331]

Für eine solche von *von Bülow* sowie dem *BGH* vertretene Auffassung könnte sprechen, dass nach Art. 5 Abs. 3 der Richtlinie die Mitgliedsstaaten lediglich den prozentualen Anteil der Stimmrechte festzulegen haben, dessen Halten *„Kontrolle"* bedeutet. Folglich stellt die Regelung in § 29 Abs. 2 WpÜG in der Tat eine Bestimmung dessen dar, was Kontrolle im übernahmerechtlichen Sinn bedeutet. Für eine reine Definition des Begriffs Kontrolle beim Halten von 30% der Stimmrechte könnte ferner die Überschrift des § 29 WpÜG *„Begriffsbestimmungen"* sprechen. Auch in der Regierungsbegründung führt der Gesetzgeber aus, dass § 29 WpÜG die zentralen Begriffe *„Übernahmeangebot"* und *„Kontrolle"* definiere.[332]

Gegen eine solche Auffassung spricht aber, dass die Richtlinie eben gerade nicht vorgibt, ab welchem prozentualen Anteil *„Kontrolle"* besteht. Vielmehr überlässt diese es in Art. 5 Abs. 1 der Richtlinie den nationalen Gesetzgebern festzulegen, welcher Stimmrechtsanteil einen *„die Kontrolle begründenden Anteil"* darstellt. Es ist also auf die jeweiligen nationalen Gegebenheiten abzustellen und dementsprechend ein Schwellenwert festzusetzen, ab welchem ein Aktionär regelmäßig einen kontrollierenden Einfluss auf die Zielgesellschaft auszuüben vermag. Hierbei kann sowohl ein formeller als auch materieller Kontrollbegriff gewählt werden. Es handelt sich folglich nicht lediglich um die Bestimmung eines Begriffs, sondern vielmehr um eine Festlegung dessen, was nach den jeweiligen nationalen Gegebenheiten einen kontrollierenden Einfluss darstellt.

---

330 *Von Bülow* in: KölnKom, WpÜG, § 29 Rn. 69; so auch *Thoma*, NZG 2002, 105, 111 (*„abstrakter Kontrollbegriff"*).

331 *BGH*, Urt. v. 15.12.2011 = NZG 2012, 1033.

332 Reg. Begr. BT-Drs. 14/7034 S. 53.

Gegen die Annahme einer Begriffsbestimmung und für die Annahme einer Vermutungsregelung spricht ferner die eindeutige Intention des deutschen Gesetzgebers. Demnach sei nämlich beim Überschreiten der Kontrollerwerbsschwelle des § 29 Abs. 2 WpÜG davon auszugehen, dass der Aktionär einen kontrollierenden Einfluss auf die Zielgesellschaft erlangt habe. Dies wird damit gerechtfertigt, dass für gewöhnlich ein Stimmrechtsanteil von 30% ausreiche, um aufgrund gängiger Hauptversammlungspräsenzen die Kontrolle über die Zielgesellschaft zu erlangen. Somit will der Gesetzgeber eben nicht nur definieren, was Kontrolle im übernahmerechtlichen Sinn ist, sondern geht vielmehr davon aus, dass regelmäßig spätestens mit dem Halten von 30% der Stimmrechte ein Aktionär Kontrolle über die Zielgesellschaft ausüben könne. Deshalb sei beim Halten von 30% der Stimmrechte von Kontrolle auszugehen.[333]

Daher handelt es sich im Ergebnis nicht nur um eine Begriffsbestimmung, sondern vielmehr um eine Vermutungsregel aufgrund derer eine kontrollierende Beteiligung des Bieters beim Überschreiten der Stimmrechtsschwelle von 30% anzunehmen ist.[334]

b) Unwiderlegliche oder widerlegliche Vermutungsregelung

Fraglich ist weiter, ob die Vermutungsregelung des § 29 Abs. 2 WpÜG eine widerlegliche oder unwiderlegliche Vermutung einer kontrollierenden Beteiligung darstellt.

Die überwiegende Meinung der Autoren geht davon aus, dass es sich bei § 29 Abs. 2 WpÜG um eine Vermutungsregelung handelt, die nicht widerlegbar ist.[335] Dies wird damit begründet, dass sich der Gesetzgeber bei der Schaffung des WpÜG bewusst gegen einen materiellen Kontrollbegriff entschieden und vor dem Hintergrund der Planungssicherheit für die Beteiligten eine formelle

---

333 Reg. Begr. BT-Drs. 14/7034, S. 53.

334 So auch *Steinmeyer* in: Berliner Kommentar, WpÜG, § 29 Rn. 13; *Letzel*, BKR 2002, 293, 300; *Mülbert*, ZIP 2001, 1221, 1227; *Süßmann* in: Geibel/Süßmann, WpÜG, § 29 Rn. 14; *Diregger/Winner*, WM 2002, 1583 ff.

335 So ausdrücklich: *Noack* in: Schwark/Zimmer, WpÜG, § 29 Rn. 30; *Diekmann* in: Baums/Thoma, WpÜG, § 29 Rn. 38; *Schmitz/Slopek*, NJOZ 2009, 1264, 1271; *Oechsler* in: Ehricke/Ekkenga/Oechsler, § 29 Rn. 17; *Ekkenga/Hofschroer*, DStR 2002, 768, 772; unklar *Assmann* in: Assmann/Pötzsch/Schneider, WpÜG, § 29 Rn. 15.

und starre Kontrollerwerbsschwelle eingeführt habe. Dieser in der Literatur vorherrschenden Meinung ist auch das *OLG München* gefolgt.[336]

Letzel sieht § 29 Abs. 2 WpÜG hingegen „*eher als eine Art Vermutung für den Regelfall*“, die im Einzelfall durchaus widerlegt werden könne.[337] Folglich geht *Letzel* anscheinend davon aus, dass es sich bei § 29 Abs. 2 WpÜG um eine widerlegliche Vermutungsregelung handelt.

aa) Europarechtliche Vorgaben

Nach Art. 5 Abs. 3 der Richtlinie ist es Aufgabe des nationalen Gesetzgebers zu definieren, ab welcher prozentualen Schwelle Kontrolle im Sinne des Art. 5 Abs. 1 der Richtlinie erlangt ist. In der englischen Fassung der Richtlinie heißt es hier zu, dass der Mitgliedsstaat, „*the percentage of voting rights which confers control for the purposes of [Art. 5] paragraph 1*“ festlegt. „*Confers*“ ist gleichbedeutend mit „verleihen“ oder „übertragen“. Die Richtlinie geht also davon aus, dass ein gewisser Anteil an Stimmrechten dem Bieter die Kontrolle über die Gesellschaft verleiht, legt diesen aber nicht selbst fest und macht keine europarechtlichen Vorgaben hinsichtlich der Ausgestaltung des Schwellenwertes.[338] Somit hat der Gesetzgeber unter Beachtung der nationalen Gegebenheiten einen entsprechenden Schwellenwert festzulegen, weshalb zur Beantwortung der Frage bezüglich einer Vermutungsregelung ausschließlich auf die nationale Regelung abzustellen ist.

bb) Wortlaut und Gesetzesbegründung

Gegen eine widerlegliche Vermutungsregelung spricht bereits der Wortlaut des § 29 Abs. 2 WpÜG, wonach das Halten von 30% der Stimmrechte Kontrolle „*ist*“. Nach zutreffender Ansicht von *Noack* ergibt sich die Unwiderleglichkeit der Vermutung im Gegensatz zu § 17 Abs. 2 AktG daraus, dass Kontrolle im Sinne des § 29 Abs. 2 WpÜG auch dann vorliegt, wenn der Aktionär weder faktisch noch rechtlich die Möglichkeit hat, einen kontrollierenden Einfluss auf die Zielgesellschaft auszuüben.[339] So wird beispielsweise auch dann die Kontrolle nach § 29 Abs. 2 WpÜG vermutet, wenn aufgrund hoher Hauptversammlungs-

[336] *OLG München*, Urt. v. 27.04.2005 = NZG 2005, 848, 849.
[337] *Letzel*, BKR 2002, 293, 300.
[338] So auch *Wackerbarth* in: MüKo, WpÜG, § 29 Rn. 7.
[339] *Noack* in: Schwark/Zimmer, WpÜG, § 29 Rn. 30; so auch *Diekmann* in: Baums/Thoma, WpÜG, § 29 Rn. 37; *Steinmeyer* in: Berliner Kommentar, WpÜG, § 29 Rn. 15.

präsenzen oder aufgrund anderer Aktionäre mit einem gleichen oder gar höheren Stimmrechtsanteil eine Ausübung der Kontrolle tatsächlich unmöglich ist. Auch der Abschluss eines Entherrschungsvertrages mit der Zielgesellschaft vermag zwar die Abhängigkeitsvermutung des § 17 Abs. 2 AktG zu widerlegen, nicht jedoch die Vermutung des § 29 Abs. 2 WpÜG.[340] Es kommt folglich gerade nicht auf die tatsächlichen Verhältnisse und die faktische Möglichkeit der Kontrollausübung an, sondern vielmehr ist für die Begründung einer Kontrolle im Sinne des WpÜG lediglich auf die quantitative Voraussetzung im Sinne des Haltens von 30% der Stimmrechte abzustellen.[341]

Für eine unwiderlegliche Vermutung spricht weiter die Intention des Gesetzgebers. Zwar hätte der deutsche Gesetzgeber aufgrund der europarechtlichen Vorgaben durchaus einen materiellen Kontrollbegriff oder eine widerlegliche Vermutungsregelung einführen können. Allerdings hat sich dieser dazu entschieden, den bereits bestehenden formalen und starren Schwellenwert von 30% beizubehalten. In der Regierungsbegründung hat der Gesetzgeber hierzu ausgeführt, dass von einer Kontrolle auszugehen „*ist*“, wenn mindestens 30% der Stimmrechte an der Zielgesellschaft gehalten werden.[342] Die Formulierung „*ist ... auszugehen*“ deutet darauf hin, dass der Gesetzgeber gerade jedes Halten einer Beteiligung von 30% als Kontrolle im Sinne des WpÜG ansieht. Er begründet dies einerseits mit einem europäischen Vergleich, vor allem aber damit, dass das Halten von 30% aufgrund der in der Praxis bestehenden Hauptversammlungspräsenzen in den meisten Fällen zu einer Kontrollmöglichkeit führe. Hätte der Gesetzgeber eine widerlegliche Vermutung gewollt, hätte er eine solche durch eine explizite Formulierung, wie „*wird vermutet*“, zum Ausdruck bringen müssen.

Nach Gesetzeswortlaut und -begründung ist daher von einer unwiderleglichen Vermutung der Kontrolle auszugehen.

---

340 Auch im AktG ist der Entherrschungsvertrag mangels gesetzlicher Regelung umstritten, vgl. hierzu *Jäger*, DStR 1995, 1113 ff. (insbesondere zu dem Problem der Ausgestaltung bei niedrigen Hauptversammlungspräsenzen).

341 Hierzu ausführlich *Brellochs*, NZG 2012, 1010 ff. (im Nachgang zu *BGH*, Urt. 15.12.2012 = NZG 2012, 1033).

342 Reg. Begr. BT-Drs 14/7034, S. 53.

cc) Nichtberücksichtigung von Handelsbeständen

Zu einer anderen Auffassung kommt man auch nicht unter Beachtung der Vorschriften der § 20 Abs. 1 und § 36 WpÜG.

Danach kann ein Bieter bei der BaFin beantragen, dass Wertpapiere bei der Berechnung des Stimmrechtsanteils unberücksichtigt bleiben sollen. Bei diesen beiden Vorschriften handelt es sich um gebundene Entscheidungen, sprich beim Vorliegen der Tatbestandsvoraussetzung hat die BaFin einen entsprechenden, begünstigenden Verwaltungsakt zu erlassen. Ihr steht hierbei kein Ermessenspielraum zu.[343]

Die Tatbestände der §§ 20 Abs. 1 und 36 WpÜG, nach denen Stimmrechte unter gewissen Umständen nicht berücksichtigt werden, zeigen jedoch nicht, dass es sich bei § 29 Abs. 2 WpÜG um eine widerlegliche Vermutung handelt. Denn diese Tatbestände stellen keine Ausnahmeregelung zu § 29 Abs. 2 WpÜG und der Erlangung der Kontrolle dar, sondern verhindern lediglich eine Berücksichtigung und Zurechnung von Stimmrechten. Folglich stellt die Norm keinen Befreiungstatbestand dar, sondern vielmehr hat die stattgebende Entscheidung der BaFin zur Folge, dass die Stimmrechte bei der Berechnung des gehaltenen Anteils grundsätzlich unberücksichtigt bleiben.[344] Folglich führt die Erteilung eines begünstigenden Verwaltungsaktes durch die BaFin dazu, dass die Schwelle des § 29 Abs. 2 WpÜG von Beginn an nicht überschritten wird und mithin keine Veröffentlichungs- und Angebotspflicht besteht.[345] Faktisch gesehen führt § 36 WpÜG demnach zwar dazu, dass insbesondere eine Befreiung von den Pflichten aus § 35 WpÜG erfolgt, da bei einer Berücksichtigung der Stimmrechte die Kontrollerwerbsschwelle überschritten werden würde und somit die Pflichten

---

[343] Zu § 20 WpÜG: Reg. Begr. BT-Drs. 14/7034, S. 48; *Süßmann* in: Geibel/Süßmann, WpÜG, § 20 Rn. 9; *Seiler* in: Assmann/Pötzsch/Schneider, § 20 Rn. 42; *Hirte* in: KölnKomm, WpÜG, § 20 Rn. 26; *Vogel* in: FrankfurterKomm, WpÜG, § 20 Rn. 30; *Holzborn/Friedhoff*, WM 2002, 948, 949.
Zu § 36 WpÜG: Reg. Begr. BT-Drs. 14/7034, S. 60; *Meyer* in: Geibel/Süßmann, WpÜG, § 36 Rn. 1; *Hommelhoff/Witt* in: FrankfurterKomm, WpÜG, § 36 Rn. 2; *Klepsch* in: Berliner Kommentar, WpÜG, § 36 Rn. 7; *von Bülow* in: KölnKomm, WpÜG, § 36 Rn. 87.

[344] *Schneider/Rosengarten* in: Assmann/Pötzsch/Schneider, WpÜG, § 36 Rn. 20; *Meyer* in: Geibel/Süßmann, WpÜG, § 36 Rn. 2; *von Bülow* in: KölnKomm, WpÜG, § 36 Rn. 1, 88.

[345] *Von Bülow/Bücker*, Der Konzern 2003, 185, 186; *Schlitt/Ries* in: MüKo, WpÜG, § 36 Rn. 1; *Schneider/Rosengarten* in: Assmann/Pötzsch/Schneider, WpÜG, § 36 Rn 1; *Klepsch* in: Berliner Kommentar, WpÜG, § 36 Rn. 1.

aus § 35 Abs. 1 und Abs. 2 WpÜG zu erfüllen wären.[346] Rein dogmatisch gesehen überschreitet der Bieter jedoch zu keinem Zeitpunkt die Kontrollerwerbsschwelle des WpÜG, da er nach begünstigender Entscheidung durch die BaFin so zustellen ist, als hätte kein Stimmrechtserwerb stattgefunden.

Aus diesem Grund kommt in § 36 WpÜG auch nicht, wie von *Wackerbarth* angenommen, der materielle Kontrollbegriff des WpÜG zum Ausdruck.[347] Es liegt nämlich nur eine faktische Befreiung von der Veröffentlichungs- und Angebotspflicht vor, da bestimmte Stimmrechte bei Berechnung des Stimmrechtsanteils unberücksichtigt bleiben und somit keine Kontrolle im Sinne des WpÜG erlangt wird. Somit kann vielmehr gerade der umgekehrte Fall bestehen, dass zwar *materiell* eine kontrollierende Beteiligung aufgrund des Stimmrechtsanteils vorliegt, jedoch *formell* im Sinne des WpÜG keine Kontrolle besteht. Denn die aufgrund § 36 WpÜG bei der Berechnung des Stimmrechtsanteils nicht berücksichtigten Stimmrechte können weiterhin ausgeübt werden.[348]

Dogmatisch gesehen überschreitet der Bieter nach dieser Regelung deshalb zu keinem Zeitpunkt die Schwelle des § 29 Abs. 2 WpÜG und erlangt somit keine Kontrolle über die Zielgesellschaft. Folglich handelt es sich auch nicht um eine Widerlegung der Vermutung des § 29 Abs. 2 WpÜG.

dd) Befreiungsmöglichkeiten

Auch die Befreiungsmöglichkeiten von der Veröffentlichungspflicht nach § 35 Abs. 1 S. 1 WpÜG und der Angebotspflicht nach § 35 Abs. 2 S. 1 WpÜG gemäß § 37 WpÜG in Verbindung mit § 9 AngebotsVO führen zu keiner anderen Bewertung der Kontrollvermutung.

Nach § 37 Abs. 1 WpÜG kann die BaFin eine Befreiung erteilen, sofern dies im Hinblick auf die Art der Erlangung, die mit der Erlangung der Kontrolle beabsichtigte Zielsetzung, ein nach der Erlangung der Kontrolle erfolgendes Unterschreiten der Kontrollschwelle, die Beteiligungsverhältnisse an der Zielgesellschaft oder die tatsächliche Möglichkeit zur Ausübung der Kontrolle unter Be-

346 So auch *Hecker* in: Baums/Thoma, WpÜG, § 36 Rn. 5, 110.

347 *Wackerbarth* in: MüKo, WpÜG, § 29 Rn. 8; vgl. auch *Kleindiek*, ZGR 2002, 546, 555, 563 f.

348 *Von Bülow* in: KölnKomm, WpÜG, § 36 Rn. 101 f.; *Hecker* in: Baums/Thoma, WpÜG, § 36 Rn. 113.

rücksichtigung der Interessen des Antragstellers und der Inhaber der Aktien der Zielgesellschaft gerechtfertigt erscheint. Die Möglichkeit zur Befreiung aufgrund der Beteiligungsverhältnisse an der Zielgesellschaft werden durch § 9 S. 2 Nr. 1 AngebotsVO konkretisiert, wonach eine Befreiung erteilt werden kann, wenn ein Dritter über einen höheren Anteil an Stimmrechten verfügt, die weder dem Bieter noch mit diesem gemeinsam handelnden Personen gemäß § 30 WpÜG gleichstehen oder zuzurechnen sind. Das Fehlen einer tatsächlichen Kontrollmöglichkeit wird in § 9 S. 2 Nr. 2 AngebotsVO konkretisiert, wonach eine Befreiung von den Pflichten des § 35 WpÜG erteilt werden kann, wenn aufgrund des in den zurückliegenden drei ordentlichen Hauptversammlungen vertretenen stimmberechtigten Kapitals nicht zu erwarten ist, dass der Bieter in der Hauptversammlung der Zielgesellschaft über mehr als 50% der auf dieser vertretenen Stimmrechte (relative Mehrheit) verfügen wird.

Mithin ermöglicht § 37 WpÜG in Verbindung mit § 9 AngebotsVO als Korrektiv zu der starren Kontrollerwerbsschwelle nach § 29 Abs. 2 WpÜG einzelfallgerechte Lösungen.[349] Es besteht für den Bieter nach diesen Vorschriften die Möglichkeit nachzuweisen, dass die von ihm gehaltene Beteiligung an der Zielgesellschaft eben noch keinen kontrollierenden Einfluss begründet, obwohl formell eine kontrollierende Beteiligung besteht.[350]

Allerdings führt ein positiver Befreiungsbescheid der BaFin gerade nicht dazu, dass die Kontrollvermutung nach § 29 Abs. 2 WpÜG widerlegt wird. Zwar sieht der Gesetzgeber in § 37 Abs. 1 Alt. 5 WpÜG eine Befreiung vor, wenn die tatsächliche Möglichkeit zur Ausübung der Kontrolle nicht besteht. Der Begriff der „*Kontrolle*“ in § 37 Abs. 1 Alt. 5 WpÜG, der auf die tatsächliche Einflussnahmemöglichkeit abstellt, ist aber nicht identisch mit dem *terminus technicus* der „*Kontrolle*" im Sinne des § 29 Abs. 2 WpÜG.[351] Dies wird auch daran deutlich, dass als Rechtsfolge des § 37 Abs. 1 Alt. 5 WpÜG nicht die Vermutung der

349 *Meyer* in: Geibel/Süßmann, WpÜG, § 37 Rn. 2; *Krause/Pötsch/Seiler* in: Assmann/Pötsch/Schneider, WpÜG, § 37 Rn. 5; *Hecker* in: Baums/Thoma, WpÜG, § 37 Rn. 2; *Schlitt/Ries* in: MüKo, WpÜG, § 37 Rn. 5; *Versteegen* in: KölnKomm, WpÜG, § 37 Rn. 1-4; *Wernicke*, NZG 2011, 1404.

350 *Hecker* in: Baums/Thoma, WpÜG, § 37 Rn. 107; *Krause/Pötsch/Seiler* in: Assmann/Pötsch/Schneider, WpÜG, § 37 Rn. 71.

351 So auch *Krause/Pötsch/Seiler* in: Assmann/Pötsch/Schneider, WpÜG, § 37 Rn. 71.

Kontrolle nach § 29 Abs. 2 WpÜG entfällt, sondern vielmehr nur die dadurch ausgelösten Rechtsfolgen nach § 35 Abs. 1 S. 1 und Abs. 2 S. 1 WpÜG.

Andererseits bestätigt die vom Gesetzgeber vorgesehene Möglichkeit einer Befreiung nach § 37 WpÜG gerade, dass die Vermutung des § 29 Abs. 2 WpÜG unwiderleglich ist. Sonst bedürfte es dieser Möglichkeit einer Behördenentscheidung nicht.

c) Ergebnis

Im Ergebnis besteht daher insoweit eine Abweichung zu der konzernrechtlichen Abhängigkeitsvermutung des § 17 Abs. 2 AktG, wonach bei einem Mehrheitsbesitz von 50% der Anteile eine Abhängigkeit lediglich widerleglich vermutet wird. Die Kontrollvermutung des § 29 Abs. 2 WpÜG tritt stets und unwiderleglich beim Überschreiten der Schwelle von 30% der Stimmrechte der Zielgesellschaft ein. Zwar ermöglichen § 20 Abs. 1 und § 36 WpÜG auf tatbestandlicher Ebene und § 37 WpÜG auf Rechtsfolgenseite gewisse Unbilligkeiten im Zusammenhang mit der starren Schwelle des § 29 Abs. 2 WpÜG zu vermeiden. Bei beiden Möglichkeiten handelt es sich jedoch nicht um eine Möglichkeit zur Widerlegung der Kontrollvermutung.

Im Ergebnis handelt es sich demnach bei § 29 Abs. 2 WpÜG um eine unwiderlegliche Kontrollvermutung.

3. Vereinbarkeit mit Art. 3 Abs. 1 GG

Wie soeben bereits ausgeführt, handelt es sich bei § 29 Abs. 2 WpÜG um eine formelle Schwelle, die eine unwiderlegliche Vermutung beinhaltet, weshalb es auf die Möglichkeit der tatsächlichen Kontrolle und die subjektiven Absichten des Bieters nicht ankommt.[352]

Fraglich erscheint die bisher wenig diskutierte Problematik der Vereinbarkeit einer solch formellen Schwelle mit dem deutschen Verfassungsrecht. In Betracht kommt ein Verstoß gegen den in Art. 3 Abs. 1 GG enthaltenen verfas-

---

352 *ArbG Stuttgart,* Beschl. v. 29.04.2008 = BeckRS 2008, 55726; *Verse*, NZG 2009, 1331, 1333; *Diekmann* in: Baums/Thoma, WpÜG, § 29 Rn. 37; *Steinmeyer* in: Berliner Kommentar, § 29 Rn. 12; *Noack* in: Schwark/Zimmer, WpÜG, § 29 Rn. 30; *Thoma,* NZG 2002, 105, 111.

sungsrechtlichen Gleichheitsgrundsatz, der eine ungerechtfertigte Ungleichbehandlung verbietet.[353] Es gilt der Grundsatz, dass wesentlich Gleiches gleich und wesentlich Ungleiches entsprechend ungleich zu behandeln ist, es sei denn, sachliche Unterschiede rechtfertigen die Ungleichbehandlung.[354]

Die Frage, ob die vom deutschen Gesetzgeber gewählte Kontrollerwerbsschwelle von 30% gegen Art. 3 Abs. 1 GG verstößt, ist unter zwei Aspekten zu erörtern. Zum einen stellt sich die Frage, ob der Gesetzgeber überhaupt eine formelle und starre Schwelle für die Begründung der Kontrolle hat wählen dürfen. Zum anderen ist zu erörtern, ob der Gesetzgeber gerade die Kontrollerwerbsschwelle in Höhe von 30% hat statuieren dürfen.

a) Vereinbarkeit formelle Kontrollerwerbsschwelle mit Art. 3 Abs. 1 GG

Durch den pauschalierenden Ansatz des Gesetzgebers könnte es zu einer Ungleichbehandlung von wesentlich Gleichem und somit zu einem Verstoß gegen Art. 3 Abs. 1 GG kommen.

In Fällen, in denen ein Aktionär mehr als 30% der Stimmrechte hält, jedoch tatsächlich keinen kontrollierenden Einfluss ausüben kann, kann dieser eine Befreiung von dem Pflichtangebot nach § 37 WpÜG i.V.m. § 9 AngebotsVO beantragen und wird diese auch regelmäßig erhalten.[355] Ein Verstoß gegen Verfassungsrecht kann somit nicht eintreten.[356]

Problematisch erscheinen jedoch die Fälle, in denen der Bieter aufgrund seiner Beteiligung tatsächlich einen kontrollierenden Einfluss ausüben kann, seine Beteiligung jedoch unterhalb der Kontrollerwerbsschwelle von 30% liegt. Denn hier sind diejenigen Aktionäre, die mehr als 30% der Stimmrechte halten, zu ei-

---

[353] *BVerfG*, Urt. v. 22.11.2000 = BVerfGE 102, 254; *BVerfG*, Beschl. v. 03.07.2001 = NVwZ 2002, 197; *BVerfG*, Urt. v. 20.04.2004 = BVerfGE 110, 274; *BVerfG*, Beschl. v. 26.10.2004 = BVerfGE 112, 1.

[354] *BVerfG*, Beschl. v. 08.10.1997 = BVerfGE 96, 288; *BVerfG*, Beschl. v. 12.09.1995 = NJW 1996, 1049; *BVerfG*, Beschl. v. 03.07.2001 = NVwZ 2002, 197; *BVerfG*, Urt. v. 20.04.2004 = BVerfGE 110, 274.

[355] *Mülbert* geht von der Europarechtswidrigkeit des § 37 WpÜG aus (NZG 2004, 633 f.); siehe auch *Hopt/Mülbert/Kumpan*, AG 2005, 109, 113.

[356] *Krause/Pötzsch/Seiler* in: Assmann/Pötzsch/Schneider, WpÜG, § 37 Rn. 5; *Hecker* in: Baums/Thoma, WpÜG, § 37 Rn. 107; *Baums/Hecker* in: Baums/Thoma, WpÜG, § 35 Rn. 111, 118f.; *Wernicke*, NZG 2011, 1404, 1404.

nem Angebot verpflichtet, während diejenigen, die weniger als 30% der Stimmrechte halten, also beispielsweise 29,99%, nicht zur Abgabe eines Angebots verpflichtet werden.[357] Die Folge ist, dass ein gleicher Sachverhalt, nämlich ein Sachverhalt, in dem in beiden Fällen eine Beteiligung mit tatsächlich kontrollierendem Einfluss besteht, unterschiedlich behandelt wird.

Diese Ungleichbehandlung von wesentlich Gleichem würde demnach einen Verstoß des § 29 Abs. 2 WpÜG gegen das verfassungsrechtliche Gleichheitsgebot gemäß Art. 3 Abs. 1 GG darstellen, sofern die Ungleichbehandlung nicht verfassungsrechtlich gerechtfertigt ist.

aa) Verfassungsrechtliche Rechtfertigung
Diese Ungleichbehandlung von wesentlich Gleichem wäre gerechtfertigt, wenn die Festlegung der Kontrollerwerbsschwelle von 30% nicht willkürlich wäre und ein sachlicher Grund für die abweichende Behandlung der Aktionäre bestünde.[358]

Der Gesetzesbegründung zur Folge hat sich der deutsche Gesetzgeber bei Einführung des WpÜG im Jahre 2002 bewusst für eine formale Schwelle und nicht für das Abstellen auf die Hauptversammlungspräsenzen der jeweiligen Gesellschaft entschieden. Dies wurde damit begründet, dass diese Betrachtungsweise den Vorteil klarer, für den Markt erkennbarer Vorgaben habe und die Ermittlung der Beteiligungsverhältnisse erleichtere.[359]

aaa) Keine Willkür
Eine willkürliche Festlegung der formalen Schwelle wäre anzunehmen, wenn überhaupt kein sachlicher Grund vorläge, wobei der Gesetzgeber unter mehreren denkbaren Alternativen nicht die zweckmäßigste oder vernünftigste wählen muss.[360] Vielmehr liegt ein Verstoß gegen das Willkürverbot nur dann vor, wenn

---

357 *Thoma*, NZG 2002, 105, 111; *Harbarth*, ZIP 2002, 321, 323; *von Bülow* in: KölnKomm, WpÜG, § 29 Rn. 73; *Assmann* in: Assmann/Pötzsch/Schneider, WpÜG, § 29 Rn. 15; *Steinmeyer* in: Berliner Kommentar, WpÜG, § 29 Rn. 13; *Noack* in: Schwark, WpÜG, § 29 Rn. 18; *Wackerbarth* in: MüKo, WpÜG, § 29 Rn. 9; *Süßmann* in: Geibel/Süßmann, WpÜG, § 29 Rn. 14.

358 *BVerfG*, Beschl. v. 26.01.1993 = BVerfGE 88, 87, 96.

359 Reg. Begr. BT-Drs. 14/7034, S. 53.

360 *BVerfG*, Urt. v. 23.01.1990 = BVerfGE 81, 156, 206.

die Unsachlichkeit der Differenzierung evident ist.[361] Die Prüfung der Willkür ist demnach im Ergebnis denkbar schwach.[362]

Der Gesetzgeber des WpÜG wollte klare, für den Markt erkennbare Vorgaben schaffen und hat sich deshalb für die Normierung einer formalen Kontrollerwerbsschwelle entschieden. Damit hat der Gesetzgeber die Rechtsklarheit und Rechtssicherheit höher bewertet, als das Bedürfnis nach einer einzelfallgerechten Lösung.[363] Bereits aus diesem Grund kann nicht von einer willkürlichen Festlegung einer formalen Schwelle ausgegangen werden.

bbb) Sachlicher Grund

Fraglich ist ferner, ob ein sachlicher Grund die Ungleichbehandlung rechtfertigt und die Regelung damit im Ergebnis verfassungsgemäß ist. Auch bei der Frage nach dem Vorliegen eines sachlichen Grunds ist nicht maßgeblich, ob der Gesetzgeber die zweckmäßigste oder gerechteste Lösung gefunden hat. Entscheidend ist vielmehr, ob der Gesetzgeber die verfassungsrechtlichen Grenzen eingehalten hat.[364]

Das *BVerfG* hat ausdrücklich „*generalisierende, typisierende und pauschalierende Regelungen*" zugelassen, ohne allein schon wegen der damit unvermeidlich verbundenen Härten einen Verstoß gegen den allgemeinen Gleichheitssatz anzunehmen.[365] So ist das *BVerfG* der Auffassung, dass beispielsweise bei der Ordnung von Massenerscheinungen, wie sie vor allem im Steuerrecht und in der Steuerverwaltung auftreten, der Gesetzgeber nicht um die Gleichbehandlung aller denkbaren Einzelfälle besorgt zu sein brauche, sondern vielmehr berechtigt sei, „*von einem Gesamtbild auszugehen, das sich aus den ihm vorliegenden Er-*

361 *BVerfG*, Beschl. v. 07.10.1980 = BVerfGE 55, 72, 90; *BVerfG*, Beschl. v. 08.06.1993 = BVerfGE 89, 15, 23; *BVerfG*, Beschl. v. 05.10.1993 = BVerfGE 89, 132, 141.

362 *Kischel* in: Epping/Hillgruber, GG, Art. 3 Rn. 30.

363 *Von Bülow* in: KölnKomm, WpÜG, § 29 Rn. 73; *Wackerbarth* in: MüKo, WpÜG, § 29 Rn. 9; *Assmann* in: Assmann/Pötzsch/Schneider, § 29 Rn. 15.

364 *BVerfG*, Beschl. v. 16.10.1979 = BVerfGE 52, 277, 280; *BVerfG*, Beschl. v. 28.11.1984 = BVerfGE 68, 287, 301; *BVerfG*, Beschl. v. 29.11.1989 = BVerfGE 81, 108, 118.

365 *BVerfG*, Beschl. v. 08.10.1991 = *BVerfGE* 84, 348, 359; BVerfG, Urt. v. 28.06.1960 = *BVerfGE* 11, 245, 254; *BVerfG*, Urt. v. 24.07.1963 = BVerfGE 17, 1, 23; *BVerfG*, Urt. v. 20.12.1966 = BVerfGE 21, 12, 27; *BVerfG*, Urt. v. 02.07.1969 = BVerfGE 26, 265, 275; *BVerfG*, Beschl. v. 08.02.1983 = BVerfGE 63, 119, 128.

fahrungen ergibt".[366] Dies ist wiederum jedoch nur dann zulässig, wenn die Härten und Ungerechtigkeiten die eine solch generalisierende, typisierende und pauschalierende Regelungen mit sich bringt sowie der damit einhergehende Verstoß gegen den Gleichheitssatz nicht sehr intensiv sind. Maßgeblich ist weiter, ob diese entstehenden Härten in der Praxis und unter Berücksichtigung der Erfordernisse für die Verwaltung nur unter Schwierigkeiten vermeidbar wären.[367]

Zutreffend ist das Argument des Gesetzgebers, dass das Abstellen auf die absolute Zahl der Stimmrechte und ein formaler Schwellenwert den Vorteil haben, dass die Vorgaben für den Markt erkennbarer und die Beteiligungsverhältnisse leichter zu ermitteln sind.[368] Auch *Zinser*[369] und *Houben*[370] haben sich bei Schaffung des WpÜG für die Einführung eines formalen Schwellenwertes entsprechend dem Vorbild der Regeln des englischen City Code ausgesprochen und damit die Planungssicherheit der Aktionäre ebenfalls höher eingestuft als das Bedürfnis nach einer flexiblen und einzelfallbezogenen Regelung. Auch *Pötzsch* befürwortet eine Regelung mit klaren und rasch nachvollziehbaren Kriterien, um die nötige Rechtssicherheit in der Praxis zu gewährleisten.[371]

Ferner spricht sich *Steinmeyer* für die vom deutschen Gesetzgeber geschaffene einmalige, formale Schwelle im Vergleich zu einem Abstellen auf das Vorliegen von tatsächlicher Kontrolle aus, da diese Rechtssicherheit für ein reibungsloses Funktionieren des Kapitalmarkts notwendig sei.[372] Das Argument, dass es gerade bei Übernahmen auf dem Kapitalmarkt und den damit verbundenen finanziellen Folgen einem hohen Maß an Rechtsklarheit und -sicherheit bedarf, ist zutreffend. Im Ergebnis besteht deshalb ein sachlicher Grund für die Normierung einer generalisierenden, typisierenden und pauschalierenden Regelung wie der formellen Kontrollerwerbsschwelle des WpÜG.

---

366 *BVerfG*, Beschl. v. 08.10.1991 = BVerfGE 84, 348, 359; *BVerfG*, Urt. v. 28.06.1960 = BVerfGE 11, 245, 254; *BVerfG*, Beschl. v. 31.05.1988 = BVerfGE 78, 214, 227.

367 *BVerfG*, Beschl. v. 08.10.1991 = BVerfGE, 84, 348, 360 unter Verweis auf *BVerfG*, Beschl. v. 08.02.1983 = BVerfGE 63, 119, 128 m.w.N.; st. Rspr.).

368 Vgl. Reg. Begr. BT-Drs. 14/7034, S. 53.

369 *Zinser*, NZG 2000, 573, 578.

370 *Houben*, WM 2000, 1873, 1879.

371 *Pötzsch*, Das neue Übernahmerecht, S. 46.

372 *Steinmeyer* in: Berliner Kommentar, WpÜG, § 29 Rn. 13.

bb) Ergebnis

Die Normierung einer formalen und starren Kontrollerwerbsschwelle erfolgte demnach nicht willkürlich und ist durch einen sachlichen Grund, nämlich klare und erkennbare Vorgaben für die Marktteilnehmer gerechtfertigt. Der pauschalierende und typisierende Ansatz ist mithin insgesamt verfassungsrechtlich gerechtfertigt.

b) Vereinbarkeit der Kontrollerwerbsschwelle in Höhe von 30% mit Art. 3 Abs. 1 GG

Es stellt sich ferner die Frage, ob der deutsche Gesetzgeber gerade die Kontrollerwerbsschwelle in Höhe von 30% der Stimmrechte der Zielgesellschaft wählen durfte oder ob hierin eine Ungleichbehandlung von wesentlich Gleichem und somit ein Verstoß gegen Art. 3 Abs. 1 GG liegt. Wie bereits ausgeführt, hat sich der deutsche Gesetzgeber bewusst für eine formale Schwelle in Höhe von 30% entschieden und dies mit den in der Praxis bestehenden Hauptversammlungspräsenzen sowie mit dem internationalen Vergleich begründet.[373]

aa) Keine Willkür

Auch mit Blick auf die Höhe der gewählten Kontrollerwerbsschwelle liegt ein Verstoß gegen das Willkürverbot grundsätzlich nur dann vor, wenn die Unsachlichkeit der Differenzierung evident ist.[374] Die Festlegung eines Schwellenwertes von 30% entspricht der Regelung anderer europäischer Länder, weshalb bereits aus diesem Grund keine Willkür anzunehmen ist.[375] Gegen eine willkürliche Festlegung der Höhe der Kontrollerwerbsschwelle spricht ferner die Orientierung des deutschen Gesetzgebers an den nationalen Hauptversammlungspräsenzen. Eine willkürliche Festlegung ist mithin nicht erkennbar.

bb) Sachlicher Grund

Fraglich ist des Weitern, ob ein sachlicher Grund die Ungleichbehandlung rechtfertigt.

---

[373] Reg. Begr. BT-Drs. 14/7034, S. 53.

[374] *BVerfG*, Beschl. v. 07.10.1980 = BVerfGE 55, 72, 90; *BVerfG*, Beschl. v. 08.06.1993 = BVerfGE 89, 15, 23; *BVerfG*, Beschl. v. 05.10.1993 = BVerfGE 89, 132, 141.

[375] *Wackerbarth* in: MüKo, WpÜG, § 29 Rn. 7.

aaa) Internationaler Vergleich

Das Argument des internationalen Vergleichs scheint zunächst einen sachlichen Grund für die Festlegung der Höhe der prozentualen Schwelle darzustellen.[376] Denn erklärtes Ziel der Richtlinie ist, dass es gewisser Schutzbestimmungen bedürfe, die „*gemeinschaftsweit gleichwertig*" gestaltet werden sollen.[377] Damit ist und kann jedoch nur die grundsätzliche Einführung eines Pflichtangebots zum Schutze der Interessen der Inhaber von Wertpapierinhabern gemeint sein und nicht zugleich die einheitliche Festlegung einer formalen Schwelle. Denn ein effektiver Schutz vor einem kontrollierenden Einfluss eines Aktionärs kann nur dort erfolgen, wo die prozentuale Kontrollerwerbsschwelle auf die tatsächlichen Hauptversammlungspräsenzen in dem jeweiligen Mitgliedstaat ausgerichtet wird. Dies zeigt insbesondere ein Blick auf Art. 5 Abs. 3 der Richtlinie, wonach es eben Aufgabe des jeweiligen Mitgliedstaates ist, den prozentualen Anteil der Stimmrechte zu bestimmen, der eine kontrollierende Beteiligung begründet. Der europäische Gesetzgeber hat demnach auf die Festlegung eines länderübergreifenden, einheitlichen Schwellenwertes verzichtet. Der bloße Verweis auf einen bestehenden Schwellenwert in anderen europäischen Staaten widerspricht somit nicht nur der Intention der europäischen Vorgaben der Richtlinie, sondern vermag auch nicht eine Ungleichbehandlung von Aktionären zu rechtfertigen.

Im Ergebnis kann daher die Festlegung der Schwelle von 30% nicht mit dem internationalen Vergleich begründet werden.

bbb) Erwerb Sperrminorität

Der deutsche Gesetzgeber führte als Begründung zur Festlegung einer Beteiligung in Höhe von 30% hinsichtlich der Erlangung einer kontrollierenden Beteiligung aus, dass durch eine niedrigere Kontrollschwelle (z. B. 25%) den Unternehmen aufgrund der Regelung über Pflichtangebote die Möglichkeit genommen würde, gesellschaftsrechtliche Minderheitsbeteiligungen zu erwerben.[378] Die dahinter stehende Überlegung ist, dass ein Absenken der Kontrollerwerbsschwelle auf beispielsweise 25% der Stimmrechte kritisch zu beurteilen sein könnte, da ein Stimmrechtsanteil von 25% eine Sperrminorität darstellt, die nach dem Gesetz notwendig ist, um Beschlüsse, für die eine ¾ Mehrheit erforderlich

---

376 *Wackerbarth* in: MüKo, WpÜG, § 29 Rn. 7.
377 Richtlinie 2004/25/EG, L 142/12, Gründe (1).
378 Reg. Begr. BT-Drs. 14/7034, S. 53.

ist, zu verhindern. Denn die bei einigen Beschlüssen geforderte Dreiviertelmehrheit des anwesenden Kapitals ist ein klassisches Instrument des Minderheitenschutzes[379], das nicht durch die Verpflichtung zur Abgabe eines Angebots nach dem WpÜG ausgehöhlt werden darf.

Der Gesetzgeber geht zutreffender Weise davon aus, dass der Erwerb einer Sperrminorität möglich sein muss und eine solche nicht zugleich einen die Kontrolle begründenen Anteil darstellen kann. Dies ist mit Blick auf die Regelung des Aktiengesetzes auch konsequent, da die dort wohl herrschende Meinung davon ausgeht, dass eine Sperrminorität im Regelfall nicht zur Abhängigkeit im Sinne des § 17 AktG und somit zur Möglichkeit der Ausübung eines kontrollierenden Einflusses führt.[380] Begründet eine Sperrminorität keine konzernrechtliche Abhängigkeit, spricht viel dafür, einer Sperrminorität auch keinen kontrollierenden Einfluss im Sinne des WpÜG zuzuschreiben. Dies ist damit zu rechtfertigen, dass eine Minderheitsbeteiligung alleine, aufgrund welcher strukturverändernde Maßnahmen blockiert werden können, weder ein Mitwirkungsrecht bei der Zusammensetzung von Vorstand und Aufsichtsrat begründet noch dadurch die Unternehmensleitung zu einem bestimmten Handeln veranlasst werden kann, sondern hierfür eine Mehrheit der Stimmen erforderlich ist.[381]

Die Aussage des Gesetzgebers, dass durch eine niedrigere Kontrollschwelle (z. B. 25%) den Unternehmen die Möglichkeit genommen würde, gesellschaftsrechtliche Minderheitsbeteiligungen zu erwerben,[382] erscheint jedoch inkosequent. Geht man nämlich, wie der Gesetzgeber, davon aus, dass aufgrund niedriger Hauptversammlungspräsenzen eine Beteiligung von 30% einen kontrollierenden Einfluss begründet, ist nicht ersichtlich, warum der Erwerb einer Beteiligung in Höhe von 25% möglich sein müsse, um eine Sperrminorität halten zu können. Denn ausgehend von einer durchschnittlichen Hauptversammlungsprä-

---

379 *Pfeifer* in: MüKo, § 182 Rn. 16.

380 *BGH*, Urt. v. 26.03.1984 = BGHZ 90, 381, 397; *OLG Düsseldorf*, Beschl. v. 08.07.2003 = AG 2003, 688, 689 f.; *OLG Frankfurt*, Beschl. v. 22.12.2003 = AG 2004, 567, 568; *Hüffer*, AktG, § 17 Rn. 10; *Koppensteiner* in: KölnKomm, AktG, § 17 Rn. 43; *Raiser/Veil* in: KapGesR, § 51 Rn. 18; *Krieger* in: MünchHdb GesellR, AG, § 68 Rn. 38, 41; *Emmerich/Habersack*, Aktien- und GmbH-Konzernrecht, § 17 Rn. 16a; aA *Peters/Werner*, AG 1978, 297, 299 f..; *Werner/Peters*, BB 1976, 393, 394; abweichend auch die kartellrechtliche Beurteilung des Bundeskartellamts = WuW 1995, 223.

381 *Bayer* in: MüKo, AktG, § 17 Rn. 42.

382 Reg. Begr. BT-Drs. 14/7034, S. 53.

senz von 60%, wonach eine Beteiligung von 30% aufgrund der vertretenen Stimmen eine relative Mehrheit begründen würde, wäre bereits eine Beteiligung in Höhe von 15% ausreichend, um eine Sperrminorität zu vermitteln. Ginge es folglich nur darum, die Möglichkeit des Erwerbs einer Sperrminorität nicht zu unterlaufen, erscheint ein Absenken auf bis zu 15% der Stimmrechte möglich.

Maßgeblich für die Festsetzung der Höhe einer prozentualen Schwelle ist allerdings nicht die Möglichkeit zum Erwerb von Minderheitsbeteiligungen in Form einer Sperrminorität, sondern die Möglichkeit, einen kontrollierenden Einfluss auf die Zielgesellschaft auszuüben. Die Festlegung der Schwelle von 30% kann daher nicht mit der Möglichkeit zum Erwerb einer Sperrminorität begründet werden.

ccc) Hauptversammlungspräsenzen

Anders können hingegen die Überlegungen des deutschen Gesetzgebers zur Festlegung der formalen Schwelle von 30% zu beurteilen sein, insoweit als diese auf den bestehenden Hauptversammlungspräsenzen basiert.

Denn der mit dem Pflichtangebot bezweckte Schutz des Gesetzgebers besteht darin, die Minderheitsaktionäre vor dem Einfluss eines neuen, kontrollierenden Aktionärs zu schützen und ihnen in diesem Fall den Ausstieg aus der Gesellschaft zu ermöglichen.[383] Maßgebend ist deshalb, wann ein Aktionär einen kontrollierenden Einfluss ausüben kann.

(1) Möglichkeit der Ausübung der Kontrolle

Um zu verstehen, wann ein Aktionär Kontrolle über die Zielgesellschaft ausüben kann, ist zunächst zu fragen, wie ein Aktionär Einfluss auf die Zielgesellschaft nehmen kann. Dabei ist hervorzuheben, dass ein Aktionär, auch wenn er über die absolute Mehrheit der Stimmrechte an der Zielgesellschaft verfügt, keine unmittelbare Einflussmöglichkeit auf die Unternehmenspolitik der Gesellschaft hat.[384] Denn nach § 76 Abs. 1 AktG liegt die Geschäftsführungsbefugnis allein beim Vorstand und kann nicht durch das Organ der Hauptversammlung ausgeübt werden, welches der Geschäftsführung auch keine Weisungen erteilen

---

383 Erwägungsgrund (9) der Richtlinie 2004/25/EG, L 142/12; siehe auch Reg. Begr. BT-Drs. 14/7034, S. 2.

384 *Kubis* in: MüKo, AktG, § 119 Rn. 18; *Hoffmann* in: Spindler/Stilz, AktG, § 119 Rn. 13.

kann.[385] Somit besteht trotz Halten der Mehrheit der Stimmrechte keinerlei unmittelbare Einflussnahmemöglichkeit.

Vielmehr hat ein Mehrheitsaktionär nur die Möglichkeit einer indirekten Einflussnahme und zwar in der Form, dass er in der Hauptversammlung mit einfacher Stimmenmehrheit im Sinne des § 133 Abs. 1 AktG die Zusammensetzung des Aufsichtsrats in personeller Hinsicht bestimmen kann. Dies führt regelmäßig dazu, dass der Aufsichtsrat, dem regelmäßig Interessenvertreter des Hauptaktionärs angehören werden, den Anweisungen des Mehrheitsaktionärs folgen und dessen Ziele durchsetzen wird.[386] Gemäß § 84 Abs. 1 AktG bestellt wiederum der Aufsichtsrat den Vorstand der Gesellschaft. Folglich besteht für den Mehrheitsaktionär die Möglichkeit den Aufsichtsrat zu wählen und diesen zu einer bestimmten Vorgehensweise im Rahmen der Wahl der Vorstände anzuweisen und somit faktisch die Geschicke der Gesellschaft zu lenken.[387] Denn es ist davon auszugehen, dass sich alle Organe entsprechend den Vorstellungen des Mehrheitsaktionärs verhalten werden, um nach Ablauf der Amtszeit erneut berufen oder aber nicht sogar vorzeitig abberufen zu werden. Da für die Wahl der Aufsichtsräte die einfache Stimmenmehrheit ausreichend ist und der Mehrheitsaktionär weiter die Möglichkeit hat, den Aufsichtsrat, soweit nicht durch das DrittelbG oder das Mitbestimmungsgesetz anders vorgesehen, ausschließlich mit seinen Interessenvertretern zu besetzen[388], besteht somit faktisch eine Kontrollmöglichkeit.[389] Darüber hinaus kann ein die Mehrheit der Stimmrechte haltender Aktionär die Aufnahme von Beschlussgegenständen in die Tagesordnung der Hauptversammlung beantragen und solche Beschlüsse auf der Hauptversammlung mit seinen eigenen Stimmen fassen. Hingegen ist die einfache Mehrheit auf der Hauptversammlung nicht ausreichend, um Satzungsänderungen oder Maßnahmen der Kapitalbeschaffung oder der Kapitalherabsetzung zu beschließen. Hierfür ist jeweils eine Mehrheit von drei Vierteln aller Stimmrechte notwendig.

---

385 *Hüffer*, AktG, § 76 Rn. 2; *Fleischer* in: Spindler/Stilz, AktG, § 76 Rn. 1; *Weber* in: Hölters, AktG, § 76 Rn. 1; *Seibt* in: Schmidt/Lutter, § 76 Rn. 2.

386 *Bayer* in: MüKo, AktG, § 17 Rn. 27; *Houben*, WM 2000, 1873, 1878.

387 *Emmerich* in: Emmerich/Habersack, Aktien- und GmbH-Konzernrecht, § 17 Rn. 6.

388 Zur grundsätzlichen Zulässigkeit *LG Mannheim*, Urt. v. 17.01.1990 = AG 1991, 29 f.; *Hüffer*, AktG, § 101 Rn. 4 m.w.N. (Ausnahme bei drohender qualifiziert-faktischer Konzernierung, *OLG Köln*, Beschl. v. 03. 11. 1986 = NJW 1987, 1030, 1031).

389 Vgl. hierzu auch *BGH*, Beschl. v. 17.03.1997 = NJW 1997, 1855, 1856 f.

(2) Höhe der Hauptversammlungspräsenzen

Ausschlaggebend für einen kontrollierenden Einfluss eines Aktionärs ist deshalb in der Regel, ab welchem prozentualen Stimmrechtsanteil er die relative Hauptversammlungsmehrheit im Sinne des § 133 Abs. 1 AktG stellt. Da für gewöhnlich bei börsennotierten Gesellschaft nicht 100% des stimmberechtigten Kapitals auf einer Hauptversammlung vertreten sind, kommt es auf das tatsächlich vertretene Kapital an, mithin auf die Präsenz bei Hauptversammlungen von in Deutschland börsennotierten Unternehmen und ob das Halten von 30% der Stimmrechte in der überwiegenden Anzahl der Fälle eine kontrollierende Beteiligung darstellt.

Zum Zeitpunkt der Einführung des WpÜG wurde ein Schwellenwert von 30% der Stimmrechte der Zielgesellschaft sowohl vom Gesetzgeber, als auch vom überwiegenden Teil der Literatur für angemessen erachtet, um die gewöhnlich herrschenden Mehrheitskonstellation abzubilden.[390] Zu überlegen ist deshalb, ob diese Annahme sowohl den damaligen als auch den heutigen Gegebenheiten entspricht.

Wirft man heute einen Blick auf die durchschnittlichen Hauptversammlungspräsenzen der DAX-Unternehmen, so zeigen diese, dass die durchschnittliche Hauptversammlungspräsenz seit dem Jahre 2000 bis zum Jahre 2011 stets unterhalb von 60% lag.[391] Vor diesem Hintergrund hätte durchschnittlich betrachtet in der Tat eine Beteiligung von 30% der Stimmrechte ausgereicht, um eine kontrollierende Position einzunehmen. Auf den Einzelfall bezogen, hätte in den Jahren 2010 und 2011 sogar bei zwei Drittel der DAX-Unternehmen ein Stimmrechtsanteil von 30% ausgereicht, um die relative Mehrheit auf der jeweiligen Hauptversammlung zu halten. Dies zeigt, dass mit dem Halten von 30% in einer Viel-

---

[390] *Claussen*, AG 2001, 161, 163 unter Verweis auf die Statistik der DSW, wonach in den Jahren 1994 bis 1999 bei der Hälfte der DAX-Unternehmen die Hauptversammlungspräsenzen unter 60% lag; *Riegger*, ZHR 165 (2001), 204, 205 unter Verweis auf die WELT (vom 11. August 2000), wonach die durchschnittliche Hauptversammlungspräsenz bei DAX-Unternehmen für das Jahr 2000 54,5% betrug; *Assmann* in: Pötzsch/Assmann/Schneider, WpÜG, § 29 Rn. 9; *Steinmeyer* in: Berliner Kommentar, WpÜG, § 29 Rn. 14; *Oechsler* in: Ehricke/Ekkenga/Oechsler, WpÜG, § 29 Rn. 13; *Wackerbarth* in: MüKo, WpÜG, § 29 Rn. 43.

[391] Präsenzstatistik der Schutzgemeinschaft für Kapitalanleger e.V. (SdK) DAX 2011 (abrufbar unter www.sdk.org/statistiken.php); die durchschnittliche Hauptversammlungspräsenz beinhaltet alle DAX-Unternehmen und differenziert nicht zwischen Inhaber- und Namensaktien.

zahl von Fällen eine kontrollierende Position erreicht und somit die Kontrollerwerbsschwelle nicht willkürlich gewählt ist, sondern den tatsächlichen Gegebenheiten bei großen, deutschen Publikumsgesellschaften entspricht.

Auch bei anderen börsennotierten, nicht im DAX gelisteten, Unternehmen hätte in jüngerer Vergangenheit ein Stimmrechtsanteil von 30% in etwa der Hälfte der Fälle ausgereicht, um einen kontrollierenden Einfluss auszuüben. Mit Blick auf die durchschnittliche Hauptversammlungspräsenz aller MDAX Unternehmen in den Jahren 2002 bis einschließlich 2007 lässt sich feststellen, dass diese stets weniger als 60% und seither nur knapp über 60% betrug.[392] 21 der 47 in der Präsenzstatistik geführten Unternehmen wiesen im Jahre 2011 eine Hauptversammlungspräsenz von unter 60% auf und davon zehn Unternehmen eine Präsenz von unter 50%.[393]

Ein ähnliches Bild zeigt sich auch bei einem Blick auf die durchschnittlichen Hauptversammlungspräsenzen bei den SDAX-Unternehmen. In den Jahren 2002 bis 2006 lag die durchschnittliche Hauptversammlungspräsenz zwischen 53% und 59%. Seit dem Jahre 2007 lag die durchschnittliche Hauptversammlungspräsenz nur knapp oberhalb von 60%.[394]

Allerdings sind bei denen von der SdK veröffentlichten Präsenzstatistiken Einschränkungen zu machen. So wird beispielsweise in der für das Jahr 2010 veröffentlichen Präsenzstatistik für die ordentliche Hauptversammlung 2010 der Jungheinrich AG eine Präsenz von 8,90% angegeben. Dieser Wert entspricht 1.424.578 der insgesamt 16.000.000 ausgegebenen Vorzugsaktien der Jungheinrich AG, die auf der Hauptversammlung vertreten waren und somit in der Statistik erfasst wurden. Aus der Statistik wird jedoch nicht deutlich, dass die 16.000.000 Vorzugsaktien kein Stimmrecht verbriefen, sondern ein solches lediglich den Inhabern der Jungheinrich-Stammaktien zusteht. Von der Statistik erfasst werden jedoch nur die börsennotierten Wertpapiere, weshalb die

392 Präsenzstatistik der Schutzgemeinschaft für Kapitalanleger e.V. (SdK) MDAX 2011 (abrufbar unter www.sdk.org/statistiken.php).

393 2008 betrug die durchschnittliche Hauptversammlungspräsenz 61,48% (davon wiesen 21 Unternehmen eine Präsenz von unter 60% auf). 2009 betrug die durchschnittliche Hauptversammlungspräsenz 63,07% (davon wiesen 20 Unternehmen eine Präsenz von unter 60% auf).

18.000.000 Stimmrechte aus den vorhandenen Stammaktien der Jungheinrich AG, die vollständig auf der Hauptversammlung vertreten waren, nicht in der Statistik erfasst werden, da diese nicht börslich erworben werden können; deshalb weist die Statistik lediglich eine Präsenz von 8,90% aus. Dies zeigt, dass die statistischen und durchschnittlichen Hauptversammlungspräsenzen nur eine eingeschränkte Aussagekraft haben und die jeweilige Kontrollmöglichkeit von den jeweiligen Besonderheiten des einzelnen Unternehmens abhängig ist.
Die Hauptversammlungspräsenzen der vergangenen Jahre zeigen, dass in einer Vielzahl der Fälle eine Beteiligung von 30% eine kontrollierende Beteiligung darstellt. Diejenigen Fälle, in denen eine höhere Beteiligung zur Ausübung der Kontrolle notwendig ist, können über die Befreiungsregelung des § 37 WpÜG i.V.m. § 9 AngebotsVO abgefangen werden.
Ferner besteht kein zwingendes Bedürfnis, die Kontrollerwerbsschwelle nach unten abzusenken. Zwar ist einerseits Sinn und Zweck der Richtlinie Wertpapierinhaber, insbesondere Wertpapierinhaber mit Minderheitsbeteiligungen, nach einem Kontrollerwerb zu schützen.[395] Andererseits ist aber zu berücksichtigen, dass der derzeit maßgebende Stimmrechtsanteil von 30% bereits selbst eine Minderheitsbeteiligung darstellt, weshalb ein noch niedrigerer Schwellenwert zu weitgehend wäre.

Steinmeyer verweist zudem darauf, dass ein Stimmrechtsanteil von 30% zwar bei großen Publikumsgesellschaften zu einer faktischen Kontrollmöglichkeit aufgrund niedriger Hauptversammlungspräsenzen führen kann.[396] Bei vielen kleineren Unternehmen bestehe hingegen eine Anteilseignerstruktur, bei der sich nur ein kleiner Teil der Aktien im Streubesitz befinde, weshalb ein Schwellenwert von 30% sogar zu niedrig angesetzt sei. Daneben sieht auch *Möller* eher eine Erhöhung der Kontrollerwerbsschwelle als notwendig an, sofern insbesondere aufgrund der möglichen, verstärkten Nutzung des Internets die Hauptversammlungspräsenzen steigen sollten.[397]

---

394 Präsenzstatistik der Schutzgemeinschaft für Kapitalanleger e.V. (SdK) SDAX 2011 (abrufbar unter www.sdk.org/statistiken.php).

395 Richtlinie 2004/25/EG, L 142/12, Gründe (9).

396 *Steinmeyer* in: Berliner Kommentar, WpÜG, § 29 Rn. 14.

397 *Assmann* in: Assmann/Pötzsch/Schneider, WpÜG, § 29 Rn. 9; *Steinmeyer* in: Berliner Kommentar, WpÜG, § 29 Rn. 14; so bereits *Riegger*, ZHR 165 (2001), 204, 205, der von steigenden Hauptversammlungspräsenzen aufgrund neuer Medien wie dem Internet ausgeht; so auch *Claussen*, AG 2001, 161, 163; *Land/Hasselbach*, DB 2000, 1747, 1753 un-

Aufgrund der Orientierung an den tatsächlichen Gegebenheiten besteht mithin auch ein sachlicher Grund bezüglich der vom Gesetzgeber gewählten Höhe der Kontrollerwerbsschwelle.

cc) Ergebnis

Im Ergebnis bleibt deshalb festzuhalten, dass sich der Gesetzgeber einerseits an den Präsenzen auf Hauptversammlungen von börsennotierten Gesellschaften in Deutschland orientiert hat und aufgrund des niedrig angesetzten Schwellenwerts von 30%, der eben selbst eine Minderheitsbeteiligung darstellt, der größte Teil aller Fälle, in denen ein kontrollierender Einfluss besteht, erfasst wird. Andererseits ist dieser Schwellenwert mit Bedacht nicht zu niedrig gewählt, um den Erwerb von Minderheitsbeteiligungen in Form einer Sperrminorität zu ermöglichen. Die Festlegung der Kontrollerwerbsschwelle in Höhe von 30% ist deshalb nicht willkürlich erfolgt und darüber hinaus sachlich gerechtfertigt.

c) Gesamtergebnis

Dies führt dazu, dass die vom deutschen Gesetzgeber gewählte formale Schwelle von 30% und die damit verbundene Ungleichbehandlung von kontrollierenden Beteiligungen unter- und oberhalb dieser Schwelle insgesamtgerechtfertigt und im Hinblick auf Art. 3 Abs. 1 GG zulässig ist. § 29 Abs. 2 WpÜG verstößt demnach nicht gegen geltendes Verfassungsrecht.

4. Vorzugswürdigkeit eines materiellen Kontrollbegriffs

Eine andere Frage ist hingegen, ob ein materieller Kontrollbegriff dem zulässigen formalen und starren Kontrollbegriff vorzuziehen wäre.

Die Hauptversammlungspräsenzen der letzten Jahre in Deutschland zeigen, dass die Höhe der Kontrollerwerbsschwelle von 30% durchaus angemessen ist und nicht nach unten abgesenkt werden sollte. Ferner bleibt festzuhalten, dass ein vollständiger Verzicht auf eine prozentuale Schwelle und das tatsächliche Abstellen auf die jeweiligen Gegebenheiten innerhalb der Zielgesellschaft, wie dies beispielsweise im Konzernrecht der Fall ist, aufgrund der europarechtlichen Vorgaben nicht möglich ist. Fraglich ist allerdings, ob mit der Einführung eines materiellen Kontrollbegriffs eine im Einzelfall gerechtere Lösung für diejenigen

---

ter Verweis auf *Hasselbach/Schumacher*, ZGR 2000, 258 ff.; *Noack*, ZGR 1998, 592 ff.; *Zätzsch/Gröning*, NZG 2000, 393 ff.

gefunden werden kann, die trotz des Überschreitens der Kontrollerwerbsschwelle von 30% keine tatsächliche Kontrolle ausüben können, und ob deshalb ein materieller Kontrollbegriff gegenüber einem starren und formalen vorzugswürdig wäre.

Zwar ermöglichen § 20 Abs. 1 und § 36 WpÜG auf tatbestandlicher Ebene und § 37 WpÜG auf Rechtsfolgenseite gewisse Unbilligkeiten im Zusammenhang mit der starren Schwelle des § 29 Abs. 2 WpÜG zu vermeiden. Bei beiden Möglichkeiten handelt es sich jedoch nicht um eine Möglichkeit zur Widerlegung der Kontrollvermutung. Vielmehr tritt diese Kontrollvermutung stets und unwiderleglich beim Überschreiten der Schwelle von 30% der Stimmrechte der Zielgesellschaft ein. Im Übrigen erfolgt eine solche Befreiung nicht von Gesetzes wegen, sondern ernst nach einem (durchaus zeit- und kostenintensiven) Befreiungsverfahren. *Steinmeyer* führt deshalb richtiger Weise aus, dass der formale Kontrollbegriff für die Aktionäre, die mehr als 30% der Stimmrechte halten, gewisse Härten mit sich bringt.[398]

Auch *Munscheck* weist darauf hin, dass es bei einer starren Kontrollerwerbsschwelle dazu kommen kann, dass in zahlreichen Fällen eine Angebotspflicht ohne faktische Kontrollmöglichkeit ausgelöst wird.[399] Auch *Merkt* sieht das Problem, dass die Minderheit in einem Zeitpunkt, in dem eigentlich noch gar kein Kontrollwechsel stattfände, in geringem Umfang „*entschädigt*" würde, während sie in jenem Zeitpunkt, in dem der Kontrollwechsel stattfände, gerade nicht entschädigt würde.[400]

Ferner hat *Brenner-Heinacher* vor Einführung des WpÜG vorgeschlagen, die Angebotspflicht nicht willkürlich an einen bestimmten Prozentsatz zu knüpfen, sondern an die Übernahme eines beherrschenden Einflusses auf das Unternehmen. Als Indiz hierfür sollte die einfache Hauptversammlungsmehrheit anhand der Präsenzen der Zielgesellschaft in den letzten drei Jahren zugrunde gelegt werden (relative Mehrheit). Der Vorteil einer solchen Lösung liege in der Einzelfallgerechtigkeit.[401]

---

398 So auch *Steinmeyer* in: Berliner Kommentar, WpÜG, § 29 Rn. 13.
399 *Munscheck*, RIW 1995, 998, 999.
400 *Merkt*, NZG 2011, 561, 562.
401 *Brenner-Heinacher*, DB 1997, 2521, 2524.

a) Vereinbarkeit mit Europarecht

Zunächst stellt sich die Frage, ob ein materieller Kontrollbegriff aufgrund der europarechtlichen Vorgaben in das deutsche WpÜG eingeführt werden könnte. Entscheidend hierfür ist, ob durch die Richtlinie lediglich Mindeststandards festgelegt werden oder ob diese vielmehr verbindliche Vorgaben enthält, von denen nicht abgewichen werden kann.

Wie oben bereits ausgeführt, besteht nicht die Möglichkeit, auf eine prozentuale Schwelle vollständig zu verzichten und ausschließlich, beispielsweise entsprechend der Abhängigkeitsvermutung im AktG, auf die tatsächliche, einzelfallbezogene Kontrolle über ein Unternehmen abzustellen.

Die Richtlinie stellt in Art. 3 Abs. 1 a) den Grundsatz auf, dass alle anderen Inhaber von Wertpapieren geschützt werden müssen, sofern eine Person die Kontrolle über die Gesellschaft erwirbt. Um die Beachtung dieses Grundsatzes sicherzustellen sollen nach Art. 3 Abs. 2 a) der Richtlinie die Mitgliedstaaten dafür sorgen, dass die in der Richtlinie vorgeschriebenen Mindestanforderungen eingehalten werden. Mit *Mülbert* wird man davon ausgehen müssen, dass die Richtlinie entsprechend Art. 3 Abs. 2 a) einen Mindeststandard für die Regelung von Übernahmeangeboten setzt, der nicht unterschritten werden darf.[402] Andererseits schafft die Richtlinie aber in Art. 3 Abs. 2 b) zugleich die Möglichkeit, dass Mitgliedstaaten zur Beachtung der in der Richtlinie aufgestellten Grundsätze *„zusätzliche und strengere Bestimmungen"* als in der Richtlinie vorgegeben vorsehen können. Die Festsetzung von Mindeststandards bedeutet demnach nicht, dass dem nationalen Gesetzgeber die Möglichkeit genommen wird, weitere, insbesondere strengere Kriterien zu bestimmen, die ein Pflichtangebot begründen können.[403] Es ist also Sache des nationalen Gesetzgebers, zu entscheiden, ob er diesen Schwellenwert als formale Schwelle ausgestalten oder den prozentualen Schwellenwert anhand eines materiellen Kontrollbegriffs umschreiben will.[404] Dem entspricht es auch, dass die Mitgliedstaaten eine Übernahmeregelung etablieren sollen, die flexibel sein und neu auftretende Umstände

---

402 *Mülbert*, NZG 2004, 633, 635.

403 *Kalss* in: Baums/Cahn, Die Umsetzung der Übernahmerichtlinie in Europa, S. 29, *Der Anpassungsbedarf im österreichischen Übernahmerecht zur Übernahmerichtlinie.*

404 So im Ergebnis auch *Kalss* in: Baums/Cahn, Die Umsetzung der Übernahmerichtlinie in Europa, S. 29, *Der Anpassungsbedarf im österreichischen Übernahmerecht zur Übernahmerichtlinie.*

erfassen können sollte, um Ausnahmen und abweichende Regelungen zu erlauben.[405]

Denkbare wäre demnach auch die Einführung eines materiellen Kontrollbegriffs bei Erreichen der Stimmrechtsschwelle von 30% anstatt einer unwiderleglichen Vermutungsregelung. Möglich erscheint beispielsweise eine Regelung, wonach eine kontrollierende Beteiligung besteht, sofern mindestens 30% der Stimmrechte der Zielgesellschaft gehalten werden und der Bieter damit eine Beteiligung hält, die auf den vergangenen drei ordentlichen Hauptversammlungen der Zielgesellschaft die relative Mehrheit bedeutet hätten. Denn dadurch könnte ein hohes Maß an Einzelfallgerechtigkeit erlangt werden und ein Bieter nur zur Abgabe eines Angbeots gezwungen werden, wenn dieser auch tatsächlich die Kontrolle an der Zielgesellschaft erlangt hat.

Folglich wäre die Schaffung eines entsprechenden materiellen Kontrollbegriffs anstatt eines rein formellen Schwellenwertes mit den europarechtlichen Vorgaben vereinbar, da jeweils der Zweck der Richtlinie umgesetzt werden kann.

b) Notwendigkeit eines materiellen Kontrollbegriffs

Zunächst ist festzuhalten, dass ein materieller Kontrollbegriff nicht bereits aufgrund der Richtlinie notwendig ist. Das von *Kalss* vorgebrachte Argument, Ziel des Übernahmerechtes sei eine Gleichbehandlung aller Aktionäre und deshalb sei ein materieller Kontrollbegriff vorzugswürdig,[406] überzeugt nicht. Denn die Richtlinie verlangt in Art. 3 Abs. 1 lediglich eine Gleichbehandlung der Aktionäre *derselben* Zielgesellschaft im Rahmen eines abgegebenen Angebots, insbesondere im Hinblick auf die anzubietende Gegenleistung. Das Gleichbehandlungsgebot nach Art. 3 Abs. 1 der Richtlinie fordert jedoch nicht, dass bei sämtlichen Zielgesellschaften, bei denen ein Aktionär eine kontrollierende Beteiligung unterhalb einer festgelegten prozentualen Schwelle hält, notwendigerweise ein Pflichtangebot abzugeben ist.[407] Vielmehr muss der nationale Gesetzgeber die Möglichkeit haben, eine zwar gerechte aber zugleich verständliche und vorhersehbare Regelung zur Abgabe eines Übernahmeangebots zu normieren.

---

[405] Richtlinie 2004/25/EG, L 142/12, Erwägungsgrund (6).

[406] *Kalss* in: Baums/Cahn, Die Umsetzung der Übernahmerichtlinie in Europa, S. 32, 37 - *Der Anpassungsbedarf im österreichischen Übernahmerecht zur Übernahmerichtlinie.*

[407] Ausführlich zu einem kapitalmarktrechtlichen Gleichbehandlungsgebot *Baums*, ZIP 2010, 2374, 2385, 2386.

c) Vergleichbarkeit von formellem und materiellem Kontrollbegriff

Fraglich ist allerdings, ob die Einführung eines materiellen Kontrollbegriffs gegenüber dem derzeitigen formellen Kontrollbegriff des WpÜG vorzugswürdig erscheint. Dies wäre dann nicht der Fall, wenn der derzeit im WpÜG bestehende formelle Kontrollbegriff und die in diesem Zusammenhang normierten Ausnahmetatbestände einem möglichen materiellen Kontrollbegriff vergleichbar wären.

Der Vorteil einer Regelung, bei der auf das Vorliegen von tatsächlicher Kontrolle und nicht auf die Erreichung eines pauschalen Stimmrechtsanteils abgestellt wird, liegt freilich in der Einzelfallgerechtigkeit. Denn so kann auf die jeweiligen Mehrheitsverhältnisse innerhalb der Gesellschaft eingegangen und dadurch ein optimaler Ausgleich der Interessen gewährleistet werden. Sollte beispielsweise aufgrund hoher Hauptversammlungspräsenzen keine tatsächliche Kontrollmöglichkeit bestehen, wäre der Aktionär bereits mangels Kontrolle nicht zur Abgabe eines Pflichtangebots verpflichtet. Er müsste sich nicht erst befreien lassen, sondern ein Angebot nur für den Fall abgeben, dass er auch Einfluss auf die Unternehmenspolitik nehmen kann. Andererseits würden die Minderheitsaktionäre für den Fall geschützt, dass ein Aktionär aufgrund der Höhe seiner Beteiligung Einfluss auf die Gesellschaft nehmen kann. Somit könnte eine einzelfallgerechte Lösung erreicht werden.[408]

Zwar sieht das deutsche Übernahmerecht eine formale und starre Schwelle vor, die nicht widerlegt werden kann. Allerdings besteht nach § 37 Abs. 1 WpÜG für den Bieter die Möglichkeit, von der Verpflichtung zur Abgabe eines Angebots befreit zu werden, wenn dies im Hinblick auf die Art der Erlangung, die mit der Erlangung der Kontrolle beabsichtigte Zielsetzung, ein nach der Erlangung der Kontrolle erfolgendes Unterschreiten der Kontrollschwelle, die Beteiligungsverhältnisse an der Zielgesellschaft oder die tatsächliche Möglichkeit zur Ausübung der Kontrolle unter Berücksichtigung der Interessen des Antragstellers und der

---

[408] So vor allem Börsensachverständigenkommission beim Bundesministerium der Finanzen, "Standpunkte der Börsensachverständigenkommission zur künftigen Regelung von Unternehmensübernahmen", Februar 1999, S. 14, wonach auf die einzelnen Hauptversammlungspräsenzen der Gesellschaft abgestellt werden sollte; ebenfalls *SdK*, Pressemitteilung v. 06. August 2011 (abrufbar unter www.sdk.org), wonach auf die Hauptversammlungspräsenzen der vergangenen drei Jahre abgestellt werden sollte.

Inhaber der Aktien der Zielgesellschaft gerechtfertigt erscheint. Die Befreiungstatbestände werden wiederum in § 9 AngebotsVO konkretisiert.

An dieser Stelle soll insbesondere § 37 Abs. 1 Alt. 4 WpÜG i.V.m. § 9 S. 2 Nr. 1 AngebotsVO hervorgehoben werden. Denn danach besteht für den Aktionär gerade die Möglichkeit nachzuweisen, dass aufgrund der tatsächlichen Beteiligungsverhältnisse in der Zielgesellschaft keine Kontrolle über diese beim Halten eines Stimmrechtsanteils von 30% ausgeübt werden kann.[409] Nach der Intention des Gesetzgebers soll diese Befreiungsmöglichkeit bestehen, wenn der Erwerber zwar mehr als 30% der Stimmrechte und somit Kontrolle im formellen Sinne nach dem WpÜG erlangt hat, jedoch andere Personen über einen höheren Stimmrechtsanteil als der Erwerber an der Zielgesellschaft verfügen.[410] Auch wenn der Befreiungstatbestand nicht abschließend ist[411], dürfte dies in der Tat der eindeutigste Fall einer fehlenden Kontrollmöglichkeit trotz des Überschreitens der Kontrollerwerbsschwelle sein. Folglich besteht also die Möglichkeit, trotz der starren und formalen Schwelle des § 29 Abs. 2 WpÜG auf die tatsächlichen Gegebenheiten innerhalb der Zielgesellschaft zu reagieren.

Ferner ermöglicht § 37 Abs. 1 Alt. 5 WpÜG i.V.m. § 9 S. 2 Nr. 2 AngebotsVO eine Reaktion auf die tatsächlichen Stimmrechtsverhältnisse in den Hauptversammlungen. Denn danach kann eine Befreiung erteilt werden, wenn aufgrund des in den zurückliegenden drei ordentlichen Hauptversammlungen vertretenen stimmberechtigten Kapitals nicht zu erwarten ist, dass der Bieter in der Hauptversammlung der Zielgesellschaft über mehr als 50% der vertretenen Stimmrechte verfügen wird. Die derzeitige Regelung ist aufgrund ihrer Ausnahmetatbestände foglich mit der eines materiellen Kontrollbegriffs druchaus vergleichbar. Denn während bei einem materiellen Kontrollbegriff zur Begründung der Kontrolle auf die Hauptversammlungspräsenzen und somit die tatsächlichen Gegebenheiten abgestellt würde, besteht nach der derzeitigen deutschen Konzeption die Möglichkeit durch ein Abstellen auf die Hauptversammlungspräsenzen die Befreiung von den Pflichten des § 35 WpÜG zu erreichen. Die Ange-

---

409 *Krause/Pötzsch/Seiler* in: Assmann/Pötzsch/Schneider, WpÜG, § 37 Rn. 58; *Klepsch* in: Berliner Kommentar, WpÜG, § 37 Rn. 36.

410 Reg. Begr. BT-Drs. 14/7034 S. 61.

411 *Krause/Pötzsch/Seiler* in: Assmann/Pötzsch/Schneider, WpÜG, § 37 Rn. 58.

botsVO schließt daher aus den vergangenen Hauptversammlungspräsenzen auf die zu erwartenden Präsenzen in der Zukunft.

d) Ergebnis

Im Ergebnis ist festzuhalten, dass nach der Gesamtkonzeption des WpÜG trotz des formalen und starren Kontrollerwerbsbegriffs in § 29 Abs. 2 WpÜG ausreichend Möglichkeiten bestehen, um auf die tatsächlichen Gegebenheiten der Zielgesellschaft angemessen reagieren zu können. Denn § 20 Abs. 1 und § 36 WpÜG vor allem aber die flexible Gestaltungsregelung des § 37 WpÜG ermöglichen auf Rechtsfolgenseite eine ebenfalls einzelfallgerechte Lösung, in Folge derer der Aktionär nicht den Pflichten des § 35 Abs. 1 S.1 und Abs. 2 S. 1 WpÜG unterliegt. Im Ergebnis steht die deutsche Konzeption trotz der vorhandenen starren Kontrollerwerbsschwelle einem materiellen Kontrollbegriff daher nicht entscheidend nach.[412] Zwar muss sich der Bieter auf seine Kosten durch die BaFin von der Angebotspflicht befreien lassen. Andererseits generiert die formale Schwelle für alle Marktteilnehmer eine einfache und vorhersehbare Pflicht zur Abgabe eines Angebots. Im Übrigen wäre auch bei einem materiellen Kontrollbegriff der Bieter durchaus gehalten nachzuweisen, dass ihn aufgrund der vergangenen Hauptversammlungspräsenzen eine Angebotspflicht nicht treffe, weshalb der Mehraufwand bei einem formalen Kontrollbegriff als gering einzustufen ist.

Des Weiteren wird bei einem materiellen Kontrollbegriff, für den die Hauptversammlungspräsenzen der vergangenen Jahre maßgeblich sind, unterstellt, dass sich die Hauptversammlungspräsenz durch den Erwerb einer kontrollierenden Beteiligung nicht erhöhe. Dies ist aber nur zutreffend, wenn der zum Überschreiten der Kontrollerwerbsschwelle führende Erwerb von Aktionären erfolgt, die in den vergangenen Jahren auf der Hauptversammlung anwesend gewesen sind. Erwirbt der Bieter hingegen einen Anteil von einem (Paket-) Aktionär, der bisher nicht auf den Hauptversammlung präsent war, würde dies zu einer zukünftigen Erhöhung der Hauptversammlungspräsenzen führen und die Ausübung eines kontrollierenden Einflusses womöglich verhindern.

[412] So auch *Wackerbarth* in: MüKo, WpÜG, § 29 Rn. 8; *Diregger/Winner*, WM 2002, 1583, 1585; *Kleindiek,* ZGR 2002, 546, 555, 563.

Da die derzeitigen Regelungen nur unwesentlich hinter denen eines materiellen Kontrollbegriffs zurückbleiben, besteht kein Bedürfnis nach einem materiellen Kontrollbegriff.

III. Einbeziehung von eigenen Aktien beim Übernahmeangebot

Ein für die außenstehenden Aktionäre und insbesondere für den Bieter wesentlicher Punkt ist, welche Aktien von einem zur Befreiung des § 35 Abs. 3 WpÜG führenden Übernahmeangebot erfasst sind. Fraglich ist hierbei, ob sich ein Übernahmeangebot auch auf von der Zielgesellschaft gehaltene eigene Aktien zu erstrecken hat.

Nach § 33 Abs. 2 WpÜG soll es der Zielgesellschaft möglich sein, Abwehrmaßnahmen zu treffen, um den Erfolg von Übernahmeangeboten zu verhindern.[413] Zu diesen Abwehrmaßnahmen zählen u.a. Vorratsbeschlüsse der Hauptversammlung[414], durch welche der Vorstand ermächtigt ist, mit Zustimmung des Aufsichtsrates ein geschaffenes genehmigtes (§ 202 AktG) oder bedingtes (§ 192 AktG) Kapital auszunutzen oder nach § 71 Abs. 1 Nr. 8 AktG eigene Aktien der Gesellschaft zu erwerben.[415] Letzteres erscheint als Abwehrmaßnahme besonders sinnvoll, da so die Anzahl der erwerbbaren Aktien verringert wird und zugleich der Börsenpreis pro Aktie durch die Zukäufe steigen sollte.[416] Dies

---

[413] Reg. Begr. BT-Drs. 14/7034, S. 58; ausführlich zu den unterschiedlichen Abwehrmaßnahmen *Süßmann*, NZG 2011, 1281; ausführlich zu den Handlungsoptionen und -empfehlungen für den Vorstand der Zielgesellschaft *Hitzer/Simon/Düchting*, AG 2012, 237 f.

[414] Wobei die qualifizierten Voraussetzungen des § 33 Abs. 2 WpÜG zu beachten sind: *Schlitt* in: MüKo, WpÜG, § 33 Rn. 199; *Krause*, NJW 2002, 705, 712; *Winter/Harbarth*, ZIP 2002, 1, 12; *Zschocke*, DB 2002, 79, 83; *Ekkenga/Hofschroer*, DStR 2002, 768; *Hopt*, ZHR 166 (2002), 383, 423; *Fleischer/Kalss*, Wertpapiererwerbs- und Übernahmegesetz, S. 129; *Thoma* NZG 2002, 105, 111; *Grunewald* in: Baums/Thoma, WpÜG, § 33 Rn. 59; *Brandi* in Thaeter/Brandi, Öffentliche Übernahmen, Rn. 328 f.; *Habersack* in: Emmerich/Habersack, Aktien- und GmbH-Konzernrecht, Vor § 311 Rn. 21; allgemein dazu: *Volhard* in: *Semler/Volhard/Reichert*, HV Hdb., § 40 Rn. 23.

[415] *Hirte* in: KölnKomm, WpÜG, § 33 Rn. 99 f.; *Noack/Zetsche* in: Schwark/Zimmer, WpÜG, § 33 Rn. 27; *Grunewald* in: Baums/Thoma, WpÜG, § 33 Rn. 76; *Röh* in: FrankfurterKomm, WpÜG, § 33 Rn. 45 ff.; *Krause/Pötzsch/Stephan* in: Assmann/Pötzsch/Schneider, WpÜG, § 33 Rn. 208; *Schwennicke* in: Geibel/Süßmann, WpÜG, § 33 Rn. 78; *Krause*, AG 2002, 133, 144.

[416] Reg. Begr. BT-Drs. 14/7034, S. 58.

sollte wiederum zu einer Verteuerung des Angebots führen und eventuell sogar ein Nachbessern des Angebots erforderlich machen.[417]

Auch wenn der Erwerb eigener Aktien nach § 71 Abs. 1 Nr. 8, Abs. 2 S. 1 AktG auf ein Maximum von 10% des bestehenden Grundkapitals begrenzt und somit die Effektivität der Abwehrmaßnahme im Einzelfall durchaus beschränkt sein kann[418], so stellt der Erwerb eigener Aktien grundsätzlich dennoch eine effektive Abwehrmaßnahme dar und sollte zum Standardrepertoire zur Verhinderung von Übernahmen gehören.[419] Insbesondere vor der Überlegung, dass bereits bei einem Stimmrechtsanteil von 30% eine kontrollierende Beteiligung begründet sein soll, erscheint der mögliche Erwerb von bis zu 10% des Grundkapitals als nicht grundsätzlich uneffektiv.

Ob eine Verteidigung der Zielgesellschaft nur dann erfolgreich ist, wenn sie ihre Unabhängigkeit wahrt, oder bereits dann, wenn zwar die Übernahme erfolgt, jedoch nur zu einem deutlichen höheren Preis pro Anteil, soll an dieser Stelle dahinstehen.[420]

Insbesondere vor dem Hintergrund, dass eigene Aktien der Zielgesellschaft als Abwehrmaßnahme gegen (feindliche) Übernahmeangebote dienen sollen, stellt sich die Frage, ob sich auf eben diese auch das Übernahmeangebot zu erstrecken hat. Nach § 32 WpÜG darf sich ein Übernahmeangebot nicht nur auf einen Teil der Aktien der Zielgesellschaft erstrecken. Diese Unzulässigkeit von Teilangeboten bedeutet im Umkehrschluss, dass sich das Übernahmeangebot auf sämtliche Aktien der Zielgesellschaft zu beziehen hat.

---

417 *Von Falkenhausen*, FS Stiefel, 1987, S. 163, 185 f.; *Krause*, BB 2002, 1053, 1059; *Schander*, ZIP 1998, 2087, 2089; *Assmann/Bozenhardt* in: Assmann/Basaldua/Bozenhardt/Peltzer, Übernahmeangebote, 1990, S. 132 f.; *Knoll*, Übernahme von Kapitalgesellschaften, 1992, S. 204; *Wolf*, AG 1998, 212, 218; *Michalski*, AG 1997, 152, 154 f.; *Böhm* in: von Rosen/Seifert, Übernahme börsennotierter Unternehmen, S. 328 f., 334 f.; *Schlitt/Ries* in: MüKo, WpÜG, § 33 Rn. 90; *Hirte* in: KölnKomm, WpÜG, § 33 Rn. 61.; *Schwennicke* in: Geibel/Süßmann, § 33 Rn. 27.

418 So *Steinmeyer* in: Berliner Kommentar, WpÜG, § 33 Rn. 70; *Schlitt* in: MüKo, WpÜG, § 33 Rn. 267, *Schander*, ZIP 1998, 2087, 2089.

419 *Krause*, AG 2002, 133, 144.

420 Vgl. hierzu *Klemm/Reinhardt*, NZG 2010, 1006, 1007.

Es ist allerdings umstritten, ob eigene Aktien von einem Übernahmeangebot nach § 29 Abs. 1 WpÜG erfasst sind.

1. Einbeziehung von Aktien des Bieters

Unstreitig sollte mit der Auffassung von *Mülbert* sein, dass sich ein freiwilliges Übernahmeangebot zwar grundsätzlich auf alle Aktien der Zielgesellschaft erstrecke, jedoch nicht auf die vom Bieter bereits unmittelbar oder im Wege der Zurechnung gehaltenen Aktien.[421] Dies ergibt sich zwar nicht unmittelbar aus dem Wortlaut des § 29 Abs. 1 WpÜG, wohl aber aus dessen Sinn und Zweck. Zu diesem Ergebnis muss man insbesondere kommen, da eben durch die von Bieter gehaltenen beziehungsweise die ihm nach § 30 WpÜG zuzurechnenden Stimmrechte eine kontrollierende Beteiligung nach § 29 Abs. 2 WpÜG begründet wird. Mithin führen diese Stimmrechte erst zur Angebotspflicht und können schlechterdings nicht Zielobjekt derselben sein.

2. Einbeziehung von eigenen Aktien der Zielgesellschaft

Die Unzulässigkeit von Teilangeboten und damit die Einbeziehung sämtlicher Aktien der Zielgesellschaft führen ferner dazu, dass sich die Angebotspflicht grundsätzlich auch auf eigene Aktien der Zielgesellschaft erstrecken würde. Fraglich ist, ob die Einbeziehung von eigenen Aktien der Zielgesellschaft im Rahmen eines Übernahmeangebots tatsächlich gewollt ist.

a) Einbeziehung von eigenen Aktien beim Pflichtangebot

Im Rahmen eines Pflichtangebots sind eigene Aktien nach § 35 Abs. 2 S. 3 WpÜG explizit von dem Angebot ausgenommen. Diese Ausnahme von eigenen Aktien begründet der Gesetzgeber damit, dass es hier an dem besonderen Schutzbedürfnis des Minderheitsaktionärs, der sich nach einem Kontrollwechsel einem neuen kontrollierenden Aktionär gegenüber sieht und dem deshalb ein Austritt aus der Gesellschaft ermöglicht werde, fehle.[422]

---

[421] *Mülbert*, ZIP 2001, 1221, 1223.

[422] Reg. Begr. BT-Drs. 14/7034, S. 60; so auch zum Regierungsentwurf bereits *Land*, DB 2001, 1707, 1713.

b) Einbeziehung von eigenen Aktien beim freiwilligen Übernahmeangebot

Die Einbeziehung von eigenen Aktien im Rahmen eines Übernahmeangebots ist, trotz der Parallelität von Inhalt und Verfahren der beiden Angebotsarten[423], hingegen nicht ausdrücklich ausgeschlossen.

Nach überwiegender Auffassung besteht jedoch auch im Rahmen eines Übernahmeangebots kein Interesse der Zielgesellschaft, eigene Aktien an den Bieter veräußern zu können.[424] Die Erwägungen für die Regelung des § 35 Abs. 2 S. 3 WpÜG hinsichtlich einer fehlenden Schutzbedürftigkeit würden ebenfalls im Zusammenhang mit dem Übernahmeangebot greifen. Denn die Befreiungsmöglichkeit des § 35 Abs. 3 WpÜG zeige gerade, dass ein Gleichlauf bezüglich der Voraussetzungen eines freiwilligen Übernahmeangebots und eines Pflichtangebots bestehen solle.[425] Es bestehe für das Übernahmeangebot eine vergleichbare Interessenlage wie bei einem Pflichtangebot. Ferner bestehe eine planwidrige Regelungslücke, weshalb die Ausnahmeregelung des § 35 Abs. 2 S. 3 WpÜG entsprechend angewandt werden solle. Allerdings geht die herrschende Meinung weiter davon aus, dass diese Ausnahmeregelung dann nicht mehr greife, wenn die Zielgesellschaft die eigenen Aktien während der Annahmefrist an einen Dritten veräußere, weshalb sich die Angebotspflicht dann auch auf diese zu erstrecken habe.[426] Mithin seien die eigenen Aktien der Zielgesellschaft von Beginn des Angebots an einzukalkulieren.

Wackerbarth vertritt hingegen die Ansicht, dass sich das freiwillige Übernahmeangebot auch auf eigene Aktien der Zielgesellschaft beziehe. Denn auch nach der h.M. greife die Ausnahme hinsichtlich der Einbeziehung von eigenen Aktien nicht mehr, wenn die Aktien noch während der Annahmefrist an Dritte veräußert würden.[427] Dies führe dazu, dass der Bieter bei der Finanzierung des freiwilligen

---

423 Reg. Begr. BT-Drs. 14/7034; S. 60; so auch *von Bülow* in: KölnKomm, WpÜG, § 39 Rn. 2.

424 *Thun* in: Geibel/Süßmann, WpÜG, § 32 Rn. 6, 7; *Diekmann* in: Baums/Thoma, WpÜG, § 32 Rn. 10; *Steinmeyer* in: Berliner Kommentar, WpÜG, § 32 Rn. 6; *Vogel* in: FrankfurterKomm, WpÜG, § 32 Rn. 18; *Noack* in: Schwark/Zimmer, WpÜG, § 32 Rn. 11; *Favoccia* in: Assmann/Pötzsch/Schneider, WpÜG, § 32 Rn. 10; *Mülbert*, ZIP 2001, 1221, 1223 Fn. 19; *Tröger*, DZWIR 2002, 397, 401; *Hasselbach* in: KölnKomm, WpÜG, § 32 Rn. 9 (teleologische Reduktion); *Mayer-Uellner*, AG 2012, 399, 403.

425 Reg. Begr. BT-Drs. 14/7034; S. 60.

426 *Thun* in: Geibel/Süßmann, WpÜG, § 32 Rn. 7; *Noack* in: Schwark/Zimmer, WpÜG, § 32 Rn. 11; *Steinmeyer* in: Berliner Kommentar, WpÜG, § 32 Rn. 6.

427 So auch die h.M. (Fn. 424).

Übernahmeangebots auch die eigenen Aktien der Zielgesellschaft einkalkulieren und insoweit auch die Pflichten nach § 13 WpÜG erfüllen müsse. Die vorherige Veräußerung an Dritte sei eine bloße „*Förmelei*", da sich der Kurs der Wertpapiere der Zielgesellschaft nach Angebotsabgabe in aller Regel auf der Höhe des Angebotspreises einpendele. Im Ergebnis seien daher die herrschende Meinung abzulehnen und eigene Aktien der Zielgesellschaft einzubeziehen, weshalb das Angebot auch von der Zielgesellschaft selbst angenommen werden könne.[428]

aa) Veräußerung von eigenen Aktien innerhalb der Annahmefrist

Entgegen der Ansicht von *Wackerbarth* handelt es sich beim Ausschluss von eigenen Aktien bei einem Übernahmeangebot nicht um eine bloße „*Förmelei*".[429] Zwar besteht theoretisch für die Zielgesellschaft die Möglichkeit, eigene Aktien während der Annahmefrist an einen Dritten zu veräußern, der sodann das Angebot annehmen könnte. Diese Problematik entsteht jedoch in gleicher Weise bei dem gesetzlich normierten Ausschluss des § 35 Abs. 2 S. 3 WpÜG.[430] Allerdings handelt es sich dann eben nicht mehr um eigene Aktien der Zielgesellschaft, sondern um Aktien eines außenstehenden Aktionärs, auf welche sich selbstverständlich die Angebotspflicht bezieht.

Richtig ist zwar, dass sich der Börsenpreis, wie von *Wackerbarth* zutreffend festgestellt, nach Veröffentlichung der Angebotsunterlage auf Höhe des Angebotspreises in der Regel einpendelt. Allerdings vermag die Höhe des Börsenkurses nicht die die Einbeziehung von eigenen Aktien der Zielgesellschaft in die Angebotspflicht zu begründen.

bb) Anrecht zum Erwerb der außenstehenden Aktionäre

Des Weiteren ist bei einer Veräußerung von eigenen Aktien zu beachten, dass es sich hierbei um eine Wiederausgabe von Aktien handelt, weshalb die maßgebenden Wertungen und der rechtliche Schutzbedarf ähnlich der Ausgabe neuer Aktien sind.[431] Erfolgt die Veräußerung der eigenen Aktien deshalb nicht entsprechend § 71 Abs. 1 Nr. 8 S. 4 AktG über die Börse, sondern außerbörslich, sind die außenstehenden Aktionäre entsprechend § 71 Abs. 1 Nr. 8 S. 3 in Ver-

---

428 *Wackerbarth* in: MüKo, WpÜG, § 32 Rn. 22 (anders noch *Schlitt* in Vorauflage, § 32 Rn. 21); so auch *Hitzer/Simon/Düchtig*, AG 2012, 237, 242.

429 Zu der Formulierung vgl. *Wackerbarth* in: MüKo, WpÜG, § 32 Rn. 22.

430 Ausdrücklich auch *Noack/Zetsche* in: Schwark/Zimmer, WpÜG, § 35 Rn. 42 a.E.

431 *Bezzenberger* in: Schmidt/Lutter, AktG, § 71 Rn. 79.

bindung mit § 53a AktG gleich zu behandeln. Ihnen steht daher ein Anrecht zum Erwerb zu, mithin ein im Verhältnis zum Bezugsrecht eingeschränktes, diesem jedoch vergleichbares Erwerbsrecht.[432] Werden diese Vorgaben nicht beachtet, handelt es sich um einen faktischen Bezugsrechtsausschluss.[433] Insbesondere aus diesem Grund ist nicht ersichtlich, warum die Zielgesellschaft eigene Aktien im Rahmen eines Übernahmeangebots an den Bieter veräußern können soll.

cc) Schutzzweck des WpÜG

Bei der Überlegung, ob eigene Aktien einzubeziehen sind, ist jedoch vorwiegend auf Sinn und Zweck des WpÜG abzustellen, der darin besteht, dem besonderen Schutzbedürfnis des Minderheitsaktionärs Rechnung zu tragen, der sich nach einem Kontrollwechsel einem neuen kontrollierenden Aktionär gegenüber sieht und dem deshalb ein Austritt aus der Gesellschaft ermöglicht werden soll.[434] Der Minderheitsaktionär, der sich durch die veränderten Beherrschungsverhältnisse an der Gesellschaft einer veränderten Situation gegenüber seiner ursprünglichen Investitionsentscheidung ausgeliefert sieht, soll geschützt werden.[435] Nicht geschützt werden soll hingegen der Aktionär, der Aktien der Zielgesellschaft als Spekulant hält oder eigene Aktien von der Zielgesellschaft erwirbt. Geschützt werden soll vielmehr der Aktionär, dem durch die kontrollierende Beteiligung seine zumindest theoretische Chance genommen wird in Zusammenwirkung mit anderen Gesellschaftern eine Mehrheit zu erlangen.[436] Es geht in erster Linie um den Ausstieg des außenstehenden Aktionärs aus der Gesellschaft, der nicht faktisch dadurch verhindert werden soll, dass die Gegenleistung für dessen Anteile deutlich unterhalb des bisherigen Börsenkurses liegt.[437] Entscheidend für die Angebotspflichten des WpÜG ist also die faktische Beein-

---

432 *Cahn* in: Spindler/Stilz, AktG, § 71 Rn. 133, 135; *Bezzenberger* in: Schmidt/Lutter, AktG, § 71 Rn. 80; zur Problematik der Verwässerung vgl. *BGH*, Urt. v. 16.02.2004 = BGHZ 158, 122, 128; *OLG Stuttgart*, Beschl. v. 06.07.2007 = AG 2007, 705, 712; *OLG Hamm*, Urt. v. 29.08.1983 = ZIP 1983, 1332, 1334; *Reichert/Harbarth*, ZIP 2001, 1441, 1442.

433 Reg. Begr. BT-Drs. 13/9712 (KonTraG), Begr. zu Art. 1 Nr. 4-5.

434 Reg. Begr. BT-Drs. 14/7034, S. 60.

435 *Verse*, NZG 2009, 1331, 1332; *Fleischer*, NZG 2002, 545, 549; *Kleindiek*, ZGR 2002, 546, 558; *Noack/Zetsche* in: Schwark/Zimmer, WpÜG, Einl. WpÜG Rn. 9.

436 Vgl. auch *Hirte*, Der Konzern 2010, 599, 600 (Stellungnahme zu dem Entwurf eines Gesetzes zur Änderung des Wertpapiererwerbs- und Übernahmegesetzes (BT-Drucks. 17/3481)).

437 *Fleischer*, NZG 2002, 545, 548; *Rau-Bredow*, DBW 59 (1999), 763, 773; *Baums*, ZIP 2010, 2374, 2382; *Baums/Hecker* in: Baums/Thoma, WpÜG, Vor § 35 Rn. 91.

trächtigung des Stimmrechts aufgrund des Kontrollerwerbs des Bieters, nicht jedoch der mit der Aktie erzielbare Veräußerungserlöse.

Bei einem Erwerb von eigenen Aktien gilt § 71 AktG. Hier sind in Abs. 1 enumerativ diejenigen Fälle aufgezählt, in denen eine Gesellschaft eigene Aktien erwerben darf.[438] Es ist jedoch zu beachten, dass der Erwerb eigener Aktien lediglich dazu führt, dass der Gesellschaft ihr eigenes Vermögen zugewiesen wird.[439] Zwar kann die Gesellschaft diese Aktien später auch wieder veräußern. Der Erwerb der eigenen Aktien darf sich allerdings nicht als reines Spekulationsgeschäft für die Gesellschaft darstellen. Im Übrigen erhält die Gesellschaft durch den Veräußerungserlös substantiell nichts, was sie nicht schon hat.[440] Darüber hinaus ist § 71b AktG zu beachten. Danach stehen der Gesellschaft aus eigenen Aktien keine Rechte zu, namentlich keine Mitgliedschaftsrechte in Form von Verwaltungs- und Vermögensrechten.[441] Es handelt sich bei eigenen Aktien der Gesellschaft daher um sogenannte „*wertlose Rechtshüllen*".[442] Als wichtigstes Verwaltungsrecht entfällt insbesondere das Stimmrecht und mit ihm auch das Anfechtungsrecht.[443] Erst im Zeitpunkt eines erfolgten Eigentümerwechsels leben die mit den Aktien verbundenen Rechte wieder auf.[444]

Führt man sich erneut vor Augen, dass der hinter dem Pflichtangebot stehende Sinn und Zweck darin besteht, dass einem Minderheitsaktionär die Möglichkeit zum Ausstieg aus der Gesellschaft ermöglicht werden soll, da ihm aufgrund der kontrollierenden Beteiligung seine zumindest theoretische Chance genommen wird im Zusammenwirkung mit anderen Gesellschaftern eine Mehrheit zu erlangen und somit sein Stimmrecht faktisch eingeschränkt ist, müssen eigene Aktien der Zielgesellschaft unberücksichtigt bleiben. Denn der Zielgesellschaft steht nach § 71b AktG aus eigenen Aktien überhaupt kein Stimmrecht zu. Vor diesem Hintergrund greifen die Überlegungen und Schutzmechanismen eines

---

438 *Block* in: Heidel, AktG, § 71 Rn. 11.
439 *Bezzenberger* in: Schmidt/Lutter, AktG, § 71 Rn. 2.
440 *Cahn* in: Spindler/Stilz, AktG, § 71 Rn. 1; *Bezzenberger* in: Schmidt/Lutter, AktG, § 71 Rn. 2.
441 *Solveen* in: Hölters, AktG, § 71b Rn. 3; *Oechsler* in: MüKo, AktG, § 71b Rn. 9.
442 *Kitanoff*, Der Erwerb eigener Aktien, S. 54 f.; *Bezzenberger*, Erwerb eigener Aktien, Rn. 54 ff.; *Huber*, FS Duden, 1977, S. 137, 139; *Brammer*, Rückerwerbbare Aktien, S. 57 f., 89 f.
443 *Hüffer*, AktG, § 71b Rn. 4.
444 *Oechsler* in: MüKo, AktG, § 71b Rn. 9.

Pflicht- und mithin die eines Übernahmeangebots bei eigenen Aktien der Zielgesellschaft nicht ein.

dd) Berücksichtigung im Rahmen von § 29 Abs. 2 WpÜG

Zu einem anderen Ergebnis führt auch nicht, dass bei der Berechnung des Stimmrechtsanteils im Hinblick auf das Halten einer kontrollierenden Beteiligung im Sinne des § 29 Abs. 2 WpÜG eigene Aktien im Rahmen der Gesamtzahl der Aktien der Zielgesellschaft zu berücksichtigen sind, auch wenn hieraus kein Stimmrecht resultiert.[445] Dieser Ansicht folgt, zumindest bezüglich der Berücksichtigung von Stimmrechten nach § 21 WpHG, auch die Praxis der BaFin.[446] Hinsichtlich der Berechnung des Stimmrechtsanteils nach dem WpÜG macht es insbesondere deshalb Sinn eigene Aktien der Zielgesellschaft zu berücksichtigen, da es sonst dieser freistünde, durch einseitige Maßnahmen in Form des Erwerbs eigener Aktien die Verringerung der vorhandenen Gesamtstimmrechtsanzahl zu bewirken und dadurch eine Angebotspflicht des Bieters zu fördern.[447] Deshalb sind eigene Aktien zwar im Rahmen der Berechnung des Stimmrechtsanteils zu berücksichtigen, nicht aber von der Angebotspflicht zu umfassen.

c) Ergebnis

Im Ergebnis ist der herrschenden Meinung zu folgen und eigene Aktien von der Angebotspflicht eines Übernahmeangebots in Analogie zu § 35 Abs. 2 S. 3 WpÜG auszunehmen.

Es besteht für Übernahmeangebote mangels gesetzlicher Normierung eine planwidrige Regelungslücke. Ausschlaggebend hierfür ist zunächst die Situation im Rahmen eines Pflichtangebots nach § 35 Abs. 2 WpÜG, in welcher die eigenen Aktien der Zielgesellschaft richtiger Weise explizit von dem Angebotsumfang ausgenommen sind (§ 35 Abs. 2 S. 3 WpÜG). Zum einen verweist der Gesetzgeber in seiner Begründung hierzu darauf, dass es an dem besonderen Schutzbe-

---

[445] Reg. Begr. BT-Drs. 14/7034, S. 53; *Krause/Pötzsch* in: Assmann/Pötzsch/Schneider, WpÜG, § 35 Rn. 117; *Meyer* in: Geibel/Süßmann, WpÜG, § 35 Rn. 33; *Noack/Zetsche* in: Schwark/Zimmer, WpÜG, § 30 Rn. 48.

[446] Emittentenleitfaden 2009, Ziff. VIII.2.3.2, S. 129.

[447] *Haarmann* in: FrankfurterKomm, WpÜG, § 29 Rn. 36; *Noack/Zetsche* in: Schwark/Zimmer, WpÜG, § 29 Rn. 48; dieses Argument für nicht ausreichend haltend *Wackerbarth* in: MüKo, WpÜG, § 29 Rn. 55.

dürfnis des Minderheitsaktionärs, der sich nach einem Kontrollwechsel einem neuen kontrollierenden Aktionär gegenüber sieht und dem deshalb ein Austritt aus der Gesellschaft ermöglicht werde, fehle.[448] Diese Überlegungen gelten mangels Schutzbedürfnis der Zielgesellschaft uneingeschränkt auch für das Übernahmeangebot. Zum anderen hebt der Gesetzgeber die Parallelität von Inhalt und Verfahren der beiden Angebotsarten ausdrücklich hervor.[449] Im Ergebnis kann der Schutzzweck des Verbots von Teilangeboten bei eigenen Aktien der Zielgesellschaft deshalb eindeutig nicht einschlägig sein, weshalb es nur auf einem Versehen des Gesetzgebers beruhen kann, für das freiwillige Übernahmeangebot keine dem § 35 Abs. 2 S. 3 WpÜG entsprechende Regelung etabliiert zu haben.

Ferner besteht eine zu den Pflichtangeboten vergleichbare Interessenlagen. Der Ausschluss beim Pflichtangebot rechtfertigt sich dadurch, dass die Zielgesellschaft beim Halten von eigenen Aktien nicht dem gleichen Schutzzweck wie außenstehende Aktionäre unterliegt, die sich nach einem Kontrollwechsel einem neuen kontrollierenden Aktionär gegenüber sehen und denen deshalb ein Austritt aus der Zielgesellschaft zu einer angemessenen Gegenleistung ermöglicht werden soll. Ein vergleichbares Interesse seitens der Zielgesellschaft ist nicht ersichtlich. Es wäre auch widersinnig, der Zielgesellschaft einen Austritt zu ermöglichen. Dies gilt für die Situation eines Pflichtangebots wie auch für die eines Übernahmeangebots. Ein Grund für die abweichende Regelung der beiden Konstellationen ist nicht ersichtlich. Vielmehr zeigen die oben angeführten Argumente, dass eine Ausnahme von eigenen Aktien der Zielgesellschaft von der Angebotspflicht interessengerecht ist. Somit ist es nach Sinn und Zweck des WpÜG geboten, aufgrund des Gleichlaufs von Übernahme- und Pflichtangebot auch den Erwerb von eigenen Aktien im Rahmen eines Übernahmeangebots auszunehmen.

Insgesamt ist mit der herrschenden Meinung deshalb von einer analogen Anwendung des § 35 Abs. 2 S. 3 WpÜG auszugehen und eigene Aktien der Zielgesellschaft von dem Übernahmeangebot auszunehmen, sofern der Bieter sein An-

---

[448] Reg. Begr. BT-Drs. 14/7034, S. 60; so auch zum Regierungsentwurf bereits *Land*, DB 2001, 1707, 1713.

[449] Reg. Begr. BT-Drs. 14/7034; S. 60; so auch *von Bülow* in: KölnKomm, WpÜG, § 39 Rn. 2.

gebot nicht explizit auch auf diese erstrecken will. Es empfiehlt sich jedoch eine klarstellende Regelung auch für das Übernahmeangebot.

IV. Befreiungsmöglichkeit bei Übernahmeangebot

Bei Überschreiten der Kontrollerwerbsschwelle ist - wie oben dargestellt - nicht maßgeblich, ob durch das Übernahmeangebot auch Kontrolle im materiellen Sinn erlangt wurde, also die Möglichkeit zur faktischen Ausübung von Kontrolle auf den Hauptversammlungen.[450] Denn nach dem eindeutigen Willen des Gesetzgebers ist bei der Berechnung der prozentualen Höhe der Stimmrechte und der Kontrollschwelle auf die absolute Zahl der Stimmrechte und gerade nicht auf die Hauptversammlungspräsenzen der jeweiligen Gesellschaft abzustellen.[451]

Es ist jedoch fraglich, ob das Abstellen auf die formale Kontrollerwerbsschwelle im Einzelfallf angemessen ist, wenn die tatsächliche Möglichkeit zur Ausübung der Kontrolle fehlt. Aus diesem Grund hat der Gesetzgeber in § 37 WpÜG die Möglichkeit geschaffen, den Bieter von der Pflicht zur Abgabe eines Angebots bei Überschreiten der Kontrollerwerbsschwelle zu befreien, insbesondere aufgrund der besonderen Beteiligungsverhältnisse an der Zielgesellschaft.[452] Zwar besteht zwischen dem Pflicht- und Übernahmeangebot eine grundsätzliche Parallelität. Eine entsprechende Befreiungsmöglichkeit für ein Übernahmeangebot ist allerdings nicht vorgesehen.

1. Problemdarstellung

Daher kann sich - den Ausführungen von *Haarmann* folgend - in dem Fall, dass ein Aktionär A eine Beteiligung von über 50% hält und ein zweiter Aktionär B eine Beteiligung von über 30% anstrebt, ein Wertungswiderspruch ergeben. Denn würde B seine Beteiligung durch Zukäufe an der Börse oder außerbörslich ausbauen und so die Schwelle von 30% überschreiten, könnte sich der Bieter im Anschluss von der Angebotspflicht befreien lassen, da ein Befreiungstatbestand nach § 37 WpÜG in Verbindung mit § 9 S. 2 Nr. 1 AngebotsVO bestünde, weil ein Dritter, nicht mit B gemeinsam handelnder, über einen höheren Stimmrechtsanteil verfügt. B müsste also zu keinem Zeitpunkt ein Pflichtangebot nach

---

[450] *Diekmann* in: Baums/Thoma, WpÜG § 29 Rn. 21; *Steinmeyer* in: Berliner Kommentar, WpÜG, § 29 Rn. 6; *Geibel* in: Geibel/Süßmann, WpÜG, § 29 Rn. 5; *von Bülow* in: Köln-Komm, WpÜG, § 29 Rn. 76.

[451] Reg. Begr. BT-Drs. 14/7034, S. 53.

[452] Reg. Begr. BT-Drs. 14/7034, S. 61.

den Vorgaben des 5. Abschnitts des WpÜG abgeben. Würde jedoch in der gleichen Situation B ein Übernahmeangebot abgeben um eine Beteiligung von mehr als 30% der Stimmrechte zu erlangen, wäre er zwar aufgrund des § 35 Abs. 3 WpÜG von dem anschließenden Pflichtangebot befreit, das Übernahmeangebot unterläge jedoch den strengen Gegenleistungsbestimmungen des § 31 WpÜG und somit den gleichen Voraussetzungen wie ein Pflichtangebot selbst. Da nicht ersichtlich ist, warum der Bieter den strengen Vorschriften des Übernahmeangebots nach dem 4. Abschnitt des WpÜG, insbesondere den Bestimmungen über die Gegenleistung nach § 31 WpÜG unterworfen wird, wenn andererseits beim Überschreiten der 30%-Schwelle mangels Schutzbedürfnis der Aktionäre eine Befreiung nach § 37 WpÜG von der Angebotspflicht erteilt würde und somit die Vorschriften des 4. Abschnitts überhaupt nicht zur Anwendung kämen, spricht einiges für eine Befreiungsmöglichkeit von den für Übernahmeangebote geltenden besonderen Vorschriften des 4. Abschnitts.[453] Jedoch ist eine solche Befreiung nach dem WpÜG nicht vorgesehen.

2. Teleologische Reduktion des § 29 Abs. 2 WpÜG

Zur Vermeidung dieses Wertungswiderspruchs fordert *Oechsler* eine teleologische Reduktion des § 29 Abs. 2 WpÜG, da die Kleinaktionäre der Zielgesellschaft sich in diesem Fall in Abhängigkeit eines zweiten Großaktionärs und nicht vom Bieter befänden. Es sei nicht zu befürchten, dass der Bieter auf sie den Druck erhöhen könnte, eine niedrigere Gegenleistung zu akzeptieren, oder sie durch Teilangebote in eine Minderheitenposition zu bugsieren vermöge.[454] Eine teleologische Reduktion wäre jedoch nur möglich, wenn die gesetzliche Regelung von ihrem Wortlaut und der Systematik nicht den verfolgten Sinn und Zweck des Gesetzgebers widerspiegeln würde. Allerdings war es gerade die Intention des Gesetzgebers auf die absolute Zahl der Stimmrechte und eben nicht auf die Gegebenheiten der jeweiligen Gesellschaft abzustellen.[455] Das Abstellen auf die tatsächliche Möglichkeit zur Ausübung der Kontrolle ist deshalb nicht möglich, weshalb eine teleologische Reduktion des formalen Kontrollerwerbs-

---

[453] Vgl. hierzu auch *Haarmann* in: FrankfurterKomm, WpÜG, Vor §§ 29 bis 34 Rn. 13 f.

[454] *Oechsler*, NZG 2001, 817, 825; so auch *Kuhr*, Der Minderheitenschutz bei Übernahmeangeboten in Deutschland und Frankreich unter dem Einfluß der 13. EG-Richtlinie, Diss. Konstanz, 1992, S. 94; *Peltzer* in: Assmann/Baldua/Bozenhardt/Peltzer, Übernahmeangebote, 1990, S. 179, 193.

[455] Reg. Begr. BT-Drs. 14/7034, S. 53.

begriffs mangels eindeutiger Intention des Gesetzgebers nicht in Betracht kommt.[456]

3. Befreiung von Vorschriften für Übernahmeangebote

Haarmann plädiert für die Möglichkeit eines Antrags entsprechend § 37 WpÜG auf Befreiung von den für Übernahmeangebote geltenden besonderen Vorschriften, sofern absehbar ist, dass eine tatsächliche Kontrolle durch das Übernahmeangebot nicht begründet wird.[457]

In diesem Zusammenhang ist zunächst herauszustellen, wie eine entsprechende Anwendung der Befreiungsregelung wirken muss. § 37 WpÜG befreit von der Pflicht zur Veröffentlichung der Kontrollerlangung nach § 35 Abs. 1 WpÜG sowie von der Pflicht zur Abgabe eines Angebots nach § 35 Abs. 2 WpÜG, für welches nach § 39 WpÜG grundsätzlich die Vorschriften der Abschnitte 3 und 4 des WpÜG sinngemäß gelten. Da der Bieter in der oben beschriebenen Konstellation aber gewillt ist, grundsätzlich ein Angebot abzugeben, muss eine entsprechende Anwendung des § 37 WpÜG bei einem Übernahmeangebot dazu führen, dass der Bieter ein Angebot abgeben kann, welches lediglich nicht den Anforderungen des 4. Abschnitts des WpÜG unterliegt, insbesondere nicht den Anforderungen an die Gegenleistung nach § 31 WpÜG. Vielmehr muss es dem Bieter aufgrund der Analogie möglich sein, ein freiwilliges Erwerbsangebot abzugeben, welches sich ausschließlich nach den Vorschriften des 1. bis 3. Abschnitts des WpÜG richtet.

Eine entsprechende Anwendung des § 37 WpÜG auf Übernahmeangebote mit der soeben beschriebenen Rechtsfolge setzt eine planwidrige Regelungslücke und eine vergleichbare Interessenlage voraus. Aus oben genannten Gründen besteht in bestimmten Konstellationen eine Regelungslücke sowie diesbezüglich eine vergleichbare Interessenlage zu den Regelungen über das Pflichtangebot. Fraglich ist aber, ob diese Regelungslücke planwidrig ist. Der Gesetzgeber ging davon aus, dass gerade aufgrund besonderer Beteiligungsverhältnisse an der Zielgesellschaft eine Befreiung nach § 37 WpÜG in Betracht komme. Zu den-

---

456 Zustimmend: *Wackerbarth* in: MüKo, WpÜG, § 29 Rn. 17.

457 *Haarmann* in: FrankfurterKomm, WpÜG, Vor §§ 29 bis 34 Rn. 13, 14; dem folgend *Noack* in: Schwark/Zimmer, WpÜG, § 29 Rn. 21; *Oechsler* in: Ehricke/Ekkenga/Oechsler, WpÜG, § 29 Rn. 9; ablehnend *Wackerbarth* in: MüKo, WpÜG, § 29 Rn. 17.

ken sei hier an Fälle, in denen der Erwerber zwar mehr als 30% der Stimmrechte erlangt habe, jedoch andere Personen über einen höheren Stimmrechtsanteil als der Erwerber an der Zielgesellschaft verfügten.[458] Die Folge dessen ist, dass die BaFin den Bieter von den Verpflichtungen nach § 35 Abs. 1 und Abs. 2 WpÜG befreien kann. Folglich hält der Gesetzgeber in diesem Fall die Abgabe eines den Mindestanforderungen nach dem 4. und 5. Abschnitt des WpÜG entsprechenden Angebots zum Schutz der Minderheitsaktionäre für nicht notwendig. Es ist jedoch nicht ersichtlich, warum ein Übernahmeangebot den strengen Vorschriften des 4. Abschnitts zu unterliegen hat, sofern absehbar ist, dass eine tatsächliche Kontrolle durch das Übernahmeangebot nicht begründet wird und der Gesetzgeber bei eben dieser Konstellation auf die Abgabe eines unfreiwilligen Pflichtangebots verzichten würde. Vielmehr entfällt in dieser Konstellation das Interesse der außenstehenden Aktionäre, zu einer angemessen Gegenleistung aus der Gesellschaft aussteigen zu können, da eben kein kontrollierender Einfluss eines (neuen) Aktionärs begründet wird. Es ist daher davon auszugehen, dass der Gesetzgeber den oben beschriebenen Fall nicht bedacht hat, weshalb eine planwidrige Regelungslücke und somit eine entsprechende Anwendung des § 37 WpÜG zu bejahen ist, mit der Folge, dass sich das freiwillige Angebot in diesem Fall nicht nach den Vorschriften des 4. Abschnitts zu richten hat.

Wackerbarth widerspricht hingegen dieser vorgeschlagenen Analogie, da dies zu weiterem Verwaltungsaufwand und sachwidriger Regulierung beziehungsweise hypothetischen Überlegungen führe. Denn möglicherweise müsse eine Befreiung nach § 37 WpÜG beantragt werden, obgleich sich später herausstelle, dass das freiwillige Übernahmeangebot doch nicht erfolgreich war oder es wird eine Befreiung erteilt, obgleich sich während des Übernahmeangebots die tatsächlichen Umstände ändern und damit die Voraussetzung für die Befreiung entfällt.[459] An dieser Stelle ist erneut hervorzuheben, dass die von *Wackerbarth* angesprochene „Befreiung" sich auf eine Befreiung von den Anforderungen des 4. Abschnitts bezieht. Ein eventuell fehlender Erfolg des Übernahmeangebots kann

---

458 Reg. Begr. BT-Drs. 14/7034, S. 61; ausführlich zu den materiell-rechtlichen Voraussetzungen dieses Befreiungstatbestands *Wernicke*, NZG 2011, 1404, 1405.

459 *Wackerbarth* in: MüKo, WpÜG, § 29 Rn. 17 (in Fn. 4). Es ist jedoch zu beachten, dass *Wackberath* grundsätzlich eine teleologische Reduktion des § 31 WpÜG auf Pflichtangebote für notwendig hält. Es sei nicht einzusehen warum die Pflicht zur „angemessenen Gegenleistung" auch für ein freiwilliges Übernahmeangebot gelten solle (in: MüKo,

jedoch nicht als Argument gegen eine entsprechende Befreiungsregelung angeführt werden. Denn wie oben bereits ausgeführt, ist es für die Qualifizierung des Angebots als Übernahmeangebot unerheblich, ob die Kontrollerwerbsschwelle von 30% im Sinne des § 29 Abs. 2 WpÜG in Folge des Übernahmeangebots auch tatsächlich überschritten wird.[460] Um ein Übernahmeangebot handelt es sich vielmehr immer dann, wenn das freiwillige öffentliche Angebot auf Erlangung der Kontrolle an der Zielgesellschaft gerichtet ist, d.h., wenn es aufgrund der Anzahl der mit dem Angebot angesprochenen Aktionäre möglich erscheint, dass der Bieter nach Annahme des Angebots durch die außenstehenden Aktionäre und unter Berücksichtigung seiner bereits gehaltenen Stimmrechte sowie der ihm nach § 30 WpÜG zuzurechnenden Stimmrechte die Kontrollerwerbsschwelle überschreitet.[461] Bezüglich der Möglichkeit des Überschreitens der Kontrollerwerbsschwelle und somit der Qualifizierung des Angebots als Übernahmeangebot kommt es lediglich auf die objektive Möglichkeit an, dass durch das Angebot eine kontrollierende Beteiligung im Sinne des WpÜG erlangt werden kann. Reicht für die Qualifizierung als Übernahmeangebot die objektive Möglichkeit aus, muss zugleich eine Befreiung von den Pflichten des 4. Abschnitts möglich sein, die sich ebenfalls nur an der objektiven Möglichkeit der Überschreitung der Kontrollerwerbsschwelle orientiert. Bestünde von Beginn an eine hohe Wahrscheinlichkeit, dass die Kontrolle aufgrund des geplanten Angebots nicht erlangt werde, wäre das Angebot schon nicht als Übernahmeangebot zu qualifizieren. Auch der Wegfall der Voraussetzungen für die Befreiung ist kein stichhaltiges Argument. Denn das gleiche Problem besteht, wenn die Befreiungsvoraussetzungen im Rahmen eines Pflichtangebots wegfallen. Die BaFin kann dies durch Auflagen und Widerrufsvorbehalte zufriedenstellend lösen.

4. Ergebnis

Im Ergebnis ist § 37 WpÜG analog auf die Vorschriften über Übernahmeangebote mit der Folge anzuwenden, dass sich das Angebot in dieser Konstellation nicht nach den Vorschriften des 4. Abschnitts zu richten hat, sondern die Abgabe eines Erwerbsangebots entsprechend den Abschnitten 1 bis 3 ausreichend ist. Es besteht wie im Rahmen der Befreiung von Pflichten nach § 35 Abs. 1 und

---

WpÜG, § 31 Rn. 6 f.). Siehe auch *Seibert/Heiser*, AG 2006, 301, 309 und vor Erlass des WpÜG *Mülbert*, ZIP 2001, 1221, 1223, 1224.

460 *Wackerbarth* in: MüKo, WpÜG, § 29 Rn. 17; *Süßmann* in: Geibel/Süßmann, WpÜG, § 29 Rn. 6.

461 Reg. Begr. BT-Drs. 14/7034, S. 53.

Abs. 2 WpÜG kein schützenswertes Interesse der außenstehenden Aktionäre, aus der Gesellschaft zu einer angemessen Gegenleistung ausscheiden zu können, da keine (neue) kontrollierende Beteiligung begründet wird. Es empfiehlt sich jedoch, eine entsprechende Befreiungsregelung für Übernahmeangebot in das Gesetz aufzunehmen, nach der der Bieter bei Abgabe des Angebots lediglich von der sinngemäßen Geltung der Vorschriften des 4. Abschnitts befreit wird.

V. Einbeziehung von Wertpapieren im Rahmen eines Pflichtangebots

Umstritten ist nach wie vor, auf welche Wertpapiere sich das Pflichtangebot zu erstrecken hat.

1. Nicht zum Handel zugelassene Wertpapiere

Ein Teil der Literatur geht davon aus, dass sich das Pflichtangebot nur auf börsennotierte Wertpapiere zu erstrecken habe.[462] Hierfür wird angeführt, dass die im Rahmen eines Pflichtangebots angebotene Gegenleistung, sofern diese nicht in einer Geldleistung besteht, nur liquide Aktien umfassen darf, die zum Handel an einem organisierten Markt zugelassen sind. Es sei deshalb nicht nachvollziehbar, warum Inhabern von nicht börsennotierten Wertpapieren der Zielgesellschaft im Rahmen eines Pflichtangebots die Möglichkeit gegeben werden sollte, ihre nicht börsennotierten Wertpapiere in liquide börsennotierte Aktien umzutauschen. Ferner spreche hierfür der Zweck des WpÜG, weshalb nach der Konzeption des § 35 Abs. 2 S. 1 WpÜG nur Inhaber börsennotierter Aktien zu schützen seien.[463]

Schlitt/Ries, die im Ergebnis dieser Auffassung jedoch nicht folgen, führen aus, dass für die Einbeziehung von ausschließlich börsennotierten Wertpapieren spreche, dass die Mindestpreisbestimmungen der §§ 5 und 6 AngebotsVO nach ihrem Wortlaut davon ausgingen, dass die dem Angebot unterliegenden Wertpapiere börsennotiert seien und nur für den Fall der fehlenden Liquidität gemäß § 5 Abs. 4 AngebotsVO die Erforderlichkeit einer Unternehmensbewertung vorgesehen sei.[464] Auch der in § 1 Abs. 1 WpÜG genannte Anwendungsbereich, wonach das WpÜG auf Angebote zum Erwerb von Wertpapieren Anwendung

---

[462] *Von Bülow* in: KölnKomm, WpÜG, § 39, Rn. 26 f.; *Noack* in: Schwark/Zimmer, WpÜG, § 32 Rn. 13; *Kalss* in: *Semler/Volhard*, Hdb. für Unternehmensübernahmen, Band II, § 51 Rn. 60; *Ekkenga/Schulz* in: Ehricke/Ekkenga/Oechsler, § 39 Rn. 61.

[463] *Von Bülow* in: KölnKomm, WpÜG, § 39 Rn. 25.

[464] *Schlitt/Ries* in: MüKo, WpÜG, § 35 Rn. 193.

findet, die von einer Zielgesellschaft ausgegeben wurden und zum Handel an einem organisierten Markt[465] zugelassen sind, spricht für die ausschließliche Einbeziehung von börsennotierten Wertpapieren. Ferner argumentiert *von Bülow*, die ausschließliche Einbeziehung börsennotierter Wertpapiere entspreche dem Zweck des WpÜG, der darin bestehe, den Anforderungen der Globalisierung und der Finanzmärkte angemessen Rechnung zu tragen und den Wirtschaftsstandort und Finanzplatz Deutschland zu stärken.[466] Daraus sei zu folgern, dass ausschließlich Inhaber von börsennotierten Wertpapieren zu schützen seien.

Ein anderer Teil der Literatur geht aufgrund des Verbots von Teilangeboten nach § 32 WpÜG in Verbindung mit § 39 WpÜG hingegen davon aus, dass sich der Erwerb auf sämtliche Aktien der Zielgesellschaft zu beziehen habe, gleichgültig ob diese zum Handel an einem organisierten Markt zugelassen seien und ob diese ein Stimmrecht gewährten.[467]

Dieser letztgenannten Ansicht ist zu folgen und auch nicht börsennotierte Wertpapiere in die Angebotspflicht mit einzubeziehen. Im Ergebnis hat sich ein Pflichtangebot deshalb auf alle Wertpapiere zu beziehen.[468] Neben der bereits erwähnten Unzulässigkeit von Teilangeboten nach §§ 32, 39 WpÜG spricht das WpÜG ferner nur von *„Aktien“* der Zielgesellschaft und schränkt dem Wortlaut nach diese nicht auf börsennotierte ein. Vielmehr findet sich in § 35 Abs. 2 S. 3 WpÜG eben gerade eine ausdrückliche Ausnahme von Aktien, nämlich eigenen Aktien der Zielgesellschaft, die explizit nicht von der Angebotspflicht erfasst sein sollen. In einem Umkehrschluss ist deshalb davon auszugehen, dass sämtliche andere Aktien, unabhängig von ihrer Börsennotierung, erfasst werden. Ferner steht auch nur eine solche Auslegung im Einklang mit der Richtlinie, wonach das Angebot gemäß Art. 5 Abs. 1 S. 2 an alle Wertpapierinhaber für alle

---

[465] Vgl. Begriffsbestimmung in § 2 Abs. 7 WpÜG.

[466] *Von Bülow* in: KölnKomm, WpÜG, § 39 Rn. 25; Reg. Begr. BT-Drs. 14/7034, S. 1.

[467] *Baums/Hecker* in: Baums/Thoma, WpÜG, § 35 Rn. 80; *Schlitt/Ries* in: MüKo, WpÜG, § 35 Rn. 193 (anders noch in Vorauflage: *Schlitt* in: MüKo, WpÜG, § 35 Rn. 193); *Thun* in: Geibel/Süßmann, WpÜG, § 32 Rn 4; *Krause/Pötzsch* in: *Assmann/Pötzsch/Schneider*, WpÜG, § 35 Rn 221; *Hommelhoff/Witt* in: FrankfurterKomm, WpÜG, § 35 Rn. 31.

[468] *Thun* in: Geibel/Süßmann § 32 Rn. 4; *Baums/Hecker* in: Baums/Thoma, WpÜG, § 35 Rn. 202; *Hommelhoff/Witt* in: FrankfurterKomm, WpÜG, § 35 Rn. 31; so auch *Krause/Pötzsch* in: *Assmann/Pötzsch/Schneider*, WpÜG, § 35 Rn. 221 und *Schlitt/Ries* in: MüKo, WpÜG, § 35 Rn. 193 (anders Vorauflage *Schlitt* § 35 Rn. 193) unter Berufung auf die Verwaltungspraxis der BaFin bezogen auf das Pflichtangebot der P7S 1 Holding LP an die Aktionäre der ProSiebenSat.1 Media AG vom 16. 10. 2003.

ihre Wertpapiere unterbreitet werden soll („*to all the holders of those securities for all their holdings*"). Es stehen also der klare Wortlaut sowie die Vorgaben der Richtlinie, nach welchem man zumindest zu einer richtlinienkonformen Auslegung kommen muss, einer Ausklammerung von nicht notierten Papieren entgegen.

Darüber hinaus würde die Nichteinbeziehung zu widersinnigen Ergebnissen führen, wenn nur ein Teil der Aktien der Zielgesellschaft zum Handel zugelassen ist. Denn nach § 1 Abs. 1 WpÜG ist das Gesetz nur auf Zielgesellschaften mit börslich zugelassenen Wertpapieren anwendbar. Wären (noch) nicht zugelassene Aktien von der Angebotspflicht nicht erfasst, wären diejenigen Aktionäre schlechter gestellt als diejenigen, deren Aktien (bereits) zugelassen sind. Noch weiter gedacht, könnte es dazu kommen, dass ein Aktionär einen Teil seiner Aktien, nämlich die zum Handel zugelassenen, im Rahmen des Angebots an den Bieter veräußern könnte, während die nicht zugelassenen, aber von dem selben außenstehenden Aktionär gehaltenen Aktien, nicht erfasst wären. Im Übrigen liegt die Zulassung von Aktien nicht im Einflussbereich des außenstehenden Aktionärs, sondern der Zielgesellschaft als Emittenten. Eine noch nicht erfolgte oder verzögerte Zulassung darf deshalb nicht zu Lasten der außenstehenden Aktionäre gehen. Im Ergebnis hat sich das Angebot demnach auch auf nicht börsennotierte Aktien zu beziehen.

2. Erfassung von American Depositary Receipts

Dem Wortlaut von § 32 WpÜG nach sind nur *Aktien* der Zielgesellschaft von der Angebotspflicht erfasst. Fraglich ist deshalb, ob eine analoge Anwendung des § 32 WpÜG und damit verbunden eine Ausdehnung auf die in § 2 Abs. 2 Nr. 1 WpÜG definierten Wertpapiere, nämlich mit Aktien vergleichbare Wertpapiere oder Zertifikate, die Aktien vertreten, in Betracht kommt. Zu Zertifikaten, die Aktien vertreten, zählen nach der Intention des Gesetzgebers beispielsweise *Depositary Receipts*.[469] Umstritten ist insbesondere die Frage, ob solche *Depositary Receipts*, vor allem *American Depositary Receipts* (nachfolgend allgemein „ADRs"), von der Angebotspflicht erfasst sein sollen oder nicht. Entscheidend hierfür ist, ob eine planwidrige Regelungslücke vorliegt und eine vergleichbare Interessenlage bezüglich der Einbeziehung von weiteren Wertpapieren in die Angebotspflicht besteht.

Bei ADRs handelt es sich um auf den Namen lautende, übertragbare Zertifikate, die Rechte an hinterlegten Aktien einer ausländischen Gesellschaft verbriefen.[470] Sinn und Zweck ist es, der deutschen Gesellschaft Zugang zu dem US-amerikanischen Kapitalmarkt zu verschaffen, ohne dass sich die deutsche Gesellschaft dem vollständigen Zulassungsverfahren der *United States Securities and Exchange Commission* (SEC), welches Voraussetzung für eine Börsennotierung in den USA wäre, unterziehen muss. Folglich dienen ADRs der Vereinfachung von Geschäften mit deutschen (oder anderen, nicht us-amerikansichen) Wertpapieren in den USA.

a) Meinungsstand

Ein Teil der Literatur geht davon aus, dass ausschließlich Aktien einbezogen werden sollen, und begründet dies damit, dass das Gesetz dem Wortlaut nach nur von Aktien spreche und gerade nicht auf die in § 2 Abs. 2 Nr. 1 WpÜG verwendete Begriffsbestimmung zurückgreife. Mithin seien mit Aktien vergleichbare Wertpapiere oder Zertifikate, die Aktien vertreten, von einem Übernahmeangebot sowie aufgrund des Gleichlaufs nach § 39 WpÜG auch vom Pflichtangebot auszunehmen.[471]

Die überwiegende Meinung geht hingegen davon aus, dass neben Aktien auch die mit diesen vergleichbare Wertpapiere und Zertifikate, die Aktien vertreten, folglich alle Wertpapiere im Sinne des § 2 Abs. 2 Nr. 1 WpÜG erfasst sein sollen. Darüber hinaus sollen jedoch nicht sämtliche Arten von Wertpapieren (vgl. § 2 Abs. 2 Nr. 2 WpÜG), insbesondere keine Optionsrechte, erfasst sein.[472]

Gegen die Einbeziehung von ADRs und damit gegen eine analoge Anwendung des § 32 WpÜG spricht zunächst der Wortlaut „*Aktien*“. Auch die Differenzierung in § 2 Abs. 2 WpÜG spricht dafür, dass der Gesetzgeber bewusst zwischen den verschiedenen Arten von Wertpapieren differenziert und von der Angebotspflicht daher nur Aktien selbst umfasst haben wollte. Ein entsprechender Ver-

---

469 Reg. Begr. BT-Drs. 14/7034, S. 34.

470 *Wieneke*, AG 2001, 504, 505.

471 *Steinmeyer* in: Berliner Kommentar, WpÜG, § 32 Rn. 8; *Favoccia* in: Assmann/Pötzsch/Schneider, WpÜG, § 32 Rn. 20.

472 *Krause/Pötzsch* in: Assmann/Pötzsch/Schneider, WpÜG, § 35 Rn. 222; *Schlitt/Ries* in: MüKo, WpÜG, § 35 Rn. 194 unter Verweis auf *Wackerbarth* in: MüKo, § 32 Rn. 28, 29;

weis auf alle in § 2 Abs. 2 Nr. 1 WpÜG erfassten Wertpapiere fehlt gerade.[473] Ferner könnte gegen eine Analogie sprechen, dass bei der Ausgabe von ADRs diese nur tatsächlich existierende Aktien verbriefen. Mithin könnte das Angebot von dem tatsächlichen Inhaber der Aktien, den Depotbanken[474], angenommen werden, weshalb eine Analogie überflüssig wäre.[475] Weiter wird gegen eine Analogie angeführt, dass die Einbeziehung von ADRs zu einer Verdoppelung des Angebots führe, da sodann nicht nur diese Teil des Angebots wären, sondern auch die durch diese verbriefte Aktien selbst, auf die sich das Angebot ohnehin erstrecke. Des Weiteren könnten Inhaber von ADRs die amerikanische Depotbank (*Depositary Bank*) anweisen, das Angebot anzunehmen.[476]

Ekkenga, der zwar grundsätzlich eine Gesetzeslücke annimmt, vertritt die Ansicht, dass eine Analogie nicht möglich sei, da ansonsten ein Verstoß gegen das strafrechtliche Analogieverbot vorliege. Diese sei damit zu begründen, dass die Missachtung von § 32 WpÜG eine Ordnungswidrigkeit nach § 60 WpÜG darstelle.[477] Die Berufung auf das strafrechtliche Analogieverbot vermag jedoch nicht zu überzeugen. Zwar unterfallen auch Ordnungswidrigkeiten wie die des § 60 WpÜG grundsätzlich dem strafrechtlichen Analogieverbot nach Art. 103 Abs. 2 GG.[478] Zu beachten ist aber, dass es hier nicht um eine Analogie der Bußgeldvorschrift des § 60 WpÜG geht, sondern um die Schließung einer vermeintlichen Lücke in der Vorschrift des § 32 WpÜG, die eine öffentlichrechtliche Verpflichtung statuiert.[479] Das strafrechtliche Analogieverbot steht demnach nicht entgegen.

---

von Bülow in: KölnKomm, WpÜG, § 39 Rn. 35, der konsequenterweise auch hier eine Börsennotierung fordert.

473 *Noack* in: Schwark/Zimmer, WpÜG, § 32 Rn. 5.

474 Vgl. hierzu nachfolgend 3. Teil V. 2. b).

475 *Favoccia* in: Assmann/Pötzsch/Schneider, WpÜG, § 32 Rn. 20 (der diese Idee im Ergebnis ablehnt).

476 So *Krause/Pötzsch* in: Assmann/Pötzsch/Schneider, WpÜG, § 35 Rn. 222.

477 *Ekkenga* in: Ehricke/Ekkenga/Oechsler, WpÜG, § 32 Rn. 10.

478 G.h.M.: *BVerfG*, Urt. v. 04.02.1975 = BVerfGE 38, 348, 371; stRspr. *BVerfG*, Beschl. v. 23.10.1985 = BVerfGE 71, 108, 114; *Schmidt/Aßmann* in: Maunz-Dürig, GG, Art. 103 II Rn. 195.

479 So auch *Favoccia* in: Assmann/Pötzsch/Schneider, WpÜG, § 32 Rn. 20.

b) Struktur von ADRs

Um die Notwendigkeit der Einbeziehung von ADRs zu erkennen, muss man sich zunächst die Struktur dieser Finanzmittel ansehen.[480] Zur Vermeidung einer aufwendigen Zulassung von Aktien am US-amerikanischen Kapitalmarkt und um dennoch einer deutschen Gesellschaft Zugang zu diesem zu verschaffen, schließt eine deutsche Gesellschaft mit einer Depositary Bank einen Depotvertrag (*Deposit Agreement*). Eine Notierung der Aktien erfolgt dadurch nicht, sondern vielmehr werden die Aktien bei einer Hinterlegungsbank (Custodian Bank) hinterlegt. Die Depositary Bank gibt sodann ADRs über den us-amerikanischen Kapitalmarkt aus und überträgt diese durch Indossament und Übergabe auf Kapitalanleger. Ein ADR verbrieft dabei für gewöhnlich nur einen Bruchteil einer Aktie, kann aber auch dem Wert einer vollen Aktie entsprechen. Die Folge dieser Strukturierung ist, dass das Eigentum an den Aktien gemäß § 929 f. BGB und § 24 DepotG bei der Depositary Bank verbleibt und dieses nicht mit der Ausgabe von ADRs übertragen wird. Die Eigentümerstellung führt wiederum dazu, dass die Depository Bank Inhaberin der durch die Aktie verbrieften Rechte, insbesondere des Stimmrechts bleibt. Der Inhaber von ADRs wird allerdings in der Regel aufgrund einer Vollmachtserteilung durch die Depositary Bank zur Teilnahme an der Hauptversammlung und zugleich zur Ausübung des Stimmrechts ermächtigt. Ihm steht nach der Deposit Agreement mit der Depositary Bank für gewöhnlich auch das Dividenden- und das Bezugsrecht zu. Mithin ist der Inhaber von ADRs regelmäßig als wirtschaftlicher Eigentümer anzusehen.

c) Ergebnis

Diese Struktur der ADRs hat zur Folge, dass ein ausschließlich an die Aktionäre der Zielgesellschaft gerichtetes Angebot nach dem WpÜG faktisch ein Teilangebot und somit ein Verstoß gegen § 32 WpÜG darstellen würde, sofern man ADRs nicht von der Angebotspflicht erfassen würde. Denn das Angebot würde sich nur an *Aktionäre* der Zielgesellschaft richten und somit nur an die Depositary Bank als rechtlichen Eigentümer. Diese hat jedoch als Depotbank eine treuhänderische Stellung aufgrund derer sie ohne Zustimmung der ADR-Inhaber nicht in der Lage ist, das Pflichtangebot anzunehmen oder abzulehnen.[481] Rich-

---

[480] Ausführlich hierzu *Wieneke*, AG 2001, 504, 505 f.; *Harrer/Erwe*, RiW 1998, 661 ff.; *Bungert/Paschos*, DZWiR 1995, 133 f.; dies., DZWir 1995, 221 f.;*Böckenhoff/Ross*, WM 1993, 1781 f.; *dies.*, WM 1993, 1825 f.; *Zachert*, ZIP 1993, 1426 ff.; *Röhler*, American Depositary Shares, 1997, S. 40 (m.w.N.).

[481] *Favoccia* in: Assmann/Pötzsch/Schneider, WpÜG, § 32 Rn. 20.

tigerweise verweist *Wackerbarth* darauf, dass vielmehr die wirtschaftlichen Eigentümer der Aktien schutzwürdig seien, denn diesen steht wirtschaftlich betrachtet das Stimmrecht zu, weshalb sie somit dem Schutzzweck des WpÜG unterfallen.[482] An diese richtet sich dem Wortlaut nach aber das Pflichtangebot nicht, da sie rechtlich gesehen nicht Inhaber der Aktie der Zielgesellschaft sind.

Gegen die Einbeziehung von ADRs im Rahmen eines Pflichtangebots spricht auch nicht die von *Krause/Pötzsch* vertretene Ansicht, dass es zu einer Verdoppelung der vom dem Pflichtangebot erfassten Wertpapiere komme.[483] Denn wie bereits ausgeführt, kann die Depositary Bank das Pflichtangebot nicht annehmen. Von dem Angebot erfasst sind deshalb nur die ADRs, nicht jedoch die diesen zu Grunde liegenden Aktien. Werden die ADRs hingegen während des Pflichtangebots an die Depositary Bank zurückgegeben, so bezieht sich das Pflichtangebot diesbezüglich nicht mehr auf die ADRs, wohl aber auf die von der Depositary Bank als rechtliche Eigentümerin gehaltenen Aktien. Eine Verdoppelung der Angebotspflicht ist deshalb nicht zu befürchten.

Im Ergebnis ist eine analoge Anwendung des § 32 WpÜG auf ADRs deshalb zu befürworten.[484]

VI. Weiteres Pflichtangebot - „Creeping In“-Regelung

Nach Überschreiten der Kontrollerwerbsschwelle von 30% besteht für den Bieter die Möglichkeit, seine Beteiligung weiter auszubauen, ohne dass die außenstehenden Aktionäre erneut die Möglichkeit eines „*Exits*“ in Form eines erneuten Pflichtangebots bekommen. Dies wird vielfach als Schutzlücke verstanden[485], da nach den derzeitigen gesetzlichen Regelungen abgegebene Offerten

---

482 *Wackerbarth* in: MüKo, WpÜG, § 32 Rn. 29.

483 *Krause/Pötzsch* in: Assmann/Pötzsch/Schneider, WpÜG, § 35 Rn. 222.

484 *Vogel* in: FrankfurterKomm, WpÜG, § 32 Rn. 14; *Hasselbach* in: KölnKomm, WpÜG, § 32 Rn 15; im Ergebnis so auch *Diekmann* in: Baums/Thoma, WpÜG, § 32 Rn 12 (mit abweichender Begründung); *Thun* in: Geibel/Süßmann Rn. 17 (Lösung des Konflikts über eine in der Regel vorhandene Tauschmöglichkeit); a.A: *Krause/Pötzsch* in: Assmann/Pötzsch/Schneider, WpÜG, § 35 Rn. 222; *Steinmeyer* in: Berliner Kommentar, WpÜG, § 32 Rn. 9; *Noack* in: Schwark/Zimmer, WpÜG, § 32 Rn. 5.

485 So beispielsweise *Merkt* in: Veil, Übernahmerecht in Praxis und Wissenschaft, 2009, S. 53, 70 f.; *ders.*, NZG 2011, 561, 562; *Hocker*, Hauptgeschäftsführer der DSW, in: *Frankfurter Allgemeine Zeitung*, 14. Oktober 2010, „*Das Übernahmegesetz gerät unter Feuer*“; (auch abrufbar unter www.dsw-info.de); vgl. auch *Nieding*, Schriftliche Stellungnahme zu dem Gesetzentwurf der Fraktion der SPD „Änderung des Wertpapiererwerbs- und

zwar dem vorgeschriebenen Minimum genügten, von der Idee des WpÜG, Privatanlegern im Falle eines Kontrollwechsels einen geordneten Ausstieg gegen eine angemessene Abfindung zu garantieren, jedoch weit entfernt seien und damit allein dem Großaktionär nützten, *„der seine lästige Pflicht erfülle und anschließend frei in der Wahl seiner Waffen sei“*.[486] Es bestehe sogar die Möglichkeit, dass nach § 36 WpÜG Stimmrechte des Bieters unberücksichtigt blieben oder dieser nach § 37 WpÜG von der Angebotspflicht befreit werde und somit überhaupt kein Pflichtangebot, weder beim Überschreiten der 30%-Schwelle noch bei einem Ausbau der Beteiligung, abzugeben habe.[487] Vor diesem Hintergrund wurde sowohl vor Einführung des WpÜG als auch in der Zeit nach seinem Inkrafttreten und dem Erlass der Richtlinie die Diskussion über die Einführung einer „Creeping-In Regelung“ geführt.

1. Terminologie und Wirkweise einer Creeping-In Regelung

„Creeping-In“ (zu deutsch: anschleichen, schleichend, kriechend)[488] umschreibt ein bestimmtes Szenario aus dem Übernahmerecht[489], bei dem ein Bieter nach Überschreiten der Kontrollerwerbsschwelle seine Beteiligung an der Zielgesellschaft allmählich ausbaut und sich an die absolute Mehrheit der Stimmrechte anschleicht, ohne dass er diese erneuten Anteilserwerbe offenlegen oder ein erneutes Pflichtangebot an die außenstehenden Aktionäre unterbreiten muss.

In der Kritik steht hierbei insbesondere die oben im Beispiel des Übernahmeangebots Deutsche Bank/Postbank demonstrierte Vorgehensweise, die sich für gewöhnlich in drei von einander unabhängigen, aber in einem Gesamtzusammenhang stehenden Schritten vollzieht. So erwirbt ein Aktionär durch einmaligen oder mehrmaligen Kauf von Aktien einen Stimmrechtsanteil von knapp unter 30% des stimmberechtigten Kapitals an der Zielgesellschaft. In einem zwei-

---

Übernahmegesetzes“ - BT-Drucks. 17/3481; Pressemitteilung des DSW vom 13. Oktober 2010 (abrufbar unter www.dsw-info.de); Stellungnahme von *Hirte*, Der Konzern 2010, 599; *Knipper*, Hauptgeschäftsführer des Hauptverbandes der Deutschen Bauindustrie, Presseinfo 10/11 v. 10.02.2011 (abrufbar unter www.bauindustrie.de/info-center/presse/pressemitteilungen/_/artikel/presseinfo-1111/).

486 *Hocker*, Hauptgeschäftsführer der DSW, in: *Frankfurter Allgemeine Zeitung*, 14. Oktober 2010, *„Das Übernahmegesetz gerät unter Feuer"*; (auch abrufbar unter www.dsw-info.de).

487 *Zietsch/Holzborn*, WM 2001, 1753, 1755.

488 So auch *Merkt* in: Veil, Übernahmerecht in Praxis und Wissenschaft, 2009, S. 53 ff.

489 Zur Begriffsverwendung im übernahmerechtlichen Sinn siehe Fn. 6.

ten Schritt gibt dieser ein - freiwilliges - Übernahmeangebot ab, um die Kontrollerwerbsschwelle von 30% der Stimmrechte zu überschreiten. Häufig wird hierbei lediglich der Mindestpreis in Höhe des gewichteten, durchschnittlichen Börsenkurses innerhalb der vergangenen drei Monate als Gegenleistung angeboten, was meist dazu führt, dass das Angebot nicht zur vollständigen Übernahme der Zielgesellschaft, sondern womöglich nur zum Erwerb ausreichend vieler Stimmrechte führt, um die Kontrollerwerbsschwelle zu überschreiten. Um die Schwelle mit Gewissheit zu überschreiten, kann der Bieter - wie oben dargestellt - innerhalb der Angebotsfrist börslich oder außerbörslich weitere Aktien hinzuerwerben. In einem dritten Schritt kann der Aktionär sodann weitere Stimmrechte - börslich bereits unmittelbar nach Durchführung des Angebots und außerbörslich zwölf Monate nach der Veröffentlichung gemäß § 23 Abs. 1 Nr. 2 WpÜG - erwerben und hierfür einen höheren als den Angebotspreis zahlen, ohne ein weiteres Pflichtangebot abgeben zu müssen oder sein ursprüngliches Angebot nachbessern zu müssen.

Mit der Verwendung des Begriffs einer Creeping-In Regelung ist die Regulierung des gesamten oben beschriebenen Szenarios gemeint, also nicht lediglich des Ausbaus der Beteiligung in dem Bereich zwischen 30% und 50% der Stimmrechte, sondern zugleich des zuvorigen Ausnutzens eines günstigen Zeitpunkts zum Überschreiten der Kontrollerwerbsschwelle.[490] Ziel einer Regelung des Creeping-In ist daher, den Bieter zur Abgabe eines „*attraktiven*“ Angebots zu veranlassen und „*faire Übernahmeangebote*“ zu fördern.[491]

2. Lösungsansatz - de lege ferenda

Aufgrund der aufgezeigten Beispiele aus der Praxis und der geäußerten Kritik an der Vorgehensweise der Bieter soll überlegt werden, ob die Einführung eines weiteren Pflichtangebots, beispielsweise in der Form der vorgeschlagenen Creeping-In Regelung, in das WpÜG mit den europa- und verfassungsrechtlichen

---

490 Ausführlich hierzu *Baums*, ZIP 2010, 2374, 2377, 2378; vgl. auch Motivation für Gesetzesentwurf der SPD.

491 Vgl. Gesetzesentwurf der Fraktion der SPD, BT-Drs. 17/3481, S. 3; so auch in dem zuvor gefassten Beschluss des Parteivorstands der SPD vom 25.10.2010: „Lücken im Übernahmerecht schließen - Stärkung einer nachhaltigen Unternehmensführung“, abrufbar unter http://www.spd.de/aktuelles/Pressemitteilungen/5414/20101025_beschluss _uebernahmerecht.html.

Vorgaben vereinbar ist und in einem weiteren Schritt, ob eine solches sinnvoll erscheint.

Überlegenswert scheint, ob eine weitere Kontrollerwerbsschwelle für das WpÜG erforderlich oder empfehlenswert ist, um den Schutzzielen des WpÜG Rechnung zu tragen. Ein Vergleich mit dem europäischen Ausland zeigt, dass einige Länder Creeping-In Regelungen oder zumindest ein weiteres Pflichtangebot vorsehen. Unter rechtsvergleichendem Verweis auf die übrigen Mitgliedstaaten der Europäischen Union wurde darauf aufbauend auch für Deutschland die Einführung einer solchen Regelung gefordert. Damit solle die Umgehung der Angebotspflicht und die damit verbundene Ungleichbehandlung der außenstehenden Aktionäre im Vergleich mit Paketaktionären verhindert werden.[492]

Der Einführung eines weiteren Pflichtangebots ist kritisch gegenüberzustellen, dass bereits die Einführung des gesetzlich normierten Pflichtangebots umstritten war. Es ist auf den bereits bestehenden Schutz durch das WpÜG sowie die Vorgaben der Richtlinie einzugehen und im Ergebnis zu überlegen, ob diese die Einführung einer weiteren Angebotspflicht sinnvoll erscheinen lassen. Dazu soll rechtsvergleichend überlegt werden, inwieweit andere europäische Länder, die über ein zusätzliches Pflichtangebot verfügen, eine dem deutschen Recht vergleichbare Gesetzessystematik haben.

3. Gesetzesinitiative der SPD

Wie bereits ausgeführt, hat *Sigmar Gabriel* (SPD) im Vorfeld des Übernahmeangebots von ACS an Hochtief dafür plädiert, das WpÜG an die Regelungen im europäischen Ausland anzupassen und sich für die Einführung eines weiteren Pflichtangebots bei Aufstockungen um eine bestimmte Höhe nach Überschreiten der Kontrollerwerbsschwelle ausgesprochen.[493] Daraufhin brachte das Bundesland Nordrhein-Westfalen einen Gesetzesentwurf in den Bundesrat[494] sowie die

---

[492] *Von Falkenhausen*, ZHR 174 (2010), 293, 299; *Merkt* in: Veil, Übernahmerecht in Praxis und Wissenschaft, 2009, S. 53, 70 f.; *Diregger/Kalss/Winner* in: MüKo, WpÜG, ÜbG, Rn. 139; *Baier*, „Creeping in" - Der Ausbau einer kontrollierenden Beteiligung im Sinne des Übernahmerechts, 2002, Kapitel VII.

[493] *Süddeutsche Zeitung*, 14. Oktober 2010, *„Sigmar Schröder - SPD-Chef Gabriel bei Hochtief"*.

[494] Gesetzesentwurf des Landes Nordrhein-Westfalen, BR-Drs. 584/2/10.

Fraktion der SPD einen entsprechenden Entwurf in den Bundestag[495] ein, der die Änderung des Pflichtangebots zum Inhalt hatte. Der Entwurf sieht die Einfügung eines § 35 Abs. 4 WpÜG-*E* vor:

> *„(4) Die Verpflichtungen nach den Absätzen 1 und 2 gelten entsprechend für einen Bieter, der unmittelbar oder mittelbar mindestens 30 Prozent, aber nicht die Mehrheit der Stimmrechte an der Zielgesellschaft hält und der innerhalb eines Zeitraums von zwölf Monaten mindestens 2 Prozent der Stimmrechte an der Zielgesellschaft direkt oder indirekt hinzu erwirbt. Bei der Ermittlung der Zahl der innerhalb der vorgenannten Frist hinzu erworbenen Stimmrechte bleiben Erwerbe bis zum Ablauf einer weiteren Annahmefrist nach § 16 Absatz 2 unbeachtlich."*

Dieser Vorstoß der SPD wurde damit begründet, dass das WpÜG keine erneute Veröffentlichungs- und Angebotspflicht vorsehe, sobald die Kontrollerwerbsschwelle des § 29 Abs. 2 WpÜG überschritten worden sei. Dies ermögliche, den mit dem Pflichtangebot beabsichtigten Schutz anderer Aktionäre zu unterlaufen. Es bestehe legal die Möglichkeit, sich an eine Zielgesellschaft anzuschleichen, um möglichst kostengünstig und möglichst unauffällig eine Kontrollposition von mehr als 30% der Anteile an einer Zielgesellschaft zu erhalten. Ziel des Bieters sei in diesen Fällen regelmäßig nicht der Erwerb aller Anteile, sondern der Erwerb lediglich hinreichend vieler Anteile zur Überschreitung der Kontrollschwelle des § 29 Abs. 2 WpÜG von 30%. Entsprechend mache der Bieter unter Ausnutzung eines ungünstigen Kursverlaufs ein wenig attraktives Übernahmeangebot. Für die Aktionäre einer Zielgesellschaft könne das bedeuten, dass sie im Rahmen eines Übernahmeangebots einen Preis unterhalb des aktuellen Börsenkurses hinnehmen müssten, da für die Bemessung des Mindestpreises in der Regel der Durchschnittskurs der letzten drei Monate maßgebend sei.[496] Die Motivation für den Gesetzentwurf ergibt sich zwar nicht direkt aus demselben, jedoch aus dem zuvor gefassten Beschluss des Parteivorstandes vom 25. Oktober 2010, wonach Anlass für den Änderungsvorschlag das von ACS gegenüber den

---

495 Gesetzesentwurf der Fraktion der SPD, BT-Drs. 17/3481, S. 3; so auch in dem zuvor gefassten Beschluss des Parteivorstands der SPD vom 25.10.2010: „*Lücken im Übernahmerecht schließen - Stärkung einer nachhaltigen Unternehmensführung*", abrufbar unter http://www.spd.de/aktuelles/Pressemitteilungen/5414/20101025_beschluss_uebernahmerecht.html.

496 Gesetzesentwurf der Fraktion der SPD, BT-Drs. 17/3481, S. 3.

Aktionären der Hochtief angekündigte Übernahmeangebot war. Es wird ausgeführt, dass der deutsche Gesetzgeber dem oben beschriebenen Creeping-In Vorhaben im Rahmen der geplanten und feindlichen Übernahme von Hochtief nicht tatenlos zu sehen dürfe. Mit der geplanten Gesetzesänderung müsse daher der deutsche Sonderweg im Übernahmerecht beendet werden und eine Angleichung an das europäische Ausland erfolgen.[497]

Darüber hinaus sollen die §§ 37, 38, 59 und 60 WpÜG entsprechend geändert und auf die neu einzuführende Angebotspflicht erstreckt und angepasst werden. Demnach sollen sowohl die Sanktions- und Bußgeldvorschriften als auch die bisher bestehenden Befreiungsvorschriften von der Veröffentlichungs- und Angebotspflicht auf die neue Regelung Anwendung finden. Weitere Ausnahmen für die Erfassung von der weiteren Angebotspflicht sieht der Gesetzentwurf nicht vor.

Im Rahmen des Gesetzgebungsverfahrens zur Einführung des WpÜG hatten sich die regierenden Koalitionsfraktionen von *SPD/BÜNDNIS 90/DIE GRÜNEN* hingegen bewusst gegen ein erneutes Pflichtangebot bei Ausbau der Anteile an der Zielgesellschaft entschieden. Die Fraktion der *CDU/CSU* hatte im Rahmen des Gesetzgebungsverfahren beantragt, eine weiteres Pflichtangebot für den Fall aufzunehmen, dass der Bieter nach Überschreiten der Kontrollerwerbsschwelle von 30% innerhalb eines Kalenderjahres mindestens weitere 2% der Stimmrechte erwerbe. Die Fraktion hielt diese Regelung für unabdingbar, um die Zielsetzung des Gesetzes zu erreichen. Durch sollte vermieden werden, dass der Bieter die Verpflichtung zur Abgabe eines Übernahmeangebots umgehe und die Aktionäre sich nicht zu einem angemessenen Preis von ihren Anteilen würden trennen können. Dieser Antrag wurde von den Koalitionsfraktionen von *SPD/BÜNDNIS 90/DIE GRÜNEN* jedoch mit der Begründung abgelehnt, dass dies zu einer Verkomplizierung des Übernahmerechts führe und Bürokratie so weit wie möglich vermieden werden solle.[498]

---

[497] Beschluss des SPD-Parteivorstands vom 25.10.2010: *„Lücken im Übernahmerecht schließen - Stärkung einer nachhaltigen Unternehmensführung“*, abrufbar unter http://www.spd.de/aktuelles/Pressemitteilungen/5414/20101025_beschluss_uebernahmerecht.html.

[498] Beschlussempfehlung und Bericht des Finanzausschusses, BT-Drs. 14/7477, S. 51.

Damit hat sich der damalige Gesetzgeber bewusst gegen die Einführung einer Creeping-In Regelung entschieden, weshalb sich auch jede Art der Analogie mangels planwidriger Regelungslücke verbietet.[499]

Nach einigen Jahren praktischer Anwendung des WpÜG hat nunmehr die Fraktion der SPD die Regelung des Creeping-In gefordert. Mit Bericht vom 10.02.2011 hat der Finanzausschuss den Gesetzentwurf der Fraktion der SPD beraten und im Anschluss daran geraten, den Entwurf im Bundestag abzulehnen.[500] Dies geschah darauf hin.[501] Unabhängig davon, dass der vorgeschlagene Gesetzesentwurf - zunächst - gescheitert ist, soll überlegt werden, ob die Einführung einer Creeping-In Regelung nicht dennoch zur Erreichung der Ziele des WpÜG erforderlich oder sinnvoll wäre. Insbesondere vor dem Hintergrund, dass nach dem Vernehmen von *Seibt* der Finanzausschuss des Deutschen Bundestags auch weiterhin beabsichtigt, die gesetzliche Regelung von Creeping-In-Fällen und deren Einpassung in das deutsche Übernahme- und Konzernrecht zu prüfen.[502]

4. Folgen einer entsprechenden Creeping-In Regelung

Die Einführung einer dem Gesetzesentwurf der Fraktion der SPD entsprechenden Creeping-In Regelung hätte zur Folge, dass beispielsweise im Rahmen der Übernahme von Hochtief durch ACS mindestens ein weiteres Pflichtangebot abzugeben wäre, wenn ACS die Absicht beibehält, die Beteiligung an Hochtief sukzessive weiter auszubauen. Denn der Gesetzesentwurf sieht keine Ausnahme für bereits bestehende Beteiligungen vor und würde deshalb alle Gesellschaften erfassen, an denen ein Aktionär zum jetzigen Zeitpunkt mehr als 30% jedoch weniger als 50% der Stimmrechte hält. Nach Auffassung der SPD soll damit verhindert werden, dass der Aktionär seinen Anteil durch weitere Zukäufe über die Börse kostengünstig ausbaut, ohne nochmals ein attraktives Übernahmeangebot an die Aktionäre richten zu müssen.[503] Da ACS nach Abgabe des freiwil-

[499] *Zoschke*, DB 2002, 79, 84.
[500] Bericht des Finanzausschusses v. 10.02.2011 zu dem Gesetzesentwurf der Fraktion der SPD - BT-Drs. 17/3481.
[501] Auch der vom Bundesland Nordrhein-Westfalen gestellte Antrag vom 27.10.2010 im Bundesrat (BR-Drs. 584/2/10) wurde mangels Erreichen der erforderlichen Mehrheit abgelehnt.
[502] *Seibt*, ZIP 2011, 1, 11.
[503] Gesetzesentwurf der Fraktion der SPD, BT-Drs. 17/3481, S. 3.

ligen Übernahmeangebots 33,49% des stimmberechtigten Kapitals hielt, wäre die Creeping-In Regelung anwendbar.

Die Motivation zur Änderung des Gesetzes bestand ausweislich des gefassten Parteibeschlusses der SPD vom 25. Oktober 2010 darin, das feindliche Übernahmeangebot von ACS an die Aktionäre der Hochtief zu unterbinden.[504] Allerdings begründet die diesem vorgeschlagenen Gesetz zugrunde liegende Motivation selbst bei einem unterstellten Eingriff in Grundrechte des Bieters kein verbotenes Einzelfallgesetz. Nach Art. 19 Abs. 1 S. 1 GG muss ein Gesetz allgemein und nicht nur für den Einzelfall gelten, soweit ein Grundrecht durch Gesetz oder auf Grund eines Gesetzes eingeschränkt werden kann. Dies bedeutet, dass Eingriffe in Grundrechte nur in Gestalt oder auf der Grundlage eines „allgemeinen Gesetzes" vorgenommen werden dürfen.[505] Ein solches Gesetz liegt wiederum vor, wenn es einerseits an einen unbestimmten Personenkreis adressiert und mithin „allgemein" ist sowie andererseits den zu regelnden Sachverhalt über den Einzelfall hinausgreifend abstrakt umreißt, folglich generell ist und für eine unbestimmte Vielzahl von Fällen eine Regelung enthält.[506] Würde es sich hingegen um eine konkret-individuelle Regelung des jeweiligen Einzelfalls handeln, läge folglich ein „Verwaltungsakt in Gesetzesform" vor, verstieße das Gesetz gegen Art. 19 Abs. 1 S. 1 GG.[507] Die vorgeschlagene Änderung des Gesetzes betrifft jedoch nicht nur den Einzelfall des „feindlichen" Übernahmeangebots von ACS an die Aktionäre der Hochtief. Vielmehr soll damit eine verallgemeinerungsfähige Strategie zur Vermeidung von „lustlosen Angeboten" unterbunden werden. Das Gesetz soll für alle Aktionäre gelten, die mehr als 30% und weniger als 50% der Stimmrechte halten und betrifft somit eine Vielzahl von Aktionären. Es liegt deshalb kein unzulässiges Einzefallgesetz vor.

Auch Porsche hätte bei einer Aufstockung der Beteiligung an VW nach Abgabe des Pflichtangebots beim Erwerb von mindestens weiteren 2% der Stimmrechte

---

[504] Vgl. Beschluss des SPD-Parteivorstands v. 25.10.2010: *„Lücken im Übernahmerecht schließen - Stärkung einer nachhaltigen Unternehmensführung"*, abrufbar unter http://www.spd.de/aktuelles/Pressemitteilungen/5414/20101025_beschluss_uebernahmerecht.html.

[505] *BVerfG*, Urt. v. 29.11.1961 = BVerfGE 13, 225, 229.

[506] *Enders* in: Epping/Hillgruber, GG, Art. 19 Rn. 8.

[507] *BVerfG*, Urt. v. 15.12.1959 = BVerfGE 10, 234, 239 ff; *BVerfG*, Urt. v. 29.11.1961 = BVerfGE 13, 225, 229; *BVerfG*, Urt. v. 07.05.1969 = BVerfGE 25, 371, 396; *BVerfG*, Urt. v. 02.03.1999 = BVerfGE 99, 367, 400.

binnen zwölf Monatenn ein weiteres Pflichtangebot an die außenstehenden Volkswagen-Aktionäre abgeben müssen.

Insbesondere am Beispiel des Übernahmeangebots der Deutschen Bank an die Aktionäre der Postbank wird die Wirkweise einer solchen Regelung deutlich. Denn die Einführung einer entsprechenden Creeping-In Regelung hätte zur Folge, dass die derzeit bei der Berechnung der Angemessenheit der Gegenleistung nicht zu berücksichtigende Pflichtumtauschanleihe ein weiteres Pflichtangebot auslösen würde, sobald die Anleihe in Anteile der Postbank gewandelt wird. Denn die Pflichtumtauschanleihe, die nach Ablauf von drei Jahren, mithin im Jahr 2012, in 60 Millionen Aktien der Postbank getauscht wird, entspricht einem Stimmrechtsanteil von ungefähr 27,40%. Die Folge wäre wiederum, dass die Deutsche Bank ein weiteres Pflichtangebot abzugeben hätte, dessen Gegenleistung deutlich über der im Rahmen des freiwilligen Übernahmeangebots angebotenen liegen würde. Denn der Barwert beträgt voraussichtlich € 2,7 Mrd. und somit ca. € 45 je Aktie. Dies würde dazu führen, dass die Deutsche Bank ein Pflichtangebot aufgrund der Creeping-In Regelung abzugeben hätte und der Preis pro Anteil, ungeachtet des durchschnittlichen Börsenkurses, mindestens dem Wert der Anteile im Rahmen der Wandlung der Anleihe als maßgeblichen Vorerwerb, sprich einem Wert von mindestens € 45 pro Aktie, zu entsprechen hätte. An diesem Beispiel wird die Auswirkung einer Creeping-In Regelung sowie das damit bezweckte Ziel, Umgehungen in Bezug auf die Angemessenheit der Gegenleistung im Rahmen eines Übernahmeangebots zu vermeiden, besonders deutlich.

Zutreffender Weise führt *Baums* aus, dass eine Vielzahl weiterer Fälle von einer Creeping-In Regelung und somit einer (weiteren) Angebotspflicht betroffen wären.[508]

5. Vereinbarkeit mit Europarecht

Im Rahmen der Überlegung, ob ein weiteres Pflichtangebot in das WpÜG eingeführt werden kann, sind zunächst die europarechtlichen Vorgaben der Richtlinie zu betrachten.

---

[508] *Baums*, ZIP 2010, 2374, 2377.

Wie oben bereits ausgeführt, schreibt die Richtlinie zwar vor, dass die Mitgliedstaaten zwingend eine prozentuale Schwelle vorzusehen haben, bei deren Überschreiten eine kontrollierende Beteiligung besteht und der Bieter zur Abgabe eines Pflichtangebots gehalten ist. Allerdings handelt es sich dabei eben nur um einen Mindeststandard, der nicht unterschritten werden darf, Art. 3 Abs. 2 a) der Richtlinie. Die Mitgliedstaaten haben die Möglichkeit, entsprechend Art. 3 Abs. 2 b) der Richtlinie zusätzliche und strengere Bestimmungen als von der Richtlinie verlangt festzulegen, sofern dies der Umsetzung der Ziele der Richtlinie dient, Art. 3 Abs. 2, Abs. 1.[509]

Es ist Aufgabe der Mitgliedstaaten, die notwendigen Schritte zu unternehmen, um Wertpapierinhaber, insbesondere Wertpapierinhaber mit Minderheitsbeteiligungen, nach einem Kontrollwechsel in ihren Gesellschaften zu schützen.[510] Diesen Schutz sollten die Mitgliedstaaten einerseits dadurch gewährleisten, dass die Person, die die Kontrolle über die Gesellschaft erlangt hat, verpflichtet wird, allen Wertpapierinhabern dieser Gesellschaft zu einem angemessenen Preis, der einheitlich definiert ist, ein Angebot zur Übernahme aller ihrer Wertpapiere zu machen.[511] Andererseits sollen die Mitgliedstaaten die Möglichkeit haben, weitere Vorkehrungen zum Schutz der Interessen der Wertpapierinhaber vorzusehen.[512] Es kommt also darauf an, ob eine zusätzliche Angebotspflicht in Form einer Creeping-In Regelung oberhalb der vom deutschen Gesetzgeber festgelegten Schwelle von 30% dem Schutz der Inhaber von Wertpapieren vor dem kontrollierenden Einfluss eines anderen Aktionärs und somit der Umsetzung der Ziele der Richtlinie gemäß Art. 3 Abs. 2, Abs. 1 der Richtlinie zu dienen geeignet ist.

Wie oben bereits dargelegt, kann durch die Einführung einer Creeping-In Regelung eine „Umgehung“ des Bieters bezüglich der Angemessenheit der Gegenleistung im Rahmen eines Übernahme- oder Pflichtangebots vermieden bezie-

---

509 *Kalss* in: Baums/Cahn, Die Umsetzung der Übernahmerichtlinie in Europa, S. 29, *Der Anpassungsbedarf im österreichischen Übernahmerecht zur Übernahmerichtlinie*; *Mülbert*, NZG 2004, 633, 635.

510 Richtlinie 2004/25/EG, L 142/12, Erwägungsgrund (9).

511 Richtlinie 2004/25/EG, L 142/12, Erwägungsgrund (9).

512 Richtlinie 2004/25/EG, L 142/12, Erwägungsgrund (9).

hungsweise zumindest eingedämmt werden.[513] Denn die Einführung eines weiteren Pflichtangebots beim Hinzuerwerb von weiteren 2% der Stimmrechte oberhalb der Kontrollerwerbsschwelle sollte zur Folge haben, dass ein Bieter, der gewillt ist seine Beteiligung über die Kontrollerwerbsschwelle von 30% hinaus auszubauen, bereits zu Beginn ein Angebot mit entsprechend attraktiver Gegenleistung abgeben wird, um die Annahme möglichst vieler außenstehender Aktionäre zu erreichen und somit die Entstehung einer erneuten Angebotspflicht zu vermeiden. Die Steigerung der Attraktivität der Gegenleistung im Rahmen des Angebots dient wiederum dem Schutz der außenstehenden Aktionäre, deren Ausstieg aus der Gesellschaft zu einem angemessenen Preis ermöglicht werden soll, und somit auch der Umsetzung der Ziele der Richtlinie.

Die Einführung eines weiteren Pflichtangebots könnte jedoch im Hinblick auf „Altfälle" problematisch sein.[514] So sieht beispielsweise Art. 2 des Gesetzesentwurfs zur Creeping-In Regelung vor, dass diese am Tag nach der Verkündung des Gesetzes in Kraft treten solle.[515] Daher werden davon alle Fälle erfasst, in denen der Bieter bereits vor Erlass des WpÜG und vor Umsetzung der Richtlinie eine Beteiligung von mehr als 30% inne hatte, es sich also um einen sogenannten „Altfall" handelt, der als solcher grundsätzlich von der Anwendbarkeit des Gesetzes ausgeschlossen ist. In der Einbeziehung von Altfällen im Rahmen einer Creeping-In Regelung könnte demnach ein Verstoß gegen die europarechtlichen Vorgaben liegen. Denn nach dem Wortlaut der Richtlinie in ihrem Erwägungsgrund (10) soll die *„Verpflichtung, allen Wertpapierinhabern ein Angebot zu unterbreiten, [...] nicht für diejenigen Kontrollbeteiligungen gelten, die zum Zeitpunkt des Inkrafttretens der nationalen Vorschriften zur Umsetzung dieser Richtlinie bereits bestehen".*[516] Ob die Erwägungen der Richtlinie jedoch soweit gehen, als dass auch bei einem späteren Ausbau der kontrollierenden Beteiligung kein Pflichtangebot vorgesehen werden dürfe, erscheint äußerst fraglich.

---

513 *Von Falkenhausen*, ZHR 174 (2010), 293, 299; *Merkt*, NZG 2001, 561567; *Merkt* in: Veil, Übernahmerecht in Praxis und Wissenschaft, 2009, 59, 72; *Baums/Hecker* in: Baums/Thoma, WpÜG, § 35 Rn. 32; zum österreichischen Recht: *Hügel/Leitgeb*, ÖBA 2000, 965 f.; *Baier*, „Creeping in" - Der Ausbau einer kontrollierenden Beteiligung im Sinne des Übernahmerechts, 2002, Kapitel VII.; *Terlitza/Zollner*, ÖBA 2000, 671 f.; *Diregger/Kalss/Winner* in: MüKo, WpÜG, ÜbG, Rn. 218; *Schopper*, RdW 2000, 13 ff.

514 Vgl. zur Begriffsverwendung bei Erlass des WpÜG auch Reg. Begr. BT-Drs. 14/7034 S. 59.

515 Gesetzesentwurf der Fraktion der SPD, BT-Drs. 17/3481 S. 2.

516 Richtlinie 2004/25/EG, L 142/12, Erwägungsgrund (10).

Vielmehr spricht für die Zulässigkeit einer solchen Regelung, dass der europäische Gesetzgeber lediglich vermeiden wollte, dass Aktionäre, die bereits eine kontrollierende Beteiligung halten, nachträglich, mithin ohne einen weiteren Hinzuerwerb von Stimmrechten, mit einer Angebotspflicht belastet werden. Für diese Auslegung spricht insbesondere, dass es nach Art. 5 Abs. 3 der Richtlinie den Mitgliedstaaten obliegt, die prozentuale Höhe der Stimmrechte festzulegen, ab der eine kontrollierende Beteiligung begründet sein soll. Mithin gibt es keine einheitliche europaweite Kontrollerwerbsschwelle, sondern vielmehr eine nach jedem Mitgliedstaat individuelle. Die nationalen Gesetzgeber haben deshalb die Möglichkeit, eine eher hohe oder niedrige prozentuale Schwelle festzulegen oder sogar die Möglichkeit diese Schwelle im Laufe der Zeit zu verändern. Die Bezugnahme der Richtlinie auf eine bereits vorhandene Kontrollbeteiligung muss deshalb so verstanden werden, dass Aktionäre, die bereits eine vom Mitgliedstaat definierte kontrollierende Beteiligung inne haben, nicht aufgrund ihrer in der Vergangenheit vorgenommenen Dispositionen der Angebotspflicht unterliegen sollen. Dies erscheint auch sinnvoll, da der Einbeziehung von Altfällen das Verbot der Rückwirkung von Gesetzen entgegen stehen könnte. Für eine solche Auslegung spricht auch die maßgebliche englische Fassung nach der „*the obligation to make a bid to all the holders of securities should not apply to those controlling holdings already in existence on the date on which the national legislation transposing this Directive enters into force*".[517] Hier wird explizit auf die kontrollierende Beteiligung am Tag der Umsetzung der Richtlinie abgestellt. Es spricht deshalb einiges dafür, dass lediglich Altfälle nicht einer nachträglichen Angebotspflicht ausgesetzt sein sollen, nicht jedoch dass eine Creeping-In Regelung und die Einführung eines weiteren Angebots bei einem bestimmten Hinzuerwerb von Stimmrechten ausgeschlossen sein sollte.

Folglich wäre die Schaffung einer strengeren Bestimmung im Sinne eines weiteren Pflichtangebots mit den europarechtlichen Vorgaben vereinbar. Die Richtlinie enthält keine Bestimmungen, die die Festlegung einer weiteren prozentualen Schwelle für die Pflicht zur Abgabe eines weiteren Angebots verbieten würden.[518] Diese Pflicht kann sowohl beim Erreichen einer weiteren starren und

---

[517] DIRECTIVE 2004/25/EC OF THE EUROPEAN PARLIAMENT AND OF THE COUNCIL of 21 April 2004 on takeover bids, L 142/17, S. 1.

[518] So auch *Merkt*, NZG 2011, 561, 562; *Merkt* stellt ferner die Behauptung auf, dass sich eine Creeping-In Regelung, durch die das Anschleichen des Bieters an die Zielgesellschaft verhindert werden solle, unmittelbar gegen unternehmerische Aktivitäten der Bieter im

formalen Schwelle, wie z.B. bei Erreichen von 50% der Stimmrechte, ausgelöst werden als auch beim Erwerb einer bestimmten prozentualen Anzahl innerhalb eines Zeitraums nach Überschreiten der Kontrollschwelle, wie z.B. dem Erwerb von weiteren 2% der Stimmrechte innerhalb von zwölf Monaten.

6. Vereinbarkeit mit deutschem Verfassungsrecht

Ob durch die Einführung eines Pflichtangebots ein Verstoß gegen nationales Verfassungsrecht vorliegt, wurde bereits im Rahmen der Einführung eines Pflichtangebots ausführlich diskutiert.[519] Da jedoch bei Einführung einer Creeping-In Regelung ein - zusätzliches - Pflichtangebot abzugeben wäre, sofern der Bieter binnen zwölf Monatenn mindestens weitere 2% der Stimmrechte in dem Bereich zwischen 30% und 50% der Gesamtstimmrechte hinzuerwirbt, sollen nachfolgend schwerpunktartig nochmals die zur Verfassungsmäßigkeit geäußerten Bedenken dargestellt und erläutert werden.

a) Verfassungsrechtliche Gebotenheit

Man kann überlegen, ob eine zusätzliche Angebotspflicht im Rahmen eines Creeping-In und die damit verbundenen Auswirkungen für die Höhe der anzubietenden Gegenleistung im Rahmen des Angebots bei Überschreiten der Kontrollerwerbsschwelle von 30% verfassungsrechtlich geboten sind und bereits deshalb ein weiteres Pflichtangebot eingeführt werden solle.

aa) Gebotenheit nach Art. 14 GG

Bereits bei Einführung des Pflichtangebots wurde diskutiert, ob dieses verfassungsrechtlich geboten ist. So kann man aufgrund eines mangelnden Ausgleichs für den faktischen Verlust des in der Aktie verbrieften Stimmrechts einen mittelbaren-faktischen Eingriff in die verfassungsrechtlich gewährleistete Eigentumsgarantie nach Art. 14 GG sehen.[520] Ein Pflichtangebot wäre nach dieser Ansicht geboten, wenn man die vom Bieter gezahlte Kontrollprämie als Bestandteil des Eigentums an der Aktie ansieht. Geht man somit davon aus, dass diese allen

---

Binnenmarkt richte, die grundsätzlich dem Schutz der Grundfreiheiten unterliegen, zumindest soweit Bieter und Zielgesellschaft in Mitgliedstaaten säßen. Darin könne ein Verstoß insbesondere gegen die Kapitalverkehrsfreiheit sowie die Niederlassungsfreiheit liegen. (*Merkt*, NZG 2011, 561, 563).

519 Zweifel an Verfassungsmäßigkeit: *Loritz/Wagner*, WM 1991, 709; *Kallmeyer*, ZHR 161 (1997), 435, 436; *Thoma*, ZIP 1996, 1725, 1731.

520 So beispielsweise *Nietsch*, BB 2003, 2581, 2586 f.

Aktionären zustünde, so wäre ein Pflichtangebot geboten.[521] Versteht man die Creeping-In Regelung als Instrument zur Verhinderung von Umgehungen hinsichtlich der Angemessenheit der Gegenleistung, so könnte auch sie verfassungsrechtlich geboten sein, um eine angemessene Kompensation für den Verlust des Eigentums der Minderheitsaktionäre gewährleisten zu können.[522]

Allerdings halten die Rechtsprechung[523] sowie der überwiegende Teil der Literatur[524] bereits das bisherige Pflichtangebot beim Überschreiten der Schwelle von 30% zutreffend für verfassungsrechtlich nicht geboten. Dies erscheint auch gerechtfertigt, denn das Eigentum besteht in der Aktie und den darin verbrieften Rechten; diese sind vom Schutzzweck des Art. 14 GG umfasst. Vom Schutzzweck des Art. 14 GG nicht erfasst ist hingegen der Schutz des bloßen Vermögens.[525] Es wird also nicht der Wert der Aktie und dementsprechend auch nicht die für diese zu zahlende Gegenleistung im Rahmen eines Übernahme- oder Pflichtangebots durch die Eigentumsgarantie des Art. 14 GG gewährleistet. Vor diesem Hintergrund führt *Baums* zutreffend aus, dass mit der Zahlung einer Kontrollprämie oder eines Paketzuschlags an einen Paketverkäufer dem Minderheitsaktionär nichts genommen werde, „*was ihm an Eigentum im Sinn von Art. 14 GG verloren geht*“ und deshalb zu kompensieren sei.[526]

bb) Gebotenheit nach Art. 2 Abs. 1 GG

Nicht erörtert wurde in Literatur und Rechtsprechung bislang die Frage, ob ein Pflichtangebot sowie eine Creeping-In Regelung aufgrund der ebenfalls verfassungsrechtlich geschützten Privatautonomie der außenstehenden Aktionäre gemäß Art. 2 Abs. 1 GG geboten erscheinen. Denn durch den Erwerb einer kontrollierenden Beteiligung durch den Bieter, kann den außenstehenden Aktionä-

---

521 *Berle/Means*, The Modern Corporation and Private Property, S. 244, die eine Kontrollprämie bzw. einen Aufschlag beim Erwerb eines Aktienpaktes als einen „*corporate asset*“, folglich als Teil des Unternehmenswertes, ansehen; *Clark*, Corporate Law, 1986, S. 491.

522 Mit entsprechendem Ansatz *Baums*, ZIP 2010, 2374, 2383.

523 *OLG Frankfurt*, Beschl. v. 09.10.2003 = NZG 2004, 243, 244.

524 *Baums*, ZIP 2010, 2374, 2383; *Baums/Hecker* in: Baums/Thoma, WpÜG, Vor § 35 Rn. 127; *Cahn*, ZHR 167 (2003), 262, 286 f.; *Mülbert/Schneider*, WM 2003, 2301, 2315.

525 *BVerfG*, Beschl. v. 18.02.1998 = BVerfGE 97, 271; *BVerfG*, Beschl. v. 26.05.1998 = NJW 1998, 3264; *BVerfG*, Beschl. v. 10.10.1997 = NJW 1998, 367; *BVerfG*, Beschl. v. 05.02.2002 = NJW 2002, 3009; *BVerfG*, Beschl. v. 11.11.2002 = DVBl 2003, 192.

526 *Baums*, ZIP 2010, 2374, 2384; *BVerfG*, Beschl. v. 27.04.1999 = BVerfGE 100, 289, 305; *BVerfG*, Beschl. v. 08.09.1999 = WM 1999, 1978, 1980.

ren ihre Chance genommen werden, ansgesichts einer womöglichen Entwertung ihrer Beteiligungsrechte, zu angemessenen Bedingungen aus der Zielgesellschaft auzuscheiden beziehungsweise zu angemessenen Bedingungen in der Gesellschaft zu verbleiben. Durch den kontrollierenden Einfluss werden zwar weder die Substanz der Mitgliedschaftsrechte sowie die aus der Mitgliedschaft resultierenden relativen Beteiligungsrechte angetastet. Allerdings kann die mitgliedschaftsrechtliche Stellung durch zwei korrespondierende Aspekte faktisch geschwächt werden. Zum einen kann durch einen kontrollierenden Aktionär die Handelbarkeit der Aktie der Zielgesellschaft beeinträchtigt werden, indem die Veräußerungschancen am Markt und somit die Zirkulationsfähigkeit der Anteile beschränkt werden, sofern der Kapitalmarkt den kontrollierenden Einfluss des Aktionärs negativ bewertet. Diese Marktchancen im Hinblick auf die freie Handelbarkeit sind zwar nicht von Art. 14 GG geschützt[527], können wohl aber einen mittelbar faktischer Eingriff in die Privatautonomie der außenstehenden Aktionäre nach Art. 2 Abs. 1 GG begründen, da der außenstehende Aktionär nicht mehr frei über sein Ausscheiden aus der Gesellschaft zu angemessenen Bedingungen entscheiden kann. Zum anderen führt der Verbleib in der Gesellschaft dazu, dass dem außenstehenden Aktionär nur noch ein faktisch wertloses Stimmrecht zusteht, da ihm die zumindest theoretische Chance genommen wird, in Zusammenwirkung mit anderen außenstehenden Aktionären eine Mehrheit innerhalb der Gesellschaft zu erlangen.[528] Diese zwei Aspekte führen dazu, dass der außenstehende Aktionär, wenn er deshalb nicht aus der Gesellschaft zu angemessenen Bedingungen ausscheiden kann, sich in einer Gesellschaft „gefangen" sehen würde, aus der er zwar tatsächlich durch Verkauf seiner Anteile aussteigen könnte, aus faktischen Gründen, mangels angemessener Gegenleistung jedoch zum Verbleib in der Gesellschaft gezwungen wird, in welcher ihm dann ein faktisch wertloses Stimmrecht zusteht. Mithin steht ein außenstehender Aktionär vor der Wahl, entweder mit faktisch entwerteten Mitgliedsrechten in der Gesellschaft zu verbleiben oder zu unattraktiven Konditionen aus dieser auszuscheiden. Hierdurch wird der außenstehende Aktionär in seiner Privatautonomie beschränkt, weshalb der Gesetzgeber bereits von Verfassungs wegen veranlasst werden könnte, ein weiteres Pflichtangebot im Sinne einer Creeping-In Rege-

---

527 Vgl. hierzu *BVerfG*, Urt. v. 11.07.2012 = NZG 2012, 825, 829.

528 Vgl. auch *Hirte*, Der Konzern 2010, 599, 601 (Stellungnahme zu dem Entwurf eines Gesetzes zur Änderung des Wertpapiererwerbs- und Übernahmegesetzes (BT-Drucks. 17/3481), S. 2).

lung zum Schutz der außenstehenden Aktionäre einzuführen. Entscheidend für die Beantwortung dieser Frage ist, ob der Schutz der außenstehenden Aktionäre durch den Eingriff in deren Privatautonomie derart hoch zu bewerten ist, dass eine verfassungsrechtliche Gebotenheit bejaht werden muss.

Zumindest im Wege richterlicher Rechtsfortbildung hat der *BGH* in seiner der Rechtsprechung bereits häufiger den Schutz der außenstehenden Aktionäre gegenüber einem Mehrheitsaktionär erörtert und es für geboten erachtete, diesen mitunter erheblich auszuweiten.[529] So hat der *BGH* in seiner *Linotype-Entscheidung* geurteilt, dass einen Mehrheitsaktionär gegenüber seinen Mitatkionären und gegenüber der Gesellschaft eine gesellschaftsrechtliche Treuepflicht treffen kann, sofern er die Möglichkeit hat, durch Einflussnahme auf die Geschäftsführung die gesellschaftsbezogenen Interessen der Mitgesellschafter zu beeinträchtigen.[530] Demnach ist der Mehrheitsaktionär gegenüber der Gesellschaft zu loyalem Verhalten, zur Vermeidung jeglicher Schädigung der Gesellschaft und des von ihr betriebenen Unternehmens sowie zur Förderung des Gesellschaftszwecks verpflichtet, während die Treuepflicht gegenüber Mitaktionären die Verpflichtung zur angemessenen Rücksichtnahme auf deren gesellschaftsrechtlich vermittelte Interessen begründet.[531] Auch in seiner *Audi/NSU-Entscheidung* erkannte der *BGH* eine unmittelbare Rechts- und Treuepflicht zwischen dem Mehrheitsaktionär sowie den außenstehenden Aktionären an.[532] In seiner *Macrotron-Entscheidung* hat der *BGH* den Schutz der außenstehenden Aktionäre gegenüber einem Mehrheitsaktionär bei einem vollständigen Rückzug von der Börse (Delisting) aufgrund der damaligen Regelungen der Börsenordnung für nicht ausreichend erachtet und im Wege der Rechtsfortbildung nur ein Pflichtangebot als adäquaten Schutz der Minderheitsaktionäre erachtet.[533] Das *BVerfG* hat im Jahre 2012 bestätigt, dass die Forderung nach einem gerichtlich überprüfbaren Pflichtangebot im Sinne der Macrotron-Entscheidung von Verfassung wegen zulässig sei.[534] Diese Entscheidungen zeigen, dass nach Ansicht der Rechtsprechung der Schutz der außenstehenden Aktionäre gegenüber einem

---

529 *BGH*, Urt. v. 01.02.1988 = NJW 1988, 1579, 1581 (Linotype); *BGH*, Urt. v. 16.02.1976 = WM 1976, 449, 450 (Audi/NSU); *BGH*, Urt. v. 20.03.1996 = NJW 1995, 1739 (Girmes).

530 *BGH*, Urt. v. 01.02.1988 = NJW 1988, 1579, 1581 (Linotype).

531 *Heider* in: MüKo, AktG, § 2 Rn. 49.

532 *BGH*, Urt. v. 16.02.1976 = WM 1976, 449, 450 (Audi/NSU).

533 *BGH*, Urt. v. 25.11.2002 = NJW 2003, 1032, 1034, 1035.

534 *BVerfG*, Urt. v. 11.07.2012 = NZG 2012, 825, 832.

Mehrheitsaktionär nur durch Erweiterung der Treuepflichten bis hin zur Abgabe eines Pflichtangebots erreicht werden kann.

Hervorzuheben ist zunächst, dass die Entscheidungen des *BGH* - sowohl zu den Treuepflichten des Mehrheitsaktionärs als auch zu der Angebotspflicht im Rahmen des Delistings - Fälle im Bereich der Konzernleitung durch Einflussnahme auf der Hauptversammlung betreffen. Es geht folglich nicht um den Konzerneingangsschutz, auf dessen Ebene das Pflichtangebot sowie eine damit zusammenhängende Creeping-In Reglung ansetzen. Allerdings geben diese Entscheidungen im Wege richterlicher Rechtsfortbildung Anlass zu der Überlegung, ob der Schutzbedarf der außenstehenden Aktionäre bei einem Kontrollwechsel ebenfalls derart hoch ist, dass ein (weiteres) Pflichtangebot im Sinne einer Creeping-In Regelung bereits aus verfassungsrechtlicher Sicht geboten ist, um den außenstehenden Aktionären den Ausstieg aus der Gesellschaft zu angenemessenen Bedingungen zu ermöglichen.

Gegen eine Gebotenheit aus verfassungsrechtlicher Sicht spricht allerdings bereits, dass auch ein Mehrheitsaktionär sich auf die von Verfassungs wegen gewährte Handlungsfreiheit nach Art. 2 Abs. 1 GG berufen kann. Durch die Auferlegung einer Angebotspflicht sowie einer damit korrespondierenden Creeping-In Regelung würde nicht nur unerheblich in dessen Vertragsabschluss- und Vertragsgestaltungsfreiheit nach Art. 2 Abs. 1 GG eingegriffen. Ihm muss aber aus verfassungsrechtlicher Sicht gewährleistet sein, Anteile an einem Unternehmen grundsätzlich im beliebigen Maße kaufen und erwerben zu können. Auch wenn ein Eingriff in die Handlungsfreitheit des Mehrheitsaktionärs nach Art. 2 Abs. 1 GG durch Auferlegung eines Pflichtangebots verfassungsrechtlich zulässig sein mag und somit die Handlungsfreiheit der außenstehenden Aktionäre auf Ebene der verfassungsrechtlichen Rechtfertigung höher bewertet wird als die des Mehrheitsaktionärs, vermag dies zwar die Einführung eines Pflichtangebots zu rechtfertigen, weshalb dieses jedoch nicht zwingend verfassungsrechtlich geboten ist. Dies wurde auch durch das *BVerfG* im Rahmen eines Pflichtangebots beim Delisting bestätigt.[535]

Bei der Frage nach der Gebotenheit einer Creeping-In Regelung ist des Weiteren zu berücksichtigen, dass das Halten von 30% grundsätzlich selbst eine Minderheitsbeteiligung darstellt. Die Möglichkeit eines kontrollierenden Einflusses kann lediglich dadurch begründet werden, dass die außenstehenden Aktionäre der Hauptversammlung der Zielgesellschaft fernbleiben und ihr Stimmrecht nicht ausüben. Es erscheint daher nicht gerechtfertigt, dem Bieter zwingend eine Angebotspflicht aufzuerlegen, um den außenstehenden Aktionären - und mithin auch denen, die der Hauptversammlung fernbleiben und dadurch erst einen kontrollierenden Einfluss ermöglichen - einen Ausstieg aus der Gesellschaft zu angemessenen Bedingungen zu ermöglichen.

Im Ergebnis vermag die verfassungsrechtlich geschützte Privatautonomie der außenstehenden Aktionäre zwar die Auferlegung einer Pflicht zur Abgabe eines Angebots gegenüber dem Mehrheitsaktionär, in dessen Privatautonomie eben dadurch eingegriffen wird, zu rechtfertigen. Die Privatautonomie des Minderheitsaktionärs nach Art. 2 Abs. 1 GG überwiegt der des Mehrheitsaktionärs jedoch nicht in einem solchen Maß, dass eine Angebotspflicht im Sinne des WpÜG verfassungsrechtlich nicht nur zulässig, sondern gar geboten ist. Es bestehen aus verfassungsrechtlicher Sicht keine Informationspflichten bezüglich der Absicht zum Aufbau einer beherrschenden Beteiligung im Sinne einer Veröffentlichungspflicht, wie diese vom WpÜG vorgesehen ist. Ferner bestehen keine Pflichten, zur „Mitnahme“ etwa ebenfalls veräußerungsbereiter außenstehender Aktionäre oder zu einer sonstigen Beteiligung dieser an einem eventuellen Paketzuschlag. Auch auf Veräußererseite besteht keine verfassungsrechtliche Verpflichtung zur Rücksichtnahme im Hinblick auf den Erwerber, an den die Anteile veräußert werden sollen. Vielmehr gilt der Grundsatz, dass ein Aktionär sowohl bei der Veräußerung seiner Anteile als auch beim Erwerb solcher sich von eigenen Interessen leiten lassen kann und er keiner verfassungsrechtlichen Verpflichtung unterliegt, von anderen Aktionären zwangsweise deren Anteile zu erwerben.[536] Da ein Pflichtangebot nicht nur unerheblich in die ebenfalls verfassungsrechtlich geschützte Privatatuonomie des Bieters eingreift, überwiegt der Schutzbedarf der außenstehenden Aktionäre aus verfassungsrechtlicher Sicht nicht derart, dass ein (weiteres) Pflichtangebot von Verfassungs wegen bereits geboten wäre.

---

[535] *BVerfG*, Urt. v. 11.07.2012 = NZG 2012, 825, 832.

[536] Der freie Aktienhandel kann auch nicht durch Treuepflicht beschränkt werden, sofern es nicht um den Verkauf, sondern den Erwerb von Anteilen geht (vgl. *Müller* in: Spindler/Stilz, AktG, Vor. §§ 311 bis 318 Rn. 56 m.w.N.).

cc) Ergebnis

Im Ergebnis ist weder die Einführung des Pflichtangebots im WpÜG noch eine beabsichtigte Creeping-In Regelung zum Schutz der außenstehenden Aktionäre, die sich einem Kontrollwechsel gegenüber sehen, geboten. Anders ausgedrückt läge kein Verstoß gegen Verfassungsrecht vor, namentlich der Eigentumsgarantie nach Art. 14 GG beziehungsweise der Privatautonomie nach Art. 2 Abs. 1 GG, wenn eine gesetzliche Regelung bezüglich eines Pflichtangebots oder einer Creeping-In Regelung fehlte.[537] Auch das aktuelle Fehlen einer Creeping-In Regelung verletzt Art. 14 GG beziehungsweise Art. 2 Abs. 1 GG nicht.

b) Verstoß gegen Art. 14 GG

Die geplante Creeping-In Regelung könnte gegen Art. 14 Abs. 1 S. 1 GG verstoßen.

aa) Schutzbereich des Art. 14 GG

Art. 14 Abs. 1 GG schützt und gewährleistet das Eigentum. Der Eigentumsbegriff des Art. 14 GG ist hierbei nicht identisch mit dem in §§ 903 f. BGB verwendeten Eigentumsbegriff.[538] Die Eigentumsgarantie enthält einen umfassenden Schutz aller privaten, vermögenswerten Rechtspositionen, die dem Berechtigten in der Weise zugeordnet sind, dass er die mit ihnen verbundenen Befugnisse nach eigenverantwortlicher Entscheidung zu seinem privaten Nutzen ausüben darf.[539] Geschützt von Art. 14 GG wird sowohl das Eigentum im engeren Sinn als auch alle absolut dinglichen und beschränkt dinglichen Rechte wie beispielsweise das Grundeigentum oder die Hypothek. Ein schuldrechtlicher Anspruch, auch wenn sich dieser nur gegen den jeweiligen Vertragspartner richtet, wird ebenso von der Eigentumsgarantie erfasst, da diese sich auch auf Ansprüche und Forderungen des privaten Rechts richtet.[540] Auch erfasst sind Anteils- und Gesellschaftsrechte, wie beispielsweise der sich aus der Aktie ergebende In-

---

537 So auch *Baums/Hecker* in: Baums/Thoma, WpÜG, Vor § 35 Rn. 127.

538 *BVerfG*, Beschl. v. 02.03.1999 = BVerfGE 100, 226; *BVerfG*, Beschl. v. 10.10.1997 = NJW 1998, 367; *BVerfG*, Beschl. v. 22.05.2001 = BVerfGE 104, 1; *BVerfG*, Beschl. v. 10.10.2001 = BVerfGE 104, 74; *BVerfG*, Beschl. v. 03.07.2001 = NVwZ 2002, 197; *BVerfG*, Beschl. v. 24.11.2004 = NJW 2005, 589.

539 *BVerfG*, Beschl. v. 10.10.1997 = NJW 1998, 367; ; *BVerfG*, Beschl. v. 22.05.2001 = BVerfGE 104, 1; *BVerfG*, Beschl. v. 05.02.2002 = BVerfGE 105, 17; *BVerfG* Beschl. v. 26.08.2002 = NJW 2003 196.

540 Vgl. zum Beispiel *BVerfG*, Beschl. v. 24.11.2004 = NJW 2005, 589 (zur Erfassung einer Internet-Domain-Adresse); *BVerfG*, Beschl. v. 08.06.1977 = BVerfGE 45, 142, 179.

formationsanspruch, über die Angelegenheiten seiner Gesellschaft informiert zu werden,[541] sowie insbesondere das in der Aktie verbriefte Anteilseigentum.[542] Voraussetzung ist jeweils, dass es sich um eine subjektive, konkrete und bereits bestehende Rechtsposition handelt.[543]

bb) Eingriff in Art. 14 GG

Fraglich ist, ob die geplante Creeping-In Regelung und die darin enthaltene Pflicht zur Abgabe eines - weiteren - Pflichtangebots einen Eingriff in Art. 14 Abs. 1 S. 1 GG darstellt.

aaa) Eingriff in Rechte des Bieters

Ein Eingriff könnte darin zu sehen sein, dass der Bieter finanzielle Mittel aufwenden muss, um das Pflichtangebot erfüllen zu können. Dagegen spricht jedoch, dass von Art. 14 GG nur das Eigentum, nicht aber das Vermögen als solches geschützt wird.[544] Daraus folgt, dass in dem durch das Pflichtangebot ausgelösten Eingriff in das Vermögen des Bieters kein Eingriff in das von Art. 14 Abs. 1 S. 1 GG geschützte Eigentum liegt. Die zum Erwerb der Aktien im Rahmen des Angebots notwendigen finanziellen Mittel stellen somit bereits keine schützenswerte Grundrechtsposition dar.[545]

Loritz/Wagner haben die Überlegung aufgestellt, ob durch die Verpflichtung zum ungewollten Erwerb von Stimmrechten ein Eingriff in das Eigentum vorliegen könnte.[546] Dabei wurde ein Vergleich zur negativen Glaubensfreiheit[547], der negativen Vereinigungsfreiheit[548], der negativen Koalitionsfreiheit[549] sowie der negativen Berufsfreiheit[550] gezogen und das Institut der *„negativen Eigen-*

---

541 *BVerfG*, Beschl. v. 20.09.1999 = NJW 2000, 129, 130.

542 *BVerfG*, Beschl. v. 23.08.2000 = ZIP 2000, 1670.

543 *BVerfG*, Beschl. v. 24.11.2004 = NJW 2005, 589; *BVerfG*, Beschl. v. 07.12.2004 = NJW 2005, 879; *BVerfG*, Beschl. v. 26.07.2005 = NJW 2005, 2376; *BVerfG*, Beschl. v. 10.10.1997 = NJW 1998, 367; *BVerfG*, Beschl. v. 08.04.1998 = BVerfGE 98, 49.

544 *BVerfG*, Beschl. v. 18.02.1998 = BVerfGE 97, 271; *BVerfG*, Beschl. v. 26.05.1998 = NJW 1998, 3264; *BVerfG*, Beschl. v. 10.10.1997 = NJW 1998, 367; *BVerfG*, Beschl. v. 05.02.2002 = NJW 2002, 3009; *BVerfG*, Beschl. v. 11.11.2002 = DVBl 2003, 192.

545 So auch *Baums/Hecker* in: Baums/Thoma, WpÜG, Vor § 35, Rn. 120.

546 *Loritz/Wagner*, WM, 1991, 709, 718.

547 Art. 4 Abs. 1 GG.

548 Art. 9 Abs. 1 GG.

549 Art. 9 Abs. 3 GG.

550 Art. 12 Abs. 2 GG.

tumsfreiheit“ kreiert, welches von den Autoren so verstanden wird, dass Art. 14 GG auch davor schütze, Eigentum erwerben zu müssen, also ein Recht auf *kein Eigentum* beinhalte. Der Auffassung von *Loritz/Wagner* folgend sahen auch weitere Autoren bei Einführung des Pflichtangebots einen Eingriff in die grundrechtlich gewährleistete „*negative Eigentumsfreiheit*“.[551] Dies wurde damit begründet, dass der Bieter verpflichtet sei, Eigentum in Form von Aktien an einer Gesellschaft zu erwerben, das er nicht erwerben wolle.

Diese Ansicht übersieht jedoch, dass Art. 14 GG lediglich den Bestand des bereits erworbenen Eigentums schützt.[552] Es besteht jedoch kein Schutz davor, neues Eigentum erwerben zu müssen.[553] Im Übrigen setzt das Pflichtangebot nicht direkt an der Zuweisung des Eigentums an, sondern vielmehr am Erwerbsvorgang der Anteile der außenstehenden Aktionäre[554], der lediglich mittelbar, nämlich bei Überschreiten der Pflichtangebotsschwelle dazu führt, dass der Erwerber das Eigentum an weiteren Anteilen erwerben muss. Im Ergebnis ist deshalb das Institut der „*negative Eigentumsfreiheit*“ und somit auch ein Verstoß gegen Art. 14 GG abzulehnen.[555]

Eine Creeping-In Regelung würde daher nicht die Rechte des Bieters aus Art. 14 GG verletzen.

bbb) Eingriff in Rechte der Paketaktionäre

Loritz/Wagner sehen weiterhin darin einen Eingriff in die aus Art. 14 GG gewährten Eigentumsrechte, dass ein Paketaktionär aufgrund der Pflichtangebotsregelung erhebliche Schwierigkeiten haben werde, sein Aktienpaket zu veräu-

---

551 Vgl. hierzu *Kallmeyer*, ZHR 161 (1997), 435, 436; *Thoma*, ZIP 1996, 1725, 1732; *Ekkenga/Schulz* in: Ehricke/Ekkenga/Oechsler, § 35 Rn. 10.

552 *BVerfG*, Beschl. v. 02.03.1999 = BVerfGE 100, 226; *BVerfG*, Beschl. v. 18.11.1998 = NJW 1999, 1176; *BVerfG*, Beschl. v. 22.05.2001 = BVerfGE 104, 1; *BVerfG*, Beschl. v. 03.07.2001 = NVwZ 2002, 197; *BVerfG*, Beschl. v. 26.08.2002 = NJW 2003, 196.

553 *Baums/Hecker* in: Baums/Thoma, WpÜG, Vor § 35 Rn. 119; *Steinmeyer* in: Berliner Kommentar, WpÜG, § 35 Rn. 11; *Schlitt/Ries* in: MüKo, WpÜG, § 35 Rn. 35; *Meyer* in: Geibel/Süßmann, WpÜG, § 35 Rn. 18; *Krause/Pötzsch* in: Assmann/Pötzsch/Schneider, WpÜG, § 35 Rn. 38; *Hasselbach* in: KölnKomm, WpÜG, § 35 Rn. 44, 45; *Thaeter* in: Thaeter/Brandi, Öffentliche Übernahme, Rn. 519.

554 *Stumpf*, NJW 2003, 9, 12.

555 A.A. *Baums/Hecker* in: Baums/Thoma, WpÜG, Vor § 35 Rn. 121, die davon ausgehen, dass in der Sanktionierung bei Verstoß gegen das Pflichtangebot und in dem damit ver-

ßern, da ein potentieller Erwerber gegebenenfalls nicht in der Lage sein könnte, nach Erwerb des Aktienpakets ein Pflichtangebot an die übrigen Aktionäre abzugeben. Deshalb würden sich nur wenige Bieter den Erwerb eines größeren Akteinpaktes leisten können, weshalb der Kreis der potentiellen Erwerber geringer werde und das Eigentum nur bedingt veräußert werden könne.[556] Dies stelle einen Eingriff in die Eigentumsfreiheit dar.[557]

Allerdings führt das Pflichtangebot nicht zur Verhinderung der Veräußerung des Eigentums. Denn dem Paketaktionär ist es jederzeit erlaubt, seine Anteile als Paket oder einzeln sowie börslich oder außerbörslich zu veräußern. Die eventuelle Folge, dass der Paketaktionär aufgrund der den Erwerber treffenden Angebotspflicht nur einen geringen Preis pro Anteil erzielen kann, ist wiederum vom Schutz der Eigentumsgarantie des Art. 14 GG nicht gedeckt, da dieser lediglich eine Bestands- jedoch keine Wertgarantie enthält.[558] Auch bloße Hoffnungen, Chancen oder Gewinnerwartungen werden von der Eigentumsgarantie des Art. 14 GG nicht erfasst.[559] Die Einschränkung, das Aktienpaket eventuell nicht insgesamt und womöglich nur zu einem geringeren Preis veräußern zu können, stellt mithin keinen Eingriff in die grundrechtlich gewährleistete Eigentumsgarantie dar.[560] Außerdem dürfte es in der Natur der Sache liegen, dass es ohnehin nur wenige Erwerber geben wird, die sich den Erwerb eines Aktienpakets leisten können. Mit den gleichen Erwägungen ist auch ein Pflichtangebot aufgrund einer Creeping-In Regelung verfassungsrechtlich nicht zu bestanden.

---

bundenen teilweisen Verlust der Rechte aus den Aktien gemäß § 59 S. 1 WpÜG ein - wenn auch gerechtfertigter - Eingriff in Art. 14 GG liege.

556 Vgl. auch *Schlitt/Ries* in: MüKo, WpÜG, § 35 Rn. 33; unklar in Bezug auf den Eingriff: *Meyer* in: Geibel/Süßmann, WpÜG, § 35 Rn. 14.

557 *Loritz/Wagner*, WM 1991, 709, 714.

558 *BVerfG*, Beschl. v. 05.02.2002 = BVerfGE 105, 17; *BVerfG*, Beschl. v. 26.08.2002 = NJW 2003, 196; *BVerfG*, Beschl. v. 04.07.2002 = DVBl 2002, 1467; *BVerfG*, Beschl. v. 10.10.2001 = BVerfGE 104, 74; *BVerfG*, Beschl. v. 12.11.1997 = NJW 1998, 519; *BVerfG*, Beschl. v. 18.11.1998 = NJW 1999, 1176.

559 *BVerfG*, Beschl. v. 10.10.1997 = NJW 1998, 367; *BVerfG*, Beschl. v. 26.05.1998 = NJW 1998, 3264; *BVerfG*, Beschl. v. 10.10.1997 = NJW 1998, 367; *BVerfG*, Beschl. v. 02.03.1999 = BVerfGE 100, 226.

560 A.A. für das Pflichtangebot beispielsweise *Baums/Hecker* in: Baums/Thoma, WpÜG, Vor § 35 Rn. 121, die einen Eingriff bejahen, diesen allerdings für gerechtfertigt halten.

cc) Ergebnis

Mithin fehlt es bei Einführung einer Creeping-In Regelung, wie auch bei dem bereits existierenden Pflichtangebot, im Ergebnis bereits an einem Eingriff in die von Art. 14 GG gewährleistete Eigentumsgarantie.

c) Verstoß gegen Art. 12 GG

Die geplante Creeping-In Regelung könnte gegen Art. 12 Abs. 1 S. 1 GG verstoßen.

aa) Schutzbereich des Art. 12 GG

Art. 12 Abs. 1 GG enthält das Grundrecht der Berufsfreiheit. Nach Art. 12 Abs. 1 S. 1 GG haben alle Deutschen das Recht, Beruf, Arbeitsplatz und Ausbildungsstätte frei zu wählen. Nach S. 2 kann die Berufsausübung durch Gesetz oder auf Grund eines Gesetzes geregelt werden. Beruf im Sinne dieses Grundrechts sind alle nicht sozialschädlichen Tätigkeiten, die auf Dauer angelegt sind und der Schaffung und Erhaltung einer Lebensgrundlage dienen.[561] Der Begriff des Berufs ist hierbei weit auszulegen und umfasst sowohl traditionelle Berufsbilder als auch neu entstandene Betätigungen.[562] Die Tätigkeit muss nicht ständig ausgeübt werden, wohl aber auf Dauer angelegt sein.[563] Die Berufsfreiheit stellt ein einheitliches Grundrecht dar, durch welches sowohl die Berufswahl als auch die Berufsausübung erfasst werden.[564] Die Berufsausübung umfasst die Art

---

561 *BVerfG*, Urt. v. 28.03.2006 = NJW 2006, 1261; *BVerfG*, Beschl. v. 29.12.2004 = DVBl 2005, 258; *BVerfG*, Beschl. v. 08.10.2004 = NJW 2005, 50; *BVerfG*, Beschl. v. 05.11.2001 = NJW 2002, 503; *BVerfG*, Beschl. v. 03.07.2001 = NVwZ 2002, 197; *BVerfG*, Urt. v. 27.01.1999 = NJW 1999, 1102; *BVerfG*, Beschl. v. 25.02.1999 = NJW 1999, 3404; *BVerfG*, Beschl v. 31.03.1998 = NJW 1998, 1776; *BVerfG*, Beschl. v. 12.11.1997 = NJW 1998, 519; *BVerfG*, Urt. v. 16.02.2000 = NJW 2000, 857; *BVerwG*, Urt. v. 23.08.1994 = BVerwGE 96, 302; *BVerwG*, Urt. v. 04.11.1965 = BVerwGE 22, 286.

562 *BVerfG*, Urt. v. 28.03.2006 = NJW 2006, 1261; *BVerfG*, Beschl. v. 26.06.2002 = NJW 2002, 2621; *BVerfG*, Beschl. v. 27.04.2001 = DVBl 2002, 400; *BVerfG*, Urt. v. 21.02.1962 = BVerfGE 14, 19; *BVerfG*, Urt. v. 11.06.1958 = BVerfGE 7, 377; *BVerfG*, Urt. v. 07.01.1959 = BVerfGE 9, 73; *BVerfG*, Urt. v. 17.07.1961 = BVerfGE 13, 97; *BVerfG*, Urt. v. 21.02.1962 = BVerfGE 14, 19; *BVerfG*, Urt. v. 22.05.1963 = BVerfGE 16, 147.

563 *BVerfG*, Urt. v. 06.07.1999 = DVBl 1999, 1266; *BVerfG*, Beschl. v. 03.07.2001 = NVwZ 2002, 197; *BVerfG*, Beschl. v. 26.06.2002 = BVerfGE 105, 252; *Jarass* in: Jarass/Pieroth, GG, Art. 12 Rn. 4.

564 *BVerfG*, Beschl. v. 20.03.2001 = DVBl 2001, 979; *BVerfG*, Beschl. v. 03.07.2001 = NVwZ 2002, 197; *BVerfG*, Beschl. v. 05.12.2005 = DVBl 2006, 244; *BVerfG*, Beschl. v. 13.07.2005 = NJW 2006, 282.

und Weise der beruflichen Tätigkeit, wie Form, Mittel sowie Bestimmung des Umfangs und des Inhalts der Betätigung.[565]

Art. 12 Abs. 1 GG ist seinem Wesen nach nicht nur auf natürliche Personen, sondern im Sinne des Art. 19 Abs. 3 GG auch auf juristische Personen des Privatrechts anwendbar.[566]

Allerdings unterfällt dem Schutzbereich des Art. 12 Abs. 1 GG nicht jeder, der Aktien erwirbt und in Folge dessen zur Abgabe eines Angebots verpflichtet ist, sondern vielmehr nur derjenige, dessen Lebensgrundlage dadurch geschaffen oder erhalten werden soll. Nicht darunter fallen also diejenigen Aktionäre, die die Aktien lediglich als Form einer Kapitalanlage halten.[567] Erforderlich ist vielmehr, dass der Erwerb Teil der unternehmerischen Tätigkeit des Aktionärs ist.[568] Als Beruf ist demnach zu qualifizieren, wenn die unternehmerische Tätigkeit eines Aktionärs beziehungsweise der satzungsmäßige Unternehmenszweck einer Bietergesellschaft in dem Aufbau, dem Halten und Verwalten eines Portfolios von Beteiligungen an (anderen) börsennotierten Unternehmen besteht, wie dies beispielsweise bei Beteiligungsgesellschaften der Fall ist. Teil dieses verfassungsrechtlich geschützten Berufsbilds ist ferner das Ziel des Bieters, erworbene Beteiligungen später mit Gewinnerzielungsabsicht zu veräußern beziehungsweise Unternehmenszusammenschlüsse und Fusionen anzustreben.

bb) Eingriff in Art. 12 Abs. 1 GG

Ein Eingriff in die Berufsfreiheit liegt vor, wenn sich die Beeinträchtigungen auf die berufliche Tätigkeit des Unternehmers beziehen.[569] Erforderlich ist ein un-

---

565 *BVerfG*, Beschl. v. 12.11.1997 = BVerfGE 96, 375; *BVerfG*, Beschl. v. 08.04.1998 = BVerfGE 98, 49; *BVerfG*, Beschl. v. 17.04.2000 = NJW 2000, 3195; *BVerfG*, Beschl. v. 09.08.2000 = NJW 2000, 3486; BVerfG, Beschl. v. 27.09.2002 = NJW 2002, 3531; *BVerfG*, Beschl. v. 18.02.2002 = DVBl 2002, 767; BVerfG, Beschl. v. 27.09.2002 = NJW 2002, 3531; *BVerfG*, Beschl. v. 01.10.2004 = NJW 2005, 737; *BVerfG*, Beschl. v. 06.07.2005 = DVBl 2005, 1040.

566 *BVerfG*, Urt. v. 01.03.1979 = BVerfGE 50, 290; *BVerfG*, Urt. v. 17.02.1998 = BVerfGE 97, 228; *BVerfG*, Beschl. v. 19.07.2000 = BVerfGE 102, 197; *BVerfG*, Beschl. v. 26.06.2002 = BVerfGE 105, 252.

567 *Loritz/Wagner*, WM 1991, 709, 720; *Meyer* in: Geibel/Süßmann, WpÜG, § 35 Rn. 20.

568 *Baums/Hecker* in: Baums/Thoma, WpÜG, Vor § 35 Rn. 124; *Schlitt/Ries* in: MüKo, WpÜG, § 35 Rn. 36; *Meyer* in: Geibel/Süßmann, WpÜG, § 35 Rn. 20.

569 *BVerfG*, Beschl. v. 05.12.2005 = DVBl 2006, 244; *BVerfG*, Beschl. v. 13.07.2005 = NJW 2006, 282; *BVerfG*, Beschl. v. 13.07.2004 = BVerfGE 111, 191; *BVerfG*, Beschl. v.

mittelbarer Bezug zur Tätigkeit des Unternehmers oder eine objektiv berufsregelnde Tendenz, die zumindest mittelbar faktisch zu einem Eingriff in das Grundrecht führt.[570] Fraglich ist sodann, auf welcher Ebene der grundrechtlich geschützten Berufsfreiheit ein Eingriff erfolgt. Zu unterscheiden ist die Ebene der Berufswahl von der der Berufsausübung.

Ekkenga/Schulz vertreten die Auffassung, dass ein Pflichtangebot auf der Ebene der Berufswahl eingreife, wenn das belassene freie Vermögen des Bieters aufgrund des Pflichtangebots nicht mehr ausreiche, um den Zugang zur eigentlich gewünschten Berufstätigkeit weiterhin behalten oder finden zu können.[571]

Allerdings wird hierbei übersehen, dass der Bieter nicht in der Wahl seines Berufes und auch nicht in dem Verbleib in seiner unternehmerischen Tätigkeit eingeschränkt wird.[572] Die Berufswahl wäre betroffen, wenn unternehmerische Beteiligungen an sich betroffen wären, was jedoch nicht der Fall ist. Der Erwerb von Minderheitsbeteiligungen an Unternehmen ist auch nach Einführung eines - zusätzlichen - Pflichtangebots weiterhin möglich. Ein dem Schutzbereich der Berufswahl unterfallendes Berufsbild „*Großaktionär*" ist nicht ersichtlich.

Vielmehr wird nur die Art und Weise der Berufsausübung von Beteiligungsgesellschaften berührt, nämlich der Auf- und Ausbau von Beteiligungen an börsennotierten Unternehmen, wenn dadurch eine kontrollierende Beteiligung begründet wird. Auch durch eine Creeping-In Regelung wird deshalb nicht die Berufswahl eines Unternehmers beschränkt, sondern vielmehr die Ebene der Berufsausübung in der Form berührt, dass der Erwerb einer größeren Beteiligung an einem bestimmten Unternehmen durch die mit dem Pflichtangebot verbunde-

08.10.2004 = NJW 2005, 50; *BVerfG*, Beschl. v. 03.08.2004 = NJW 2004, 2725; *BVerfG*, Beschl. v. 27.04.2001 = DVBl 2002, 400; *BVerfG*, Beschl. v. 27.09.2002 = NJW 2002, 3531.

570 *BVerfG*, Urt. v. 17.02.1998 = BVerfGE 97, 228; *BVerfG*, Beschl. v. 17.06.1999 = NJW 1999, 3404; *BVerfG*, Beschl. v. 03.05.2001 = DVBl 2001, 1135; *BVerfG*, Urt. v. 15.01.2002 = NJW 2002, 663; *BVerfG*, Urt. v. 16.01.2002 = NJW 2002, 666; *BVerfG*, Beschl. v. 27.09.2002 = NJW 2002, 3531; *BVerfG*, Beschl. v. 26.06.2002 = NJW 2002, 2621; *BVerfG*, Urt. v. 06.07.2005 = DVBl 2005, 1040; *BVerfG*, Beschl. v. 13.07.2004 = NJW 2005, 45; *BVerfG*, Beschl. v. 17.08.2004 = NJW 2005, 273; *BVerfG*, Beschl. v. 03.08.2004 = NJW 2004, 2725; *BVerfG*, Beschl. v. 24.05.2005 = NJW 2005, 2912.

571 *Ekkenga/Schulz* in: Ehricke/Ekkenga/Oechsler, WpÜG, § 35 Rn. 10.

572 So auch ausdrücklich *Schlitt/Ries* in: MüKo, WpÜG, § 35 Rn. 36.

nen finanziellen Folgen erschwert oder gar verhindert wird.[573] Durch die Beschränkung der Möglichkeit des Unternehmers, sich an einer Gesellschaft ungehindert beteiligen zu können, liegt ein Eingriff in die grundrechtlich gewährleistete Berufsausübungsfreiheit vor.[574]

cc) Verfassungsrechtliche Rechtfertigung

Einschränkungen der Berufsausübung sind nach Art. 12 Abs. 1 S. 2 GG durch Gesetz oder aufgrund eines Gesetzes zulässig. Voraussetzung ist, dass das Gesetz formell und materiell verfassungsgemäß ist. Maßgebend hierfür ist insbesondere seine Verhältnismäßigkeit.[575] Der Grundsatz der Verhältnismäßigkeit hat im Rahmen von Art. 12 Abs. 1 GG durch die „Dreistufentheorie“ des *BVerfG* eine besondere Ausprägung erlangt. Es bestehen drei unterschiedliche Stufen der Intensität des Eingriffs, wobei die Regelungsbefugnis des Gesetzgebers um so weiter reicht, je mehr die Berufsausübung betroffen und umso eingeschränkter ist, je mehr die Berufswahl betroffen ist.[576] Das - zusätzliche - Pflichtangebot im Rahmen der geplanten Creeping-In Regelung stellt einen Eingriff auf der Ebene der Berufsausübung dar. Ein solcher Eingriff in die Berufsausübung, der 1. Stufe der vom BVerfG entwickelten Theorie, ist bereits dann zulässig, wenn er durch sachliche, vernünftige Erwägungen des Gemeinwohls gerechtfertigt und im Übrigen verhältnismäßig ist. Je stärker die Beein-

---

573 *Loritz/Wagner*, WM 1991, 709, 721; *Baums/Hecker* in: Baums/Thoma, WpÜG, Vor § 35 Rn 124; *Krause/Pötzsch* in: Assmann/Pötzsch/Schneider, WpÜG, § 35 Rn. 39; *Schlitt/Ries* in: MüKo, WpÜG, § 35 Rn. 36 *Krause*, Das obligatorische Übernahmeangebot, 1996, S. 168 f.; so wohl auch *Steinmeyer* in: Berliner Kommentar, WpÜG, § 35 Rn. 11; a.A. wohl *Ekkenga/Schulz* in *Ehricke/Ekkenga/Oechsler*, WpÜG, § 35 Rn. 10 („Zugang zur eigentlich gewünschten selbstständigen Berufstätigkeit“).

574 So auch *Baums/Hecker* in: Baums/Thoma, WpÜG, Vor § 35 Rn. 124.

575 *BVerfG*, Beschl. v. 14.07.1987 = BVerfGE 76, 196; *BVerfG*, Beschl. v. 14.03.1989 = BVerfGE 80, 1; *BVerfG*, Beschl. v. 22.05.1996 = BVerfGE 94, 372; *BVerwG*, Urt. v. 13.11.1997 = DVBl 1998, 532; *BVerfG*, Beschl. v. 28.07.1999 = NJW 1999, 2730; *BVerfG*, Beschl. v. 19.07.2000 = DVBl 2000, 1596; *BVerfG*, Beschl. v. 03.07.2001 = NVwZ 2002, 197; *BVerfG*, Urt. v. 09.06.2004 = DVBl 2004, 889; *BVerfG*, Beschl. v. 08.10.2004 = NJW 2005, 50; *BVerfG*, Urt. v. 28.03.2006 = NJW 2006, 1261.

576 *BVerfG*, Urt. v. 11.06.1958 = BVerfGE 7, 377; *BVerfG*, Urt. v. 28.03.2006 = BVerfGE 115, 276; *BVerfG*, Beschl. v. 03.08.2004 = NJW 2004, 2725; *BVerfG*, Beschl. v. 20.04.2004 = NJW 2004, 1935; *BVerfG*, Beschl. v. 08.10.2004 = NJW 2005, 50; *BVerfG*, Beschl. v. 13.07.2004 = BVerfGE 111, 191; *BVerfG*, Beschl. v. 31.10.2002 = DVBl 2003, 53; *BVerfG*, Beschl. v. 27.09.2002 = NJW 2002, 3531; *BVerfG*, Beschl. v. 15.08.2002 = NJW 2002, 3691; *BVerfG*, Beschl. v. 17.06.1999 = NJW 1999, 3404; *BVerfG*, Beschl. v. 11.08.1999 = NJW 1999, 3399; *BVerfG*, Beschl. v. 22.01.1997 =

trächtigung der Berufsausübung wiegt, desto wichtiger müssen die Gemeinwohlinteressen sein, deren Schutz die Regelung bezweckt.[577]

Die geplante Creeping-In Regelung verfolgt Interessen des Allgemeinwohls. Zwar dient die Einführung einer Creeping-In Regelung primär nur den Interessen der außenstehenden Aktionäre. Allerdings soll ein Pflichtangebot zugleich dem Schutz und der Integrität des Kapitalmarktes dienen.[578] Sinn und Zweck der Creeping-In Regelung besteht darin, das bereits existierende Pflichtangebot zu fördern, indem dessen faktische Umgehung durch Angebote zu einer vermeintlich geringen Gegenleistung vermieden und Angebote zu einer angemessenen Gegenleistung gefördert werden sollen.[579] Die Förderung fairer Angebote im Sinne des WpÜG dient wiederum der Integrität des Kapitalmarkts, weshalb eine Creeping-In Regelung im Allgemeininteresse läge.

Die vorgeschlagene Creeping-In Regelung, wonach beim Erwerb weiterer 2% der Stimmrechte binnen zwölf Monatenn in dem Bereich zwischen 30% und 50% der Gesammtstimmrechte ein - weiteres - Pflichtangebot abzugeben ist, ist auch zur Umsetzung dieses Ziels geeignet. Denn durch die Einführung einer entsprechenden Creeping-In Regelung kann der vom Gesetzgeber verfolgte Zweck, den außenstehenden Aktionären die Möglichkeit zum Ausstieg aus der Gesellschaft zu einer angemessenen Gegenleistung zu geben, umgesetzt werden. Durch die Creeping-In Regelung ist der Bieter gehalten, ein Angebot abzugeben, das so attraktiv ausgestaltet ist, dass er aufgrund des Angebots mindestens 50% aller Stimmrechte erwirbt beziehungsweise ein weiteres Angebot abgeben muss,

DVBl 1997, 548; *BVerfG*, Beschl. v. 24.07.1997 = NJW 1997, 2510; *BVerfG*, Beschl. v. 17.02.1998 = NJW 1998, 1627.

577 *BVerfG*, Beschl. v. 22.01.1997 = DVBl 1997, 548; *BVerfG*, Beschl. v. 24.07.1997 = NJW 1997, 2510; *BVerfG*, Urt. v. 14.12.1999 = NJW 2000, 347; *BVerfG*, Beschl. v. 19.07.2000 = DVBl 2000, 1596; *BVerfG*, Urt. v. 13.12.2000 = NJW 2001, 353; *BVerfG*, Beschl. v. 03.05.2001 = DVBl 2001, 1135; *BVerfG*, Beschl. v. 12.09.2001 = NJW 2001, 3324; *BVerfG*, Beschl. v. 12.09.2001 = DVBl 2001, 1751; *BVerfG*, Beschl. v. 27.04.2001 = DVBl 2002, 400; *BVerfG*, Beschl. v. 03.07.2001 = NVwZ 2002, 197; *BVerfG*, Beschl. v. 15.08.2002 = NJW 2002, 3691; *BVerfG*, Urt. v. 09.06.2004 = DVBl 2004, 889; *BVerfG*, Beschl. v. 13.07.2004 = NJW 2005, 45; *BVerfG*, Beschl. v. 17.08.2004 = NJW 2005, 273; *BVerfG*, Beschl. v. 01.10.2004 = NJW 2005, 737.

578 Vgl. zur Verfassungsmäßigkeit i.R.d. Pflichtangebots *Baums/Hecker* in: Baums/Thoma, WpÜG, Vor § 35 Rn. 121.

579 Reg. Begr. BT-Drs. 17/3481 S. 3.

falls das erste Angebot von den außenstehenden Aktionären nicht als angemessen eingestuft wird.

Ein milderes Mittel ist insoweit nicht ersichtlich, da die bereits existierenden Schutzmechanismen der Angebotspflicht in Form des Vor-, Parallel- und Nacherwerbs sowie der Berücksichtigung des durchschnittlichen Börsenkurses, wie oben ausgeführt, keinen abschließenden Schutz bieten.

Die Creeping-In Regelung müsste auch verhältnismäßig im engeren Sinne sein. Hierfür sind die Interessen der Beteiligten gegeneinander abzuwägen. Wenn man zutreffender Weise von der Verfassungsmäßigkeit eines Pflichtangebots ausgeht[580], muss es Ziel dieser Regelung sein, dass der Bieter ein Pflichtangebot abgibt, durch welches den außenstehenden Aktionären die Möglichkeit gegeben wird, ihre Beteiligung gegen eine tatsächlich angemessene Gegenleistung zu veräußern. Wenn jedoch die bereits bestehenden Regelungen und Schutzmechanismen des WpÜG nicht ausreichen, um das bestehende Pflichtangebot wirksam umsetzen zu können, bedarf es einer weitergehenden Regelung zur Erreichung des beabsichtigten Zwecks. Die Creeping-In Regelung soll primär nicht dazu führen, dass der Bieter mehrere Angebote abgibt, sondern vielmehr sicher stellen, dass der Bieter ein hinreichend angemessenes Angebot an die außenstehenden Aktionäre abgibt, weshalb sie dem Schutz dieser dient.

Einerseits kann ein zeitnaher Erwerb von zusätzlichen Anteilen nach Abgabe des Pflichtangebots Anhaltspunkte für die fehlende Angemessenheit der Gegenleistung bieten. Andererseits ist aber zu beachten, dass die geplante Creeping-In Regelung keine zeitliche Begrenzung enthält, sondern theoretisch auch nach Jahrzehnten noch Anwendung findet, wenn der Bieter weitere Aktien hinzuerwirbt. So ist beispielsweise nicht ersichtlich, warum der Bieter bei einem Paketerwerb nach einigen Jahren erneut den außenstehenden Aktionären die Möglichkeit zum Ausstieg aus der Gesellschaft geben sollte. Vor allem weil diese ihre Beteiligung womöglich erst nach Überschreiten der Kontrollerwerbsschwelle durch den Bieter und damit in Kenntnis der bestehenden kontrollierenden Betei-

---

580 *Meyer* in: Geibel/Süßmann, WpÜG, § 35 Rn. 13 ff.; *Baums/Hecker* in: Baums/Thoma, WpÜG, Vor § 35 Rn. 118 ff.; *Steimeyer* in: Berliner Kommentar, WpÜG, § 35 Rn. 10 ff.; *von Bülow* in: KölnKomm, WpÜG, § 35 Rn. 44, 45; a.A. *Loritz/Wagner*, WM 1991, 709 ff.

ligung erworben haben. Auch bei einem Mehrbezug im Rahmen einer Kapitalerhöhung, der womöglich in einer vollständig anderen Markt- und/oder Unternehmenssituation stattfindet, wäre der Bieter zur Abgabe eines erneuten Pflichtangebots gehalten. Die Rechte des Bieters im Rahmen der Ausübung seines Berufes würden demnach erheblich eingeschränkt.

Trotz erheblicher Bedenken ist angesichts des weiten Ermessensspielraums des Gesetzgebers wohl von der Verfassungsmäßigkeit im engeren Sinne auszugehen.

dd) Ergebnis

Im Ergebnis ist daher nicht von einem Verstoß der geplanten Creeping-In Regelung gegen das Grundrecht der Berufsfreiheit auszugehen, da der dadurch entstehende Eingriff verfassungsrechtlich gerechtfertigt ist.

d) Verstoß gegen Art. 3 Abs. 1 GG

Zutreffend sind zwar die Ausführungen von *Hirte,* wonach die Fälle des Creeping-In bislang nicht von § 35 Abs. 2 WpÜG erfasst sein sollten.[581] Unzutreffend ist jedoch seine Befürchtung, dass in der geplanten Neuregelung eine Ungleichbehandlung unter dem Gesichtspunkt des Art. 3 GG liegen könnte. Art. 3 Abs. 1 GG verbietet eine ungerechtfertigte Ungleichbehandlung.[582] Es gilt der Grundsatz, dass wesentlich Gleiches gleich und wesentlich Ungleiches entsprechend ungleich zu behandeln ist, es sei denn, sachliche Unterschiede rechtfertigen die Ungleichbehandlung.[583] Durch die Einführung einer Creeping-In Regelung werden jedoch keine wesentlich gleichen Sachverhalte ungleich oder wesentlich ungleiche Sachverhalte gleich behandelt. Vielmehr unterliegen alle Aktionäre der Angebotspflicht, die eine Stimmrechtsbeteiligung zwischen 30% und 50% halten und innerhalb von zwölf Monatenn mindestens weitere 2% an Stimmrechten hinzuerwerben. Die Einführung einer Creeping-In Regelung würde gerade nicht zwischen denjenigen differenzieren, die bereits bei Einführung

---

581 *Hirte*, Der Konzern 2010, 599, 601.

582 *BVerfG*, Urt. v. 22.11.2000 = BVerfGE 102, 254; *BVerfG*, Beschl. v. 03.07.2001 = NVwZ 2002, 197; *BVerfG*, Urt. v. 20.04.2004 = BVerfGE 110, 274; *BVerfG*, Beschl. v. 26.10.2004 = BVerfGE 112, 1.

583 *BVerfG*, Beschl. v. 08.10.1997 = BVerfGE 96, 288; *BVerfG*, Beschl. v. 12.09.1995 = NJW 1996, 1049; *BVerfG*, Beschl. v. 03.07.2001 = NVwZ 2002, 197; *BVerfG*, Urt. v. 20.04.2004 = BVerfGE 110, 274.

des WpÜG kein Pflichtangebot abzugeben hatten, und denjenigen, die aufgrund ihrer kontrollierenden Beteiligung ein Pflichtangebot nach dem WpÜG haben abgeben müssen.

Eine Ungleichbehandlung ergibt sich auch nicht daraus, dass diejenigen Aktionäre, die seit Einführung des WpÜG die Kontrollerwerbsschwelle überschritten haben, ein weiteres Angebot bei einem entsprechenden Ausbau ihre Beteiligung abgeben müssen, während denjenigen, die bereits vor dem Inkrafttreten des WpÜG die Schwelle von 30% überschritten hatten, erstmalig und womöglich einmalig ein Angebot abzugeben haben. Denn eine solche vermeintliche Ungleichbehandlung beruht nicht auf der Einführung einer Creeping-In Regelung, sondern vielmehr auf der Tatsache, dass das WpÜG bei seiner damaligen Einführung Altfälle nicht eingeschlossen hat. Die nunmehrige Erfassung von Altfällen im Rahmen einer Creeping-In Regelung würde jedoch keine Ungleichbehandlung zwischen den einzelnen Aktionären begründen. Dass es Fälle geben mag, in denen ein Aktionär bisher kein Pflichtangebot hat abgeben müssen und nunmehr mehr als 50% der Stimmrechte hält und deswegen zu keiner Zeit einer Angebotspflicht unterlegen hat und unterliegen wird, liegt in der Natur der Sache einer neuen Gesetzesregelung und begründet ebenfalls keine gegen Art. 3 GG verstoßende Ungleichbehandlung der Aktionäre.

Ein Verstoß der Creeping-In Regelung gegen Art. 3 Abs. 1 GG ist deshalb nicht erkennbar.

e) Verstoß gegen Art. 2 Abs. 1 GG

Die Creeping-In Regelung könnte des Weiteren einen Verstoß gegen die allgemeine Handlungsfreiheit aus Art. 2 Abs. 1 GG darstellen.

aa) Anwendbarkeit von Art. 2 Abs. 1 GG

Art. 2 Abs. 1 GG enthält den grundrechtlichen Schutz der allgemeinen Handlungsfreiheit und stellt damit eine Generalklausel dar, durch welche Schutzlücken der anderen Grundrechte geschlossen werden sollen. Aus diesem Grund ist Art. 2 Abs. 1 GG subsidiär gegenüber den anderen Grundrechten und kommt als Auffanggrundrecht nur in Betracht, wenn kein Eingriff in den Schutzbereich eines spezielleren Grundrechts vorliegt.[584] Zwar ist ein Eingriff in das speziellere Grundrecht der Berufsausübungsfreiheit zu bejahen. Gleichwohl ist dennoch ein Verstoß gegen Art. 2 Abs. 1 GG zu prüfen, da dieses Grundrecht weitergeht als das des Art. 12 Abs. 1 GG. Denn während von Art. 12 GG lediglich diejenigen Bieter, wie beispielsweise Beteiligungsgesellschaften, erfasst sind, deren berufliche Tätigkeit in dem Auf- und Ausbau von Beteiligungen an börsennotierten Unternehmen besteht, werden von Art. 2 Abs. 1 GG alle Personengruppen erfasst. Damit kommt Art. 2 Abs. 1 GG ein eigener Anwendungsbereich zu.

bb) Schutzbereich des Art. 2 Abs. 1 GG

Art. 2 Abs. 1 GG dient der Persönlichkeitsentfaltung und schützt hierbei umfassend jedes menschliche Tun und Unterlassen, sofern es nicht vom Schutzbereich eines anderen Freiheitsrechts erfasst wird.[585]

cc) Eingriff in Art. 2 Abs. 1 GG

Die Einführung einer Creeping-In Regelung und die damit verbundene Auferlegung eines - weiteren - Pflichtangebots greift in die Vertragsabschlussfreiheit ein.[586] Ein Eingriff in die Vertragsgestaltungsfreiheit erfolgt zwar nicht direkt durch die Verpflichtung zur Abgabe eines Angebots, wohl aber durch die Vorschriften des § 31 WpÜG und der AngebotsVO.

dd) Verfassungsrechtliche Rechtfertigung

Der Eingriff in die allgemeine Handlungsfreiheit durch die Creeping-In Regelung ist jedoch aufgrund der gleichen Erwägungen wie zu Art. 12 Abs. 1 GG verfassungsrechtlich gerechtfertigt.

ee) Ergebnis

Es liegt daher ebenfalls kein Verstoß gegen die allgemeine Handlungsfreiheit vor.

---

[584] *BVerfG*, Urt. v. 16.01.1957 = BVerfGE 6, 32; *BVerfG*, Urt. v. 15.03.1967 = BVerfGE 21, 227; *BVerfG*, Beschl. v. 20.06.1984 = BVerfGE 67, 157; *BVerfG*, Beschl. v. 04.08.2000 = NVwZ 2001, 190.

[585] *BVerfG*, Beschl. v. 21.12.2004 = NJW 2005, 349; *BVerfG*, Beschl. v. 20.06.2002 = NJW 2002, 2378.

[586] *Krause/Pötzsch* in: Assmann/Pötzsch/Schneider, WpÜG, § 35 Rn. 40; *Loritz/Wagner*, WM 1991, 709, 721; *Baums/Hecker* in: Baums/Thoma, WpÜG, Vor § 35 Rn. 125.

f) Verstoß gegen Art. 20 Abs. 3 GG

Im Zusammenhang mit der geplanten Einführung einer Creeping-In Regelung wurde das Problem der Rückwirkung von Gesetzen aus verfassungsrechtlicher Sicht aufgeworfen, jedoch nicht weitergehend erörtert.[587] Aus diesem Grund soll nachfolgend der Inhalt des gesetzlichen Rückwirkungsverbotes dargestellt und überlegt werden, ob eine geplante Creeping-In Regelung tatsächlich gegen das verfassungsrechtliche Rückwirkungsverbot verstoßen würde.

aa) Allgemeine Grundsätze

Art. 103 Abs. 2 GG enthält ein ausdrückliches, im Grundgesetz verankertes, Rückwirkungsverbot. Danach kann eine Tat nur bestraft werden, wenn die Strafbarkeit gesetzlich bestimmt war, bevor die Tat begangen wurde. Allerdings bezieht sich Art. 103 Abs. 2 GG ausschließlich auf Strafgesetze und enthält kein allgemeines Rückwirkungsverbot für Gesetze.[588]

Daraus lässt sich jedoch nicht der Schluss ziehen, dass andere rückwirkende Gesetze unbeschränkt zulässig sind.[589] Vielmehr enthält das in Art. 20 Abs. 3 GG enthaltene Rechtsstaatsprinzip den Grundsatz der Rechtssicherheit, durch welchen das Vertrauen des Bürgers in die Vorgaben des Rechts geschützt werden soll.[590] Es soll sicher gestellt werden, dass das Handeln des Staates für den Bürger vorhersehbar sowie berechenbar und verständlich ist. Andernfalls würde sich der Bürger als Objekt einer willkürlich erscheinenden staatlichen Gewalt empfinden.[591] Das Vertrauen des Bürgers muss sich darauf erstrecken können, dass sein Handeln, welches nach dem im Zeitpunkt des Handelns anwendbaren und gültigen Recht zulässig ist, auch zulässig bleibt. Dieses Vertrauen des Bürgers wird verletzt, wenn an das Handeln des Bürgers nachträglich ungünstigere Rechtsfolgen geknüpft werden, als zu der Zeit, als der Bürger die Handlung vor-

---

[587] Ohne weitere Erläuterungen hierzu *von Falkenhausen*, ZHR 174 (2010), 293, 299; *Hirte*, Der Konzern 2010, 599; *Merkt*, NZG 2011, 561, 568.

[588] *BVerfG*, Urt. v. 24.07.1957 = BVerfGE 7, 89, 95; *BVerfG*, Urt. v. 23.03.1971 = BVerfGE 30, 367, 385; *BVerfG*, Beschl. v. 05.02.2002 = NJW 2002, 3009.

[589] *BVerfG*, Beschl. v. 24.10.1996 = DVBl 1997, 115; *BVerfG*, Beschl. v. 15.10.1996 = BVerfGE 95, 64; *BVerfG*, Beschl. v. 14.10.1997 = BVerfGE 96, 330.

[590] *BVerfG*, Urt. v. 19.12.1961 = BVerfGE 13, 261, 271; *BVerfG*, Urt. v. 24.07.1968 = BVerfGE 24, 75; *BVerfG*, Urt. v. 05.02.2004 = BVerfGE 109, 133, 180; *Huster/Rux* in: Epping/Hillgruber, GG, Art. 20 Rn. 168.

[591] *Grzeszick* in: Maunz/Dürig, GG, Art. 20 Rn. 50.

nahm. Für den Bürger ist ein wesentlicher Teil der Rechtssicherheit gerade der Schutz seines Vertrauens auf die Kontinuität des Rechts.[592]

Der Schutz des Vertrauens auf die Kontinuität des Rechts besteht jedoch nicht uneingeschränkt. Der Bürger kann sich nicht auf Vertrauensschutz berufen, wenn es um Gesetzesänderungen mit Blick auf die Zukunft geht.[593] Der Bürger hat also keinen Abwehranspruch gegen Veränderungen der Rechtslage, sofern sich diese auf die Zukunft beziehen, da er in diesem Fall in der Lage ist, sein Verhalten der geänderten Rechtslage entsprechend anzupassen.[594]

Bei Gesetzesänderungen, die einen in der Vergangenheit liegenden Sachverhalt berühren, kann der Bürger sein Verhalten nicht entsprechend anpassen.[595] Zwar besteht für rückwirkende Gesetze kein generelles Verbot, sie unterliegen aber differenzierten Schranken, durch die die vergangenen Dispositionen des Bürgers geschützt werden sollen.[596]

Fraglich ist deshalb, ob eine Creeping-In Regelung, die nach derzeitigem Vorschlag keine Übergangsregelung für Altfälle enthält, sondern vielmehr am Tage der Verkündung des Gesetzes in Kraft treten soll[597], eine - zulässige - Rückwirkung enthält oder ob es sich bei der Regelung lediglich um eine Änderung der Rechtslage für die Zukunft handelt.

bb) Begünstigende Rückwirkung

Rückwirkungen sind grundsätzlich auch für in der Vergangenheit bereits abgeschlossene Sachverhalte zulässig, sofern sie den Bürger begünstigen.[598] Denn Sinn und Zweck des verfassungsrechtlichen Rückwirkungsverbots ist es, dass der Staatsbürger die belastenden gesetzgeberischen Eingriffe voraussehen und

---

592 *BVerfG*, Urt. v. 19.12.1961 = BVerfGE 13, 261, 271; *BVerfG*, Urt. v. 14.03.1963 = BVerfGE 15, 313, 324; *BVerfG*, Urt. v. 31.03.1965 = BVerfGE 18, 429, 439; *BVerfG*, Urt. v. 02.12.1969 = BVerfGE 27, 231, 238; *BVerfG*, Urt. v. 17.01.1979 = BVerfGE 50, 177, 193.

593 *BVerfG*, Urt. v. 17.07.1974 = BVerfGE 38, 61, 83; *BVerfG*, Urt. v. 30.10.1984 = BVerfGE 68, 193, 222.

594 *Huster/Rux* in: Epping/Hillgruber, GG, Art. 20 Rn. 171; *Grzeszick* in: Maunz/Dürig, GG, Art. 20 Rn. 71.

595 *Huster/Rux* in: Epping/Hillgruber, GG, Art. 20 Rn. 171.

596 *BVerfG*, Urt. v. 30.03.1971 = BVerfGE 30, 367, 385.

597 Gesetzesentwurf der Fraktion der SPD, BT-Drs. 17/3481, Art. 2.

598 *BVerfG*, Beschl. v. 07.02.1968 = BVerfGE, 23, 85, 93.

sich dementsprechend einrichten kann. Ob ein Gesetz begünstigend wirkt, ist jeweils für den konkreten Einzelfall zu ermitteln.

Die vorgeschlagene Creeping-In Regelung stellt keine Begünstigung für den Bieter dar. Vielmehr legt diese Regelung einem Aktionär, der eine kontrollierende Beteiligung hält, im Falle eines Creeping-In die Pflicht eines - weiteren - Angebots an die außenstehenden Aktionäre auf.

cc) Echte Rückwirkung

Nach den vom 1. Senat des *BVerfG* aufgestellten Grundsätzen ist bei für den Bürger belastenden Gesetzen zwischen einer *echten* und einer *unechten* Rückwirkung zu unterscheiden.[599] Der 2. Senat des *BVerfG* unterscheidet hingegen zwischen *tatbestandlicher Rückanknüpfung* und der *Rückbewirkung von Rechtsfolgen.*[600] Da im Ergebnis kein inhaltlicher Unterschied zwischen der Rechtsprechung der beiden Senate besteht[601], soll nachfolgend nur zwischen echter und unechter Rückwirkung unterschieden werden.

Eine echte Rückwirkung von Gesetzen liegt vor, wenn *„ein Gesetz nachträglich ändernd in abgewickelte, der Vergangenheit angehörende Tatbestände eingreift“*.[602] Dies ist grundsätzlich der Fall, wenn die Rechtsfolgen einen Zeitraum betreffen, der vor Verkündung des Gesetzes liegt.[603] Durch den Gesetzgeber *„vordatierte Rechtsnormen“* sind deshalb grundsätzlich nicht mit dem Rechtsstaatsprinzip und dem Schutz des Vertrauens des Bürgers in Einklang zu bringen.[604] Eine echte Rückwirkung ist jedoch zulässig, wenn der Bürger mit der Neuregelung rechnen musste oder diese absehbar war[605], da er sich dann nicht

---

599 *BVerfG*, Beschl. v. 31.05.1960 = BVerfGE 11, 139, 145; *BVerfG*, Beschl. v. 19.12.1961 = BVerfGE 13, 261, 271.

600 *BVerfG*, Beschl. v. 15.01.1992 = NJW 1992, 2877; *BVerfG*, Beschl. v. 07.07.1992 = NVwZ 1992, 1182; *BVerfG*, Beschl. v. 05.02.2002 = NJW 2002, 3009.

601 *BVerwG*, Beschl. v. 29.08.1995 = BVerwGE 99, 133; *BVerfG*, Beschl. v. 05.02.2002 = NJW 2002, 3009.

602 *BVerfG*, Beschl. v. 14.07.1981 = BVerfGE 57, 361, 391; *BVerfG*, Urt. v. 13.05.1986 = BVerfGE 72, 175, 196.

603 *BVerfG*, Beschl. v. 14.05.1986 = BVerfGE 72, 200, 242; *BVerfG*, Urt. v. 03.12.1997 = BVerfGE 97, 67, 78; *BVerfG*, Urt. v. 27.09.2005 = BVerfGE 114, 258, 300.

604 *Huster/Rux* in: Epping/Hillgruber, GG, Art. 20 Rn. 173.

605 *BVerfG*, Urt. v. 03.12.1997 = BVerfGE, 97, 67, 81.

auf ein durch das Rechtsstaatsprinzip gewährleistetes Vertrauen berufen kann.[606] Eine Rückwirkung kann ferner zulässig sein, wenn überragende Gründe des Allgemeinwohls betroffen sind[607], es sich um objektiv geringfügige Belastungen (Bagatellbelastungen) handelt[608] oder wenn ein nichtiges Gesetz durch eine neue Regelung ersetzt wird[609] beziehungsweise die bisherige Rechtsklage unklar oder zweifelhaft war[610].

Demnach ist es Aufgabe des Gesetzgebers, bei der Neufassung von Gesetzen den Vertrauensschutz der betroffenen Bürger im Hinblick auf die gegenwärtige Rechtslage zu berücksichtigen. Es stellt sich deshalb die Frage, ob es sich bei der geplanten Creeping-In Regelung um eine lediglich zukunftsbezogene Regelung handelt oder ob hierin eine echte Rückwirkung enthalten ist, die gegebenenfalls mit dem Vertrauensgrundsatz unvereinbar ist.

Hirte befürchtet in der Regelung des Art. 2 des Gesetzesentwurfs der Fraktion der SPD[611] hinsichtlich des Inkrafttretens einen eventuellen Verstoß gegen das verfassungsrechtliche Rückwirkungsverbot.[612] Ferner ist *von Falkenhausen* der Ansicht, dass die Erstreckung der Angebotspflicht auf Altfälle das verfassungsrechtliche Problem der Rückwirkung aufwirft.[613] *Merkt* vertritt die Auffassung, dass bei einer Creeping-In Regelung zur Regelung von Altfällen das verfassungsrechtliche Verbot der *„echten Rückwirkung“* zu beachten sei, und verweist hierzu auf die Ausführungen von *von Bülow*.[614] *von Bülow* selbst stellt jedoch nicht auf den Fall der geplanten Creeping-In Regelung ab, sondern hat im Rahmen der Einführung des WpÜG erläutert, dass aufgrund des gesetzlichen Rück-

606 *BVerfG*, Urt. v. 19.12.1961 = BVerfGE 13, 261, 272; *BVerfG*, Urt. v. 07.08.1962 = BVerfGE, 14, 288, 298; *BVerfG*, Urt. v. 16.11.1965 = BVerfGE 19, 187, 196; BVerfG, Urt. v. 29.10.1969 = BVerfGE 27, 167, 173.

607 *BVerfG*, Urt. v. 01.07.1953 = BVerfGE, 2, 380, 405; *BVerfG*, Urt. v. 23.03.1971= BVerfGE, 30, 367, 390; *BVerfG*, Urt. v. 14.05.1986 = BVerfGE, 72, 200, 260.

608 *BVerfG*, Beschl. v. 15.10.1996 = BVerfGE 95, 64.

609 *BVerfG*, Urt. v. 14.11.1961 = BVerfGE 13, 215, 224; *BVerfG*, Urt. v. 19.12.1961 = BVerfGE 13, 261, 272; *BVerfG*, Urt. v. 25.06.1974 = BVerfGE 37, 363, 399.

610 *BVerfG*, Urt. v. 23.03.1971 = BVerfGE, 30, 367, 388; *BVerfG*, Urt. v. 22.10.1974 = BVerfGE 38, 128, 137.

611 Gesetzesentwurf der Fraktion der SPD, BT-Drs. 17-3481, Art. 2.

612 *Hirte*, Der Konzern 2010, 599, 601.

613 *Von Falkenhausen*, ZHR 174 (2010), 293, 299.

614 *Merkt* in: Veil (Hrsg.), Übernahmerecht in Praxis und Wissenschaft, 2009, S. 53, 73, 74; mit Verweis auf die Vorauflage *von Bülow* in: KölnKomm, WpÜG, 1. Aufl. 2003, § 35 Rn. 99.

wirkungsverbots § 35 WpÜG und die darin enthaltene Angebotspflicht ausschließlich in Fällen eingreife, in denen nach dem 31. Dezember 2001, also seit Einführung des WpÜG zum 01.01.2002, die Kontrolle über eine Zielgesellschaft erlangt wurde.[615] Darüber hinausgehend greift nach Begründung des Gesetzgebers[616] und einhelliger Auffassung in der Literatur[617] die Angebotspflicht nach § 35 Abs. 2 WpÜG nicht ein, wenn der Bieter die Schwelle von 30% bereits vor Einführung des WpÜG überschritten hat und nach Inkrafttreten des WpÜG seinen Stimmrechtsanteil weiter ausbaut.

aaa) Pflichtangebot bei Altfällen

Der Ansicht von *von Bülow* hinsichtlich der Nichteinbeziehung von kontrollierenden Beteiligungen aus der Zeit vor Inkrafttreten des WpÜG ist zu folgen.[618] Denn würde die Angebotspflicht auch für diejenigen Aktionäre gelten, die zu diesem Zeitpunkt bereits eine Beteiligung von über 30% erworben hatten, läge eine echte Rückwirkung vor, da das WpÜG damit nachträglich ändernd in abgewickelte, der Vergangenheit angehörende Tatbestände eingreifen würde.[619] Diese echte Rückwirkung wäre nicht zu rechtfertigen.

bbb) Pflichtangebot bei Ausbau der Beteiligung

Zutreffend ist ferner, dass sich die Angebotspflicht auch nicht auf die Fälle erstreckt, in denen ein Aktionär zum Zeitpunkt des Gesetzeserlasses bereits die Schwelle von 30% überschritten hatte und im Anschluss seine Beteiligung weiter ausbaut. Denn nach dem Wortlaut des § 35 Abs. 1 S. 1 WpÜG wird die Veröffentlichungs- und Angebotspflicht nur von demjenigen ausgelöst, der die Kontrolle über eine Zielgesellschaft *„erlangt"*. Dies wird durch die eindeutige Intention des Gesetzgebers bestätigt, wonach Fälle des Creeping-In keine Veröffentlichungspflicht nach § 35 Abs. 1 WpÜG und keine Verpflichtung zur Abgabe eines Angebots nach § 35 Abs. 2 WpÜG auslösen, da hier die Kontrolle nicht

---

615 *Von Bülow* in: KölnKomm, WpÜG, 1. Aufl. 2003, § 35 Rn. 99; so auch *Altmeppen*, ZIP 2001, 1073, 1081.

616 Reg. Begr. BT-Drs. 14/7034, S. 59.

617 *Harbarth*, ZIP 2002, 321, 324; *Geibel/Süßmann*, BKR 2002, 52, 62; *von Bülow* in: KölnKomm, WpÜG, 1. Aufl. 2003, § 35 Rn. 99; *Hommelhoff/Witt* in: Haarmann/Hommelhoff/Witt, WpÜG, § 35 Rn. 22.

618 *Von Bülow* in: KölnKomm, WpÜG, 1. Aufl. 2003, § 35 Rn. 99.

619 *BVerfG*, Urt. v. 14.07.1981 = BVerfGE 57, 361, 391; *BVerfG*, Urt. v. 13.05.1986 = BVerfGE 72, 175, 196.

erlangt werde, sondern bereits zuvor bestehe.[620] Der Ausbau einer bereits bestehenden Kontrollposition ist damit von der Angebotspflicht ausgenommen.[621] Aufgrund der klaren Intention des Gesetzgebers verbietet sich mangels planwidriger Regelungslücke auch jegliche Analogie zu § 35 WpÜG für die Ausdehnung der Angebotspflicht auf den Fall des Ausbaus einer bereits bestehenden kontrollierenden Beteiligung.[622] Auch die - wie oben dargestellt - damals bewusste Entscheidung des Gesetzgebers gegen die Einführung einer entsprechenden Creeping-In Regelung[623] führt zur Ablehnung einer Analogie mangels planwidriger Regelungslücke.[624]

Damit ist ein Fall des Creeping-In nach derzeitiger Gesetzeslage nicht von der Angebotspflicht des § 35 Abs. 2 WpÜG erfasst.

ccc) Einführung einer entsprechenden Creeping-In Regelung

Die bisherige Exklusion von Fällen des Creeping-In ist allerdings auf die eindeutige Intention des Gesetzgebers zurückzuführen und lässt nicht zugleich den Schluss zu, dass eine solche Regelung nicht möglich gewesen wäre. Vielmehr wurde die Frage des verfassungsrechtlichen Rückwirkungsverbotes im Rahmen einer Creeping-In Regelung bisher nicht eingehend behandelt.

Zur Beantwortung der Frage, ob die Einführung einer Creeping-In Regelung gegen das Rückwirkungsverbot aus Art. 20 Abs. 3 GG verstößt, sind verschiedene Fallkonstellationen voneinander zu unterscheiden.

(1) Aktionäre unterhalb der Schwelle von 30%

Die erste Gruppe besteht aus denjenigen Aktionären, die bei Einführung der geplanten Creeping-In Regelung weniger als 30% der Stimmrechte halten und mithin noch kein Pflichtangebot abgegeben haben. Diese Gruppe von Aktionären kann bisher keine schützenswerte Vertrauensposition entwickelt haben, da sie jedenfalls beim Überschreiten der Kontrollerwerbsschwelle ein Pflichtange-

---

620 Reg. Begr. BT-Drs. 14/7034, S. 59.

621 *Geibel/Süßmann*, BKR 2002, 52, 62; *Zschocke*, DB 2002, 79, 84; *Altmeppen*, ZIP 2001, 1073, 1081.

622 So auch *Merkt* in: Veil (Hrsg.), Übernahmerecht in Praxis und Wissenschaft, 2009, S. 53, 73.

623 *Zoschke*, DB 2002, 79, 84.

624 Beschlussempfehlung und Bericht des Finanzausschusses, BT-Drs. 14/7477, S. 51.

bot aufgrund der derzeitigen Gesetzeslage abzugeben hätte und dies in Kenntnis einer etwaigen Creeping-In Regelung täte. Der Erwerb einer Position knapp unterhalb der Schwelle von 30% geht dabei über die allgemeine Erwartung, dass das geltende Recht unverändert bleibe, nicht hinaus. Es liegen folglich keine besonderen Momente der Schutzbedürftigkeit vor, aufgrund derer der Gesetzgeber verpflichtet sein könnte, bei der Bestimmung der zukünftigen Voraussetzungen für ein Pflichtangebot auf Erwartungen der Aktionäre bei zurückliegenden Dispositionen Rücksicht zu nehmen.[625] Bei dieser Gruppe von Aktionären läge demnach kein Fall der echten Rückwirkung vor.

(2) Aktionäre oberhalb der Schwelle von 30%

Die zweite Gruppe bilden diejenigen Aktionäre, die bereits die Schwelle von 30% jedoch noch nicht die Schwelle von 50% der Stimmrechte überschritten haben. Auch in dieser Konstellation erscheint fraglich, ob die geplante Gesetzesänderung überhaupt eine Rückwirkung enthält.

(i) Erfassung von Creeping-In-„Altfällen"

Zunächst sind die Fälle zu begutachten, in denen ein Aktionär bei einer möglichen Einführung der Creeping-In Regelung bereits mehr als 30% jedoch nicht mehr als 50% der Stimmrechte hält und innerhalb von zwölf Monatenn bereits weitere 2% der Stimmrechte erworben hat - folglich Fälle, in denen ein Aktionär grundsätzlich die Voraussetzungen der geplanten Creeping-In Regelung erfüllt hätte. Nach Art. 2 des Gesetzesentwurfs werden jedoch nur Sachverhalte erfasst, die nach dem Tage seiner Verkündung liegen.[626] Hierin liegt die Gemeinsamkeit mit der unter Verweis auf *von Bülow* aufgezeigten Problematik einer echten Rückwirkung bei Einführung des Pflichtangebots nach § 35 Abs. 2 WpÜG.[627] Denn würde man die oben genannten Fälle eines in der Vergangenheit erfolgten Creeping-In rückwirkend mit einbeziehen und einer nachträglichen Angebotspflicht unterwerfen, läge ein Verstoß gegen das gesetzliche Rückwirkungsverbot vor, da hierbei in einen in der Vergangenheit bereits abgeschlossenen Sachverhalt auf tatbestandlicher Ebene eingegriffen werden würde. Die geplante Creeping-In Regelung legt die - weitere - Angebotspflicht jedoch nur denjenigen auf,

[625] So *BVerfG*, Beschl. v. 07.07.2010 = BVerfGE 127, 1 ff., zu der Frage der rückwirkenden Verlängerung der Veräußerungsfrist bei Spekulationsgeschäften von zwei auf zehn Jahre.

[626] Gesetzesentwurf der Fraktion der SPD, BT-Drs. 17/3481, S. 2.

[627] *Von Bülow* in: KölnKomm, WpÜG, 1. Aufl. 2003, § 35 Rn. 99.

die nach dem Inkrafttreten der Gesetzesänderung weitere Stimmrechte hinzu erwerben. Eine unzulässige Rückwirkung ist daher nicht zu befürchten.

(ii) Erfassung von „Altfällen" vor Erlass des WpÜG

Die Problematik des gesetzlichen Rückwirkungsverbots nach Art. 20 Abs. 3 GG könnte jedoch auf anderer Ebene zu sehen sein. Denn durch die geplante Gesetzesänderung werden sämtliche Fälle erfasst, in denen eine Beteiligung in dem Bereich zwischen 30% und 50% gehalten wird. Es wird folglich vom Gesetzgeber nicht differenziert, ob es sich um einen Fall in dem Sinne handelt, dass der Bieter noch kein Pflichtangebot abgegeben hat, oder ob es sich um einen solchen handelt, in dem der Bieter aufgrund eines freiwilligen Übernahme- oder eines Pflichtangebots an die außenstehenden Aktionäre die Kontrollerwerbsschwelle überschritten hat und nunmehr einen Stimmrechtsanteil in dem Bereich zwischen 30% und 50% hält.

Handelt es sich um einen klassischen Altfall, also einen Fall, in dem der Aktionär bereits vor Erlass des WpÜG eine kontrollierende Beteiligung hielt, musste dieser nach dem eindeutigen gesetzgeberischen Willen bisher kein Pflichtangebot nach § 35 Abs. 2 WpÜG abgeben. Durch die Einführung einer Creeping-In Regelung wäre ein Aktionär dennoch zur Abgabe eines Angebots verpflichtet, wenn er die Voraussetzungen der Creeping-In Regelung erfüllt. Damit stünde er einer geänderten Rechtslage gegenüber. Allerdings geht die Erwartung eines Aktionärs, auch nach Erlass des WpÜG zu keinem Zeitpunkt von einer Angebotspflicht erfasst zu werden, sofern er seine Beteiligung weiter ausbaut, ebenfalls nicht über die allgemeine Erwartung hinaus, dass sich das geltende Recht nicht ändern werde. Geschützt ist vielmehr nur das Vertrauen des Aktionärs darauf, dass er aufgrund seiner bisherigen, vergangenen Dispositionen keiner Angebotspflicht unterliegt. Dieses Vertrauen wird durch eine zukunftsbezogene Creeping-In Regelung nicht beeinträchtigt.[628] Es muss gerade möglich sein, bisher nicht erfasste Fälle der Angebotspflicht zu unterwerfen, sofern für die Aktionäre die Folgen ihres Handels voraussehbar bleiben. Eine solche Regelung verbietet sich auch nicht deshalb, weil der Gesetzgeber bei Erlass des WpÜG den weiteren Ausbau einer Beteiligung von über 30% nicht hat einbeziehen wol-

---

[628] So *BVerfG*, Beschluss v. 07.07.2010 = BVerfGE 127, 1 ff., zu der Frage der rückwirkenden Verlängerung der Veräußerungsfrist bei Spekulationsgeschäften von zwei auf zehn Jahre.

len. Zwar wurde im Rahmen der Gesetzgebung eine dem Vorschlag der Fraktion der *CDU/CSU* entsprechende Creeping-In Regelung ausdrücklich abgelehnt. Die Ablehnung dieses Vorschlags erfolgte jedoch mit der Begründung, dass ansonsten eine erhebliche Verkomplizierung des Gesetzes eintreten werde, es jedoch Ziel sei, bei der Übernahmegesetzgebung Bürokratie so weit wie möglich zu vermeiden.[629] Diese damaligen Überlegungen führen nicht dazu, dass eine solche Regelung nicht durch eine spätere Gesetzesänderung eingeführt werden könnte, und schaffen somit keinen Vertrauenstatbestand.

(iii) Erfassung von Fällen nach erfolgtem Übernahme- oder Pflichtangebot
Anders könnte das Verbot der echten Rückwirkung jedoch zu beurteilen sein, wenn ein Bieter bereits ein erfolgreiches Übernahmeangebot oder ein Pflichtangebot aufgrund des Erlangens einer kontrollierenden Beteiligung abgegeben hat und nach Erlass einer Creeping-In Regelung den Tatbestand der geplanten Regelung erfüllt.

Nach der derzeitigen Konzeption des WpÜG ist der Bieter bei Überschreiten der Kontrollerwerbsschwelle von 30% gemäß § 35 Abs. 2 WpÜG zur Abgabe eines Angebots verpflichtet. Aus der Systematik des Gesetzes ergibt sich, dass der Bieter, wenn er ein den gesetzlichen Vorgaben entsprechendes Pflichtangebot oder ein erfolgreiches Übernahmeangebot an die außenstehenden Aktionäre abgegeben hat, er von einer Angebotspflicht dauerhaft befreit ist, sofern er nicht nachträglich die Schwelle von 30% unter- und im Anschluss erneut überschreitet. Diese vom Gesetzgeber vorgesehene Folge würde für diejenigen Bieter, die die Kontrollerwerbsschwelle überschritten und ein Angebot abgegeben haben, nachträglich zu deren Lasten verändert, indem ihnen ein erneutes Angebot beim Hinzuerwerb von mindestens 2% weiterer Stimmrechte innerhalb von zwölf Monaten auferlegt würde. Eben in dieser veränderten Folge, dem Wegfall der Befreiung von der Pflicht zur Abgabe eines weiteren Angebots, könnte eine echte Rückwirkung des Gesetzes zu sehen sein. Denn wie bereits ausgeführt, liegt eine echte Rückwirkung von Gesetzen vor, wenn „*ein Gesetz nachträglich ändernd in abgewickelte, der Vergangenheit angehörende Tatbestände eingreift*".[630] Ein solcher Fall wäre jedoch nur dann gegeben, wenn ein Zeitraum

---

[629] Beschlussempfehlung und Bericht des Finanzausschusses, BT-Drs. 14/7477, S. 51.

[630] *BVerfG*, Beschl. v. 14.07.1981 = BVerfGE 57, 361, 391; *BVerfG*, Beschl. v. 13.05.1986 = BVerfGE 72, 175, 196.

betroffen wäre, der vor Verkündung des Gesetzes zur Creeping-In Regelung läge.[631]

Allerdings reicht die sich aus der Gesetzessystematik ergebende Folge nicht zur Begründung eines Vertrauenstatbestandes aus, gegen den eine echte Rückwirkung im Sinne des Art. 20 Abs. 3 GG unzulässig wäre. Zwar sind durch den Gesetzgeber *„vordatierte Rechtsnormen“* grundsätzlich nicht mit dem Rechtsstaatsprinzip und dem Schutz des Vertrauens des Bürgers in Einklang zu bringen.[632] Es handelt sich bei der geplanten Creeping-In Regelung jedoch demgegenüber um eine Regelung, die einen zukünftigen Sachverhalt betrifft, da Ansatzpunkt gerade nicht der in der Vergangenheit erworbene Stimmrechtsanteil ist, sondern vielmehr unter bestimmten Voraussetzungen ein zukünftiger Anteilserwerb des Aktionärs. Es handelt sich im Ergebnis damit nicht um eine *„vordatierte Rechtsnorm“*, da einzige Rechtsfolge des Überschreitens der Kontrollerwerbsschwelle die Pflicht zur Abgabe eines Angebots ist. Die sich aus der Systematik des aktuellen Gesetzes ergebende Folge, dass nach Abgabe eines den Vorschriften des WpÜG entsprechenden Angebots kein weiteres Angebot abzugeben ist, ist lediglich eine mittelbare Folge, deren Veränderung keine verfassungsrechtlich unzulässige Rückwirkung darstellt. Diese von der bisherigen Konzeption des WpÜG abweichende Regelung für die Zukunft ist daher sowohl mit dem Rechtsstaatsprinzip als auch mit dem Schutz des Vertrauens des Bürgers in Einklang zu bringen und stellt keinen Fall der echten Rückwirkung dar. Vielmehr müssen die Betroffenen ab *„dem Tag des Gesetzesbeschlusses [...] mit der Verkündung und dem Inkrafttreten der Neuregelung rechnen; es ist ihnen von diesem Zeitpunkt an zuzumuten, ihr Verhalten auf die beschlossene Gesetzeslage einzurichten“*.[633]

Ob die Einführung der Verpflichtung zur Abgabe eines - weiteren - Pflichtangebots aufgrund eines Creeping-In, welches kostspielig ist und erheblich in die Privatautonomie des Aktionärs eingreift, rechtspolitisch wünschenswert ist, soll an dieser Stelle dahingestellt bleiben. Verfassungsrechtliche Bedenken gegen

---

[631] Vgl. zu der Problematik der Einbeziehung von Zeiträumen vor Verkündung des Gesetzes *BVerfG*, Beschl. v. 14.05.1986 = BVerfGE 72, 200, 242; *BVerfG*, Beschl. v. 03.12.1997 = BVerfGE 97, 67, 78; *BVerfG*, Beschl. v. 27.09.2005 = BVerfGE 114, 258, 300.

[632] *Huster/Rux* in: Epping/Hillgruber, GG, Art. 20 Rn. 173.

[633] *BVerfG*, Urt. v. 03.12.1997 = BVerfGE, 97, 67, 81.

die Einführung der Creeping-In Regelung bestehen im Hinblick auf eine echte Rückwirkung jedoch nicht.

dd) Unechte Rückwirkung

Es könnte sich bei der geplanten Creeping-In Regelung um eine Gesetzesänderung handeln, die eine unechte Rückwirkung enthält.

Von einem grundsätzlich zulässigen Fall einer unechten Rückwirkung spricht das *BVerfG*, wenn eine Regelung einen Sachverhalt betrifft, der in der Vergangenheit begonnen hat, gegenwärtig noch nicht abgeschlossen ist sowie auf Rechtsbeziehungen für die Zukunft einwirkt.[634] Voraussetzung für das Vorliegen einer unechten Rückwirkung ist, dass eine Rechtsposition des Bieters nachträglich entwertet wird[635] beziehungsweise in der Zukunft eintretende Rechtsfolgen von tatsächlichen, bereits in der Vergangenheit begründeten Gegebenheiten abhängig gemacht werden.[636] Für den Bürger bedeutet Rechtssicherheit in erster Linie Vertrauensschutz. Auch bei einer unechten Rückwirkung ist das Vertrauen enttäuscht, wenn das Gesetz einen entwertenden Eingriff vornimmt, mit dem der Berechtigte nicht zu rechnen brauchte, den er also bei seinen Dispositionen nicht berücksichtigen konnte.[637] Liegt eine solche unechte Rückwirkung vor, kommt es deshalb für die Zulässigkeit der Regelung maßgeblich darauf an, ob die Allgemeininteressen an der rückwirkenden Änderung ausnahmsweise die Individualinteressen der Betroffenen am Fortbestand der bisherigen Regelung überwiegen.[638] Entscheidend ist eine Güterabwägung zwischen dem Vertrauen des Bürgers auf den Fortbestand einer gesetzlichen Regelung und der Bedeutung des gesetzgeberischen Anliegens für das Wohl der Allgemeinheit.[639] Eine unechte Rückwirkung eines Gesetzes ist insbesondere dann unzulässig, wenn das Gesetz

---

634 *BVerfG*, Urt. v. 23.03.1971 = BVerfGE 30, 392, 404; *BVerfG*, Urt. v. 09.02.1983 = BVerfGE 63, 152, 175; *BVerfG*, Urt. v. 16.07.1985 = BVerfGE 69, 272, 309; *BVerfG*, Urt. v. 23.11.1999 = BVerfGE 101, 239, 263.

635 *BVerfG*, Beschl. v. 26.06.1979 = BVerfGE 51, 356; *BVerfG*, Urt. v. 16.07.1985 = BVerfGE 69, 272; *BVerfG*, Beschl. v. 13.05.1986 = BVerfGE 72, 14; *BVerfG*, Beschl. v. 08.04.1987 = BVerfGE 75, 246.

636 *BVerfG*, Beschl. v. 14.05.1986 = BVerfGE 72, 200; *BVerfG*, Beschl. v. 11.10.1988 = BVerfGE 79, 29.

637 *BVerfG*, Urt. v. 16.07.1985 = BVerfGE 69, 272.

638 *BVerfG*, Beschl. v. 05.02.2002 = BVerfGE 105, 17; *BVerfG*, Urt. v. 23.11.1999 = BVerfGE 101, 239; *BVerfG*, Beschl. v. 25.05.1993 = BVerfGE 88, 384.

639 *BVerfG*, Urt. v. 11.10.1962 = BVerfGE 14, 288, 299; *BVerfG*, Urt. v. 21.01.1969 = BVerfGE 25, 142, 154.

zur Erreichung des angestrebten Zwecks nicht geeignet, erforderlich oder verhältnismäßig ist.[640]

Auch an dieser Stelle scheiden diejenigen Fälle aus, in denen ein Bieter eine Beteiligung von unter 30% der Stimmrechte hält, da der Aktionär noch keine vertrauenswürdige Position erlangt haben kann.

In Betracht kommt eine unechte Rückwirkung in Bezug auf die Fälle, in denen der Aktionär bereits die Kontrollerwerbsschwelle überschritten sowie ein entsprechendes Pflichtangebot abgegeben hat und derzeit weniger als 50% aller Stimmrechte hält. Eine unechte Rückwirkung läge jedoch nur vor, wenn in der beschriebenen Konstellation ein Sachverhalt zu sehen wäre, der bereits begonnen hat, aber gegenwärtig noch nicht abgeschlossen ist. Die angesprochene Gruppe der Aktionäre hat beim Überschreiten der Schwelle und der damit verbundenen Angebotspflicht darauf vertraut, kein weiteres Angebot abgeben zu müssen. Sie ist ihrer gesetzlichen Pflicht, den außenstehenden Aktionären den Ausstieg aus der Gesellschaft nach dem Erwerb einer kontrollierenden Mehrheit zu ermöglichen, nachgekommen. Dies gilt unabhängig davon, ob der Aktionär dabei nur eine knappe kontrollierende Beteiligung zu günstigen Konditionen erworben[641] oder ob es sich um ein wie von *Hirte* bezeichnetes *„lustloses“* Angebot[642] gehandelt hat. Fraglich ist jedoch, ob in dieser Fallkonstellation, in der bereits ein Angebot abgegeben wurde, in einen Sachverhalt eingegriffen wird, der bereits in der Vergangenheit begonnen hat und noch andauert.

Wie oben bereits dargestellt, löst das Überschreiten der Kontrollerwerbsschwelle die Pflicht zur Abgabe eines Angebots an die außenstehenden Aktionäre aus. Der maßgebliche Sachverhalt beginnt demnach mit dem Überschreiten der Schwelle von 30% der Stimmrechte und ist mit der Erfüllung der daraus resultierenden Pflicht, mithin der Durchführung eines den Vorgaben des WpÜG entsprechenden Angebots, beendet. Folglich sind alle Sachverhalte, in denen ein Aktionär ein Angebotsverfahren durchgeführt hat, bereits beendet und dauern gegenwärtig nicht mehr an. Die bloß mittelbare Folge, dass nach der derzeitigen

---

640 *BVerfG*, Urt. v. 15.10.1996 = BVerfGE 95, 64, 86; *BVerfG*, Urt v. 18.02.1998 = BVerfGE 97, 271, 286; *BVerfG*, Urt. v. 24.03.1998 = BVerfGE 97, 378, 389.
641 *Merkt* in: Veil (Hrsg.), Übernahmerecht in Praxis und Wissenschaft, 2009, S. 53, 70.
642 *Hirte*, Der Konzern 2010, 599, 601.

Gesetzessystematik nur ein Angebot abzugeben ist, spiegelt lediglich die Erwartung des Aktionärs wieder, dass sich die Gesetzeslage zukünftig nicht ändern werde, geht jedoch nicht über das allgemeine Vertrauen darauf hinaus und begründet demnach keinen in der Vergangenheit begonnenen Sachverhalt. Eine unechte Rückwirkung liegt deshalb nicht vor.

g) Ergebnis

Im Ergebnis bleibt festzuhalten, dass eine Creeping-In Regelung in der derzeit geplanten Art und Weise, möge sie eventuell auch rechtspolitisch unerwünscht sein, weder gegen Grundrechte noch gegen das verfassungsrechtliche Rückwirkungsverbot nach Art. 20 Abs. 3 GG verstößt.

7. Kapitalmarktrechtlicher Vertrauensschutz

Hirte geht aus einem weiteren Grund davon aus, dass die geplante Creeping-In Regelung bedenklich sei: „[…] *denn selbst wenn hier (vielleicht) das verfassungsrechtliche Rückwirkungsverbot nicht berührt sein sollte, so geht es doch um das Vertrauen des Kapitalmarkts in den (Fort-)Bestand vorhandener Regeln und damit auch pflichtangebotsfreier Mehrheitspositionen, das nicht ohne Weiteres enttäuscht werden sollte*“. Die Creeping-In Regelung verstoße daher zumindest gegen den „*kapitalmarktrechtlichen Vertrauensschutz*“.[643]

Ein solcher von *Hirte* angesprochener „*kapitalmarktrechtlicher Vertrauensschutz*“ mag zwar eventuell wünschenswert sein. Allerdings handelt es sich hierbei nicht um einen feststehenden Begriff des Kapitalmarktrechts oder einen speziellen Vertrauensgrundsatz im Rahmen des Kapitalmarktrechts, weshalb auch kein besonderes Vertrauen eines Aktionärs mit kontrollierender Beteiligung begründet werden kann. Die teilweise verwendete Begrifflichkeit des Vertrauens der Kapitalanleger in die Funktionsfähigkeit des Kapitalmarkts im Rahmen der Insiderdelikte[644] oder des Verbots der Marktmanipulation[645] entstammen einem anderen Zusammenhang. Der behauptete „*kapitalmarktrechtliche Vertrauensschutz*“ kann daher im Hinblick auf die Änderung des Gesetzes nicht weiter gehen als das gewöhnliche Vertrauen in den Kapitalmarkt sowie das Vertrauen eines Bürgers darauf, dass sich die Gesetzeslage in Zukunft nicht ändern

[643] *Hirte*, Der Konzern 2010, 599, 601, 604.
[644] BT-Drs. 12/6679, S. 33; *Zimmer/Kruse* in: Schwark/Zimmer, WpHG, § 15 Rn. 8.
[645] *Schwark* in: Schwark/Zimmer, WpHG, § 20a Rn. 7.

werde. Es besteht gerade kein uneingeschränkter Vertrauensschutz auf die Kontinuität des Rechts[646] - auch nicht im Rahmen der kapitalmarktrechtlichen Vorschriften. Mithin kann aufgrund des vermeintlichen, „*kapitalmarktrechtlichen Vertrauensschutzes*“ kein Abwehranspruch gegen Veränderungen der Rechtslage, die sich auf die Zukunft beziehen,[647] begründet werden.

8. Rechtsvergleich

Im Rahmen der Einbringung des Gesetzesentwurfs des Landes Nordrhein-Westfalen in den Bundesrat[648] sowie der Fraktion der SPD in den Bundestag[649] im Jahre 2010 wurde zur Begründung einer Creeping-In Regelung angeführt, dass im Unterschied zum deutschen Übernahmerecht fast alle europäische Staaten in Übereinstimmung mit der Richtlinie Regelungen enthielten, mit denen die Aktionäre auch dann wirksam geschützt blieben, wenn ein Erwerber 30% der Stimmrechte erworben habe und diese Beteiligung weiter ausgebaut werde.

Ungeachtet der europa- und verfassungsrechtlichen Möglichkeit der Einführung einer derartigen Regelung in das deutsche Übernahmerecht sowie eines eventuellen rechtspolitischen Bedürfnisses ist der Behauptung, dass „*fast alle*“ europäischen Staaten eine Creeping-In Regelung in ihr Übernahmerecht aufgenommen hätten, zu widersprechen. Denn ausweislich des Berichts der Kommission der Europäischen Gemeinschaft vom 21.02.2007 sahen gerade einmal neun der zu diesem Zeitpunkt insgesamt 25 Mitgliedstaaten[650] eine Regelung hinsichtlich eines weiteren Pflichtangebots beim Ausbau der Beteiligung vor.[651] Innerhalb dieser Rechtsordnungen ist nochmals zu differenzieren zwischen einer Angebotspflicht bei einem Creeping-In und einer Angebotspflicht beim Überschreiten ei-

---

[646] *BVerfG*, Urt. v. 17.07.1974 = BVerfGE 38, 61, 83; *BVerfG*, Urt. v. 30.10.1984 = BVerfGE 68, 193, 222.

[647] *Huster/Rux* in: Epping/Hillgruber, GG, Art. 20 Rn. 171; *Grzeszick* in: Maunz/Dürig, GG, Art. 20 VII Rn. 71.

[648] Gesetzesentwurf des Landes Nordrhein-Westfalen, BR-Drs. 584/2/10.

[649] Gesetzesentwurf der Fraktion der SPD, BT-Drs. 17/3481, S. 3; so auch in dem kurz zuvor gefassten Beschluss des Parteivorstands der SPD vom 25.10.2010: Beschluss des SPD-Parteivorstands v. 25.10.2010 „Lücken im Übernahmerecht schließen - Stärkung einer nachhaltigen Unternehmensführung“, abrufbar unter http://www.spd.de /aktuelles/Pressemitteilungen/5414/20101025_beschluss_uebernahmerecht.html.

[650] Der Bericht umfasste noch nicht die am 01.01.2007 beigetretenen Mitgliedstaaten Rumänien und Bulgarien.

[651] Commission on the European Communities, “Report on the implementation of the Directive on Takeover Bids” vom 21.02.2007, SEC (2007) 268, Annex 2, S. 13, 14.

ner weiteren prozentualen Schwelle. Jedenfalls die Behauptung, dass „*fast alle*" europäischen Staaten eine solche Creeping-In Regelung vorsähen, ist unzutreffend; vielmehr das Gegenteil ist der Fall.[652] *Baums* verweist darauf, dass sogar nur sechs der 25 Mitgliedstaaten über Regelungen verfügten, die sich als gezielte Instrumente gegen „*low balling*"[653] oder den schleichen Aufbau einer absoluten Stimmrechtsmehrheit jenseits der bei 30% aller Stimmen anzunehmenden relativen Mehrheit interpretieren ließen.[654] Diese unterschiedliche Zählweise hängt mit der Frage zusammen, ob eine zweite Schwelle wie beispielsweise 50%, bei deren Überschreiten ein weiteres Pflichtangebot ausgelöst wird, als eine einer Creeping-In Regelung vergleichbare Regelung angesehen wird.

Jedenfalls sehen die Rechtsordnungen der Staaten Frankreich, Finnland, Griechenland, Großbritannien, Irland, Italien, Österreich, Polen und Portugal nach dem Überschreiten der jeweiligen Kontrollerwerbsschwelle ein weiteres Pflichtangebot vor, wenn auch in unterschiedlicher Gestaltung. Auf diese Rechtsordnungen und die unterschiedliche Ausgestaltung der einzelnen Regelungen soll nachfolgend eingegangen werden.

a) Britisches Übernahmerecht

aa) Aufbau des City Code

Der im Jahre 1968 entwickelte City Code regelt das Übernahmerecht in Großbritannien und nach Introduction 3 (a) City Code darüber hinaus auch für das gesamte Vereinigte Königreich.[655]

Der Aufbau des City Code unterteilt sich in allgemeine Leitsätze (*General Principles*) und Definitionen (*Definitions*) sowie die einzelnen Regelungen (*Rules*), die durch nachfolgende Hinweise (*Notes*) erläutert und konkretisiert werden.

---

652 *Cascante/Tyrolt*, AG 2012, 97, 105.

653 Dieser von *Baums* verwendete Begriff bezeichnet ein Übernahmeangebot, bei dem lediglich der Mindestpreis von in der Regel dem gewichteten durchschnittlichen Börsenkurs angeboten und somit „der Ball flach gehalten" wird (ZIP 2010, 2374, 2377, 2382); so bereits *De Angelo* in: Journal of Accounting and Economics, Vol. 3 (1981), S. 113 ff.; siehe hierzu auch *Hitzer/Düchting*, ZIP 2011, 1084 ff.; *Seibt*, ZIP 2012, 1, 7; *Seibt*, CFL 2011, 213, 217; *von Bülow* in: KölnKomm, WpÜG, § 29 Rn. 45 (low ball offer); *Cascante/Tyrolt*, AG 2012, 97, 104.

654 *Baums*, ZIP 2010, 2374, 2378.

655 Abrufbar unter www.thetakeoverpanel.org.uk/.

Zielgesellschaft können nach Introduction 3 (a) City Code sowohl börsennotierte als auch nicht börsennotierte Gesellschaften (*listed and unlisted public companies*) sein. Ferner fallen auch andere Gesellschaften (*private companies*) in den Anwendungsbereich des City Code soweit diese einen Bezug zum Kapitalmarkt aufweisen.

Gerneral Principle 1 stellt den Gleichbehandlungsgrundsatz auf, nachdem alle Anteilseigner derselben Klasse gleich zu behandeln sind, und entspricht damit dem Gleichheitsgrundsatz des § 3 Abs. 1 WpÜG.

bb) Kontrollerwerb und Pflichtangebot

Der City Code definiert die Kontrolle über eine Zielgesellschaft als das Halten von mindestens 30% der Stimmrechte durch den Bieter oder mit ihm gemeinsam handelnder Personen (*persons acting in concert with him*).[656] Nach Rule 2.2 (b), 2.5 (c) sowie Rule 2.9 City Code hat der Bieter die Erlangung der Kontrolle (30%) und die damit verbundene Pflicht zur Abgabe eines Angebots unverzüglich zu veröffentlichen. Die Pflicht zur Abgabe eines Angebots, welches auf den Erwerb aller Aktien der außenstehenden Aktionäre der Zielgesellschaft gerichtet ist, ergibt sich aus Rule 9.1 (a) City Code. Nach Veröffentlichung der Kontrollerlangung sowie der Pflicht zur Abgabe eines Angebots hat der Bieter binnen 28 Tagen eine entsprechende Angebotsunterlage zu unterbreiten, Rule 30.1 (a) i.V.m. Rules 2.2 (b), 2.5 (b) und (c) City Code. Diese Regelungen des City Code entsprechen folglich den Vorschriften der §§ 29 Abs. 2, 35 Abs. 1, Abs. 2, 14, 10 WpÜG. Die beiden Rechtsordnungen sind insoweit vergleichbar.

Über die Pflicht zur Abgabe eines Angebots beim Überschreiten der 30% Schwelle hinaus regelt Rule 9.1 (b) City Code, dass auch derjenige, der bereits 30% aber nicht mehr als 50% der Stimmrechte an der Zielgesellschaft hält und weitere Anteile hinzu erwirbt, also im Falle eines Creeping-In, zur Abgabe eines Pflichtangebots an die außenstehenden Aktionäre verpflichtet ist. Bis zum Jahre 1993 wurde ein solches Pflichtangebot in dem Stimmrechtsbereich zwischen 30% und 50% nur ausgelöst, sofern ein Bieter in einem Zeitraum von zwölf Monatenn mindestens weitere 2% der stimmberechtigten Aktien erwarb. Da dadurch jedoch die Möglichkeit für den Bieter bestand, über einen Zeitraum von

[656] C 6 Definitions *Control*; die Definition des Begriffs Kontrolle ist den *Rules* im City Code vorangestellt.

elf Jahren verteilt die Mehrheit an der Gesellschaft zu erwerben, indem er jeweils innerhalb von zwölf Monatenn immer nur knapp unter 2% der stimmberechtigten Aktien erwarb, wurde der konsequenzlose Zuerwerb weiterer Aktien auf maximal 1% der stimmberechtigten Aktien innerhalb von zwölf Monatenn begrenzt. Im Jahre 1998 wurde die Regelung weiter verschärft, so dass nunmehr jeder Erwerb einer stimmberechtigten Aktie durch einen mit mindestens 30%, aber weniger als 50% beteiligten Aktionär die Pflicht zur Abgabe eines Angebots auslöst. Da jeder weitere Erwerb ein erneutes Pflichtangebot auslöst, wurde folgerichtig auf die Festlegung eines bestimmten Zeitraums für den Hinzuerwerb verzichtet.[657]

Eine Ausnahme von der erneuten Angebotspflicht im Fall eines Creeping-In statuiert Note 11 on Rule 9.1 City Code. Danach kann derjenige, der mehr als 30% der Stimmrechte hält und seinen Anteil reduziert, allerdings nicht unter die Schwelle von 30%, weitere Stimmrechte hinzuerwerben, sofern (a) die Gesamtanzahl der später wieder hinzuerworbenen Stimmrechte innerhalb von zwölf Monatenn nicht mehr als 1% der Gesamtstimmrechte der Zielgesellschaft beträgt und (b) die Gesamtanzahl der vom Bieter gehaltenen Stimmrechte nicht die höchste prozentuale Beteiligung des Bieters binnen der letzten zwölf Monate übersteigt. Wenn diese Voraussetzungen vorliegen, muss der Aktionär trotz des erneuten Hinzuerwerbs kein Pflichtangebot abgeben.

cc) Befreiungsmöglichkeiten

Die Überwachung des Übernahmerechts obliegt dem *Panel on Takeovers and Mergers* (nachfolgend „Panel"). Dem Panel steht die Möglichkeit zu, in zahlreichen Fällen von den Bestimmungen des City Code abzuweichen und somit dem jeweiligen Einzelfall Rechnung zu tragen. So kann das Panel in Ausnahmefällen eine Befreiung von der Angebotspflicht aussprechen, sofern eine Verletzung von Interessen der außenstehenden Aktionäre nicht zu befürchten ist.

Ein Befreiungstatbestand ist beispielsweise in Sanierungsfällen vorgesehen (Notes on Dispensations from Rule 9), sofern das Panel vom Sanierungsbedarf der Zielgesellschaft sowie von der Sanierungsmöglichkeit derselben überzeugt ist. Voraussetzung hierfür ist, dass es sich um eine Sanierungsmaßnahme wie bei-

---

[657] Vlg. hierzu auch *Merkt*, NZG 2011, 561, 563.

spielsweise die Ausgabe neuer Aktien oder eine Vereinbarung mit den Gläubigern über einen Schuldenerlass gegen Aktien handelt.[658]

Auch bei einem entsprechenden Sonderbeschluss mit einer Mehrheit von 3/4 der außenstehenden Aktionäre, also derer, die nicht selbst an der Transaktion beteiligt sind (sog. „*whitewash*“), besteht die Möglichkeit einer Befreiung durch das Panel. Voraussetzung für einen *whitewash* ist, dass die Einzelheiten der geplanten Transaktion allen Aktionären schriftlich mitgeteilt werden (Section 4 (a)-(k) Whitewash Guidance Note). Diese schriftliche Mitteilung ist von dem Panel vorab zu genehmigen (Section 2 (c) Whitewash Guidance Note). Sollte ein entsprechender Sonderbeschluss vorliegen, wird das Panel in der Regel die Befreiung von der Pflicht zur Abgabe eines Angebotes erteilen, da in einem solchen Fall die außenstehenden Aktionäre bewusst, in Kenntnis aller die Transaktion begründenden Umstände, auf die Abgabe eines Pflichtangebots verzichtet haben.[659]

Ferner kann das Panel den Bieter von der Verpflichtung zur Abgabe des Angebots unter der Bedingung des Erwerbs der absoluten Stimmrechtsmehrheit befreien oder Korrekturen bei der Bestimmung der Gegenleistung vornehmen. Dem Panel steht auch die weitreichende Befugnis zu, einzelne Zielgesellschaften ganz aus dem Anwendungsbereich des City Code herauszunehmen.

b) Österreichisches Übernahmerecht

Dem WpÜG entspricht in Österreich das Übernahmegesetz (öÜbG), welches im Jahre 1999 in seiner Ursprungsfassung in Kraft getreten ist.[660] Das öÜbG wird durch zwei Übernahmeverordnungen (öÜbV) ergänzt und konkretisiert.[661] Die Umsetzung der Richtlinie erfolgte in Österreich durch das Übernahmerechts-

---

658 *Zinser*, NZG 2000, 573, 575.

659 *Zinser*, NZG 2000, 573, 574.

660 Österr. BGBl. I Nr. 127/1998; auch abgedruckt bei *Fleischer/Kalss*, Wertpapiererwerbs- und Übernahmegesetz, S. 1028 ff.

661 1. Übernahmeverordnung (1. ÜbV), Veröffentlichungsblatt der Wiener Börse AG vom 11.03.1999, Veröffentlichung Nr. 115 - abrufbar unter: www.takeover.at/Download/VO1.pdf; 2. Übernahmeverordnung (2. ÜbV), Veröffentlichungsblatt der Wiener Börse AG vom 01.03.2000, Veröffentlichung Nr. 90 - abrufbar unter: www.takeover.at/Download/VO2.pdf.

Änderungsgesetz aus dem Jahre 2006.[662] Eine erneute Änderung erfuhr dieses Gesetz durch das Gesellschaftsrechts-Änderungsgesetz von 2007.[663]

Das öÜbG verpflichtet den Bieter beim Halten einer kontrollierenden Beteiligung zur Abgabe eines Pflichtangebots nach § 22 Abs. 1 öÜbG. Danach ist das Pflichtangebot für alle Beteiligungspapiere im Sinne des § 1 Nr. 4 öÜbG der Zielgesellschaft abzugeben und geht somit weiter als § 35 WpÜG, wonach sich die Pflicht nur auf Aktien erstreckt.

aa) Frühere Rechtslage zum Pflichtangebot

In seiner Ursprungsfassung aus dem Jahre 1999, bis zum Erlass des Übernahmerechts-Änderungsgesetz 2006, bezog sich die Pflicht zur Abgabe eines Angebots auf denjenigen Bieter, der eine kontrollierende Beteiligung erlangt hatte, § 22 Abs. 1 öÜbG a.F. Die in § 22 Abs. 1 öÜbG a.F. vorausgesetzte kontrollierende Beteiligung wurde in Abs. 2 a.F. als Beteiligung definiert, die es dem Bieter ermöglicht, einen beherrschenden Einfluss auszuüben.

aaa) Unwiderlegliche Vermutung der Kontrolle

Eine solch kontrollierende Beteiligung, die dem Bieter einen beherrschenden Einfluss ermöglicht, lag nach § 22 Abs. 4 öÜbG a.F. in Form einer unwiderleglichen Vermutung vor, wenn der Beteiligte allein oder gemeinsam mit anderen Rechtsträgern die Voraussetzungen eines der Tatbestände des § 244 Abs. 2 Nr. 1 bis 3 öHGB erfüllte. Daraus ergab sich, dass derjenige die Kontrolle über die Zielgesellschaft hielt, dem die Mehrheit der Stimmrechte der Gesellschaft, das Recht, die Mehrheit der Mitglieder des Verwaltungs-, Leitungs- oder Aufsichtsorgans zu bestellen oder abzuberufen, oder das Recht, einen beherrschenden Einfluss auszuüben, zustand. Nach der bisherigen Regelung wurde folglich (erst) bei einem Beteiligungsbesitz von mehr als 50% der Stimmrechte die Kontrolle unwiderleglich vermutet.[664]

bbb) Widerlegliche Vermutung der Kontrolle

Das öÜbG a.F. enthielt des Weiteren widerlegliche Vermutungen bezüglich eines kontrollierenden Einflusses des Bieters, wobei die näheren Voraussetzungen

---

[662] Österr. BGBl. I Nr. 75/2006.
[663] Österr. BGBl. I Nr. 72/2007.
[664] *Diregger/Winner*, WM 2002, 1583, 1584.

für das Entstehen einer kontrollierenden Beteiligung durch die aufgrund des § 22 Abs. 5 öÜbG a.F. erlassene Übernahmeverordnung konkretisiert wurden. So wurde nach § 2 Abs. 1 öÜbV a.F.[665] vermutet, dass Kontrolle erlangt wurde, wenn der Beteiligte mindestens 30% der ständig stimmberechtigten Aktien erworben hatte. Diese Vermutung konnte nach § 2 Abs. 2 öÜbV a.F. insbesondere dadurch widerlegt werden, dass der Nachweis erbracht wurde, dass ein anderer Aktionär über gleich viele oder mehr Stimmrechte der Zielgesellschaft verfügte.

Aber auch schon bei einer Beteiligung von mindestens 20%, jedoch weniger als 30% der Stimmrechte wurde eine kontrollierende Beteiligung nach § 3 Abs. 1 öÜbV widerleglich vermutet, sofern der Aktionär aufgrund der Höhe seiner Beteiligung bei jeder der letzten drei ordentlichen Hauptversammlungen mehr als die Hälfte der anwesenden oder vertretenen Stimmrechte, folglich die relative Mehrheit, auf der Hauptversammlung gehalten hätte. Diese Vermutung konnte wiederum durch den Nachweis widerlegt werden, dass der Bieter aufgrund seiner Stimmrechtsbeteiligung tatsächlich keine Kontrolle über das Unternehmen ausüben könne. Den dafür notwendigen Nachweis konnte der Aktionär beispielsweise dadurch erbringen, dass ein anderer Aktionär mindestens 10% oder drei andere Aktionäre jeweils mindestens 5% des stimmberechtigten Grundkapitals hielten, § 3 Abs. 2 öÜbG a.F.

bb) Aktuelle Rechtslage in Österreich

Durch das Übernahmerechts-Änderungsgesetz im Jahr 2006 wurden die europarechtlichen Vorgaben in österreichisches Landesrecht umgesetzt.[666] Im Zuge dessen wurden auch die Voraussetzungen für das Bestehen einer kontrollierenden Beteiligung modifiziert. So setzt § 22 Abs. 1 öÜbG weiterhin die Erlangung einer kontrollierenden Beteiligung voraus. Allerdings wurde mit dem neu eingeführten Abs. 2 eine kontrollierende Beteiligung als das Halten von mehr als 30% der Stimmrechte legal definiert. Der österreichische Gesetzgeber hat somit in Abweichung von seiner bisherigen Regelung eine einzige formale Kontrollerwerbsschwelle eingeführt und auf die bisher bestehenden Vermutungsregelungen verzichtet.

---

665 Erste Verordnung der Übernahmekommission vom 9. März 1999 zum Übernahmegesetz (1. Übernahmeverordnung - (1. ÜbV)); auch abgedruckt bei *Fleischer/Kalss*, Wertpapiererwerbs- und Übernahmegesetz, S. 1049 ff.

666 Österr. BGBl. I Nr. 75/2006.

Zur Begründung dieser Änderung führte der österreichische Gesetzgeber an, dass der bisher maßgebliche materielle Kontrollbegriff durch die Einführung eines gesetzlichen Schwellenwertes, der nur noch an den Besitz von 30% der stimmberechtigten Aktien anknüpft, stärker objektiviert werden sollte. Die Vorhersehbarkeit der Konsequenzen von Aktientransaktionen werde somit deutlich verbessert, da bei Erwerb einer unmittelbaren Beteiligung von nicht mehr als 30% der Stimmrechtsanteile jedenfalls kein Pflichtangebot gestellt werden müsse.[667]

Zwar weist der österreichische Gesetzgeber in der Begründung zur Gesetzesänderung darauf hin, dass sich das Übernahmegesetz in seiner siebenjährigen Vollzugspraxis bis zur Änderung durch das Übernahmeänderungsgesetz 2006 grundsätzlich bewährt habe und vielfach gerade seine im Interesse der Einzelfallgerechtigkeit gebotene Flexibilität geschätzt worden sei.[668] Allerdings hat der Gesetzgeber erkannt, dass durch eine solch flexible Regelung zwar den Interessen im Einzelfall angemessen Rechnung getragen werden kann, andererseits die Vorhersehbarkeit der übernahmerechtlichen Folgen sowie die Planungssicherheit bei der Durchführung von Transaktionen von Aktienpaketen erheblich eingeschränkt würde. Auf Einwirken der österreichischen, börsennotierten Aktiengesellschaften sowie deren Interessenvertreter hat sich der österreichische Gesetzgeber dazu entschieden, einen den anderen europäischen Ländern vergleichbaren Schwellenwert in das Gesetz aufzunehmen.[669] Die Rechtssicherheit und -klarheit wurde demnach der Einzelfallgerechtigkeit vorgezogen.

Im Rahmen der Einführung eines formalen Schwellenwerts, einer „*safe-harbor*"-Regelung, bei der die Pflicht zur Abgabe eines Angebots nicht ausgelöst wird, solange sich die Beteiligung unterhalb dieses Wertes bewegt, wurde sowohl ein Schwellenwert von 25% als auch ein Schwellenwert von 30% diskutiert. Der österreichische Gesetzgeber entschied sich für einen Schwellenwert

---

[667] Österr. 1334 der Beilagen XXII. GP - Regierungsvorlage - Materialien (Reg. Begr. zu Übernahmeänderungsgesetz 2006), Vorblatt S. 1.

[668] Österr. 1334 der Beilagen XXII. GP - Regierungsvorlage - Materialien (Reg. Begr. zu Übernahmeänderungsgesetz 2006), Vorblatt S. 2, 3.

[669] Österr. 1334 der Beilagen XXII. GP - Regierungsvorlage - Materialien (Reg. Begr. zu Übernahmeänderungsgesetz 2006), Vorblatt S. 2.

von 30% und beabsichtigte damit explizit eine Nachbildung der Regelung des deutschen § 29 Abs. 2 WpÜG.[670]

In § 24 öÜbG ist eine Ausnahme von der Angebotspflicht vorgesehen, sofern mit dem Halten von 30% der Stimmrechte kein beherrschender Einfluss auf die Zielgesellschaft vermittelt wird oder wenn der Rechtsträger, der den Einfluss bei wirtschaftlicher Betrachtungsweise letztlich ausüben kann, nicht wechselt. Ein beherrschender Einfluss soll trotz des Haltens einer Beteiligung von mindestens 30% nach § 24 Abs. 2 Ziff. 2 öÜbG insbesondere dann fehlen, wenn die gehaltenen Stimmrechte aufgrund der üblichen Anwesenheit der anderen Aktionäre in der Hauptversammlung der Zielgesellschaft dem Bieter nicht die Mehrheit der Stimmrechte vermitteln.

Darüber hinaus sieht das öÜbG eine Creeping-In Regelung vor. Nach § 22 Abs. 4 öÜbG muss derjenige, der die Kontrolle über die Zielgesellschaft hält, also mindestens 30%, aber noch nicht die Mehrheit der Stimmrechte, mithin 50%, ein weiteres Angebot abgeben, sofern er innerhalb von zwölf Monaten mindestens weitere 2% der Stimmrechte hinzu erwirbt. Das Tatbestandsmerkmal des Erwerbs von 2% innerhalb der letzten zwölf Monate bezieht sich hierbei nicht auf das Kalenderjahr, sondern erfordert eine rollierende Betrachtungsweise.[671] Beim Hinzuerwerb von mindestens weiteren 2% ist dies der Übernahmekommission unverzüglich mitzuteilen und innerhalb von 20 Börsentagen ein Pflichtangebot für alle Aktien der Zielgesellschaft an die außenstehenden Aktionäre abzugeben. Seit Einführung der Creeping-In Regelung im Jahre 2006 bis zum Jahr 2009 wurde in Österreich lediglich ein Pflichtangebot aufgrund dieser Creeping-In Regelung abgegeben.[672] In allen anderen Fällen wurde die Stimmrechtsschwelle von 50% entweder bereits im Wege der Kontrollerlangung oder im Rahmen des daraufhin abgegebenen Pflichtangebots überschritten.[673]

Daneben sieht das öÜbG eine dem deutschen Recht ähnliche Nachbesserungspflicht vor. Nach § 16 Abs. 7 öÜbG muss ein Bieter, der innerhalb von neun

[670] Österr. 1334 der Beilagen XXII. GP - Regierungsvorlage - Materialien (Reg. Begr. zu Übernahmeänderungsgesetz 2006), S. 13.

[671] *Diregger/Kalss/Winter* in: MüKo, ÜbG, Rn. 141.

[672] *Weber/Arnold/Oberhofer*, The Supervision of Takeover Matters in the European Union - The Austrian Part, 9/2009, S. 31.

[673] Vgl. http://www.takeover.at/ unter "Übernahmeangebote".

Monaten nach Ablauf der Annahmefrist für das Pflichtangebot Aktien der Zielgesellschaft erwirbt und hierfür eine höhere Gegenleistung als die in der Angebotsunterlage angebotene gewährt oder vereinbart, denjenigen (ehemaligen) Aktionären den Differenzbetrag zahlen, die das Angebot angenommen haben. Eine Ausnahme hiervon besteht bei Ausübung eines gesetzlichen Bezugsrechts oder im Zuge eines Verfahrens nach dem Gesellschafter-Ausschlussgesetz, § 16 Abs. 7 S. 2 öÜbG.[674]

cc) Unterschiede frühere und aktuelle Rechtslage

Nach der Gesetzesänderung des öÜbG knüpft der österreichische Gesetzgeber an die Überschreitung der Stimmrechtsschwelle von 30% jetzt keine widerlegliche Vermutung der Kontrolle mehr, sondern definiert das Halten von 30% der Stimmrechte als Kontrolle über die Zielgesellschaft.

Bemerkenswert ist insbesondere die Änderung des österreichischen Gesetzes dahingehend, dass nunmehr auf eine Kontrollvermutung beim Halten einer geringeren Beteiligung (20-30%) gänzlich verzichtet wurde. Diese Änderung zeigt, dass der österreichische Gesetzgeber das Interesse der Planungssicherheit und Rechtsklarheit höher einstuft als das Interesse an einer einzelfallbezogenen Lösung.

c) Weitere europäische Regelungen

Da sich die anderen europäischen Regelungen, die ein zusätzliches Pflichtangebot beim Ausbau einer kontrollierenden Beteiligung vorsehen, lediglich punktuell von den ausführlich dargestellten Regelungen des City Code und des österreichischen ÜbG unterscheiden, sollen diese im Hinblick auf die jeweilige Pflichtangebotsregeln nachfolgend nur schwerpunktartig dargestellt werden.

aa) Italienisches Übernahmerecht

Das italienische Übernahmerecht sieht ein Pflichtangebot beim Überschreiten einer Kontrollerwerbsschwelle von 30% vor. Ferner verfügt das italienische Recht über eine für das deutsche Recht entsprechend vorgeschlagene Creeping-In Regelung, nach der ein Bieter, der mehr als 30% der Stimmrechte der Zielgesellschaft hält, jedoch noch nicht die Mehrheit der Stimmrechte erreicht hat und

---

[674] Das Gesellschafter-Ausschlussgesetz regelt das Squeeze-Out-Verfahren (vergleichbar mit §§ 327a AktG ff.).

innerhalb von zwölf Monaten mindestens drei weitere Prozent an Stimmrechten erwirbt, verpflichtet ist, ein erneutes Pflichtangebot an die außenstehenden Aktionäre abzugeben.[675]

bb) Französisches Übernahmerecht

Auch das französische Übernahmerecht definiert das Halten von 30% der Stimmrechte als Kontrolle über die Zielgesellschaft und legt beim Überschreiten dieser Schwelle dem Bieter die Pflicht zur Abgabe eines Angebots auf. Die französische Creeping-In Regelung sieht zudem vor, dass ein weiteres Pflichtangebot abzugeben ist, sofern der Bieter die Kontrollerwerbsschwelle überschritten, jedoch noch nicht die Mehrheit an der Gesellschaft erlangt hat, und innerhalb von zwölf Monaten weitere 2% der Stimmrechte hinzuerwirbt. Damit entspricht die französische Regelung sowohl der österreichischen als auch der für das deutsche Übernahmegesetz vorgeschlagenen Creeping-In Regelung.[676]

cc) Griechisches Übernahmerecht

Eine Angebotspflicht beim Überschreiten der Stimmrechtsschwelle von 30% sieht auch das griechische Recht vor. Ferner ist hier das Creeping-In dahingehend geregelt, dass jeder Erwerb von mindestens weiteren 3% der Stimmrechte innerhalb von sechs Monaten bis zum Überschreiten der 50%-Schwelle ebenfalls eine Angebotspflicht auslöst.[677] Mithin enthält diese Rechtsordnung ein deutlich höhere Schwelle, da ein Bieter alle sechs Monate bis zu 2,99% der Gesamtstimmrechte konsequenzlos erwerben kann.

dd) Irländisches Übernahmerecht

Das Übernahmerecht in Irland, das ebenfalls eine Kontrollerwerbsschwelle von 30% festgelegt hat, verlangt nach dem Überschreiten dieser Schwelle bis zur Überschreitung der Schwelle von 50% ein weiteres Pflichtangebot, sofern der

---

675 Art. 106 Testo Unico i.V.m. Art 6 CONSOB-Verordnung.

676 Art. 50 Loi n° 2010-1249 de regulation bancaire et financière; bis zum Jahre 2010 sah der französische Gesetzgeber das Halten von 33% der Gesamtstimmrechte als das Halten einer kontrollierenden Beteiligung an der Zielgesellschaft und damit verbunden die Pflicht zur Abgabe eines Angebots an die außenstehenden Aktionäre an. Seit 01.02.2011 sind wesentliche Änderungen des französischen Rechts in Kraft getreten, wonach insbesondere der Schwellenwert für die Erlangung der Kontrolle gesenkt und eine Creeping-In Regelung in das Gesetz aufgenommen wurde.

677 Vgl. hierzu *Topalidou/Kipriotis*, Country Report Greece, in: The International Comparative Legal Guide to Mergers & Acquisitions 2010, S. 109 (110), sub. 2.1 Nr. 6 b).

Bieter zusätzliche Stimmrechte in Höhe von 0,05% innerhalb von zwölf Monaten erwirbt.[678]

ee) Finnisches Recht

Eine Besonderheit besteht im finnischen Recht. Hier ist ein Pflichtangebot abzugeben, sofern der Bieter die Kontrolle über die Zielgesellschaft erlangt, die wiederum mit dem Halten von 30% der Stimmrechte definiert ist. Das finnische Übernahmerecht sieht ein weiteres Pflichtangebot beim Überschreiten der Schwelle von 50% vor, aber nicht beim Hinzuerwerb weiterer Stimmrechte zwischen diesen beiden Schwellen. Die Pflicht zur Abgabe eines Angebots beim Überschreiten der 50%-Schwelle besteht jedoch auch nur für den Fall, dass nicht bereits ein Pflichtangebot beim Überschreiten der 30%-Schwelle abgegeben wurde. Ziel dieser Regelung ist es, Altfälle sowie Fälle, in denen der Bieter nach dem Überschreiten der Schwelle von 30% zunächst von der Angebotspflicht befreit wurde, zu erfassen.[679]

ff) Portugiesisches Recht

Auch das portugiesische Übernahmerecht sieht vor, dass sowohl das Halten von 1/3 der Stimmrechte als auch das Überschreiten der Schwelle von 50% der Stimmrechte ein Pflichtangebot auslöst. Der Bieter hat jedoch die Möglichkeit, beim Erreichen einer Beteiligung von einem 1/3 der Stimmrechte darzulegen, dass er tatsächlich keine Kontrolle über die Zielgesellschaft ausüben kann.[680] Ist der Bieter demnach von der Angebotspflicht bei Überschreiten der Schwelle von 1/3 der Stimmrechte befreit worden, trifft ihn zumindest beim Erwerb der Mehrheit der Stimmrechte eine Angebotspflicht. Eine solche besteht jedoch nicht bei dem Erwerb weiterer Stimmrechte in dem Bereich zwischen 1/3 der Stimmrechte und 50% der Stimmrechte.

---

678 Rule 9.1 (a), (b) Irish Takeover Rules; Rule 9.1 der Irish Takeover Rules entspricht Rule 9.1 des britischen City Code.

679 *Carlberg/Ollila*, Country Report Finnland, in: The International Comparative Legal Guide to Mergers & Acquisitions 2010, S. 84, sub. 2.1.

680 Commission on the European Communities, "Report on the implementation of the Directive on Takeover Bids" vom 21.02.2007, SEC (2007) 268, Annex 2, S. 13, 14.

gg) Polnisches Übernahmerecht

Das polnische Übernahmerecht sieht eine Angebotspflicht beim Überschreiten der Schwelle von 33% sowie eine weitere beim Überschreiten der Schwelle von 66% vor.[681]

d) Schweizerisches Übernahmerecht

Nach dem schweizerischen Übernahmerecht, dem nicht die Richtlinie zugrunde liegt, muss ein Bieter ein Pflichtangebot abgeben, sofern er Aktien hält, die zusammen den Schwellenwert von 33 1/3% der Stimmrechte überschreiten.[682] Dieser Schwellenwert kann von Zielgesellschaften durch eine entsprechende Satzungsregelung auf bis zu 49% angehoben werden (sog. „*Opting-Up*").[683] Ferner kann gemäß Art. 22 Abs. 2 BEHG die Gesellschaft vor ihrer Kotierung[684] in der Satzung festlegen, dass ein Übernehmer, also ein Bieter, nicht zu einem öffentlichen Kaufangebot nach Art. 32 und 52 BEHG verpflichtet sein soll (sog. „*Opting-Out*").[685] Nach der Kotierung ist eine solche Regelung nur noch möglich, wenn keine Benachteiligung von Aktionären vorliegt.[686]

Zum Einen eröffnet das BEHG daher der Gesellschaft die Möglichkeit, bis zur Börsennotierung den Schutz der Minderheitsaktionäre nach Art. 22 Abs. 2 vollständig auszuschalten.[687] Zum Anderen besteht auch nach erfolgter Börsenzulassung die Möglichkeit, die Voraussetzung für die Pflicht zur Abgabe eines Angebots durch Anheben der Kontrollerwerbsschwelle auf bis zu 49% zu verändern. Bemerkenswert bei diesem Ansatz erscheint, dass die Generalversammlung ihre Beschlüsse, soweit das Gesetz oder die Statuten es nicht anders bestimmen, mit der absoluten Mehrheit der vertretenen Aktienstimmen fasst.[688] Während im deutschen Recht nach § 179 Abs. 2 S. 1 AktG für Satzungsänderungen grund-

---

681 *Merkt*, NZG 2011, 561, 563.

682 Art. 32 Abs. 1 S. 1 BEHG (schweizerisches Bundesgesetz über die Börsen und den Effektenhandel vom 24. März 1995; Stand 01. Januar 2009).

683 Art. 32 Abs. 1 S. 2 BEHG; ablehnend für das deutsche Übernahmerecht: die Mehrheit (71,3%) der durch *Freshfields Bruckhaus Deringer LLP* befragten Experten zur Reform des Übernahmerechts (http://www.freshfields.com/ publications/pdfs/2011/nov11/31663.pdf; siehe auch *Seibt*, ZIP 2012, 1, 7).

684 Gemäß Art. 2 c) BEHG ist die Kotierung die Zulassung zum Handel an einer Haupt- oder Nebenbörse.

685 Art. 22 Abs. 2 BEHG.

686 Art. 22 Abs. 3 BEHG.

687 *Tschäni/Iffland/Diem* in: Watter/Vogt, BEHG, Art. 32 Rn. 19 ff.

688 Art. 703 Obligationenrecht, Dritte Abteilung, Sechsundzwanzigster Titel.

sätzlich eine qualifizierte Mehrheit erforderlich ist, lässt das BEHG im schweizerischen Recht auch hier die absolute Mehrheit der vertretenen Stimmen ausreichen.[689] Geht man davon aus, dass ein Stimmrechtsanteil von 33 1/3% der Stimmrechte in der Schweiz bereits eine kontrollierende Beteiligung darstellt und der Bieter somit auf der Hauptversammlung (Generalversammlung) grundsätzlich die Mehrheit der vertretenen Stimmrechte inne hat, kann dieser durch einen Hauptversammlungsbeschluss die Schwelle zur Abgabe eines Pflichtangebots durch Satzungsregelung auf bis zu 49% anheben und somit ein kurz bevorstehendes Pflichtangebot vermeiden. Allerdings könnten die außenstehenden Aktionäre nach Ansicht von *Hofstetter/Heuberger* durch die Anhebung der Schwelle in ihren Rechten verletzt und dadurch ein Anfechtungsrecht dieser begründet werden.[690]

Nicht zu folgen ist der Ansicht, dass in der umgekehrten Situation, in der ein Aktionär, der die Schwelle von 33 1/3% überschritten, aber noch nicht die satzungsmäßige Schwelle für die Pflicht zur Abgabe eines Übernahmeangebots erreicht hat, bei einem Herabsetzen der Schwelle plötzlich zur Abgabe eines Übernahmeangebots gezwungen wäre.[691] Denn auch nach Art. 32 BEHG ist ein Pflichtangebot nur für den Fall abzugeben, dass der Bieter Beteiligungspapiere „*erwirbt*“. Ein zuvor erfolgter Erwerb bleibt bei einem späteren Absenken der Kontrollerwerbsschwelle unberücksichtigt.

Das schweizerische Übernahmerecht sieht darüber hinaus eine Creeping-In Regelung zur Erfassung von Altfällen vor, indem es demjenigen, der bei Inkrafttreten des BEHG bereits mehr als 33 1/3% der Stimmrechte, aber weniger als 50% der Stimmrechte hielt, bei Überschreiten der Schwelle von 50% der Stimmrechte ein Pflichtangebot auferlegt.[692]

9. Übertragbarkeit einzelner Vorschriften aus anderen Rechtsordnungen

Merkt ist der Ansicht, dass bereits der rechtsvergleichende Befund für eine Creeping-In Regelung spreche, und verweist hierbei auf die Rechtsordnungen in England sowie der Schweiz und Österreich, wo sich eine solch normative Lö-

---

[689] Vlg. auch *Bauen/Bernet*, Schweizer Aktiengesellschaft, S. 19, Rn. 53.
[690] *Hofstetter/Heuberger* in: Watter/Vogt, BEHG, Art. 32 Rn. 65.
[691] *Hofstetter/Heuberger* in: Watter/Vogt, BEHG, Art. 52 Rn. 1.
[692] Art. 52 BEHG.

sung des Problems der Umgehung und des Anschleichens bislang bewährt habe. Im Ergebnis plädiert *Merkt* dafür, dass der Gesetzgeber die Konzeption der §§ 29 Abs. 2, 35 WpÜG um eine Creeping-In Klausel nach österreichischem Vorbild ergänzen solle.[693]

Auch der Gesetzesentwurf der Fraktion der SPD und des Landes Nordrhein-Westfalen zur Einführung einer Creeping-In Regelung mit einer weiteren Angebotspflicht im Falle des Hinzuerwerbs von mindestens 2% der Stimmrechte innerhalb von zwölf Monaten wird damit begründet, dass im Interesse gleicher Wettbewerbsbedingungen in Europa das deutsche Übernahmerecht nicht hinter den Regeln anderer europäischer Staaten zurückbleiben und die bislang bestehende Schutzlücke mit der neuen Vorschrift des § 35 Absatz 4 WpÜG-*E* geschlossen werden solle.[694]

Ferner ist *Hirte* der Auffassung, dass die derzeitige Regelung des WpÜG ungerecht sei und zu Lasten sowohl der Minderheitsaktionäre als auch des Unternehmens gehe, weshalb er eine Reform des Übernahmegesetzes nach englischem Vorbild empfiehlt.[695]

Allerdings lässt sich eine nationale Creeping-In Regelung, wie sie in einem anderen europäischen Mitgliedstaates vorhanden ist, nicht ohne Weiteres in das deutsche Recht „hinein kopieren". Vielmehr ist es notwendig, die gesamte Gesetzessystematik sowie die rechtspolitische Motivation des jeweiligen Gesetzgebers in den Blick zu nehmen.[696] Das punktuelle Herausgreifen einzelner Regelungen aus dem Gesamtzusammenhang der Systematik eines nationalen Übernahmerechts kann nicht zu einem aussagekräftigen Vergleich führen.[697] Vielmehr sind die einzelnen Zusammenhänge miteinander in Verbindung zu bringen und die typischen Gegebenheiten innerhalb des Mitgliedsstaates sowie der Rechtsordnung zu berücksichtigen.

---

[693] *Merkt* in: Veil (Hrsg.), Übernahmerecht in Praxis und Wissenschaft, 2009, S. 72.

[694] Gesetzesentwurf der Fraktion der SPD, BT-Drs. 17/3481, S. 3.

[695] *Frankfurter Allgemeine Zeitung*, 14. Oktober 2010, „*Das Übernahmegesetz gerät unter Feuer*".

[696] So auch *Merkt*, NZG 2011, 561, 566; siehe auch *Zweigert/Kötz*, Einführung in die Rechtsvergleichung, insbesondere § 3, S. 33.

[697] So auch *Baums*, ZIP 2010, 2374, 2378.

a) Vergleich mit Gesetzessystematik des City Code

Die Problematik einer punktuellen Betrachtung einzelner Regelungen soll anhand des City Code veranschaulicht werden. Es soll aufgezeigt werden, warum eine Reform des deutschen Übernahmerechts nach englischem Vorbild beziehungsweise grundsätzlich die Implementierung einer einzelnen Regelung aus einer anderen Rechtsordnung wenig sinnvoll erscheint. Der City Code ist hierfür besonders geeignet, da unter Verweis auf das britische Gesetz häufig die Notwendigkeit einer nationalen Creeping-In Regelung angenommen wird. Ferner kam dem City Code auf europäischer Ebene stets eine Vorreiterrolle zu und er hatte sowohl für den Übernahmekodex als auch für die europäische Richtlinie Vorbildfunktion.[698] Des Weiteren enthält der City Code die „radikalste" Creeping-In Regelung innerhalb der Europäischen Union, wonach jeder weitere Zuerwerb innerhalb des Bereichs von 30% und 50% der Stimmrechte und ohne zeitliche Begrenzung eine Angebotspflicht auslöst; dies ermöglicht eine besonders augenfällige Pointierung der Creeping-In Regelung.

aa) Bedingung des Pflichtangebots

Zwar sieht der City Code, wie auch für das deutsche Recht vorgeschlagen, eine Creeping-In Regelung im Bereich zwischen 30% und 50% der Stimmrechte vor. Allerdings übersehen diejenigen, die die Einführung einer „britischen" Creeping-In Regelung in das deutsche Übernahmerecht fordern, bedeutende Unterschiede zwischen den nationalen Gesetzen. Maßgebliche Unterschiede ergeben sich insbesondere mit Blick auf die Gesetzessystematik sowie die Voraussetzungen für ein Pflichtangebot bei Überschreiten der Kontrollerwerbsschwelle.

Nach Rule 9.3 (a) City Code hat der Bieter, der zum Zeitpunkt des Überschreitens der Kontrollerwerbsschwelle von 30% insgesamt weniger als 50% der Stimmrechte hält, das sich an das Überschreiten der Kontrollerwerbsschwelle anschließende Pflichtangebot unter der Bedingung abzugeben, dass er im Rahmen des Angebots hinreichend viele Stimmrechte erlangt, mit denen er nach Durchführung des Angebots insgesamt mindestens 50% aller Stimmrechte hält. Sollte im Rahmen des Pflichtangebots die Stimmrechtsschwelle von 50% nicht

[698] *Pötzsch* in: Assmann/Pötzsch/Schneider, WpÜG, Einl. Rn. 80; *Krause*, ZGR 2002, 500, 501; *Behrens*, ZGR 1975, 433, 434; *Bess*, AG 1976, 169, 206; *Heinsius* in: Schmitthoff/Goré/Heinsius, Übernahmeangebote im Aktienrecht, S. 35, 58; *Etzbach*, Die Regelung öffentlicher Übernahmeangebote, S. 119 f.; *Immenga*, SAG 1975, 89 f.; *Reul*, Übernahmeangebote in der ökonomischen Analyse, S. 9 f.

überschritten werden, ist der Bieter verpflichtet, sämtliche Annahmeerklärungen der außentstehenden Aktionäre im Rahmen des Pflichtangebots zurückzuschicken und darüber hinaus seine Beteiligung wieder unter die Kontrollschwelle von 30% abzusenken.[699] Nur wenn ein Bieter die Kontrollerwerbsschwelle derart überschreitet, dass ihm, z.B. durch Erwerb eines großen Aktienpakets, vor Abgabe des Angebots bereits mindestens 50% zustehen, gestattet Note 1 on Rule 9.3 City Code, das Pflichtangebot ohne die vorgenannte Bedingung abzugeben.

Diese zwingende Bedingung bei der Abgabe eines Pflichtangebots nach Rule 9.3 City Code führt faktisch dazu, dass ein Bieter nach Durchführung des Pflichtangebots keine Beteiligung zwischen 30% und 50% an der Zielgesellschaft halten kann.[700] Denn entweder erwirbt er im Rahmen des Angebots hinreichend viele Stimmrechte, um die Bedingung der Überschreitung der Schwelle von 50% zu erfüllen, oder aber der Bieter ist gehalten, seinen Stimmrechtsanteil wieder unter die Schwelle von 30% zu reduzieren.

bb) Anwendungsbereich Creeping-In Regelung

Die Systematik des britischen Pflichtangebots hat zur Folge, dass nach Abgabe und Durchführung eines Pflichtangebots bei Überschreiten der Kontrollerwerbsschwelle von 30% die Creeping-In Regelung grundsätzlich keine Anwendung findet. Denn überschreitet ein Aktionär die Kontrollerwerbsschwelle von 30% und erreicht er im Rahmen des abzugebenden Pflichtangebots nicht mindestens 50% aller Stimmrechte, muss er die Annahmeerklärungen der außenstehenden Aktionäre zurück schicken und seine Beteiligung wieder unter die Schwelle von 30% absenken. Somit kommt für diesen Aktionär die Creeping-In Regelung des City Code in diesem Zusammenhang gar nicht zur Anwendung. Diese findet ferner dann keine Anwendung, wenn der Bieter hinreichend viele Stimmrechte erwirbt und die Schwelle von insgesamt 50% aller Stimmrechte überschreitet.

Die Creeping-In Regelung kommt vielmehr nur dort zum Tragen, wo ein Aktionär die Kontrollerwerbsschwelle überschritten hat, jedoch nicht zur Abgabe ei-

---

[699] Vgl. auch *Krause/Pötzsch* in: Assmann/Plötzsch/Schneider, WpÜG, § 35 Rn. 281 und *Zinser*, NZG 2000, 573, 574.

[700] *Zinser*, NZG 2000, 573, 574; *Pearson*, Mandatory and voluntary offers and their terms, in: Button/Bolton, A Practioner's guide to the City Code on Takeovers and Mergers, 1998, S. 105.

nes Angebots verpflichtet gewesen ist. Dies kann beispielsweise aufgrund einer durch das Panel ausgesprochenen Befreiung der Fall sein. Alternativ greift die Creeping-In Regelung beispielsweise ein, wenn der Bieter zunächst mehr als 50% der Stimmrechte hielt und aufgrund eines Absenkens seiner Beteiligung nunmehr eine Beteiligung in dem Bereich zwischen 30% und 50% der Stimmrechte hält. Nur in einer solchen Konstellation ist überhaupt das Halten einer Beteiligung im Bereich zwischen 30% und 50% der Stimmrechte denkbar, weshalb nur in einer solchen Konstellation die Creeping-In Regelung zum Tragen kommt.

cc) Zwischenergebnis

Daraus folgt, dass die beiden Regelungen zur Abgabe eines Pflichtangebots nicht nebeneinander, sondern nur alternativ Anwendung finden können. Der Fall des späteren Unterschreitens der 50%-Schwelle ist dabei außen vorzulassen, da auch nach dem deutschen Recht die Pflicht zur erneuten Abgabe eines Angebots besteht, wenn der Bieter seine Beteiligung unter die Kontrollerwerbsschwelle absenkt und im Anschluss wieder überschreitet. Nach dem britischen Recht ist deshalb im Ergebnis grundsätzlich auch nur ein Pflichtangebot abzugeben. Da aber im deutschen Recht keine Bedingung des Pflichtangebots vorgesehen ist, nach welcher mindestens 50% der Stimmrechte erreicht werden müssen, scheidet auch die Reform des deutschen Übernahmerechts entsprechend des englischen Vorbilds durch Implementierung einer Creeping-In Regelung aus.

b) Ergebnis

Im Ergebnis ist deshalb festzuhalten, dass eine punktuelle Übertragung einzelner Vorschriften aus anderen Rechtsordnungen nicht ohne Weiteres möglich und sinnvoll ist. Es muss vielmehr auf die Intention der jeweiligen nationalen Gesetzgeber und den mit der Regelung verbundenen Zweck eingegangen werden. Ob eine solche Creeping-In Regelung auch für das deutsche Recht sinnvoll und rechtspolitisch wünschenswert sein könnte, ist deshalb grundsätzlich unabhängig von den in anderen europäischen Ländern vorhandenen Regelungen zu untersuchen.

10. Bedürfnis nach einer Creeping-In Regelung

Ungeachtet dessen, dass eine Creeping-In Regelung europa- und verfassungsrechtlich zulässig sowie in einigen anderen europäischen Ländern vorhanden ist, stellt sich weiter die Frage, ob eine entsprechende Regelung für das deutsche Übernahmerecht erforderlich oder zumindest sinnvoll erscheint oder ob vielmehr die bestehenden Schutzmechanismen und einzelnen Normen des WpÜG den außenstehenden Aktionären bereits ausreichend Schutz bieten.

Gerade die Übernahmebeispiele ACS/Hochtief sowie Deutsche Bank/Postbank lassen vermuten, dass ein weiteres Pflichtangebot oberhalb der bereits vorgesehenen Kontrollerwerbsschwelle wünschenswert sein könnte, um den außenstehenden Aktionären den Ausstieg aus der Gesellschaft zu einer angemessenen Gegenleistung zu ermöglichen. So ist Ziel des Gesetzesentwurfs der Fraktion der SPD, durch eine Creeping-In Regelung Übernahmekonzepte von Bietern zu vermeiden, die darauf setzen, unter Ausnutzung ungünstiger Durchschnittskurse ein wenig attraktives Übernahmeangebot abzugeben und nachfolgend - frei von weiteren Verpflichtungen zu fairen Angeboten - die Beteiligung weiter ausbauen zu können. Bei Vorhandensein einer Creeping-In Regelung würden Bieter sich in der Regel von vornherein bemühen, ihr Angebot so auszugestalten, dass sie die Mehrheit der Stimmrechte erreichen können. Dies gelte umso mehr, als weitere Pflichtangebote wirksam verhindern würden, dass der Aktienkurs im Lichte der Kontrolle durch den Erwerber sinke und so ermögliche, die Beteiligung besonders günstig auszubauen. Die Verpflichtung zu weiteren Pflichtangeboten beuge solchen Übernahmekonzepten vor und fördere von vornherein faire Übernahmeangebote. Auch im Interesse gleicher Wettbewerbsbedingungen in Europa sollte das deutsche Übernahmerecht nicht hinter den Regeln anderer europäischer Staaten zurückbleiben und die bislang bestehende Schutzlücke mit der neuen Vorschrift des § 35 Absatz 4 WpÜG-*E* geschlossen werden.[701]

a) Creeping-In Regelung trotz Finanzierungsbestätigung

Auf die Forderung der Fraktion der SPD nach einer gesetzlichen Creeping-In Regelung mit dem Ziel, eine europaweit einheitliche Regelung zu schaffen, verwiesen die Koalitionsfraktionen aus CDU/CSU und FDP darauf, dass, wenn man diese Begründung ernst nehme, dann auch ein EU-weit konsistentes *Level Playing Field*[702] geschaffen werden müsse, indem sich beispielsweise auch an EU-Staaten angepasst werde, in denen Übernahmen nicht unter dem Vorbehalt der Prüfung der Finanzierbarkeit durch die Aufsichtsbehörden stünden. Eine se-

---

[701] Gesetzesentwurf der Fraktion der SPD v. 27.10.2010, BT-Drs. 17/3481, S. 3.

[702] Zur Definition des „*Level Playing Field*" vgl. Fn. 70.

lektive Forderung nach Schaffung eines *Level Playing Field* sei nicht hinnehmbar.[703]

Auch *von Falkenhausen* ist der Ansicht, dass die Regelung zum Creeping-In aus dem britischen City Code unter anderem deshalb nicht in das deutsche Recht übertragen werden könne, da das britische Recht entgegen dem deutschen Übernahmerecht keine Finanzierungsbestätigung erfordere.[704]

Fraglich ist daher, ob das Erfordernis einer Finanzierungsbestätigung im deutschen Übernahmerecht ein geeignetes Argument zur Ablehnung der Einführung einer Creeping-In Regelung ist.

aa) Europarechtliche Vorgaben

aaa) Vorgaben der Richtlinie

Art. 3 Abs. 1 e) der Richtlinie verlangt, dass ein Bieter vor der Ankündigung eines Angebots sicherzustellen hat, dass er die gegebenenfalls als Gegenleistung gebotenen Geldleistungen in vollem Umfang leisten kann und alle gebotenen Maßnahmen zu treffen hat, um die Erbringung aller sonstigen Arten von Gegenleistungen zu garantieren. Darüber hinaus verlangt Art. 6 Abs. 3 l) der Richtlinie, dass die vom Bieter zu erstellende Angebotsunterlage Angaben zur Finanzierung des Angebots enthalten muss.

Eine Finanzierungsbestätigung durch einen Dritten oder eine spezifische Sicherstellung durch den Bieter selbst ist nach der Richtlinie jedoch nicht zwingend erforderlich.[705]

---

[703] Bericht des Finanzausschusses v. 10.02.2011 zu dem Gesetzesentwurf der Fraktion der SPD - BT-Drs. 17/3481, S. 16; darüber hinaus befürwortet eine deutliche Mehrheit der zur Reform des Übernahmerechts durch *Freshfields Bruckhaus Deringer LLP* befragten Experten eine noch weitergehende Herstellung gleicher Wettbewerbsbedingungen innerhalb der EU (http://www.freshfields.com/publications/pdfs/2011/nov11/31663.pdf; siehe auch *Seibt*, ZIP 2012, 1, 5).

[704] *Von Falkenhausen*, ZHR 174 (2010), 293, 301.

[705] *Vogel* in: FrankfurterKomm, WpÜG, § 13 Rn. 17; *Marsch-Barner* in: Baums/Thoma, WpÜG, § 13 Rn. 9.

bbb) Zulässigkeit einer Finanzierungsbestätigung

Mit dem Erfordernis einer Finanzierungsbestätigung nach § 13 Abs. 1 S. 2 WpÜG durch ein vom Bieter unabhängiges Wertpapierdienstleistungsunternehmen geht der deutsche Gesetzgeber über die Vorgaben der Richtlinie hinaus.[706]

Wie oben bereits ausgeführt, setzt die Richtlinie entsprechend Art. 3 Abs. 2 a) einen Mindeststandard für die Regelung von Übernahmeangeboten, der nicht unterschritten werden darf.[707] Aufgrund des Art. 3 Abs. 2 b) der Richtlinie haben die Mitgliedstaaten allerdings die Möglichkeit, zur Beachtung der in der Richtlinie aufgestellten Grundsätze „*zusätzliche und strengere Bestimmungen*" als in der Richtlinie vorgegeben vozusehen.[708] Entscheidend ist demnach, ob eine Finanzierungsbestätigung der Umsetzung der Richtlinie dient.

Die Regelung soll dazu dienen, unseriöse Angebote, die wirtschaftlich nicht erfüllt werden können, zu verhindern.[709] Das abgestufte System des § 13 WpÜG soll die außenstehenden Aktionäre davor schützen, dass der Bieter die angebotene Gegenleistung nicht erfüllen kann.[710] Somit soll durch das Verlangen nach einer Finanzierungsbestätigung eine Verbesserung des Schutzes der außenstehenden Aktionäre im Fall eines kontrollierenden Einflusses durch den Bieter erreicht und damit der Zweck des Art. 3 Abs. 2 a) der Richtlinie umgesetzt werden. Das Erfordernis einer Finanzierungsbestätigung geht damit über den von der Richtlinie geforderten Mindeststandard in europarechtskonformer Weise hinaus.

ccc) Ergebnis

Im Ergebnis ist die in § 13 Abs. 1 S. 2 WpÜG geforderte Finanzierungsbestätigung richtlinienkonform.

---

706 *Marsch-Barner* in: Baums/Thoma, WpÜG, § 13 Rn. 9; *Vogel* in: FrankfurterKomm, WpÜG, § 13 Rn. 16; *Vogel*, ZIP 2002, 1421, 1421.

707 Vgl. auch *Mülbert*, NZG 2004, 633, 635.

708 *Kalss* in: Baums/Cahn, Die Umsetzung der Übernahmerichtlinie in Europa, S. 29, *Der Anpassungsbedarf im österreichischen Übernahmerecht zur Übernahmerichtlinie*.

709 *Süßmann* in: Geibel/Süßmann, WpÜG, § 13 Rn. 1; *Liebscher*, ZIP 2001, 853, 863.

710 *Steinhardt* in: Berliner Kommentar, WpÜG, § 13 Rn. 2; *Marsch-Barner* in: Baums/Thoma, WpÜG, § 13 Rn. 1; *Sohbi* in: Heidel, WpÜG, § 13 Rn. 1.

bb) Argument einer fehlenden Finanzierungsbestätigung

Fraglich ist ferner, ob eine Regelung über das Erfordernis einer Finanzierungsbestätigung der Einführung einer Creeping-In Regelung entgegensteht beziehungsweise, ob eine Creeping-In Regelung nur dort Sinn macht, wo eine Finanzierungsbestätigung gesetzlich nicht geregelt ist.

aaa) Regelung in Großbritannien

Zunächst ist festzuhalten, dass die von *von Falkenhausen* vertretene Ansicht, dass das britische Übernahmerecht nicht über das Erfordernis einer Finanzierungsbestätigung verfüge und bereits unter anderem deshalb im deutschen Übernahmerecht eine Creeping-In Regelung abzulehnen sei,[711] unzutreffend ist.

Denn nach Rule 2.5 (a) City Code soll ein Angebot nur angekündigt werden, „*when an offeror has every reason to believe that it can and will continue to be able to implement the offer*". Folglich muss der Bieter davon überzeugt sein, dass er das angekündigte Angebot auch erfüllen kann. Da es hierbei nach dem City Code auf den Zeitpunkt *vor* Abgabe des Angebots ankommt, entspricht diese Regelung inhaltlich den Vorgaben des Art. 3 Abs. 1 e) der Richtlinie.[712] Ferner schreibt Rule 2.5 (c) City Code vor, dass „*where the offer is for cash, or includes an element of cash, the announcement must include confirmation by the financial adviser or by another appropriate third party that resources are available to the offeror sufficient to satisfy full acceptance of the offer*". Dies bedeutet, dass auch nach dem britischen Recht das Angebot eines Bieters die Bestätigung eines geeigneten Dritten enthalten muss, dass der Bieter über ausreichend finanzielle Mittel zur vollständigen Erfüllung des Angebots verfügt. Diese im City Code enthaltene Regelung zum Erfordernis einer Finanzierungsbestätigung sowie die entsprechende österreichische Regelung in § 4 Nr. 1 öÜbG a.F. waren sogar Vorbild für die deutsche Regelung in § 13 Abs. 1 S. 2 WpÜG.[713]

Der einzige inhaltliche Unterschied zu der Regelung des § 13 WpÜG besteht darin, dass nach dem City Code kein direkter Anspruch der außenstehenden Aktionäre gegen den „*financial advisor*" besteht, sondern dieser nur verpflichtet ist,

---

[711] *Von Falkenhausen*, ZHR 174 (2010), 293, 301.

[712] Anders hingegen § 13 Abs. 1 S. 1 WpÜG, der zwar den gleichen Schutz der außenstehenden Aktionäre bietet, jedoch gegen die europarechtlichen Vorgaben verstößt (vgl. 1. Teil, II, 7.).

[713] Reg. Begr. BT-Drs. 14/7034, S. 44.

dem Bieter die erforderlichen Finanzmittel zur Erfüllung seiner Verpflichtung aus dem Angebot zur Verfügung zu stellen.[714]

Demnach verlangen beide Rechtsordnungen eine, von der Richtlinie nicht geforderte[715], Finanzierungsbestätigung. Das biritsche Recht verfügt deshalb sowohl über das Erfordernis einer Finanzierungsbestätigung als auch über eine Creeping-In Regelung.

bbb) Unterschiedliche Schutzrichtungen

Ferner führt das Vorhandensein des Erfordernisses zur Vorlage einer Finanzierungsbestätigung nicht dazu, dass es bereits deshalb einer Creeping-In Regelung nicht bedarf und umgekehrt. Denn mit dem Erfordernis einer Finanzierungsbestätigung wird ein anderer Zweck als mit der Einführung einer geplanten Creeping-In Regelung verfolgt.

Nach der Intention des Gesetzgebers ist Sinn und Zweck der Finanzierungsbestätigung durch ein unabhängiges Wertpapierdienstleistungsunternehmen sicherzustellen, dass der Bieter alle erforderlichen Maßnahmen getroffen hat, um die Ansprüche bei Fälligkeit der Geldleistung erfüllen zu können.[716] Denn die Fähigkeit des Bieters, den Erwerb der Wertpapiere der Zielgesellschaft auch tatsächlich finanzieren zu können, ist von entscheidender Bedeutung für die Seriosität des Angebots. Des Weiteren dient diese Regelung insbesondere dem Schutz der Integrität des Kapitalmarkts und damit zugleich dem Schutz der außenstehenden Aktionäre, die darauf vertrauen, dass bei Fälligkeit der Gegenleistung diese auch in vollem Umfang geleistet werden kann.[717] Eine Finazierungsbestätigung dient mithin der Erfüllbarkeit des Angebots.

Die Creeping-In Regelung soll hingegen zur Verhinderung der Umgehung der Angemessenheit der Gegenleistung im Rahmen der Angebotspflicht und der damit verbundene Ungleichbehandlung der außenstehenden Aktionäre im Ver-

---

[714] *Krause* in: Assmann/Pötzsch/Schneider, WpÜG, § 13 Rn. 134; *Möllers* in: KölnKomm, WpÜG, § 13 Rn. 20; a.A. *Vogel* in: Haarmann/Riehmer/Schüppen, WpÜG, § 13 Rn. 12.

[715] *Marsch-Barner* in: Baums/Thoma, WpÜG, § 13 Rn. 9.

[716] Reg. Begr. BT-Drs. 14/7034, S. 44.

[717] *Steinhardt* in: Berliner Kommentar, WpÜG, § 13 Rn. 2; *Marsch-Barner* in: Baums/Thoma, WpÜG, § 13 Rn. 1; *Krause* in: Assmann/Pötzsch/Schneider, WpÜG, § 13 Rn. 3; *Wackerbarth* in: MüKo, WpÜG, § 13 Rn. 1.

gleich mit Paketaktionären dienen.[718] Es sollen also die Fälle erfasst werden, in denen ein Bieter einen günstigen Börsenkurs durch Abgabe eines freiwilligen Übernahmeangebotes ausnutzt und ein für die außenstehenden Aktionäre wenig attraktives Angebot unterbreitet, dass dazu dienen soll, die *„lästige“* Angebotspflicht zu erfüllen. Es soll nach Ansicht von *Merkt* verhindert werden, dass die Minderheit in einem Zeitpunkt, in dem eigentlich noch gar kein Kontrollwechsel stattfände, in geringem Umfang *„entschädigt“* werde, während sie in jenem Zeitpunkt, in dem der Kontrollwechsel stattfände, gerade nicht entschädigt werde.[719] Ziel ist folglich die Vermeidung des Problems, dass ein Bieter in derartigen Fällen regelmäßig nicht am Erwerb aller Anteile, sondern am Erwerb lediglich hinreichend vieler Anteile zur Überschreitung der Kontrollschwelle interessiert ist. Es soll die Ausnutzung eines für die außenstehenden Aktionäre ungünstigen Kursverlaufs und damit verbunden ein wenig attraktives Übernahmeangebot vermieden werden.[720] Folglich dient eine Creeping-In Regelung der Sicherung einer angemessenen Höhe der Gegenleistung im Rahmen des Angebots.

Mithin werden mit der Finanzierungsbestätigung und der Creeping-In Regelung zwei unterschiedliche Regelungszwecke verfolgt. Zwar ist beiden Regelungselementen gemeinsam, dass sie dem Schutz der außenstehenden Aktionäre zu dienen bestimmt sind. Während es jedoch bei der Finanzierungsbestätigung darum geht, sicherzustellen, dass der Bieter bei Fälligkeit die Gegenleistung auch tatsächlich erbringen kann, zielt die Creeping-In Regelung vielmehr auf die Angemessenheit der Gegenleistung ab. Der Behauptung, dass eine Creeping-In Regelung deshalb abzulehnen sei, da das deutsche WpÜG über das Erfordernis einer Finanzierungsbestätigung verfüge, ist deshalb zu widersprechen.

b) Creeping-In Regelung zur Regelung von Altfällen

Eine Creeping-In Regelung könnte erforderlich sein, um Altfälle zu erfassen, also die Fälle, die bei Einführung des WpÜG im Jahre 2002 nicht von der Angebotspflicht erfasst waren, da bereits vor Inkrafttreten des Gesetzes eine kontrollierende Beteiligung von mehr als 30% der Stimmrechte bestand. Wenn diese

---

718 Von Falkenhausen, ZHR 174 (2010), 293, 299; *Merkt* in: Veil, Übernahmerecht in Praxis und Wissenschaft, 2009, 59, 72; *Diregger/Kalss/Winner* in: MüKo, WpÜG, ÜbG, Rn. 139; *Baier*, „Creeping in“ - Der Ausbau einer kontrollierenden Beteiligung im Sinne des Übernahmerechts, 2002, Kapitel VII.

719 *Merkt*, NZG 2011, 561, 562.

720 Gesetzesentwurf der Fraktion der SPD, BT-Drs. 17/3481, S. 3.

Aktionäre vor Inkrafttreten des WpÜG mehr als 30% aber insgesamt weniger als 50% der Stimmrechte hielten, waren sie weder von der Angebotspflicht des WpÜG erfasst, noch zuvor nach dem Übernahmekodex zur Abgabe eines Angebots verpflichtet. Diesen Aktionären steht es demnach frei, weitere Stimmrechte an der Gesellschaft zu erwerben, ohne ein Pflichtangebot abgegeben zu haben beziehungsweise abgeben zu müssen.

aa) Vorschlag einer weiteren Angebotspflicht für das WpÜG

Die Idee, unter bestimmten Voraussetzungen ein weiteres Pflichtangebot vorzusehen, wurde bereits vor der Einführung des WpÜG im Rahmen der Einbeziehung von „Altfällen“ diskutiert. So hatten im Jahre 2002 *Zietsch/Holzborn* vorgeschlagen, eine weitere Kontrollschwelle von 50% in das WpÜG aufzunehmen, um die Umgehung eines Pflichtangebots im Rahmen von „Altfällen“ auszuschließen. Die Lösung dieses Problems sahen die Autoren in der Einführung einer weiteren Kontrollerwerbsschwelle von 50%. Bei Überschreiten dieser zusätzlichen Schwelle sollte der Bieter verpflichtet sein ein Pflichtangebot abzugeben, sofern dieser nicht bereits zuvor ein Pflichtangebot nach Überschreiten der Kontrollerwerbsschwelle von 30% gemäß § 35 Abs. 2 S. 1 i.V.m. § 29 Abs. 2 WpÜG hat abgeben müssen.[721] Ziel dieser Idee war es, dass der Bieter im Rahmen von Altfällen in der Übergangszeit auf jeden Fall zur Abgabe eines Angebots verpflichtet und so eine Umgehung der Angebotspflicht verhindert werden sollte.

Ebenfalls zur Regelung von Altfällen, jedoch einen anderen Anstaz verfolgend, hatte die Fraktion der *CDU/CSU* im Rahmen des Gesetzgebungsverfahrens des WpÜG beantragt, die Einführung von Pflichtangeboten für eben diejenigen zu erweitern, die bereits die Kontrollerwerbsschwelle von 30% überschritten haben und innerhalb eines Kalenderjahres mindestens weitere 2% der Stimmrechte einer Zielgesellschaft erwerben. Dabei wurde ausdrücklich darauf hingewiesen, dass dieser Antrag Übergangsfälle erfassen sollte.[722] Der Antrag wurde von *SPD/Bündnis 90/Grüne* und auch der *FDP* unter Hinweis auf eine dadurch eintretende, erhebliche Verkomplizierung des Gesetzes abgelehnt. Ziel sei es viel-

---

[721] *Zietsch/Holzborn,* WM 2001, 1753, 1755.

[722] Beschlussempfehlung und Bericht des Finanzausschusses, BT-Drs. 14/7477, S. 51.

mehr, bei der Übernahmegesetzgebung Bürokratie so weit wie möglich zu vermeiden.[723]

bb) Creeping-In Regelung nach österreichischem Recht

Das österreichische Recht sieht seit dem Jahre 2006 eine im Gesetz verankerte Creeping-In Regelung vor. So muss nach § 22 Abs. 4 öÜbG derjenige, der die Kontrolle über die Zielgesellschaft hält, also mindestens 30%, aber noch nicht die Mehrheit der Stimmrechte hält, mithin 50%, ein weiteres Übernahmeangebot abgeben, sofern er innerhalb von zwölf Monatenn mindestens weitere 2% der Stimmrechte hinzu erwirbt. Das Tatbestandsmerkmal des Erwerbs von 2% innerhalb der letzten zwölf Monate bezieht sich hierbei nicht auf das Kalenderjahr, sondern erfordert eine rollierende Betrachtungsweise.[724]

Durch § 22 Abs. 4 öÜbG wurde die aufgrund der Verordnungskompetenz der österreichischen Übernahmekommission nach § 22 Abs. 6 öÜbG a.F. erlassene 2. öÜbV (*Creeping-In* Verordnung)[725] ersetzt. Die Creeping-In-Verordnung sollte nach der Intention der Übernahmekommission im Fall des schleichenden Ausbaus einer kontrollierenden Beteiligung ebenfalls eine Angebotspflicht vorsehen. Nach der Vorstellung des Gesetzgebers sollte die Creeping-In Regelung nun unmittelbar im Gesetz geregelt werden.[726] Allerdings ist mit der Aufnahme der Creeping-In Regelung in das Gesetz keine inhaltliche Änderung verbunden. Während der Gesetzgeber bei der Neuregelung des § 22 Abs. 4 öÜbG keine erneute Begründung zur Aufnahme der Creeping-In Regelung angeführt hat, wurde die Regelung in den Erläuterungen zur Creeping-In-Verordnung damit begründet, dass häufig bestehende Altbestände von Großpaketen (z.B. 40%), die bei Erlass der Verordnung nicht von der Angebotspflicht erfasst seien, ebenfalls der Angebotspflicht unterworfen werden sollten. Diese waren nämlich nicht der Pflichtangebotsregel nach § 22 Abs. 1 öÜbG a.F. unterworfen, wenn die Beteiligung bereits bei Erlass des öÜbG bestand. Die Creeping-In Regelung sollte zu einer Gleichbehandlung mit dem übernahmerechtlichen Marktverfahren führen und den schleichenden Ausbau der Beteiligung innerhalb des kritischen Beteili-

---

[723] Bericht des Finanzausschusses, BT-Drs. 14/7477, S. 51; siehe auch *Harbarth*, ZIP 2002, 321, 324.

[724] *Diregger/Kalss/Winter* in: MüKo, ÜbG, Rn. 141.

[725] Abrufbar unter www.takeover.at (auch abgedruckt in MüKo, WpÜG, ÜbG).

[726] Österr. 1334 der Beilagen XXII. GP - Regierungsvorlage – Materialien, Erläuterung zu § 22, S. 13.

gungsfensters zwischen 30% und 50% unterbinden. Ferner sollten auch Umgehungstatbestände erfasst werden.[727]

cc) Creeping-In Regelung nach finnischem Recht

Das finnische Recht sieht, wie oben dargestellt, eine weitere Pflicht zur Abgabe eines Angebots beim Überschreiten der Schwelle von 50% vor. Diese Pflicht besteht jedoch nur in dem Fall, dass nicht bereits beim Überschreiten der Schwelle von 30% der Stimmrechte ein Pflichtangebot abgegeben wurde. Mit dieser Regelung wurde explizit beabsichtigt, Altfälle sowie Fälle, in denen der Aktionär die Schwelle von 30% überschritten hat, aber zunächst von der Angebotspflicht befreit wurde, zu erfassen.[728] Diese im finnischen Recht getroffene Regelung stimmt inhaltlich mit der von *Zietsch/Holzborn* für das deutsche Übernahmerecht vorgeschlagenen Regelung überein.[729]

dd) Ergebnis

Der Vergleich mit dem österreichischen sowie finnischen Recht zeigt, dass die dortigen Creeping-In Regelung neben der Vermeidung einer Umgehung auch zur Erfassung von Altfällen dienen sollen. Diese Überlegung entspricht auch der Intention der damaligen Oppositionsparteien CDU/CSU, die die Einführung einer Creeping-In Regelung zur Erfassung von Altfällen für unvermeidbar hielten.

Zutreffend ist, dass eine Creeping-In Regelung dazu geeignet wäre, Altfälle, die bisher keiner Angebotspflicht unterlagen, zu erfassen. Auch die von einigen Autoren befürchtete Problematik der Rückwirkung von Gesetzen bei der Regelung von Altfällen[730] entsteht aus oben genannten Gründen bei Einführung einer Creeping-In Regelung nicht. Allerdings ist aber zu beachten, dass das deutsche WpÜG bereits im Jahre 2002 in Kraft trat und das österreichische ÜbG schon seit 1999 Anwendung findet. Folglich ist davon auszugehen, dass die Problematik von Altbeständen heute nur noch eine untergeordnete Rolle spielen sollte. Im

---

727 Vgl. hierzu auch *Diregger/Kalss/Winter* in: MüKo, 3. Auflage 2011, ÜbG, Rn. 139.

728 *Carlberg/Ollila* in: Country Report Finnland in the International Comparative Legal Guide to Mergers & Acquisitions 2010, 84, sub 2.1.

729 *Zietsch/Holzborn,* WM 2001, 1753, 1755.

730 Vgl. *von Bülow* in: KölnKomm, WpÜG, 1. Aufl. 2003, § 35 Rn. 99; *Merkt* in: Veil, Übernahmerecht in Praxis und Wissenschaft, 2009, S. 53, 73.

Laufe der Zeit sollten kaum noch Altfälle vorhanden sein, die nicht der bestehenden Angebotspflicht unterliegen.[731]

In Anbetracht der einerseits geringen Anzahl der vermeintlichen Altfälle sowie andererseits der weitreichenden Folgen einer zusätzlichen Angebotspflicht für die übrigen Bieter lässt sich die Einführung einer Creeping-In Regelung nicht allein mit der Erfassung von Altfällen rechtfertigen.

c) Creeping-In Regelung aufgrund starrer Kontrollerwerbsschwelle

Diregger/Kalss/Winter[732] führten im Jahr 2004 und mithin vor Änderung des österreichischen Übernahmerechts aus, dass die Creeping-In Regelung im österreichsichen Übernahmerecht, in welchem damals ein materieller Kontrollbegriff vorgesehen war, damit zu begründen sei, dass mit dieser Regelung „*der derzeit häufig bestehende Altbestand von Großpaketen (z.B. 40%)*" der Angebotspflicht unterworfen werden solle, das heißt der schleichende Ausbau der Beteiligungen innerhalb des kritischen Beteiligungsfensters zwischen 30% und 50% unterbunden beziehungsweise dem übernahmerechtlichen Marktverfahren samt Gleichbehandlung unterworfen werden solle. Darüber hinaus gehe es aber nach den Erläuterungen zur 2. österreichischen Übernahmeverordnung auch um die Erfassung von Umgehungstastbeständen. Nach Ansicht von *Diregger/Kalss/Winter* hatte die Regelung wegen des materiellen und damit flexiblen Kontrollbegriffes des damaligen österreichischen Übernahmegesetzes keine allzu große Bedeutung; sie sei aber besonders wichtig, wenn starre Kontrollschwellen vorgesehen seien. Folglich wäre nach dieser Auffassung eine Creeping-In Regelung sowohl für das deutsche WpÜG als auch für das neugefasste österreichische ÜbG scheinbar sinnvoll und bereits deshalb notwendig, da beide Gesetze eine formale und starre Schwelle beinhalten.

Diese von *Diregger/Kalss/Winter* geäußerte Ansicht vermag jedoch nicht die Einführung einer Creeping-In Regelung für das deutsche Recht zu rechtfertigen.

Zuzugeben ist der damaligen Ansicht von *Diregger/Kalss/Winter*, dass bei Einführung einer formellen Kontrollerwerbsschwelle diejenigen Aktionäre nicht

---

[731] So auch *von Falkenhausen,* ZHR 174 (2010), 293, 299; *Baums,* ZIP 2010, 2374, 2381.

[732] *Diregger/Kalss/Winter* in: MüKo, ÜbG, Rn. 139 (Vorauflage 2004: vor Änderung des österreichischen ÜbG).

von einer Angebotspflicht erfasst sind, die bei Einführung der Regelung eine kontrollierende Beteiligung oberhalb der Kontrollerewerbsschwelle inne hatten. Während diese Beteiligung bei einem formellen Kontrollbegriff nicht nachträglich beziehungsweise bei einem weiteren Ausbau der Beteiligung einer Angebotspflicht unterworfen wird, wären diese Aktionäre im Rahmen eines materiellen Kontrollbegriffs, der beispielsweise auf die Stimmrechtsmehrheit der vergangenen drei Hauptversammlungen abstellt, durchaus der Angebotspflicht unterworfen. Demzufolge konnten mit einem materiellen Kontrollbegriff bereits alle Altfällle erfasst werden, während bei einer formellen Schwelle hierfür eine zusätzliche Creeping-In Regelung erfolderlich gewesen wäre. Allerdings spielen, wie zuvor bereits ausgeführt, Altfälle heute nur noch eine untergeordnete Rolle, weshalb die Einführung einer Creeping-In Regelung aus heutiger Sicht nicht mit den damals vorgetragenen Argumenten von *Diregger/Kalss/Winter* gerechtfertigt werden kann. Vor diesem Hintergrund kann die Einführung einer Creeping-In Regelung nicht allein aufgrund des Bestehens einer formellen und starren Kontrollerwerbsschwelle im WpÜG begründet werden.

Nicht überzeugen kann ferner das Argument, dass eine Creeping-In Regelung Umgehungsfälle erfassen solle und deshalb bei einem formellen Kontrollbegriff eine solche besonders wichtig sei. Denn mit „Umgehungstatbeständen“ kann nur gemeint sein, dass die Mechanismen, mit denen eine angemessene Gegenleistung sicher gestellt werden soll, durch eine geschickte zeitliche Strukturierung des Angebots eingedämmt werden können. Aufgrund dieses Gedankens mag eine Creeping-In Regelung zwar grundsätzlich wünschenswert sein mit dem Ziel, dass ein Bieter von Beginn an ein derart attraktives Angebot abgibt, um mit dem Angebot die Schwelle von 50% der Stimmrechte an der Zielgesellschaft zu überschreiten und um sodann nicht erneut einer Angebotspflicht zu unterliegen. Allerdings besteht für den Bieter in gleicher Weise bei einem materiellen Kontrollbegriff die Möglichkeit, die Mindestgegenleistung im Rahmen seines Angebots aufgrund zeitlich geschickter Strukturierung möglichst gering zu halten. Für die Erfassung von „Umgehungstatbeständen“ ist es deshalb ohne Belang, ob ein formeller oder materieller Kontrollbegriff vom Gesetzgeber normiert wurde.

Die Einführung einer Creeping-In Regelung kann deshalb nicht alleine damit gerechtfertigt werden, dass das deutsche Übernahmerecht über eine formelle und starre Kontrollerwerbsschwelle anstatt eines materiellen Kontrollbegriffs verfügt.

d) Ausreichender Schutz durch bestehende Regelungen

Die Erforderlichkeit der Einführung einer Creeping-In Regelung kann weder durch einen Vergleich mit anderen europäischen Rechtsordnungen, noch zur Regelung von Altfällen, noch aufgrund des Bestehens einer formalen und starren Kontrollerwerbsschwelle begründet werden. Eine Creeping-In Regelung wäre jedoch wünschenswert, wenn die bestehenden Schutzmechanismen des WpÜG einen vergleichbaren oder zumindest ausreichenden Schutz entsprechend einer Creeping-In Regelung nicht gewährleisten könnten. Eine Erweiterung der Vorschriften des WpÜG um ein zusätzliches Pflichtangebot erscheint demnach sinnvoll, wenn dieses dem Zweck des WpÜG und dem der Übernahmerichtlinie zugute kommt. Deshalb ist erneut auf Sinn und Zweck eines Pflichtangebots abzustellen, welcher in dem Schutz der Minderheitsaktionäre vor dem kontrollierenden Einfluss eines anderen Aktionärs besteht. Fraglich ist, ob nach derzeitiger Gesetzeslage kein ausreichender Schutz der außenstehenden Aktionäre durch die bereits bestehenden Regelungen des WpÜG gewährleistet wird.

aa) Schutz durch Vorerwerbe

Für die Angemessenheit der Gegenleistung, die ein Bieter den außenstehenden Aktionären im Rahmen eines Übernahme- oder Pflichtangebots anzubieten hat, sind neben dem gewichteten durchschnittlichen Börsenkurs die Vorerwerbe des Bieters zu berücksichtigen, § 31 Abs. 1 S. 2 WpÜG in Verbindung mit § 4 AngebotsVO. Dies gilt auch für Vereinbarungen, auf Grund derer die Übereignung von Aktien verlangt werden kann. Ziel des Gesetzgebers ist es, eine Gleichbehandlung der Aktionäre durch die Einbeziehung von Vorerwerben zu erlangen.[733]

Folglich bildet das Prinzip der Meistbegünstigung, wonach die Gegenleistung dem gewichteten durchschnittlichen Börsenkurs mindestens aber dem Wert der höchsten vom Bieter geleisteten oder vereinbarten Gegenleistung zu entsprechen

---

733 Reg. Begr. BT-Drs. 14/7034, S. 79; *Marsch-Barner* in: Baums/Thoma, WpÜG, § 31 Rn. 23; *Santelmann/Nestler* in: Berliner Kommentar, WpÜG, § 31 Rn. 14; kritisch im Hinblick auf eine Gleichbehandlung, da bei einer höheren Gegenleistung im Rahmen des Angebots der frühere Preis (Vorerwerb) nicht nachgebessert werden muss: *Krause* in: Assmann/Pötzsch/Schneider, WpÜG, § 4 WpÜG-AngVO Rn. 1.

hat, einen wirksamen Schutz der außenstehenden Aktionäre im Rahmen des Pflichtangebots. Die Creeping-In Regelung setzt hingegen erst nach Abgabe und Durchführung des Angebots an und somit erst nach Ablauf des Vorerwerbszeitraums. Der Schutz der außenstehenden Aktionäre auf Ebene der Vorerwerbe würde folglich nicht verbessert.

bb) Schutz durch Parallelerwerbe

Ferner werden die außenstehenden Aktionäre durch die Vorschriften über den Parallelerwerb geschützt, § 31 Abs. 4 WpÜG. Sollte also ein Bieter in dem Zeitraum zwischen Veröffentlichung der Angebotsunterlage bis zum Ablauf der Annahmefrist weitere Aktien zu einem über dem im Rahmen der angebotenen Gegenleistung liegenden Preis erwerben, sowohl börslich als auch außerbörslich, ist die angebotene Gegenleistung wertmäßig um den Unterschiedsbetrag zu erhöhen. Dieser Schutz erstreckt sich nur auf die Aktionäre, die zur Zeit der Angebotsfrist Anteile an der Zielgesellschaft halten und auch nur für die Zeit der Angebotsfrist. Eine Creeping-In Regelung bietet hingegen einen darüber hinausgehenden Schutz für die Zeit nach Ablauf der Annahmefrist und Durchführung des Pflichtangebots.

Betrachtet man hingegen nur den Schutz der außenstehenden Aktionäre in dem Zeitraum, in dem die Vorschrift über die Parallelerwerbe zur Anwendung kommt, nämlich in dem Zeitraum zwischen Veröffentlichung der Angebotsunterlage bis zum Ablauf der Annahmefrist, so stellt man fest, dass der Schutz aufgrund des § 31 Abs. 4 WpÜG weiter geht als die vorgeschlagene Creeping-In Regelung. Denn während letztere zwar auch in diesem Zeitraum eingreifen würde, sofern der Bieter bereits zuvor die Schwelle von 30% überschritten hat, würde nach der Creeping-In Regelung ein erneutes Pflichtangebot nur ausgelöst werden, wenn der Bieter mindestens 2% weitere Stimmrechte hinzu erwirbt. Die Regelung über Parallelerwerbe, nach der wie auch bei der Creeping-In Regelung sowohl börsliche als auch außerbörsliche Erwerbe erfasst werden, greift hingegen bereits beim Erwerb nur einer weiteren Aktie. Eine Bagatellgrenze für den Erwerb, wie sie in § 31 Abs. 3 WpÜG vorgesehen oder teilweise für die Vor- oder Nacherwerbsregelung gefordert wird, ist im Rahmen von Parallelerwerben nicht vorgesehen.[734]

[734] *Wackerbarth* in: MüKo, WpÜG, § 31 Rn. 76; *Marsch-Barner* in: Baums/Thoma, WpÜG, § 31 Rn. 94; *Süßmann* in: Geibel/Süßmann, WpÜG, § 31 Rn. 50; *Haarmann* in: Frankfur-

Im Ergebnis geht der Schutz durch Einbeziehung von Parallelerwerben in dem Zeitraum bis Ablauf der Annahmefrist mithin weiter als der durch Einführung einer entsprechenden Creeping-In Regelung.

cc) Schutz durch Nacherwerbe

Im Rahmen der Überlegungen, ob eine Creeping-In Regelung für das deutsche Recht notwendig ist, ist vor allem die Vergleichbarkeit des bestehenden Schutzes aufgrund der Nacherwerbsregelung gemäß § 31 Abs. 5 WpÜG umstritten.

Aufgrund des in § 31 Abs. 5 S. 1 WpÜG geregelten Nacherwerbs ist der Bieter, sofern er oder mit ihm gemeinsam handelnde Personen oder deren Tochterunternehmen innerhalb eines Jahres nach Veröffentlichung des Ergebnisses im Anschluss an den Ablauf der Annahmefrist des Angebots außerbörslich Aktien erwerben und hierfür einen höheren Preis als die angebotene Gegenleistung zahlen, zur Zahlung einer Geldleistung in Höhe des Unterschiedsbetrages verpflichtet. Der Schutz der Norm, der darin besteht, Umgehungstatbestände durch eine zeitliche Verlagerung des Erwerbs von Anteilen an der Zielgesellschaft zu vermeiden[735], endet nach einem Zeitraum von zwölf Monaten nach Veröffentlichung des Ergebnisses im Anschluss an den Ablauf der Annahmefrist gemäß § 23 Abs. 1 S. 1 Nr. 2 WpÜG. Werden also weitere Stimmrechte nach Ablauf der Zeitspanne von zwölf Monatenn hinzu erworben, so greift der Schutzmechanismus nicht ein. Diese zeitliche Begrenzung für Nacherwerbe hat dazu geführt, wie die zuvor dargestellten Beispiele gezeigt haben, dass Bieter sich dies in der Vergangenheit zu Nutze gemacht und durch geschickte zeitliche Strukturierung ein frühzeitiges Angebot abgegeben haben, um die Höhe der Gegenleistung möglichst gering zu halten.

Andere europäische Rechtsordnungen, wie beispielsweise das britische oder das französische Übernahmerecht, sehen keine dem deutschen Recht vergleichbare Regelung von Nacherwerben vor, enthalten wohl aber jeweils eine Creeping-In Regelung. Zwar sieht der britische City Code ein Verbot von Nacherwerben zu

---

terKomm, WpÜG, § 31 Rn. 102; *Santelmann/Nestler* in: Berliner Kommentar, WpÜG, § 31 Rn. 86; *Krause* in: Assmann/Pötzsch/Schneider, WpÜG, § 31 Rn. 104; *Oechsler*, NZG 2001, 817, 825; Handelsrechtsausschuss des DAV, NZG 2001, 420, 428.

735 Reg. Begr. BT-Drs. 14/7034, S. 56.

einem höheren Preis innerhalb von sechs Monaten nach Angebotsende gemäß Rule 35.3 City Code vor. Allerdings gilt dieses Verbot nur, wenn der Bieter die Mehrheit der Stimmrechte erworben hat, sprich mehr als 50% der Stimmrechte, nicht aber in dem Bereich zwischen 30% und 50%. Es handelt sich also um eine Nacherwerbsregelung, die nicht im Zusammenhang mit der Creeping-In Regelung gemäß Rule 9.1 (b) City Code steht.

Von Falkenhausen sieht jedoch in der britischen Creeping-In Regelung ein Werkzeug zur Bekämpfung des Nacherwerbs zu einem Preis, der über dem der Gegenleistung liegt, und beruft sicher hierbei auf die „*mündliche Auskunft von Praktikern*". Er geht davon aus, dass eine Creeping-In Regelung in Deutschland nicht erforderlich sei, da das WpÜG über eine Nachbesserrungsregelung verfüge. Dies sei der entscheidende Unterschied zum britischen Übernahmerecht, welches keine Nachbesserungsregelung entsprechend § 31 Abs. 5 WpÜG für den Fall kenne, dass der Bieter nach Abschluss des Angebots weitere Aktien zu einem höheren Preis erwerbe.[736]

Baums führt an, dass eine geplante Creeping-In Regelung auf anderer Ebene ansetze, nämlich dem nach erfolgtem Überschreiten der Kontrollerwerbsschwelle stattfindenden schleichenden Ausbau der Beteiligung. Folglich werde das vorherige „*low balling*"[737] nicht verhindert, weshalb die vorgeschlagene Creeping-In Regelung ins Leere gehe, wenn eine Beteiligung von 32% nicht weiter ausgebaut werde.[738] Dieses von *Baums* angeführte Argument greift freilich nur, wenn, wie beispielsweise in der Gesetzesinitative der SPD, eine Mindesterwerbsschwelle von 2% der Stimmrechte an der Zielgesellschaft innerhalb von zwölf Monaten vorgesehen ist. Mithin wird mit diesem Argument nicht die Notwendigkeit einer Regelung des Creeping-In generell in Frage gestellt.

Merkt geht andererseits davon aus, dass die Creeping-In Regelung gerade nicht die Funktion einer Nachbesserungspflicht übernehme. Denn letztere wirke lediglich zu Gunsten derjenigen Aktionäre, die bereits zuvor - zu niedrigen Kursen -

---

736 *Von Falkenhausen*, ZHR 174 (2010), 293, 301. Des Weiteren spreche gegen eine Creeping-In Regelung, dass das britische Recht eine abweichende Annahmeschwelle von 50% der Gesamtstimmrechte für Pflichtangebote vorsehe sowie dass die Erforderlichkeit einer Finanzierungsbestätigung fehle.

737 Zum Begriff des „*low balling*" vgl. Fn. 653.

738 *Baums*, ZIP 2010, 2374, 2383.

verkauft haben, weshalb diese Aktionäre von einem Pflichtangebot im Rahmen eines Creeping-In nicht geschützt würden. Es gehe daher um den Schutz derjenigen Aktionäre, die ihre Anteile noch nicht veräußert haben und die, anders als ein Großaktionär, auch nicht mit einem besseren Angebot des Erwerbers rechnen könnten. Sie ließen sich effektiv durch das weitere Pflichtangebot schützen. Dies zeige sich auch in Österreich, wo eine Creeping-In Regelung mit einer Nachbesserungspflicht kombiniert sei.[739]

Bereits in einem früheren Aufsatz ging *Merkt* davon aus, dass die bisher vorgetragenen Einwände gegen die Einführung einer Creeping-In Regelung nicht überzeugend seien und bereits der rechtsvergleichende Befund für eine Creeping-In Regelung spreche. Danach habe sich in England sowie in der Schweiz und Österreich eine solch normative Lösung des Problems der Umgehung bewährt. Nach seiner Auffassung stelle die Creeping-In Regelung eine tatbestandliche Verlängerung der statuierten Angebotspflicht dar, weshalb der deutsche Gesetzgeber die derzeitige Konzeption des § 29 Abs. 2, 35 WpÜG um eine Creeping-In Klausel nach österreichischem Vorbild ergänzen solle.[740]

Ein Vergleich mit dem österreichischen Recht zeigt in der Tat, dass es Rechtsordnungen gibt, die sowohl eine Creeping-In Regelung wie auch zusätzlich eine entsprechende Nacherwerbsregelung vorsehen, § 16 Abs. 7 öÜbG. Folglich kann nicht pauschal darauf abgestellt werden, dass diejenige Rechtsordnung, die eine Nacherwerbsregelung vorsieht, keiner Creeping-In Regelung bedürfe. Vielmehr ist an dieser Stelle zu untersuchen, ob die Nacherwerbsregelungen des WpÜG einen zumindest vergleichbaren Schutz der außenstehenden Aktionäre gewährleisten und deshalb ein Verzicht auf eine Creeping-In Regelung für das deutsche Übernahmerecht möglich ist.

aaa) Erfasster Personenkreis

Ein wesentlicher Unterschied zwischen der Nacherwerbsregelung und der geplanten Creeping-In Regelung besteht - wie dargestellt - in dem unterschiedlichen Personenkreis, der von der jeweiligen Regelung erfasst wird.[741] Denn während die Creeping-In Regelung dem Bieter erneut die Pflicht zur Abgabe eines

---

[739] *Merkt*, NZG 2011, 561, 567.

[740] *Merkt* in: Veil (Hrsg.), Übernahmerecht in Praxis und Wissenschaft, 2009, S. 74.

[741] So auch *Merkt*, NZG 2011, 561, 567.

Angebots an die noch verbliebenen Aktionäre der Zielgesellschaft auferlegt, schützt die Nacherwerbsregelung ausschließlich die (ehemaligen) Aktionäre, die bereits zuvor im Rahmen eines Angebots ihre Anteile auf den Bieter übertragen haben.

Wackerbarth kritisiert, dass die Vorschrift des Nacherwerbs gemäß § 31 Abs. 5 WpÜG in einem Spannungsverhältnis zu dem Gleichbehandlungsgrundsatz nach § 3 Abs. 1 WpÜG stehe, da nur die (ehemaligen) Aktionäre, die das Angebot angenommen haben, von der Nacherwerbsvorschrift profitierten. Es erscheine möglich, dass ein Aktionär das - freiwillige - Angebot des Bieters nur deshalb nicht annehme, weil er das Angebot für zu gering halte und er womöglich das Angebot aber zu dem im Rahmen des Nacherwerbs gezahlten Preis angenommen hätte. Zahlt der Bieter später einen höheren Nacherwerbspreis, liege der Aktionär, der das Angebot als zu gering bewertet und folglich nicht angenommen hat, mit seiner Einschätzung richtig, dass die im Rahmen des Angebots angebotene Gegenleistung zu niedrig bemessen war. Von den Regeln über den Nacherwerb profitierten jedoch nur diejenigen Aktionäre, die bereit waren, ihre Anteile zu einem geringeren, nämlich dem vom Bieter angebotenen Preis, zu veräußern. Deshalb geht *Wackerbarth* davon aus, dass dadurch ein Annahmedruck erzeugt werden könnte, den das WpÜG gerade bekämpfen wolle.[742]

Dieses - von *Wackerbarth* zutreffend beschriebene - Spannungsverhältnis tritt jedoch nur in der Konstellation ein, dass eine kontrollierende Beteiligung des Bieters besteht, der Minderheitsaktionär im Rahmen des Angebots seine Beteiligung nicht an den Bieter veräußert hat und der Bieter im Anschluss außerbörslich weitere Anteile erwirbt, deren Preis über dem zu diesem Zeitpunkt bestehenden Börsenpreis[743] und über der im Rahmen des Angebots gewährten Gegenleistung liegt und, und das ist entscheidend, der Minderheitsaktionär grundsätzlich seine Beteiligung veräußern will und dies nur aufgrund der vermeintlich zu niedrigen Gegenleistung nicht getan hat.

Nichts desto trotz ist es zutreffend, dass der an seiner Beteiligung festhaltende Aktionär an einem eventuellen höheren Preis im Rahmen von Nacherwerben nicht partizipiert und eventueller Weise aber zu eben diesem Preis bereit gewe-

[742] *Wackerbarth* in: MüKo, WpÜG, § 31 Rn. 82.
[743] So die h.M.; siehe allerdings 3. Teil, VI, 10., d), cc), bbb).

sen wäre, aus der Gesellschaft auszusteigen. Die Creeping-In Regelung würde diesen Aktionären erneut die Möglichkeit zum Ausstieg aus der Gesellschaft zu einem höheren Preis ermöglichen.

Betrachtet man beide Regelungen einzeln, ist festzuhalten, dass die Nacherwerbsregelung und die Creeping-In Regelung unterschiedliche Gruppen von Aktionären schützen und deshalb nicht direkt mit einander vergleichbar sind.[744]

Dabei würde jedoch übersehen werden, wie die beiden Regelungen im Gesamtzusammenhang des WpÜG wirken. Denn mit der geplanten Creeping-In Regelung soll gerade eine Umgehung der Angemessenheit der Gegenleistung im Rahmen des Pflichtangebots durch eine zeitlich geschickte Strukturierung verhindert[745] und nicht ein spezieller Nacherwerbstatbestand geregelt werden. Primär soll die Creeping-In Regelung deshalb nicht dem Schutz der in der Zielgesellschaft verbliebenen, außenstehenden Aktionären dienen, sondern vielmehr sämtliche außenstehende Aktionäre schützen, indem der Bieter bei Abgabe des Angebots bei Überschreiten der Kontrollerwerbsschwelle von 30% gehalten wird, eine tatsächlich angemesse Gegenleistung anzubieten und nicht lediglich eine minimale Gegenleistung die zur Überschreitung der Kontrollerwerbsschwelle und damit zur Befreiung von der Angebotspflicht führt.

Ein anderes Verständnis der Creeping-In Regelung wäre mit Sinn und Zweck des Pflichtangebots nach dem WpÜG unvereinbar. Denn Ziel des Pflichtangebots ist es, den außenstehenden Aktionären den Ausstieg aus der Gesellschaft zu ermöglichen, da ein Kontrollwechsel, der zuvor nicht bestand, stattgefunden hat. Aufgrund der vorgeschlagenen Creeping-In Regelung hätte der Bieter bei jedem Erwerb von 2% weiterer Stimmrechte innerhalb von zwölf Monaten, nach dem

---

744 So im Ergebnis *Merkt* in: Veil (Hrsg.), Übernahmerecht in Praxis und Wissenschaft, 2009, S. 74; *ders.*, NZG 2011, 561, 567; a.A. *von Falkenhausen*, ZHR 174 (2010), 293, 300, 301.

745 Gesetzesentwurf des Landes Nordrhein-Westfalen, BR-Drs. 584/2/10; Gesetzesentwurf der Fraktion der SPD, BT-Drs. 17/3481, S. 3; so auch in dem zuvor gefassten Beschluss des Parteivorstands der SPD vom 25.10.2010: „Lücken im Übernahmerecht schließen - Stärkung einer nachhaltigen Unternehmensführung“, abrufbar unter http://www.spd.de/aktuelles/Pressemitteilungen/5414/20101025_beschluss_uebernahmerecht.html; Beschlussempfehlung und Bericht des Finanzausschusses, BT-Drs. 14/7474, S. 51; *Merkt* in: Veil (Hrsg.), Übernahmerecht in Praxis und Wissenschaft, 2009, S. 74; *ders.*, NZG 2011, 561, 567.

City Code sogar bei jedem weiteren Erwerb, ein Pflichtangebot abzugeben. Allerdings entsteht durch ein Aufstocken der Beteiligung nicht jeweils eine erneute kontrollierende Beteiligung, die eine Angebotspflicht rechtfertigen würde, sondern vielmehr bestand diese veränderte Aktionärsstruktur seit dem Überschreiten der Kontrollerwerbsschwelle von 30%. Folglich kann die Creeping-In Regelung ausschließlich als Instrument zur Sicherstellung der Angemessenheit der Gegenleistung gesehen werden.

Entscheidend ist daher, ob die Creeping-In Regelung einen verbesserten Schutz der außenstehenden Aktionäre im Hinblick auf eine Umgehung der Angemessenheit der Gegenleistung im Rahmen des Angebots bei Überschreiten der Kontrollerwerbsschwelle bieten kann. Hierzu ist ein Vergleich mit der bestehenden Regelung des § 31 Abs. 5 WpÜG notwendig.

bbb) Einbeziehung von börslichen Erwerben

Während nach der Creeping-In Regelung, zumindest nach dem Vorschlag der Fraktion der SPD, neben außerbörslichen Erwerben auch börsliche Erwerbe erfasst werden, sind von § 31 Abs. 5 S. 1 WpÜG explizit nur Erwerbe außerhalb der Börse erfasst. Auch der Abschluss schuldrechtlicher Vereinbarungen, wie beispielsweise der Erwerb von Optionen, nach Abgabe des Angebots wird nach § 31 Abs. 6 S. 1 WpÜG der Regelung des § 31 Abs. 5 S. 1 WpÜG gleichgestellt.[746]

Auf den ersten Blick ist die derzeitige Nacherwerbsregelung deshalb weniger weitreichend als die vorgeschlagene Creeping-In Regelung. Fraglich ist allerdings, ob die Einbeziehung von börslichen Nacherwerben zum Schutz der außenstehenden Aktionäre notwendig ist.

Sinn und Zweck der Nacherwerbsregelung ist es, Umgehungshandlungen zu verhindern, bei denen Aktienerwerbe bis nach der Abwicklung des Angebots aufgeschoben werden, um die Mindestgegenleistung gering zu halten.[747] Dass börsliche Erwerbe eine Verpflichtung zur Zahlung des Unterschiedsbetrages

---

[746] *Vetter*, AG 2003, 478, 483 (zur Kaufoption); *Marsch-Barner* in: Baums/Thoma, WpÜG, § 31 Rn. 106; *Noack* in: Schwark/Zimmer, WpÜG, § 31 Rn. 86; *Krause* in: Assmann/Pötzsch/Schneider, § 31 Rn. 151; *Santelmann/Nestler* in: Berliner Kommentar, § 31 Rn. 95.

[747] Reg. Begr. BT-Drs. 14/7034, S. 56.

nicht begründen, findet seine Rechtfertigung ferner darin, dass der Bieter auf den börslichen Preis keinen vergleichbaren Einfluss wie bei einem außerbörslichen Erwerb ausüben kann und ansonsten der Bieter im Handel mit Aktien der Zielgesellschaft zu weit eingeschränkt würde.[748] Ferner sind bezüglich der Preisfindung an der Börse keine Umgehungstatbestände hinsichtlich der Angemessenheit der Gegenleistung durch eine zeitliche Verlagerung des Aktienerwerbs zu befürchten.[749] Des Weiteren stellt - wie *Marsch-Barner* zutreffend ausführt - der anonyme Erwerb von Stimmrecht über die Börse keine Bevorzugung einzelner Aktionäre dar, wie dies im Falle eines außerbörslichen Erwerbs zu befürchten ist.[750]

Folglich sind die Vorschriften über den Nacherwerb hinsichtlich der Einbeziehung von ausschließlich außerbörslichen Erwerben nicht nachteilig gegenüber einer Creeping-In Regelung. Vielmehr geht die letztere, wenn man diese richtiger Weise als Werkzeug zur Bekämpfung des Nacherwerbs versteht, über den notwendigen Schutzzweck hinaus und damit zu weit. Eine Schutzlücke besteht nicht.[751]

Nach wohl herrschender Meinung ist § 31 Abs. 5 WpÜG allerdings dahingehend teleologisch zu reduzieren, dass außerbörsliche Erwerbe dann nicht erfasst werden, wenn der vereinbarte Preis im Rahmen des Nacherwerbs zwar höher als der im Rahmen der angebotenen Gegenleistung ist, jedoch nicht höher als der zum Zeitpunkt des Nacherwerbs maßgebliche Börsenpreis.[752] Eine solche Auslegung widerspricht allerdings nicht nur dem eindeutigen Wortlaut des § 31 Abs. 5 WpÜG, sondern zugleich der Intention des Gesetzgebers. Denn Sinn und Zweck der Nacherwerbsregelung ist die Vermeidung einer Umgehung der Angemessenheit der Gegenleistung im Zeitpunkt der Abgabe des Angebots durch individuelle Absprachen zwischen dem Bieter und einem Aktionär, die außerhalb der

748 Beschlussempfehlung und Bericht des Finanzausschusses, BT-Drs. 14/7477, S. 53, S. 69.

749 *Noack* in: Schwark/Zimmer, § 31 Rn. 86; *Santelmann/Nestler* in: Berliner Kommentar, § 31 Rn. 95; vgl auch *Krieger*, RWS-Forum Gesellschaftsrecht, S. 289, 301.

750 *Marsch-Barner* in: Baums/Thoma, WpÜG, § 31 Rn. 109.

751 So auch *von Falkenhausen*, ZHR 174 (2010), 293, 301.

752 *Kremer/Oesterhaus* in: KölnKomm, WpÜG, § 31 Rn. 90; *Wackerbarth* in: MüKo, WpÜG, § 31 Rn. 78; *Santelmann/Nestler* in: Berliner Kommentar, WpÜG, § 31 Rn. 95; *Oechsler* in: Ehricke/Ekkenga/Oecksler, WpÜG, § 31 Rn. 41; *Noack* in: Schwark/Zimmer, WpÜG, § 31 Rn. 44; *Krause* in: *Assmann/Pötzsch/Schneider*, WpÜG, § 31 Rn. 135.

Börse erfolgen.[753] Ob die im Rahmen des Nacherwerbs gezahlte Gegenleistung unterhalb des zum Zeitpunkt des Nacherwerbs maßgeblichen Börsenkurses liegt, ist hingegen nicht von Bedeutung, da es einzig und allein auf den Nacherwerbspreis im Vergleich zur Höhe der angebotenen Gegenleistung ankommen kann. Denn der Börsenkurs zum Zeitpunkt des Nacherwerbs ist für den außenstehenden (ehemaligen) Aktionär, der seine Anteile im Rahmen des Angebots auf den Bieter übertragen hat, irrelevant. Eine teleologische Reduktion ist demnach abzulehnen und ein Differenzanspruch somit bei jedem außerbörslichen Erwerb und der Zahlung einer höheren als der im Rahmen des Angebots angebotenen Gegenleistung begründet.[754]

Wenn der Erwerb von Anteilen über die Börse schon im Rahmen der Nacherwerbsregelung gegenüber den ehemaligen Aktionären außen vorbleibt, muss dies erst Recht für eine Creeping-In Regelung gegenüber den noch verbliebenen Aktionären gelten. Denn im Rahmen eines Creeping-In besteht für die verbliebenen Aktionäre, die womoglich ihre Anteile im Rahmen des Pflichtangebots nur deshalb nicht auf den Bieter übertragen haben, da sie die angebotene Gegenleistung als zu niedrig eingestuft haben, nicht das gleiche Schutzbedürfnis wie bei der Berechnung der Gegenleistung im Rahmen des Angebots selbst. Denn es geht in erster Linie um den Ausstieg aus der Gesellschaft, der nicht faktisch dadurch verhindert werden soll, dass die Gegenleistung für die Anteile des außenstehenden Aktionärs deutlich unterhalb des bisherigen Marktpreises liegt, also zu einem nicht durch den Kontrollwechsel beeinflussten Preis. Bei einem börslichen Nacherwerb ist die veränderte Kontrollsituation hingegen schon eingepreist und nicht nur der Bieter selbst, sondern auch die außenstehenden Aktionäre haben die Möglichkeit zur Veräußerung ihres Anteils zu eben diesem Börsenpreis. Im Ergebnis sind die verbliebenden außenstehenden Aktionäre - wenn überhaupt - lediglich vor weiteren Zukäufen im außerbörslichen Bereich zu schützen.

Die Einbeziehung von börslichen Zukäufen durch den Bieter ist mithin insgesamt abzulehnen und die vorgeschlagene Creeping-In Regelung insoweit zu weitgehend.

---

753 So auch *Marsch-Barner* in: Baums/Thoma, WpÜG § 31 Rn. 110.

754 Mit gleichem Ergebnis *Marsch-Barner* in: Baums/Thoma, WpÜG § 31 Rn. 110.

ccc) Mindesterwerb weiterer Stimmrechte (Bagatellgrenze)

Ein weiterer Unterschied zwischen den Regeln über den Nacherwerb und dem Gesetzesentwurf für eine Creeping-In Regelung besteht darin, dass der Nacherwerb keine Bagatellgrenze beim Erwerb weiterer Aktien vorsieht.

Die Regelung des § 31 Abs. 5 S. 1 WpÜG erfasst jeden außerbörslichen Erwerb als Nacherwerb der zur Zahlung des Unterschiedsbetrages führt. Ausreichend ist folglich der Erwerb einer einzelnen Aktie, die dem Bieter oder einer mit ihm gemeinsam handelnden Person im Sinne des § 2 Abs. 5 WpÜG ein weiteres Stimmrecht gewährt.[755]

Mithin stellt die Regelung des § 31 Abs. 5 WpÜG einen überaus weiten Anwendungsbereich auf, der schon während des Gesetzgebungsverfahrens auf Kritik gestoßen ist.[756] So wurde ausgeführt, dass es unverhältnismäßig sei, wenn bereits der Erwerb weniger Aktien innerhalb eines mit einem Jahr sehr langen Zeitraums zu einer weitgehenden Nachbesserungspflicht führen würde, weshalb für eine ersatzlose Streichung der Vorschrift des § 31 Abs. 5 WpÜG oder zumindest für die Einführung einer Bagatellgrenze von 10% binnen sechs Monaten plädiert wurde.[757] Auch in der neueren Literatur wird die derzeitige Nacherwerbsregelung teilweise als zu weit gehend angesehen.[758]

---

755 *Krause* in: Assmann/Pötzsch/Schneider, WpÜG, § 31 Rn. 136; *Santelmann/Nestler* in: Berliner Kommentar, WpÜG, § 31 Rn. 94; *Marsch-Barner* in: Baums/Thoma, WpÜG, § 31 Rn. 107; *Süßmann* in: Geibel/Süßmann, WpÜG, § 31 Rn. 57; *Kremer/Oesterhaus* in: KölnKomm, WpÜG, § 31 Rn. 83; *Haarmann* in: FrankfurterKomm, WpÜG, § 31 Rn. 133; *Wackerbarth* in: MüKo, WpÜG, § 31 Rn. 80; *Drinkuth* in: Marsch-Barner/Schäfer, Hdb. börsen. AG, § 60 Rn. 278.

756 *Liebscher*, ZIP 2001, 853, 865; *Riehmer/Schröder*, BB-Beil. 5, Heft 20, 2001, 1, 14.

757 Gemeinsame Stellungnahme von BDI, BDA, DIHK und GdV v. 27.09.2001, S. 6 f. (abrufbar unter http://www.bdi .eu/recherchepool.asp).

758 *Oechsler* in: Ehricke/Ekkengar/Oechsler, WPÜG, § 31 Rn. 41; *Noack* in: Schwark/Zimmer, WpÜG, § 31 Rn. 86; *Krause* in: Assmann/Pötzsch/Schneider, WpÜG, § 31 Rn. 136; *Santelmann/Nestler* in: Berliner Kommentar, WpÜG, § 31 Rn. 94; *Kremer/Oesterhaus* in: KölnKomm, WpÜG, § 31 Rn. 83; *Marsch-Barner* in: Baums/Thoma, WpÜG, § 31 104; *Oechsler,* FS Hadding, S. 1027 f.; *Liebscher,* ZIP 2001, 853, 865; DAV-Handelsrechtsausschuss, NZG 2001, 420, 429; a.A. *Süßmann* in: Geibel/Süßmann, WpÜG, § 31 Rn. 58 (mangels Abgrenzungsmöglichkeit zu Umgehungshandlung müsse jeder Erwerb, auch von Tochtergesellschaften oder gemeinsam handelnden Personen, erfasst werden).

Die vorgeschlagene Creeping-In Regelung sieht hingegen ein weiteres Pflichtangebot erst dann vor, wenn ein Aktionär, der mehr als 30% und weniger als 50% der Stimmrechte hält, mindestens weitere 2% der Stimmrechte binnen zwölf Monaten hinzu erwirbt. Folglich enthält diese eine für die Nacherwerbspflicht teilweise geforderte Bagatellgrenze.

Im Ergebnis ist deshalb festzuhalten, dass die Nacherwerbsregelung eine wesentlich umfassendere Einbeziehung von Erwerben als die geplante Creeping-In Regelung enthält. Bezogen auf den Schutz der außenstehenden Aktionäre spricht folglich auch dies nicht für die Einführung einer entsprechenden Creeping-In Regelung in das deutsche Übernahmerecht.

ddd) Referenzzeitraum

Einen weiteren Unterschied zwischen der vorgeschlagenen Creeping-In Regelung und der Regelung über den Nacherwerb stellt der maßgebende Referenzzeitraum dar. So sieht § 31 Abs. 5 WpÜG einen Betrachtungszeitraum von zwölf Monaten seit Veröffentlichung der Gesamtzahl der Angebotsannahmen unverzüglich nach Ablauf der Annahmefrist gemäß § 21 Abs. 1 S. 1 Nr. 2 WpÜG vor. Auch die Creeping-In Regelung des Gesetzesentwurfs der SPD sieht, anders als beispielsweise die strengere Regelung des City Code, einen Betrachtungszeitraum von zwölf Monaten vor, indem es heißt, wer *„innerhalb eines Zeitraums von zwölf Monaten mindestens 2 Prozent der Stimmrechte an der Zielgesellschaft direkt oder indirekt hinzu erwirbt“*. Da der Wortlaut keine Formulierung *„seit Veröffentlichung gemäß § 21 Abs. 1 S. 1 Nr. 2 WpÜG“* enthält, handelt es sich im Rahmen der Creeping-In Regelung um einen wiederkehrenden Zeitraum, der eine rollierende Betrachtung erfordert.[759] Dementsprechend stellt die Begründung des Gesetzesentwurfs klar, dass die Verpflichtung bei jeder Überschreitung der Schwelle von 2% innerhalb eines Zeitraums von zwölf Monaten erneut eintritt.

Der Unterschied zwischen den beiden Regelung besteht folglich darin, dass die Regelung zum Nacherwerb zwölf Monate nach Veröffentlichung gemäß § 23 Abs. 1 S. 1 Nr. 2 WpÜG dauerhaft endet, während der Betrachtungszeitraum der Creeping-In Regelung erst mit dem Überschreiten der 50% Schwelle oder alternativ dem erneuten Unterschreiten der 30% endet. Bis zu diesem Zeitpunkt ist bei jedem weiteren Erwerb von mindestens 2% der Stimmrechte in einem Zeitraum von zwölf Monaten ein erneutes Pflichtangebot an die außenstehenden Aktionäre abzugeben. Folglich ginge diesbezüglich der Schutz der außenstehenden Aktionäre weiter, als der derzeit bestehende Schutz durch die Nacherwerbsregelung.

dd) Rechtspolitische Bewertung

Die Creeping-In Regelung wäre bezüglich des längeren Referenzzeitraums vorteilhaft für den Schutz der außenstehenden Aktionäre im Hinblick auf eine Umgehung im Rahmen der Gegenleistung bei Abgabe eines Angebots. Ferner bekämen die in der Gesellschaft verbleibenden Aktionäre, die womöglich ihre Beteiligung aufgrund einer - vermeintlich - zu niedrigen Gegenleistung nicht auf den Bieter übertragen haben, durch die Creeping-In Regelung eine erneute Möglichkeit zum Ausstieg aus der Gesellschaft gegen Zahlung einer angemessenen Gegenleistung. Demnach stellt sich die Frage, ob eine solche Creeping-In Regelung und die damit verbundene Änderungen des Systems des WpÜG rechtspolitisch wünschenswert ist.

Richtiger Weise verweisen *Baums/Hecker* darauf, dass ein kontrollierender Einfluss für die Zielgesellschaft erhebliche Vorteile haben kann, dass aber die Chancen und Risiken aus der Beteiligung an der Gesellschaft für die verbleibenden Aktionäre erheblich verändert würden.[760] Daher sind nach einem Kontrollwechsel zwei denkbare Szenarien zu unterscheiden. Einerseits ist es möglich, dass der Kapitalmarkt den Kontrollwechsel positiv auffasst und die Nachfrage nach Anteilen an der Zielgesellschaft und somit auch der dafür zu zahlende Preis steigt. Andererseits ist es denkbar, dass der Einstieg eines kontrollierenden Aktionärs negativ vom Kapitalmarkt bewertet wird und die Bewertung der Anteile der Zielgesellschaft herabgestuft wird.[761] Tritt das zu erst genannte Szenario ein, ist die Regelung zu einem Pflichtangebot weitestgehend obsolet, da ein Minderheitsaktionär zu einem angemessenen Preis durch Verkauf seiner Anteile über den Kapitalmarkt aus der Beteiligung an der Zielgesellschaft aussteigen kann. Lediglich bei einem Preisabschlag in Folge des Bekanntwerdens des Kontroll-

[759] So auch für das österreichische Recht *Diregger/Kalss/Winter* in: MüKo, ÜbG, Rn. 141.

[760] *Baums/Hecker* in: Baums/Thoma, WpÜG, Vor § 35 Rn. 90; vgl. hierzu auch *Baums*, ZIP 2010, 2374, 2381, 2382.

[761] *Fleischer*, NZG, 2002, 545, 548 unter Verweis auf *Rau-Bredow*, DBW 59 (1999), 763, 772 ff.

erwerbs ist ein Pflichtangebot notwendig, um den Ausstieg aus der Gesellschaft zum bisherigen, einem von der kontrollierenden Beteiligung unbeeinflussten Preis am Kapitalmarkt zu ermöglichen.

Umfasst von dem Pflichtangebot sind selbstverständlich sowohl die Anteile desjenigen Aktionärs, der seine Beteiligung an der Gesellschaft als Mitunternehmer bzw. Mitbestimmungsrecht versteht, als auch desjenigen Aktionärs, der Aktien der Zielgesellschaft als Spekulant bzw. als reine Kapitalanlage hält.[762] Zwar wäre es aufgrund des nun einmal bestehenden Systems des Kapitalmarkts falsch, einen grundsätzlichen Unterschied zwischen diesen beiden Interessenlagern vorzunehmen. Nichts desto trotz besteht ein gradueller Unterschied aufgrund von Sinn und Zweck des WpÜG. Denn Ziel dessen ist eben, demjenigen Aktionär, dem durch die kontrollierende Beteiligung seine zumindest rechnerische Chance genommen wird, in Zusammenwirkung mit anderen Gesellschaftern eine Mehrheit zu erlangen, vor dem kontrollierenden Einfluss zu schützen.[763] Es geht also in erster Linie um den Ausstieg aus der Gesellschaft, der nicht faktisch dadurch verhindert werden soll, dass die Gegenleistung für seine Anteile deutlich unterhalb des bisherigen Marktpreises liegt. Folglich soll das Pflichtangebot den außenstehenden Aktionären ermöglichen, eine erneute Anlageentscheidung im Hinblick auf die bestehende kontrollierende Beteiligung zu treffen.[764] Ziel des WpÜG ist es hingegen nicht, den Ausstieg aus der Gesellschaft zu einem best möglichen Preis zu ermöglichen, sondern nur zu einem nicht durch den Kontrollwechsel beeinflussten Preis.

Die geplante Creeping-In Regelung würde ermöglichen, dass der Bieter nicht nur eine Gegenleistung anbietet, die nicht unterhalb des Marktpreises liegt, sondern zugleich, dass dieser nicht einen aktuell niedrigen Börsenkurs oder einen günstigen Zeitpunkt zur Abgabe eines - freiwilligen - Angebots wählt. Vielmehr würde die Regelung dazu führen, dass der Bieter ein hinreichend attraktives Angebot, dass von möglichst vielen außenstehenden Aktionären angenommen wird, abgibt.

---

[762] So auch Baums/Thoma-*Baums/Hecker*, WpÜG, Vor § 35 Rn. 90; anders *Heiser*, Interessenkonflikte in der Aktiengesellschaft und ihre Lösung am Beispiel des Zwangsangebots, Diss. Hamburg, 1999, S. 58.

[763] Vgl. auch *Hirte*, Der Konzern 2010, 599, 600.

[764] Ausführlich hierzu *Baums/Hecker* in: Baums/Thoma, WpÜG, Vor § 35 Rn. 90 f.

Baums verweist darauf, dass eine solche Creeping-In Regelung den Effekt hätte, dass ein Investor, der die Kontrolle über eine börsennotierte Gesellschaft anstrebt, in Zukunft sofort eine Beteiligung von über 50% erwerben werde.[765] Der Bieter wird sein - freiwilliges - Übernahmeangebot so ausgestalten, dass er, sofern er eine Beteiligung von über 50% anstrebt, diese möglichst mit einem einzigen Angebot erreichen wird. Denn die Abgabe eines Angebots und die damit verbundenen notwendigen Vorbereitungen sind zeit- und kostenintensiv, weshalb der Bieter versuchen wird zu vermeiden, bei jeden Hinzuerwerb von weiteren 2% der Stimmrechte innerhalb von zwölf Monatenn erneut ein solches abgeben zu müssen. Es ist deshalb davon auszugehen, dass das Übernahmeangebot ausreichend attraktiv gestaltet wird, um die gewünschte Beteiligungshöhe sicher erreichen zu können, sofern er nicht ein entsprechend großes Aktienpaket außerbörslich von einem Dritten erwerben kann, welches ihm den Sprung über die 50%-Schwelle ermöglicht.

Andererseits ist zu berücksichtigen, dass der Bieter dadurch in das Dilemma gerät, eine derart hohe Prämie auf den gewichteten durchschnittlichen Börsenkurs aufzuschlagen, damit er sicher die gewünschte Beteiligung erreicht, ohne erneut einer Angebotspflicht zu unterliegen. Dieser notwendige, mit unter deutliche Preisaufschlag kann jedoch dazu führen, dass der Bieter im Zweifel sämtliche ausstehende Anteile zu übernehmen hat und somit alle Stimmrechte in einer Person vereint würden. Ein derart hoher Preis entspricht aber, wie oben dargelegt, gerade nicht Sinn und Zweck des WpÜG, wonach lediglich ein Ausstieg aus der Gesellschaft zu einem angemessenen Preis ermöglicht werden soll, der nicht durch den Kontrollwechsel negativ beeinflusst wird. Noch weitergehend führt *Klöhn* aus, dass wenn Aktionäre neben dem fairen Aktienwert auch noch die darüber hinausgehende Kontrollprämie verlangen könnten, könne das unter ökonomischen Gesichtspunkten nicht überzeugen. Dies sei ein Argument, was sich *de lege ferenda* auch gegen Art. 5 Abs. 4 Unterabs. 1 der Richtlinie ins Feld führen lasse.[766] Die Zahlung einer Prämie an die außenstehenden Aktionäre im Rahmen des Angebots ist mithin abzulehnen, da diesen lediglich der Ausstieg

---

[765] *Baums*, ZIP 2010, 2374, 2377; so auch *Cascante/Tyrolt*, AG 2012, 97, 105.

[766] *Klöhn*, LMK 2009, 294692 (Anmerkungen zu EuGH, Urt. v. 15.10.2009 = EuZW 2009, 894 - „Audiolux SA u.a./Groupe Bruxelles Lambert SA [GBL] u.a."); unter Verweis auf *ders.*, Das System der aktien- und umwandlungsrechtlichen Abfindungsansprüche, 2009, S. 42 - 44 m.w.N.

aus der Gesellschaft zu angemessenen und nicht durch die kontrollierende Beteiligung negativ beeinflussten Bedingungen ermöglicht werden soll.

Ferner soll das Pflichtangebot nach dem WpÜG auch nicht dazu führen, dass das mit einer aktienrechtlichen Beteiligung verbundene Chance-Risiko-Verhältnis vollständig auf den Bieter abgewälzt wird.

Der „Zwang" ein solches Angebot abzugeben, dass von möglichst ausreichend vielen Aktionären angenommen wird, greift erheblich in die Privatautonomie des Bieters ein.[767] Denn anders als das bisher bestehende Pflichtangebot, bei dem der Bieter bei der Bestimmung der Gegenleistung bestimmte Mindestanforderungen zu beachten hat, ist er bei Vorhandensein einer Creeping-In Regelung darüber hinaus zur Zahlung einer erheblichen Prämie gehalten. Er wird gezwungen, wesentlich mehr Aktien zu kaufen, als er es womöglich beabsichtigt hatte.

Zwar wird durch das Erlangen einer kontrollierenden Mehrheit durch einen (neuen) Aktionär ebenfalls in die nach Art. 2 Abs. 1 GG geschützte Privatautonomie der außenstehenden Aktionäre eingegriffen, die, wie zuvor bereits ausgeführt, sich in einer kontrollierten Gesellschaft „gefangen" sehen und ein faktisch wertloses Stimmrechte inne haben. Mithin kann sich ein außenstehender Aktionär in der für ihn nachteiligen Position befinden, entweder mit faktisch entwerteten Mitgliedsrechten in der Gesellschaft zu verbleiben oder zu unattraktiven Konditionen aus dieser auszuscheiden. Deshalb ist es durchaus richtig und wichtig, die außenstehenden Aktionäre für den Fall, dass die kontrollierende Stellung des neuen Mehrheitsaktionärs einen negativen Einfluss auf die Bewertung der Aktien der Gesellschaft hat, zu schützen und den außenstehenden Aktionären in diesem Fall den Ausstieg aus der Gesellschaft zu angemessenen Bedingungen zu gewährleisten. Es ist gerechtfertigt, hierbei in erster Linie auf den gewichteten durchschnittlichen Börsenpreis der vergangenen drei Monate sowie die in den vorausgegangenen sechs Monaten erfolgten Vorwerbe zur Bewertung der Gegenleistung abzustellen. Es ist in diesem Zusammenhang zwar denkbar, dass der gewichtete durchschnittliche Börsenkurs der vergangenen Monate mitunter keinen fairen Preis widerspiegelt. Dies kann durch verschiedenste externe Gründe, beispielsweise die Finanzkrise aus dem Jahr 2008 oder die im Oktober 2009 begonnene Staatsschuldenkrise, begründet sein.[768] Allerdings dürfen diese mitunter erheblichen Kursschwankungen nicht zulasten des Bieters gehen und ihn zur Zahlung eines Aufschlags zwingen, mit dem Ziel der Überschreitung der Schwelle von 50% der Stimmrechte durch das Angebot. Denn das Risiko von Kursschwankungen - gleich ob aus unternehmensinternen oder -externen Gründen - ist ein jeder börsennotierten Aktie immanentes Risiko, welches nicht vollständig von dem außenstehenden Aktionär auf den Bieter abgewälzt werden darf. Das Ermöglichen eines Ausstiegs aus der Gesellschaft zu Bedingungen, die nicht durch die kontrollierende Beteiligung beeinflusst sind, schützt den außenstehenden Aktionär mithin ausreichend in seiner Privatautonomie. Sollte hingegen eine entsprechende Marktliquidität fehlen, ist statt der Bemessung der Gegenleistung anhand des durchschnittlichen Börsenkurses gemäß § 5 Abs. 4 AngebotsVO höchstausnahmsweise eine Unternehmensbewertung vorzunehmen.[769] Mithin werden die außenstehenden Aktionäre auch für diesen Fall geschützt.

Weiter ist zu berücksichtigen, dass auch nach der bisherigen Gesetzeslage die außenstehenden Aktionäre nicht schutzlos gestellt sind. Es steht ihnen frei, ein nach ihrer Auffassung zu niedriges Angebot abzulehnen und dementsprechend in der Gesellschaft zu verbleiben. Dies ermöglicht ihnen zum einen, an positiven Einflüssen durch den neuen Mehrheitsaktionär zu profitieren. Zum anderen werden sie auch nach Erlangung der Kontrolle und nach Beendigung des Angebots aufgrund des WpÜG durch die Vorschriften des Aktien- und Konzernrechts geschützt.[770]

Fraglich ist aber, ob ein Bieter regelmäßig überhaupt eine Beteiligung von über 50% anstrebt. Vielmehr ist es vorstellbar, dass ein Bieter nur eine Beteiligung von knapp über 30% halten möchte, um eben einen kontrollierenden Einfluss auf die Zielgesellschaft ausüben zu können. Denn wie die Gesetzesbegründung ausführt und auch die durchschnittlichen Präsenzen auf Hauptversammlungen zeigen, reichen einem Bieter in vielen Fällen eine Beteiligung von 30% um ei-

---

767 So insbesondere *Letzel*, BKR 2002, 293 f.

768 Zu praxisrelevanten Aspekten öffentlicher Übernahmen in Zeiten volatiler Märkte vgl. *Gei/Kiesewetter*, AG 2012, 741ff.

769 Kritisch im Hinblick auf die Begrenzung der Heranziehung der Unternehmensbewertung nur im Falle des § 5 Abs. 4 AngebotsVO: *Bicker/Parameswaran*, ZIP 2007, 1787,1793.

770 *Cascante/Tyrolt*, AG 2012, 97, 105.

nen kontrollierenden Einfluss auf den Hauptversammlungen der Zielgesellschaft ausüben zu können.

ee) Ergebnis

Im Ergebnis ist eine Creeping-In Regelung zur Sicherstellung der Angemessenheit der Gegenleistung im Rahmen eines Angebots deshalb abzulehnen. Ein Ausstieg aus der Gesellschaft zu einem nicht durch den Kontrollwechsel beeinflussten Preis kann auch durch die bestehenden Schutzmechanismen wie die Berücksichtigung des gewichteten durchschnittlichen Börsenkurses sowie den Vor-, Parallel- und Nacherwerbsvorschriften zufriedenstellend gelöst werden. Die Forderung nach einer darüber hinausgehenden Prämie oder Aufschlag auf die Gegenleistung würde nicht nur den Bieter in seiner Handlungsfreiheit zu weit einschränken, sondern auch Sinn und Zweck des Pflichtangebots widersprechen.[771] Es bestünde die Gefahr, dass auch für die Zielgesellschaft positive Übernahmen aufgrund einer erheblichen Verteuerung verhindert würden.

e) Creeping-In Regelung bei Befreiung durch BaFin

Harbarth plädierte bereits vor Erlass des WpÜG für die Einführung eines weiteren Pflichtangebots für den Fall, dass der Bieter von der Angebotspflicht befreit wurde und er im Anschluss seine Position weiter ausbaut.[772] Zumindest in dieser Konstellation ist überlegenswert, ob die von der BaFin erteilte Befreiung von der einmaligen Pflicht zur Abgabe eines Angebotes ein solches Pflichtangebot dauerhaft ausschließen sollte oder ob eine Creeping-In Regelung genau diesen Fall zufriedenstellend regeln könnte.[773]

---

771 Die Mehrheit (68,7%) der zur Reform des Übernahmerechts durch *Freshfields Bruckhaus Deringer LLP* befragten Experten hat sich ebenfalls gegen eine Ermächtigungsgrundlage der BaFin ausgesprochen, wonach dieser die Möglichkeit eingeräumt wird, den Angebotspreis in Abweichung zum gesetzlichen Mindestpreis festzusetzen (vgl. http://www.freshfields.com/publications/pdfs/2011/nov11/31663.pdf; siehe auch *Seibt*, ZIP 2012, 1, 8).

772 *Harbarth*, ZIP 2002, 321, 324.

773 Nach der Rechtsprechung des *OLG Frankfurt* fehlt den Aktionären der Zielgesellschaft ein Rechtsschutzbedürfnis, die Befreiungsentscheidung der BaFin gerichtlich überprüfen zu lassen (vgl. *OLG Frankfurt*, Beschl. v. 27.05.2003 = DB 2003, 1371 f. (Pro7Sat1 - einstweiliger Rechtsschutz); *OLG Frankfurt*, Beschl. 09.10.2003 = DB 2003, 2537 f. (Pro7Sat1 - Hauptsache).

Auch *Zietsch/Holzborn* verweisen auf die Problematik, dass ein Bieter, der von der Angebotspflicht gemäß §§ 36, 37 WpÜG befreit wurde, in der Folge auch beim weiteren Ausbau seiner Beteiligung kein Angebot abzugeben habe.[774]

Auf den ersten Blick vermag die von *Harbarth* und *Zietsch/Holzborn* vertretene Ansicht zu überzeugen. Denn wenn der Bieter von einer Angebotspflicht befreit wird, z.B. aufgrund ungewöhnlich höher Hauptversammlungspräsenzen in den zurückliegenden drei ordentlichen Hauptversammlungen gemäß § 9 S. 2 Nr. 2 AngebotsVO oder weil ein anderer Aktionär eine höhere Beteiligung als der Bieter hält, § 9 S. 2 Nr. 1 AngebotsVO, muss der Bieter beim Überschreiten der Kontrollerwerbsschwelle kein Pflichtangebot abgeben. Nach der gesetzlichen Konzeption des WpÜG ist im Anschluss an eine Befreiung jedoch auch dann keine Angebotspflicht vorgesehen, wenn der Bieter weitere Stimmrechte hinzuerwirbt. Vielmehr ist die Befreiung nach der Gesetzeskonzeption dauerhaft. Somit kann der Bieter seinen Stimmrechtsanteil ausbauen und die Mehrheit der Stimmrechte erwerben, ohne jemals ein Pflichtangebot abgegeben zu haben.[775]

Fraglich ist jedoch, ob die bestehenden Vorschriften im Rahmen der Erteilung einer Befreiung durch die BaFin nicht ausreichend Möglichkeiten für eine einzelfallgerechte Lösung bieten. Diese sollen nachfolgend untersucht werden.

aa) Rücknahme der Befreiung

Um eine dauerhafte Befreiung trotz veränderter Tatsachen zu vermeiden, kommt zunächst eine Rücknahme der Befreiung durch die BaFin nach § 48 Abs. 1 S. 1 VwVfG in Betracht. Dies setzt allerdings voraus, dass die Befreiungsentscheidung im Zeitpunkt des Erlasses der Befreiung durch die BaFin rechtswidrig gewesen ist.[776] Eine Rücknahme allein aufgrund einer veränderten Sach- und Rechtslage ist deshalb nicht möglich. Ferner kann das Vertrauen des Bieters auf den Bestand der Befreiung bei einer Rücknahme dazu führen, dass die BaFin unter den Voraussetzungen des § 48 Abs. 3 VwVfG den dadurch entstehenden Vermögensnachteil auszugleichen hat, soweit das Vertrauen des Bieters unter

---

774 *Zietsch/Holzborn*, WM 2001, 1753, 1755.

775 Vgl. hierzu auch *von Falkenhausen*, ZHR 174 (2010), 293, 299.

776 *Krause/Pötzsch/Seiler* in: Assmann/Pötzsch/Schneider, WpÜG, § 37 Rn. 109; *Schlitt/Ries* in: MüKo, WpÜG, § 37 Rn. 79; *Meyer* in: Geibel/Süßmann, WpÜG, § 37 Rn. 71; *Hecker* in: Baums/Thoma, WpÜG, § 37 Rn. 194; *Meyer* in: Knack/Hennke, VwVfG, § 48 Rn. 33; *Sachs* in: Stelkens/Bonk/Sachs, VwVfG, § 48 Rn 49 m.w.N.

Abwägung mit dem öffentlichen Interesse schutzwürdig ist. Allerdings geht *Meyer* davon aus, dass der Ausgleich des Vermögensnachteils in der Regel ausscheide, da der Antragsteller stets damit zu rechnen habe, dass ihn die Pflicht zur Abgabe eines Angebots treffe, wenn er die tatsächliche Kontrolle über die Zielgesellschaft erlangt habe.[777] Festzuhalten ist jedoch, dass die Rücknahmemöglichkeit nach § 48 VwVfG keinen der Creeping-In Regelung vergleichbaren Schutz darstellt, sofern die Erteilung der Befreiung rechtmäßig war.

bb) Widerruf der Befreiung

aaa) Widerruf ohne Vorbehalt

Für den Fall, dass die Befreiungsentscheidung rechtmäßig ist, kann diese entsprechend § 49 VwVfG widerrufen werden. Ohne den Vorbehalt eines Widerrufs in dem Befreiungsbescheid kann ein Widerruf gemäß § 49 Abs. 2 Nr. 3 VwVfG erfolgen, wenn die BaFin aufgrund nachträglich eingetretener Tatsachen berechtigt wäre, die Befreiung von der Angebotspflicht nicht zu erteilen, und wenn ohne den Widerruf das öffentliche Interesse gefährdet würde. Allerdings ist der Begriff des öffentlichen Interesses, zu dessen Abwehr der Widerruf der Befreiung erfolgen muss, eng auszulegen.[778] Dabei kann ein öffentliches Interesse nur berücksichtigt werden, wenn es zur Wahrung des Aufgabenbereichs der den Widerruf aussprechenden Behörde, hier also der BaFin, gehört.[779] Erforderlich ist demnach, dass sich das öffentliche Interesse aus dem Aufgabenbereich der BaFin ergibt. Nach § 4 Abs. 1 S. 2 WpÜG hat die BaFin Missständen entgegenzuwirken, welche die ordnungsgemäße Durchführung des Verfahrens beeinträchtigen oder erhebliche Nachteile für den Wertpapiermarkt bewirken können. Nicht ausreichend zur Begründung eines Widerrufs ist jedoch der mit dem WpÜG allgemein beabsichtige Schutz von Minderheitsaktionären durch die Abgabe eines Pflichtangebots.[780] Mithin vermag § 49 Abs. 2 Nr. 3 VwVfG keinen umfassenden Schutz bei einer Befreiung zu begründen.

---

[777] *Meyer* in: Geibel/Süßmann, WpÜG, § 37 Rn. 73.

[778] *Meyer* in: Geibel/Süßmann, WpÜG, § 37 Rn. 75; *Schlitt/Ries* in: MüKo, WpÜG, § 37 Rn. 80; *Krause/Pötzsch/Seiler* in: Assmann/Pötzsch/Schneider, WpÜG, § 37 Rn. 112.

[779] *Sachs* in: Stelkens/Bonk/Sachs, VwVfG, § 49 Rn. 72.

[780] *Meyer* in: Geibel/Süßmann, WpÜG, § 37 Rn. 76; *Schlitt/Ries* in: MüKo, WpÜG, § 37 Rn. 80.

bbb) Widerruf mit Vorbehalt

von Falkenhausen weist jedoch richtigerweise daraufhin, dass die BaFin bereits im Rahmen des geltenden Rechts die Möglichkeit hat, die Befreiung von der Angebotspflicht mit Nebenbestimmungen zu versehen und so die Befreiung an die Erfüllung bestimmter Voraussetzungen knüpfen und gegebenenfalls die Befreiung widerrufen kann.[781]

So sind im Rahmen der Ausgestaltung des § 37 WpÜG die Widerrufsmöglichkeit nach § 49 Abs. 2 Nr. 1 und Nr. 2 VwVfG sowie die Befugnisse der BaFin zu berücksichtigen. Denn hinsichtlich der Befreiung handelt es sich, wie oben dargestellt, um eine Ermessensentscheidung der BaFin, bei der regelmäßig die Interessen des Antragstellers und der Inhaber der Aktien der Zielgesellschaft zu berücksichtigen sind.[782] Da es sich bei einer Befreiung durch die BaFin nach § 37 WpÜG um einen begünstigenden Verwaltungsakt handelt, kann dieser mit Nebenbestimmungen im Sinne des § 36 Abs. 2 VwVfG versehen werden.[783] Die Befreiung kann mit einer Befristung, Bedingung oder einem Vorbehalt des Widerrufs erlassen sowie mit einer Auflage oder einem Vorbehalt der nachträglichen Aufnahme, Änderung oder Ergänzung einer Auflage verbunden werden.[784] Wird beispielsweise die Befreiung aufgrund dessen erteilt, dass ein anderer Aktionär über eine höhere Beteiligung als der Bieter verfügt, so kann diese Befreiung unter den Vorbehalt des Widerrufs nach § 36 Abs. 2 Nr. 3 VwVfG für den Fall gestellt werden, dass der andere Aktionär seinen Stimmrechtsanteil verringert oder der Bieter weitere Stimmrechte hinzuerwirbt und so tatsächlich Kontrolle über die Zielgesellschaft ausüben kann.

Auch wenn die Befreiung gemäß § 9 S. 2 Nr. 2 AngebotsVO wegen vergangener hoher Hauptversammlungspräsenzen erteilt wurde, kann diese unter den Vorbehalt des Widerrufs gestellt werden, dass sich die Hauptversammlungspräsenzen nicht derart ändern, dass der Bieter eine tatsächliche Kontrollmöglichkeit erlangt.[785] Zusätzlich kann die Auflage gemäß § 36 Abs. 2 Nr. 4 VwVfG ergehen, dass jeder Umstand, jedes Ereignis oder Verhalten, das einen Widerruf der

---

781 *Von Falkenhausen*, ZHR 174, 293, 299.
782 Vgl. § 37 Abs. 1 WpÜG a.E.
783 *Hecker* in: Baums/Thoma, WpÜG, § 37 Rn. 187; *Hommelhoff/Witt* in: FrankfurterKomm, WpÜG, § 37 Rn. 70; *Klepsch* in: Berliner Kommentar, WpÜG, § 37 Rn. 60.
784 *Wernicke*, NZG 2011, 1404, 1405.
785 Vgl. hierzu auch *Meyer* in: Geibel/Süßmann, WpÜG, § 37 Rn. 63.

Befreiung rechtfertigen könnte, unverzüglich der BaFin mitzuteilen ist. Aus diesem Grund stehen der BaFin im Rahmen der Befreiungsmöglichkeiten ausreichend Mittel zur Verfügung, eine einmal erteilte Befreiung zu widerrufen und somit die Abgabe eines Pflichtangebots von dem Bieter zu verlangen.[786] Allerdings hat der Bieter kein Pflichtangebot abzugeben, solange der Befreiungsbescheid nicht widerrufen worden ist, da er sich in dem gesamten Zeitraum auf die Bestandskraft des Verwaltungsakts berufen kann.[787]

cc) Ergebnis

Im Ergebnis ist deshalb festzuhalten, dass bereits nach geltendem Recht ausreichend Möglichkeiten vorhanden sind, um eine vermeintliche Schutzlücke im Rahmen einer Befreiung von den Pflichten des § 35 WpÜG zu vermeiden.[788] Die Möglichkeit, die Befreiung von der Angebotspflicht mit Nebenbestimmungen und einer Widerrufsmöglichkeit zu versehen, ist ausreichend, um die Befreiung vom tatsächlichen Vorliegen der Befreiungsvoraussetzungen abhängig zu machen. Sollte eine Änderung der Sachlage eintreten, die eine Befreiung von der Angebotspflicht nicht mehr rechtfertigt, kann die BaFin die erteilte Befreiung widerrufen. Im Anschluss an den rechtskräftigen Widerruf ist der Bieter sodann zur Abgabe eines entsprechenden Pflichtangebots verpflichtet.

Merkt verweist darauf, dass nichts gegen die Normierung einer gesetzlichen Creeping-In Regelung spreche, wenn die BaFin in Fällen der Befreiung ohnehin stets mit einem Widerrufsvorbehalt arbeite. Für eine gesetzliche Regelung spreche sowohl die damit verbundene Entlastung der Verwaltung, als auch im Hinblick auf die Umgehung die Vorzugswürdigkeit einer normativen Regelung anstelle einer administrativen Einzelfallentscheidung.[789]

---

[786] *Diregger/Winner*, WM 2002, 1583, 1585; *Wernicke*, NZG 2011, 1404, 1405 f., der - zutreffend - das Erfassen von denkbaren, entscheidungserheblichen Änderungen des Sachverhalts als Anliegen der Nebenbestimmungen ansieht.

[787] *Krause/Pötzsch/Seiler* in: Assmann/Pötzsch/Schneider, WpÜG, § 37 Rn. 105; *Hecker* in: Baums/Thoma, WpÜG, § 37 Rn. 129; *Meyer* in: Geibel/Süßmann, WpÜG, § 37 Rn. 78; a.A. wohl *Holzborn/Friedhofff*, BKR, 2001, 114, 116.

[788] So auch *Von Falkenhausen*, ZHR 174 (2010), 293, 299; *Hecker* in: Baums/Thoma, WpÜG, § 37 Rn. 134; *Baums*, ZIP 2010, 2374, 2380; *Diregger/Winner*, WM 2002, 1583, 1585; *Braun*, Die Befreiung vom Pflichtangebot nach dem WpÜG, 2008, S. 109 f.

[789] *Merkt*, NZG 2011, 561, 568.

Ob mit Einführung einer Creeping-In Regelung tatsächlich eine Entlastung der Verwaltung verbunden ist, sei dahin gestellt. Denn eine Creeping-In Regelung hätte zwar zur Folge, dass der Bieter gehalten wäre, einen entsprechenden Anteilserwerb zu veröffentlichen und erneut eine Befreiung von der Angebotspflicht zu beantragen. Mithin obläge es dem Bieter stets erneut darzulegen, weshalb ein die Befreiung rechtfertigender Tatbestand vorliege. Andererseits muss die BaFin jeweils erneut über den Antrag und das Vorliegen der entsprechenden Tatbestandsmerkmale entscheiden. Ferner kann die BaFin entsprechende Auflagen an den Bieter in solchen Fällen, in denen es sinnvoll erscheint, erlassen, nach denen der Bieter Anteilserwerbe oder sonstige Veränderungen der Beteiligungsverhältnisse an der Zielgesellschaft mitzuteilen hat. Eine solche Auflage ist jedoch nur sinnvoll, wenn die Befreiung auf dem Fehlen der tatsächlichen Kontrollmöglichkeit beruht, nicht aber, wenn die Befreiung z.B. aufgrund der Sanierungsbedürftigkeit der Zielgesellschaft erfolgt.[790] Eine umfassende Verlagerung der Darlegungslast auf den Bieter, wie dies im Fall einer Creeeping-In Regelung der Fall wäre, ist daher zuweit gehend.

Die den starren Kontrollbegriff korrigierenden Befreiungsmöglichkeiten vermögen im Ergebnis ebenfalls nicht die Einführung einer Creeping-In Regelung zu begründen. Die BaFin hat vielseitige Möglichkeiten auf die jeweiligen Einzelfälle einzugehen und die Befreiung mit entsprechenden Auflagen zu versehen. Im Hinblick auf eine einzelfallbezogene Lösung erscheint die derzeitige Lösung mit ihren flexiblen Handlungsmöglichkeiten der Einführung eine Creeping-In Regelung vorzugswürdig.

f) Meldepflichtiger Ausbau der kontrollierenden Beteiligung

Nach Ansicht der Fraktion der SPD ermöglicht es die derzeitige Regelung, den mit dem Pflichtangebot beabsichtigten Schutz anderer Aktionäre zu unterlaufen. Es bestehe legal die Möglichkeit, sich an eine Zielgesellschaft anzuschleichen, um möglichst kostengünstig und möglichst unauffällig eine Kontrollposition von mehr als 30% der Anteile an einer Zielgesellschaft zu erhalten.[791] Aus diesem

790 Zur Sanierungsbefreiung vom Pflichtangebot siehe *Kocher*, ZInsO 2010, 1215 ff.; zur Befreiung bei Sanierungstreuhandschaften vgl. *Stadler*, NZI 2010, 44; *Hasselbach/Hoffmann*, DB 2009, 327 ff.

791 Gesetzesentwurf der Fraktion der SPD, BT-Drs. 17/3481, S. 3; so auch in dem zuvor gefassten Beschluss des Parteivorstands der SPD vom 25.10.2010: „Lücken im Übernahmerecht schließen - Stärkung einer nachhaltigen Unternehmensführung", abrufbar unter

Grund sieht die vorgeschlagene Creeping-In Regelung beim Erwerb weiterer 2% an Stimmrechten nicht nur die Pflicht zur Abgabe eines Angebots nach § 35 Abs. 2 WpÜG vor, sondern zugleich auch die - erneute - Pflicht zur Veröffentlichung der Kontrollerlangung nach § 35 Abs. 1 WpÜG.

Sofern es jedoch um den "*unauffälligen Ausbau*" der Beteiligung im Bereich zwischen 30% und 50% der Stimmrechte geht, ist zwischen dem WpÜG und dem WpHG zu unterscheiden.

aa) Meldepflichten nach dem WpHG

Den Kern der Meldepflichten stellt § 21 WpHG dar.[792] Danach hat derjenige, der durch Erwerb, Veräußerung oder auf sonstige Weise 3%, 5%, 10%, 15%, 20%, 25%, 30%, 50% oder 75% der Stimmrechte an einem Emittenten, für den die Bundesrepublik Deutschland der Herkunftsstaat ist, erreicht, überschreitet oder unterschreitet (Meldepflichtiger), dies unverzüglich dem Emittenten und gleichzeitig der Bundesanstalt, spätestens innerhalb von vier Handelstagen unter Beachtung von § 22 Abs. 1 und 2 WpHG mitzuteilen.

§§ 21 f. WpHG gehen auf die europäische Transparenzrichtlinie I zurück[793], die durch die Transparenzrichtlinie II wesentlich erweitert und verschärft wurden.[794] Letztere wurde durch das Transparenzrichtlinie-Umsetzungsgesetz (TUG) mit Wirkung zum 05.01.2007 in deutsches Recht umgesetzt.[795] § 21 WpHG setzt dabei Art. 9 Abs. 2 der Transparenzrichtlinie II um.

---

http://www.spd.de/aktuelles/Pressemitteilungen/5414/20101025_beschluss_uebernahmerecht.html.

792 *Schwark* in: Schwark/Zimmer, WpHG, § 21 Rn. 1.

793 RiLi 88/627/EWG des Rates vom 12.12.1988, ABl. Nr. L 348 vom 17.12.1988, S. 62 (Richtlinie über die bei Erwerb und Veräußerung einer bedeutenden Beteiligung an einer börsennotierten Gesellschaft zu veröffentlichenden Informationen).

794 RiLi 2004/109/EG zur Harmonisierung der Transparenzanforderungen in Bezug auf Informationen über Emittenten, deren Wertpapiere zum Handel auf einem geregelten Markt zugelassen sind und zur Änderung der RiLi 2001/34/EG v. 15.12.2004, ABl EU L 390/18 v. 31.12.2004.

795 Gesetz zur Umsetzung der RiLi 2004/109/EG des Europäischen Parlaments und des Rates v. 15.12.2004 zur Harmonisierung der Transparenzanforderungen in Bezug auf Informationen über Emittenten, deren Wertpapiere zum Handel auf einem geregelten Markt zugelassen sind, und zur Änderung der Richtlinie 2001/34/EG, BGBl. I 2007, S. 10 ff.

Sinn und Zweck der Transparenzrichtlinie I und II sowie des TUG ist es, durch angemessene Information den Schutz der Anleger auf dem Wertpapiersektor zu verbessern, ihr Vertrauen in die Wertpapiermärkte zu steigern und damit insgesamt zu einem reibungslosen Funktionieren der Kapitalmärkte beizutragen. Ferner sollte aufgrund der Harmonisierung der Transparenzgebote ein echter europäischer Kapitalmarkt geschaffen werden.[796] Ferner ist beabsichtigt, durch die Schaffung von Transparenz dem Missbrauch von Insiderinformationen entgegenzuwirken sowie der Aktiengesellschaft einen besseren Überblick über ihre Aktionärsstruktur und die Beherrschungsverhältnisse zu ermöglichen.[797] Darüber hinaus sind die Mitteilungspflichten des WpHG gleichzeitig Teil der „Konzerneingangskontrolle" und bieten einen gewissen Schutz vor feindlichen Übernahmen.[798]

bb) Unterschiede Veröffentlichungspflicht nach WpÜG und WpHG

Grundsätzlich gilt, dass die §§ 21 f. WpHG und die §§ 35 f. WpÜG einheitlich ausgelegt werden.[799] Allerdings bestehen vereinzelt Besonderheiten. So ist nach § 35 Abs. 1 WpÜG das Halten einer kontrollierenden Beteiligung, folglich das Halten einer Beteiligung von 30% der Stimmrechte, zu veröffentlichen. Übernahmerechtlich betrachtet ersetzt die Veröffentlichungspflicht nach § 35 Abs. 1 WpÜG die Veröffentlichung zur Entscheidung zur Abgabe eines Angebots nach § 10 WpÜG.[800] Die Veröffentlichungspflicht nach § 35 Abs. 1 WpÜG ersetzt allerdings nicht die Mitteilung über die Erreichung der Stimmrechtsschwelle von 30% nach § 21 Abs. 1 S. 1 WpHG, sondern vielmehr bestehen diese Pflichten nebeneinander.[801] Dies ist damit zu begründen, dass zwar die Zurechnungsvorschrift des § 22 Abs. 1 WpHG wortgleich mit der des § 30 WpÜG ist, jedoch nach § 21 Abs. 1 Nr. 5 WpHG auch schuldrechtliche Optionen erfasst sind, wäh-

---

796 Einleitung RiLi 88/627/EWG; Einleitung RiLi 2004/109/EG.

797 Reg. Berg. BT-Drs. 12/6679, S. 52.

798 *Schneider* in: Assmann/Schneider, WpHG, Vor § 21 Rn. 29; *Schwark* in: Schwark/Zimmer, WpHG, Vor § 21 Rn. 4; *Dehlinger/Zimmermann* in: Fuchs, WpHG, Vor § 21 Rn. 16.

799 *Liebscher*, ZIP 2002, 1005, 1009; *Möller*, AG 2002, 170, 174.

800 *Noack/Zetsche* in: Schwark/Zimmer, WpÜG, § 35 Rn. 34.

801 *Noack/Zetsche* in: Schwark/Zimmer, WpÜG, § 35 Rn. 34; *Baums/Hecker* in: Baums/Thoma, WpÜG, § 35 Rn. 150; *Meyer* in: Geibel/Süßmann, WpÜG, § 35 Rn. 53; *Krause/Pötzsch* in: Assmann/Pötzsch/Schneider, WpÜG, § 35 Rn. 184; *Hommelhoff/Witt* in: FrankfurterKomm, WpÜG, § 35 Rn. 74; *Hasselbach* in: KölnKomm, WpÜG, § 35 Rn. 181; *Ekkenga/Schulz* in: Ehricke/Ekkenga/Schulz, WpÜG, § 35 Rn. 44; differenzierend *Schlitt/Ries* in: MüKo, WpÜG, § 35 Rn. 172.

rend § 30 Abs. 1 Nr. 5 WpÜG nur dingliche Optionen mit einbezieht.[802] Zu dieser Auslegung muss man aufgrund der klaren Intention des Gesetzgebers in der Gesetzesbegründung kommen. Denn danach verwendet das WpÜG den Begriff des Erwerbs grundsätzlich im engen Sinne, d.h. im Sinne der Erlangung des Eigentums.[803] An den Stellen, an denen schuldrechtliche Grundgeschäfte dem Eigentumserwerb gleichgestellt werden sollen, ist dies im Gesetz ausdrücklich angeordnet (§ 31 Abs. 6, § 23 Abs. 1 Satz 2, Abs. 2 Satz 2 WpÜG), weshalb schuldrechtliche Vereinbarungen grundsätzlich keine Zurechnung nach Nr. 5 auslösen. Ein weiterer Unterschied zwischen den Veröffentlichungspflichten nach dem WpÜG und dem WpHG besteht darin, dass das WpÜG eine Befreiungsmöglichkeit vorsieht, die nicht nur von der Pflicht zur Abgabe eines Angebots, sondern zugleich auch von der Veröffentlichungspflicht befreit. Eine solche Befreiungsmöglichkeit kennt das WpHG nicht, weshalb § 21 WpHG daneben Anwendung finden muss.

Ferner ist das auf Transparenz ausgerichtete WpHG weitergehend als das WpÜG. Denn nach § 21 WpHG hat derjenige, der durch Erwerb, Veräußerung oder auf sonstige Weise 3%, 5%, 10%, 15%, 20%, 25%, 30%, 50% oder 75% der Stimmrechte an einem Emittenten hält, dies unverzüglich zu veröffentlichen. Die Mitteilungspflicht des WpHG unterscheidet sich jedoch im Wesentlichen durch die im Rahmen des Risikobegrenzungsgesetzes erweiterte Vorschrift des § 25 WpHG.[804] Denn gemäß § 25 Abs. 1 S. 3 WpHG sind auch andere Finanzinstrumente, insbesondere schuldrechtliche Optionen und Wandlungsrechte erfasst und lösen beim Überschreiten der in § 21 Abs. 1 WpHG erwähnten Schwellen, mit Ausnahme der Schwelle von 3%, eine eigene Mitteilungspflicht aus. Nach Ansicht des Gesetzgebers sollte das Risikobegrenzungsgesetz und die Änderung des § 25 Abs. 1 S. 3 WpHG der weiteren Verbesserung der Transparenz von Kapitalmarktbewegungen dienen sowie die Beteiligungstransparenz erhöhen

---

[802] *Süßmann* in: Geibel/Süßmann, WpÜG, § 30 Rn. 22; *von Bülow* in: KölnKomm, WpÜG, § 30 Rn. 173; *Noack/Zetsche* in: Schwark/Zimmer, WpÜG, § 30 Rn. 14; *Steinmeyer* in: Berliner Kommentar, WpÜG, § 30 Rn. 41; *Schneider* in Assmann/Pötzsch/Schneider, WpÜG, § 30 Rn. 116 f. (a.A. damals *Schneider* in Assmann/Pötzsch/Schneider, WpÜG, 1. Aufl. 2005, § 30 Rn. 66.)

[803] Reg. Begr. BT-Drs. 14/7034 S. 54.

[804] Risikobegrenzungsgesetz v. 12.08.2008 (BGBl. I S. 1666).

und dadurch eben gerade ein unbemerktes „*Anschleichen*" an den Emittenten verhindern.[805]

Folglich kann ein Bieter aufgrund der Zurechnungstatbestände die Schwelle von 30% im Sinne des WpHG überschreiten und zur Stimmrechtsmeldung nach § 21 WpHG verpflichtet sein, während die Veröffentlichungspflicht nach § 35 Abs. 1 WpÜG noch nicht besteht. Sinn und Zweck des § 35 Abs. 1 WpÜG besteht demnach auch darin, den Schutz der gegenwärtigen Aktionäre der Zielgesellschaft zu sichern sowie das Informationsinteresse des Kapitalmarkts und damit verbunden auch das Interesse eines möglichen Anlegers zu wahren.[806]

Die Veröffentlichungspflicht nach dem WpÜG entspricht ferner deshalb nicht den Veröffentlichungspflichten nach dem WpHG, da es nachh dem WpÜG auf das Halten einer kontrollierenden Beteiligung im Sinne des § 29 Abs. 2 WpÜG und nicht ausschließlich auf eine Beteiligung in Form einer prozentualen Schwelle ankommt. Für die Berechnung der Kontrolle im Sinne des WpÜG können vielmehr bestimmte Stimmrechte gemäß § 20 oder § 36 WpÜG außer Betracht bleiben. Eine derartige Nichtberücksichtigung von Stimmrechten ist im WpHG nicht vorgesehen.

cc) Disclosure Philosophy

Das Bundesrecht der Vereinigten Staaten von Amerika beruht auf der „*disclosure philosophy*".[807] Dies bedeutet, dass ein Creeping-In dadurch aufgedeckt beziehungsweise reguliert werden soll, indem ein Erwerber regelmäßig wesentliche Beteiligungen zu veröffentlichen hat. So muss ein Aktionär, der die Schwelle von 5% der Stimmrechte an einer Gesellschaft überschreitet, dies veröffentlichen. Bei dem Erwerb von mindestens 1% weiterer Stimmrechte sind die Anzahl der erworbenen Aktien sowie der dafür gezahlte Preis offenzulegen. Damit soll ein entsprechendes Anschleichen offengelegt werden. Ferner hat der Aktionär beim Überschreiten der 5%-Schwelle zu erklären, ob er den Erwerb der Kontrollmehrheit anstrebt, beziehungsweise einen entsprechend später gefassten Beschluss zu veröffentlichen.[808]

---

805 BT Drs. 16/2498, S. 26, 28.

806 *Hasselbach* in: KölnKomm, WpÜG, § 35 Rn. 5; *Baums/Hecker* in: Baums/Thoma, WpÜG, § 35 Rn. 8; *Hommelhoff/Witt* in: FrankfurterKomm, WpÜG, § 35 Rn. 73.

807 *Merkt*, NZG 2011, 561; ausführlich *ders*., Unternehmenspublizität: Offenlegung von Unternehmensdaten als Korrelat der Marktteilnahme, 2001.

808 *Loss/Seligman*, Securities Regulation, S. 2169 f.

Hingegen kennt das US-Bundesrecht kein Pflichtangebot für den Fall des Erwerbs einer bestimmten Beteiligung. Auch die amerikanische Rechtsprechung sieht keinen Anspruch der außenstehenden Aktionäre für den Fall des Entstehens einer kontrollierenden Beteiligung vor.[809] Die Normierung eines Pflichtangebots ist Sache der einzelnen Staaten innerhalb der USA, von denen einige wenige in ihren Gesetzen eine Abfindung für Minderheitsaktionäre vorsehen, wenn der Erwerber eine kontrollierende Beteiligung hält.[810]

Dies zeigt, dass nach dem US-amerikanischen Recht das Creeping-In durch weitreichende Publizitätspflichten, nicht aber durch ein Pflichtangebot aufgrund einer entsprechenden Creeping-In Regelung geregelt werden soll.[811]

dd) Veröffentlichungspflicht aufgrund Creeping-In Regelung

Während im Ergebnis das WpÜG lediglich den Kontrollerwerb im Sinne dieses Gesetzes unter die Pflicht der Veröffentlichung stellt, ist das WpHG im Hinblick auf die Beteiligungsquoten auf mehr Transparenz ausgerichtet. Sofern es also Ziel ist, das unauffällige Ausbauen der Beteiligung insbesondere im Bereich zwischen 30% und 50% der Stimmrechte zu verhindern, muss dies Aufgabe des WpHG sein, nicht aber zu einer Novellierung des WpÜG führen.

Aus diesem Grund plädieren *Fleischer/Schmolke* anstelle der Einführung eines weiteren Pflichtangebots nur für eine Erweiterung der kapitalmarktrechtlichen Mitteilungspflichten nach dem WpHG auf das bisherige „*Niemandsland*“ zwischen 30% und 50%.[812] Beispiele dafür fänden sich in Belgien, Irland, Italien, Österreich, Spanien und dem Vereinigten Königreich. Wertvolle Informationen enthielten solche zusätzlichen Beteiligungsmitteilungen vor allem dann, wenn das Halten von 30% der Stimmrechte wegen der besonderen Aktionärsstruktur

---

809 eingehend hierzu *Lüttmann*, Kontrollwechsel in Kapitalgesellschaften, S. 90 f.

810 *Merkt/Göthel*, US-amerikanisches GesellschaftsR, Rn. 1372.

811 *Baums*, ZIP 2010, 2374, 2378.

812 Für eine grundsätzliche Ausweitung der Meldepflichten auf weitere Schwellenwerte zur Verbesserung der Information des Kapitalmarkts vgl. *Hitzer/Düchting*, ZIP 2011, 1084 f.; *Burgard*, WM 2000, 611, 612, 616; *Schneider* in: Assmann/Schneider, WpHG, 4. Aufl. 2006, § 21 WpHG Rn. 15; *Witt*, AG 1998, 171, 175; *Hein*, AG 2001, 223, 241; vgl. zur Intention auf europäischer Ebene auch *Bremer*, NZG 2011, 1299; ablehnend *Schwark*, in: Schwark/Zimmer, § 21 WpHG Rn. 11.

oder höherer Hauptversammlungspräsenzen entgegen der Typisierung in § 29 Abs. 2 WpÜG noch keine materielle Kontrolle vermittele.[813]

Ferner sehen *Hitzer/Düchting* - unter Verweis auf die Übernahme der Kontrollmehrheit an der Hochtief durch die spanische ACS-Gruppe, welche für neuen rechtspolitischen „*Zündstoff*" gesorgt habe - die beschriebene Problematik des Ausbaus der Beteiligung nach Überschreiten der Kontrollerwerbsschwelle als ein Informationsproblem des Kapitalmarkts an, weshalb die Lösung nicht bei den übernahmerechtlichen Vorschriften des WpÜG zu suchen sei, sondern die Transparenzvorschriften des WpHG modifiziert werden sollten. Der Entwurf der SPD setze demnach an der falschen Stelle an. Notwendig sei vielmehr eine Erweiterung der kapitalmarktrechtlichen Beteiligungstransparenz, wodurch Anleger ihre (De-)Investitionsentscheidung auf einer umfassenden Informationsgrundlage treffen könnten und die Zielgesellschaft zugleich individuelle Kenntnis ihrer Aktionärsstruktur erhielte, die für moderne Investor Relations von grundlegender Bedeutung sei und zugleich als „*Frühwarnsystem*" für die Gesellschaft diene, um Maßnahmen gegen eine bevorstehende Übernahme zu ergreifen. Die Autoren plädieren im Ergebnis für eine Ausweitung der Meldepflichten in dem Bereich zwischen 30% und 50% der Gesamtstimmrechte in 5%-Intervallen - halten diese Modifizierung jedoch auch für ausreichend.[814] Auch *Cascante/Tyrolt* bevorzugen eine Ausweitung der Meldeschwellen nach § 21 WpHG, beispielsweise auf 35%, 40% und 45%, anstelle einer Veränderung der bestehenden Konzeption im WpÜG.[815]

Zwar verfolgen beide Gesetze eine Weitergabe von Informationen an den Kapitalmarkt und bezwecken damit die Sicherstellung der Funktionsfähigkeit desselben.[816] Allerdings soll die Veröffentlichungspflicht nach dem WpÜG gerade die Information weitergeben, dass ein Aktionär die Kontrolle über die Zielgesellschaft erlangt hat. Nach dem WpHG hingegen soll in bestimmten Abständen veröffentlicht werden, welche Beteiligung ein Aktionär an einer börsennotierten Gesellschaft hält. Es kann demnach nicht Sinn und Zweck sein, die im WpHG

---

813 *Fleischer/Schmolke*, NZG 2009, 401, 404.

814 *Hitzer/Düchting*, ZIP 2011, 1084 ff.

815 *Cascante/Tyrolt*, AG 2012, 97, 105.

816 *Schneider* in: Assmann/Schneider, WpHG, Vor § 21 Rn. 18f.; *Dehlinger/Zimmermann* in: Fuchs, WpHG, Vor § 21 Rn. 16; *Schwark* in: Schwark/Zimmer, WpHG, Vor § 21 Rn. 4; *Baums/Hecker* in: Baums/Thoma, WpÜG, § 35 Rn. 8.

grundsätzlich geregelten Veröffentlichungspflicht durch Einführung einer Creeping-In Regelung in das WpÜG zu verlagern. Vielmehr wäre es widersinnig, beim Hinzuererwerb weiterer Stimmrechte in Höhe von 2% innerhalb von zwölf Monaten jeweils die Information an den Kapitalmarkt zu geben, dass der Bieter die „*Kontrolle*“ über die Zielgesellschaft erlangt habe.

ee) Ergebnis

Im Ergebnis bleibt festzuhalten, dass die Einführung einer Creeping-In Regelung im Hinblick auf die Meldepflichten in dem Bereich zwischen 30% und 50% für das deutsche Übernahmerecht weder notwendig noch wünschenswert ist. Die Schließung der vermeintlichen Lücken in dem Bereich zwischen 30% und 50% ist vielmehr Aufgabe des WpHG, nicht aber des auf eine kontrollierende Beteiligung abstellenden WpÜG. Die bereits bestehenden Schutzmechanismen tragen der Zielsetzung des WpÜG ausreichend Rechnung.

11. Gesamtergebnis

Die Einführung eines zusätzlichen Pflichtangebots, gleich ob als weitere prozentuale Schwelle oder in Form der vorgeschlagenen Creeping-In Regelung, ist im Ergebnis weder notwendig noch wünschenswert.[817] Das WpÜG und das bisher bestehende Pflichtangebot sowie die als Korrektiv dienenden Befreiungsmöglichkeiten bieten einen ausreichenden Schutz der außenstehenden Aktionäre. Insbesondere die Mindestanforderungen an die anzubietende Gegenleistung nach § 31 WpÜG ermöglichen einen Ausstieg aus der Gesellschaft zu einem Preis, der nicht durch die kontrollierende Beteiligung des Bieters beeinflusst ist. Die Einführung eines weiteren Angebots würde zu einer unverhältnismäßigen Belastung des Bieters führen.

Im Ergebnis geben daher auch die nach dem WpÜG abgegebenen und durchgeführten Angebote von Porsche/Volkswagen, VW/MAN, Deutsche Bank/Postbank und ACS/Hochtief keinen Anlass zur Einführung einer Creeping-In Regelung. Denn das WpÜG soll lediglich ermöglichen, dass ein Aktionär zu einer Gegenleistung aus der Zielgesellschaft aussteigen kann, die nicht durch den kontrollierenden Einfluss eines neuen Großaktionärs beeinflusst ist.

---

[817] So im Ergebnis auch *von Falkenhausen*, ZHR 174 (2010), 293 f.; *Baums*, ZIP 2010, 2374 f.; a.A. *Merkt* in: Veil (Hrsg.), Übernahmerecht in Praxis und Wissenschaft, 2009, S. 74; *ders.*, NZG 2011, 561, 567.

Folglich ist ein Pflichtangebot nach dem WpÜG überhaupt nur dann notwendig, wenn der kontrollierende Einfluss des neuen Großaktionärs einen negativen Einfluss auf den Börsenkurs der Aktie der Zielgesellschaft oder deren Handelbarkeit am Markt hat. Schaut man sich jedoch beispielsweise den Aktienkurs der Postbank an, stellt man fest, dass sich dieser unmittelbar nach Abgabe des Angebots - wie nicht anders zu erwarten - auf dem Niveau der angebotenen Gegenleistung eingependelt hat. Im November 2012, mithin ca. zwei Jahre nach Veröffentlichung des Angebots, notierte der Kurs der Postbank-Aktie jedoch bei über € 30,- im Vergleich zu der damals gesetzlich vorgegebenen und angebotenen Mindestgegenleistung von € 25,-. Dies zeigt, dass der Einstieg der Deutschen Bank bei der Postbank keineswegs vom Kapitalmarkt negativ beurteilt wurde, sondern vielmehr der kontrollierende Einfluss der Deutschen Bank und die Entwicklung der Postbank seither insgesamt positiv bewertet wurde. Zwischenzeitlich aufgetretene Kursschwankungen aufgrund eines volatilen Marktumfeldes dürfen nicht zulasten des Bieters gehen und müssen unberücksichtigt bleiben. Die Ermöglichung des Ausstiegs der außenstehenden Aktionäre aus der Postbank zu einer angemessenen Gegenleistung, die nicht durch den kontrollierenden Einfluss der Deutschen Bank beeinflusst war, war im Ergebnis somit nicht zwingend erforderlich.

Auch bei dem Übernahmeangebot von ACS an die Aktionäre der Hochtief lässt sich ein ähnliches Bild feststellen. Während die BaFin eine Mindestgegenlesitung von € 50,97 vorgab, bot ACS rechnerisch eine Gegenleistung in Höhe von € 52,56 an. In dem auf das Angebot folgenden Jahr stieg der Kurs der Hochtief-Aktie zeitweise auf über € 75,-. Mithin konnten die Aktionäre der Hochtief sowohl durch das Übernahmeangebot als auch im Anschluss daran über den Kapitalmarkt zu einer Gegenleistung aus der Zielgesellschaft aussteigen, die nicht negativ durch den kontrollierenden Einfluss von ACS geprägt war.

Im Ergebnis ist deshalb festzuhalten, dass ein Pflichtangebot ohnehin nur dort notwendig ist, wo der kontrollierende Einfluss eines Aktionärs einen von den Marktteilnehmern vermuteten negativen Einfluss hat. Liegt ein solch negativer Einfluss nicht vor, kann der außenstehende Aktionär jederzeit zu angemessenen Bedingungen aus der Gesellschaft ausscheiden. Ein solch negativer Einfluss ist jedoch keinesfalls jeder Übernahme im Sinne des WpÜG immanent. Vielmehr können Übernahmen positive Einflüsse, insbesondere Synergieeffekte, haben.

Es wäre deshalb falsch, einen Bieter zur Abgabe eines derart attraktiven Angebots, mit dem aufgrund einer bestehenden Creeping-In Regelung unmittelbar die Schwelle von 50% überschritten werden soll, zu zwingen. Hierdurch würden positive Übernahmen massiv beeinträchtigt und das Ziel des Übernahmerechts gänzlich verfehlt.

Das Problem liegt vielmehr darin, dass, wie beispielsweise bei dem freiwilligen Übernahmeangebot ACS/Hochtief geschehen, der Bieter aufgrund des WpÜG und bedingt durch die europarechtlichen Vorgaben der Richtlinie nicht zwingend eine Geldleistung anzubieten hat, sondern, zumindest in der Regel[818], Aktien seines oder eines dritten Unternehmens anbieten kann. Dies führt dazu, dass den Aktionären zwar zu angemessenen Bedingungen der Ausstieg aus der Zielgesellschaft ermöglicht wird, jedoch nur verbunden mit dem Eintritt in eine andere börsennotierte Aktiengesellschaft. Dies ist allerdings kein Problem welches mit der Einführung einer Creeping-In Regelung zu lösen wäre. Vielmehr sollte angedacht werden, zumindest wahlweise eine Gegenleistung in Euro anbieten zu müssen und lediglich im Fall des Sanierungsbedarfs der Zielgesellschaft eine reine Gegenleistung aus liquiden und zum Handel zugelassenen Aktien ausreichen zu lassen.

Auch das Übernahmeangebot Porsche/Volkswagen, im Rahmen welches Porsche den Aktionären von Volkswagen ein Pflichtangebot unterbreitete, bei dem die Gegenleistung auf dem gewichteten durchschnittlichen Börsenkurs der vergagenen drei Monate basierte und diese unterhalb des damals aktuellen Börsenkurses lag, führt zu keiner anderen Beurteilung. Denn wie bereits mehrfach erwähnt, soll das Übernahmerecht nur davor schützen, dass den außenstehenden Aktionären der Ausstieg aus der Zielgesellschaft zu Bedingungen ermöglicht wird, die nicht durch den kontrollierenden Einfluss des neuen Großaktionärs beeinflusst sind. Hier konnten die außenstehenden Aktionäre jedoch jederzeit zu angemessenen Bedingungen aus der Gesellschaft aussteigen, da der kontrollierende Einfluss von Porsche eben gerade keine negativen Auswirkungen auf den

---

818 Gemäß § 31 Abs. 3 WpÜG hat der Bieter den Aktionären der Zielgesellschaft eine Geldleistung in Euro anzubieten, wenn er, mit ihm gemeinsam handelnde Personen oder deren Tochterunternehmen in den sechs Monaten vor der Veröffentlichung gemäß § 10 Abs. 3 S. 1 WpÜG bis zum Ablauf der Annahmefrist insgesamt mindestens 5 Prozent der Aktien oder Stimmrechte an der Zielgesellschaft gegen Zahlung einer Geldleistung erworben haben.

Kurs der Volkswagen-Aktie hatte. Das Pflichtangebot war zur Erreichung des Ziels des Übernahmerechts mithin nicht erforderlich.

VII. Zusammenfassung

1. Die Kontrollerwerbsschwelle des § 29 Abs. 2 WpÜG in Höhe von 30% der Stimmrechte der Zielgesellschaft ist aufgrund der Hauptversammlungspräsenzen der vergangenen Jahre nach wie vor angemessen.[819] Sollte eine Beteiligung von über 30% keine tatsächliche Kontrollmöglichkeit für den Bieter eröffnen, können diese Fälle durch die Befreiungsmöglichkeiten nach § 37 WpÜG einzelfallgerecht gelöst werden.

2. Die Befreiungsvorschrift des § 37 WpÜG ist analog auf die Vorschriften über Übernahmeangebote anzuwenden. Es empfiehlt sich jedoch, eine entsprechende Befreiungsregelung für Übernahmeangebot in das Gesetz aufzunehmen, nach der der Bieter bei Abgabe des Angebots lediglich von der sinngemäßen Geltung der Vorschriften des 4. Abschnitts befreit wird.

3. Entsprechend der Unzulässigkeit von Teilangeboten gemäß § 32 WpÜG sind ADRs aufgrund ihrer Struktur im Rahmen eines Übernahme- oder Pflichtangebots vom Bieter zu erwerben.

4. In analoger Anwendung des § 35 Abs. 2 S. 3 WpÜG sind eigene Aktien der Zielgesellschaft von dem Übernahmeangebot auszunehmen, sofern der Bieter sein Angebot nicht explizit auch auf diese erstrecken will. Es empfiehlt sich eine klarstellende Regelung auch für das Übernahmeangebot.

5. Die Vorschrift über die Finanzierung des Angebots sollte im Hinblick auf § 13 Abs. 1 S. 1 WpÜG und den Zeitpunkt zur Sicherstellung der notwendigen Mittel zur Erfüllung der Angebotspflicht in Einklang mit der Richtlinie wie folgt lauten:

---

[819] So auch die Mehrheit (71,4%) der zur Reform des Übernahmerechts durch *Freshfields Bruckhaus Deringer LLP* befragten Experten (vgl. http://www.freshfields.com/publications/pdfs/2011/nov11/31663.pdf; siehe auch *Seibt*, ZIP 2012, 1, 7).

„Der Bieter hat vor der Veröffentlichung des Angebots die notwendigen Maßnahmen zu treffen, um sicherzustellen, dass ihm die zur vollständigen Erfüllung des Angebots notwendigen Mittel zum Zeitpunkt der Fälligkeit des Anspruchs auf die Gegenleistung zur Verfügung stehen.“

6. Die im Rahmen des Gesetzentwurfs der SPD vorgeschlagene und verschiedenfach angeregte Creeping-In Regelung sollte nicht in das WpÜG aufgenommen werden.[820]

Zwar ist eine solche sowohl mit Europa- als auch mit Verfassungsrecht vereinbar. Insbesondere liegt kein vielfach befürchteter Verstoß gegen das verfassungsrechtliche Rückwirkungsverbot aus Art. 20 Abs. 3 GG vor.

Allerdings überzeugt das rechtsvergleichende Argument, dass eine Anpassung an das europäische Ausland zur Schaffung eines *level-playing-field* notwendig sei, nicht. Zum Einen ist ein weiteres Pflichtangebot nach Überschreiten der Kontrollerwerbsschwelle in nur neun europäischen Ländern und eine dem Vorschlag der SPD vergleichbare Creeping-In Regelung in lediglich sechs aller europäischen Länder vorhanden. Zum Anderen lässt sich eine einzelne Regelung eben nicht ohne Weiteres in den Gesamtzusammenhang eines bestehenden Gesetzes „hinein kopieren“.

Ferner besteht auch kein Bedürfnis nach einer solchen Regelung, da die bisher bestehenden Regelungen des WpÜG einen ausreichenden Schutz bieten.

Das im Rahmen des Gesetzentwurfs vorgegebene Ziel der SPD, mit einer Creeping-In Regelung *„Unternehmen und die dortigen Arbeitsplätze besser vor feindlicher Übernahmen“*, insbesondere vor ausländischen Bietern schützen zu wollen,[821] kann den beabsichtigten Effekt nicht erzielen. Denn von der Regelung werden nicht nur ausländische, sondern, und sogar vor al-

---

[820] Auch *Hitzer/Düchting* halten die Einführung von ergänzenden Angebotspflichten jenseits der Kontrollschwelle von 30% für einen *„überschießenden“* Ansatz (ZIP 2011, 1084, 1088).

[821] Beschluss des SPD-Parteivorstandes vom 25. Oktober 2010 *„Lücken im Übernahmerecht schließen - Stärkung einer nachhaltigen Unternehmensführung“* (abrufbar unter http://www.spd.de/aktuelles/Pressemitteilungen/5414/20101025_beschluss_uebernahmerecht.html).

lem, auch deutsche Bieter erfasst.[822] Darüber hinaus löst die Creeping-In Regelung nicht das vermeintliche Problem einer feindlichen Übernahme, sondern führt lediglich dazu, dass ein Bieter, der die Schwelle von 30% überschreiten will, entweder gleich eine Beteiligung von mehr als 50% erwerben oder aber bei einer Beteiligung von knapp über 30% verharren wird, sofern dies für das Halten der relativen Hauptversammlungsmehrheit ausreichend ist.[823] Selbst wenn mit der Creeping-In Regelung ein attraktiveres Angebot einhergehen sollte, werden dadurch nicht die Zielgesellschaft und erst Recht nicht die dortigen Arbeitsplätze vor einer feindlichen Übernahme geschützt.

Übernahmen, gleich ob von deutschen oder ausländischen Bietern, können sowohl negative wie auch positive Auswirkungen auf die Zielgesellschaft und mithin deren außenstehende Aktionäre haben.[824] Verfolgt der Mehrheitsaktionär mit seiner Unternehmenspolitik das Ziel Synergieeffekte zu nutzen, so profitieren hiervon die Zielgesellschaft und somit auch die außenstehenden Aktionäre. Folglich sollen Unternehmensübernahmen nicht grundsätzlich verhindert oder derart erschwert werden, dass auch ein für die Zielgesellschaft günstiger Einstieg eines Investors verbaut wird.[825] Dieses Risiko bestünde jedoch mit Einführung einer Creeping-In Regelung.

Auch zur Sicherstellung der Angemessenheit der im Rahmen eines Übernahme- oder Pflichtangebots anzubietenden Gegenleistung ist eine Creeping-In Regelung weder nötig noch wünschenswert. Die Creeping-In Regelung soll nicht nur - wie dies auf den ersten Blick erscheinen mag - diejenigen Aktionäre schützen, die ihre Aktien nicht an den Bieter veräußert haben und in der Gesellschaft verblieben sind. Vielmehr bezweckt eine Creeping-In Regelung den Schutz aller Aktionäre im Rahmen der Berechnung der Gegenleistung bei Abgabe eines Angebots. Sinn und Zweck einer solchen Re-

---

822 Auch die deutliche Mehrheit (77,9%) der befragten Experten zur Reform des Übernahmerechts durch *Freshfields Bruckhaus Deringer LLP* hält einen besseren Schutz für deutsche Zielgesellschaften, wenn der Bieter aus einem anderen EU-Mitgliedstaat stammt, für grundsätzlich nicht notwendig. (vgl. http://www.freshfields.com/ publications/pdfs/2011/nov11/31663.pdf; siehe auch *Seibt*, ZIP 2012, 1, 5).

823 Vgl. hierzu auch *Baums*, ZIP 2010, 2374, 2377.

824 *Munscheck*, RIW 1995, 998, 998; *Baums/Hecker* in: Baums/Thoma, WpÜG, Vor § 35 Rn. 90.

825 So auch *Hitzer/Düchting*, ZIP 2011, 1084, 1086.

gelung ist, dass die Gegenleistung derart attraktiv ausgestaltet wird, dass das Angebot von möglichst vielen außenstehenden Aktionären angenommen wird. Dies ist und kann jedoch nicht Ziel des WpÜG sein. Denn dieses besteht einzig und allein darin, den außenstehenden Aktionären einen Ausstieg aus der Gesellschaft zu einem Preis zu ermöglichen, der nicht durch die kontrollierende Beteiligung beeinflusst ist. Dies lässt sich jedoch durch die bisher bestehenden Schutzmechanismen, namentlich die Berücksichtigung des gewichteten durchschnittlichen Börsenkurses sowie die Vor- und Nacherwerbsregelungen zufriedenstellend regeln.[826]

Auch im Rahmen des Ausbaus einer Beteiligung ist eine Creeping-In Regelung weder nötig noch wünschenswert. Bei einem Ausbau der Beteiligung dient eine Creeping-In Regelung ausschließlich den Aktionären, die im Rahmen des vorangegangenen Übernahmeangebots ihre Beteiligung nicht veräußern wollten beziehungsweise ihre Beteiligung erst nach Durchführung des Angebots erworben haben. In beiden Fällen sind die Aktionäre in Kenntnis der kontrollierenden Beteiligung eines anderen Aktionärs in der Gesellschaft verblieben oder in diese eingestiegen. Ein Schutzbedrüfnis der außenstehenden Aktionäre durch Einführung einer Creeping-In Regelung besteht nicht.

[826] Die Mehrheit (61,3%) der zur Reform des Übernahmerechts durch *Freshfields Bruckhaus Deringer LLP* befragten Experten hält das deutsche WpÜG im Hinblick auf den Ausgleich der verschiedenen Interessen von Bieter, Geschäftsleitung der Zielgesellschaft, Anteilsinhabern der Zielgesellschaft und anderen Stakeholdern der Zielgesellschaft (z.B. Arbeitnehmern) für angemessen austariert. Eine abweichende Meinung hierzu vertreten hingegen die Gewerkschaften (100%). (vgl. http://www.freshfields.com/ publications/pdfs/2011/nov11/31663.pdf; siehe auch *Seibt*, ZIP 2012, 1, 5, 6).

Literaturverzeichnis

Autor	**Titel**
Altmeppen, Holger	„Neutralitätspflicht und Pflichtangebot nach dem neuen Übernahmerecht“ In Zeitschrift für Wirtschaftsrecht 2001 Zit.: *Altmeppen*, ZIP 2001, 1073
Assmann, Heinz-Dieter	„Verhaltensregeln für freiwillige öffentliche Übernahmeangebote“ In Die Aktiengesellschaft 1995 Zit.: Assmann, AG 1995, 563
Assmann, Heinz-Dieter *Pötzsch, Thorsten* *Schneider, Uwe*	Wertpapiererwerbs- und Übernahmegesetz Kommentar 2. Aufl. 2013 Zit.: *Autor* in: Assmann/Pötzsch/Schneider, WpÜG, *§ Rn.* 1. Aufl. 2005 Zit.: *Autor* in: Assmann/Pötzsch/Schneider, WpÜG, 1. Aufl. 2005, *§ Rn.*
Assmann, Heinz-Dieter *Schneider, Uwe H.*	Wertpapierhandelsgesetz Kommentar 6. Aufl. 2012 Zit.: *Autor* in: Assmann/Schneider, WpHG, *§ Rn.*
Assmann, Heinz-Dieter *Schneider, Uwe H.*	Wertpapierhandelsgesetz Kommentar 4. Aufl. 2006 Zit.: *Autor* in: Assmann/Schneider, WpHG, 4. Aufl. 2006, *§ Rn.*

Assmann, Heinz-Dieter
Basaldua, Nathalie
Bozenhardt, Friedrich
Peltzer, Martin
„Übernahmeangebote"
In Zeitschrift für Unternehmens- und Gesellschaftsrecht 1990, Sonderheft 9
Zit.: *Autor* in: Assmann/Basaldua/Bozenhardt/Peltzer, Übernahmeangebote, 1990, *S.*

Baier, Simon
„Creeping in" - Der Ausbau einer kontrollierenden Beteiligung im Sinne des Übernahmerechts", 2002
Zit.: *Baier*, „Creeping in" - Der Ausbau einer kontrollierenden Beteiligung im Sinne des Übernahmerechts, 2002, *Kapitel*

Bauen, Marc
Bernet, Robert
„Schweizer Aktiengesellschaft", 2007
Zit.: *Bauen/Bernet*, Schweizer Aktiengesellschaft, *S.*

Baums, Theodor
Cahn, Andreas
„Die Umsetzung der Übernahmerichtlinie in Europa", 2006
Zit.: *Autor* in: Baums/Cahn, Die Umsetzung der Übernahmerichtlinie in Europa, S. , *Titel*

Baums, Theodor
„Low Balling, Creeping in und deutsches Übernahmerecht"
In Zeitschrift für Wirtschaftsrecht, 2010
Zit.: *Baums*, ZIP 2010, 2374

Baums, Theodor
„Übernahmeregeln in der Europäischen Gemeinschaft"
In Zeitschrift für Wirtschaftsrecht, 1989
Zit.: *Baums*, ZIP 1989, 1376

Beckmann, Ralph
Kersting, Mark Oliver
Mielke, Werner
„Das neue Übernahmerecht", 2002
Zit.: *Autor* in: Beckmann/Kersting/Mielke, *S. Rn.*

Beckmann, Ralph „Der Richtlinienvorschlag betreffend Übernahmeangebote auf dem Weg zu einer europäischen Rechtsangleichung“
In Der Betrieb 1995
Zit.: *Beckmann*, DB 1995, 2407

Behrens, Peter „Rechtspolitische Grundsatzfragen“
In Zeitschrift für Unternehmens- und Gesellschaftsrecht 1975
Zit.: *Behrens*, ZGR 1975, 433

Benner-Heinacher, Jella S. „Mindeststandards für Übernahmeregeln in Deutschland“
In Der Betrieb 1997
Zit.: *Brenner-Heinacher*, DB 1997, 2521

Berding, Benjamin „Gesellschafts- und kapitalmarktrechtliche Grundsätze im Übernahmerecht“
In Zeitschrift für Wirtschafts- und Bankrecht, 2002
Zit.: *Berding*, WM 2002, 1149

Berger, Klaus Peter „Unternehmensübernahmen in Europa“
In Zeitschrift für Wirtschaftsrecht 1996
Zit.: *Berger*, ZIP 1991, 1644

Berle, Adolph
Means, Gardiner “The Modern Corporation and Private Property”
1. Aufl., 1932
Zit.: *Berle/Means*, The Modern Corporation and Private Property, *S.*

Berliner Kommentar Berliner Kommentar zum WpÜG
(Hrsg.) Roland Steinmeyer
3. Aufl., 2013
Zit.: *Autor* in: Berliner Kommentar, WpÜG, *§ Rn.*

Bernau, Timo	„Die Befreiung vom Pflichtangebot nach § 37 WpÜG" In Zeitschrift für Wirtschafts- und Bankrecht 2004 Zit.: *Bernau*, WM 2004, 809
Berrar, Carsten	„Die Finanzierungsbestätigung nach § 13 WpÜG" In Zeitschrift für Bankrecht und Bankwirtschaft 2002 Zit.: *Berrar*, ZBB 2002, 174
Beß, Jürgen	„Europäische Regelungen für Übernahmeangebote (II)" In Die Aktiengesellschaft 1976 Zit.: *Beß*, AG 1976, 206
Bezzenberger, Tilman	„Der Erwerb eigener Aktien durch die AG", 2002 Zit.: *Bezzenberger*, Erwerb eigener Aktien, *Rn.*
Bicker, Eike Thomas *Parameswaran, Benjamin*	„Die Angemessenheit der Gegenleistung nach dem WpÜG im Falle negativer Abweichung des Unternehmenswerts vom Börsenkurs" In Zeitschrift für Wirtschaftsrecht 2007 Zit.: *Bicker/Parameswaran*, ZIP 2007, 1787
Böckenhoff, Johannes *Ross, Malcom J*	„"American Depositary Receipts" (ADR) - Strukturen und rechtliche Aspekte - Teil 1" In Wirtschafts- und Bankrecht 1993 Zit.: *Böckenhoff/Ross*, WM 1993, 1781
Böckenhoff, Johannes *Ross, Malcom J*	„"American Depositary Receipts" (ADR) - Strukturen und rechtliche Aspekte - Teil 2" In Wirtschafts- und Bankrecht 1993 Zit.: *Böckenhoff/Ross*, WM 1993, 1825

Bork, Björn „Zur Einbeziehung von Paketerwerben in die Erfolgsquote nach § 39a III 3 WpÜG“
In Neue Zeitschrift für Gesellschaftsrecht 2011
Zit.: *Bork*, NZG 2011, 650

Brammer, Felix „Rückerwerbbare Aktien“, 2008
Zit.: *Brammer*, Rückerwerbbare Aktien, *S.*

Braun, Hendrik „Die Befreiung vom Pflichtangebot nach dem WpÜG“, 2008
Zit.: *Braun*, Die Befreiung vom Pflichtangebot nach dem WpÜG, *S.*

Brellochs, Michael „Konzernrechtliche Beherrschung und übernahmerechtliche Kontroll“
In Neue Zeitschrift für Gesellschaftsrecht 2012
Zit.: *Brellochs*, NZG 2012, 1010

Bremer, Jan „Neue Vorschläge für Transparenzen beim Beteiligungsaufbau an Unternehmen“
In Neue Zeitschrift für Gesellschaftsrecht 2011
Zit.: *Bremer*, NZG 2011, 1299

Buck-Heeb, Petra „Kapitalmarktrecht“
6. Aufl. 2013
Zit.: *Buck-Heeb*, *§ Rn.*

Bülow, Christoph von
Bücker, Thomas „Das Konzernprivileg des § 36 Nr 3 WpÜG - Tatbestand, Rechtsfolgen, Verfahren“
In Der Konzern 2003
Zit.: *von Bülow/Bücker*, Der Konzern 2003, 185

Bungert, Hartwin
Paschos, Nikolaos

„Börsennotierung und Emission deutscher Wertpapiere in den USA“
In Deutsche Zeitschrift für Wirtschafts- und Insolvenzrecht 1995
Zit.: *Bungert/Paschos*, DZWIR 1995, 133

Bungert, Hartwin
Paschos, Nikolaos

„American Depositary Receipts - Gestaltungspotentiale, kollisionsrechtliche und aktienrechtliche Aspekte“
In Deutsche Zeitschrift für Wirtschafts- und Insolvenzrecht 1995
Zit.: *Bungert/Paschos*, DZWIR 1995, 221

Burg, Michael
Braun, Hendrik

„Austrittsrechte nach Verschmelzung von börsennotierten Aktiengesellschaften bei gleichbleibender Kontrolle im aufnehmenden Rechtsträger?“
In Die Aktiengesellschaft 2009
Zit.: *Burg/Braun*, AG 2009, 22

Burgard, Ulrich

„Kapitalmarktrechtliche Lehren aus der Übernahme Vodafone-Mannesmann - Zur Verletzung der Mitteilungspflicht nach §§ 21 Abs 1, 22 Abs 1 Nr 6 WpHG und den sich daraus ergebenden Folgerungen für ein Viertes Finanzmarktförderungsgesetz“
In Wirtschafts- und Bankrecht 2000
Zit.: *Burgard*, WM 2000, 611

Button, Maurice
Bolton, Sarah

„A Practitioner's Guide to the City Code on Takeovers and Mergers”, 1998
Zit.: *Autor, Titel,* in: Button/Bolton, A Practitioner's Guide to the City Code on Takeovers and Mergers, 1998, *S.*

Cahn, Andreas
Senger, Michael
„Das Gesetz zur Regelung von öffentlichen Angeboten zum Erwerb von Wertpapieren und Unternehmensübernahmen"
In Finanz Betrieb 2002
Zit.: *Cahn/Senger*, FB 2002, 277

Cahn, Andreas
„Verwaltungsbefugnisse der Bundesanstalt für Finanzdienstleistungsaufsicht im Übernahmerecht und Rechtsschutz Betroffener"
In Zeitschrift für das gesamte Handels- und Wirtschaftsrecht 2003
Zit.: *Cahn*, ZHR 167 (2003), 262

Carlberg, Anders
Ollila, Jan
"Country Report Finnland, in: The International Comparative Legal Guide to Mergers & Acquisitions 2010"
Zit.: *Carlberg/Ollila*, Country Report Finnland, in: The International Comparative Legal Guide to Mergers & Acquisitions 2010, *S.*

Clark, Robert Charles
Corporate Law
1. Auflage 1986
Zit.: *Clark*, Corporate Law, *S.*

Cascante, Christian
Tyrolt, Jochen
„10 Jahre WpÜG - Reformbedarf im Übernahmerecht?"
In Die Aktiengesellschaft 2012
Zit.: *Cascante/Tyrolt*, AG 2012, 97

Claussen, Carsten
„Hauptversammlung und Internet"
In Die Aktiengesellschaft 2001
Zit.: *Claussen*, AG 2001, 161

Dauner-Lieb, Barbara
Lamandini, Marco

„Der neue Kommissionsvorschlag einer EU-Übernahmerichtlinie - Stellungnahme der Gutachter des EU-Parlaments"
In Betriebs-Berater 2003
Zit.: *Dauner-Lieb/Lamandini*, BB 2003, 265

Dausend, Käthe Christine

„Pflichtangebot gemäß § 35 ff. WpÜG und negative Eigentumsfreiheit", 2007
Zit.: *Dausend*, Pflichtangebot gemäß § 35 ff. WpÜG und negative Eigentumsfreiheit, *S.*

DAV

„Stellungnahme des Handelsrechtsausschusses des DAV e.V. vom April 2001"
In Neue Zeitschrift für Gesellschaftsrecht 2001
Zit.: Stellungnahme des Handelsrechtsausschusses des DAV e.V. vom April 2001, NZG 2001, 420

De Angelo, Linda E.

"*Auditor independence, "low balling", and disclosure regulation*"
In Journal of Accounting and Economics, Vol. 3, 1981
Zit.: *De Angelo* in: Journal of Accounting and Economics, Vol. 3 (1981), S. 113

Desper, Ingrid

„Der Vorschlag der EG-Kommission zur Takeover-Richtlinie im Spiegel der amerikanischen Takeover-Erfahrung"
In Recht der Internationalen Wirtschaft 1992
Zit.: *Desper*, RIW 1992, 351

Diregger, Christoph
Winner, Martin

„Deutsches und österreichisches Übernahmerecht aus Anlegersicht"
In Wirtschafts- und Bankrecht 2002
Zit.: *Diregger/Winner*, WM 2002, 1583

Drinhausen, Florian *Keinath, Astrid*	„Regierungsentwurf eines Gesetzes zur Umsetzung der Aktionärsrechterichtlinie (ARUG) - Überblick über die Änderungen gegenüber dem Referentenentwurf“ In Betriebs-Berater 2009 Zit.: *Drinhausen/Keinath*, BB 2009, 64

Drinhausen, Florian *Keinath, Astrid*	„Regierungsentwurf eines Gesetzes zur Umsetzung der Aktionärsrechterichtlinie (ARUG) - Überblick über die Änderungen gegenüber dem Referentenentwurf“ In Betriebs-Berater 2009 Zit.: *Drinhausen/Keinath*, BB 2009, 64

Ehricke, Ulrich *Ekkenga, Jens* *Oechsler, Jürgen*	Wertpapiererwerbs- und Übernahmegesetz Kommentar 1. Aufl. 2003 Zit.: *Autor* in: Ehricke/Ekkenga/Oechsler, WpÜG, *§ Rn.*
Ekkenga, Jens *Hofschroer, Josef*	„Das Wertpapiererwerbs- und Übernahmegesetz (Teil II)“ In Deutsches Steuerrecht 2002 Zit.: *Ekkenga/Hofschroer*, DStR 2002, 768
Emmenegger, Susan	„Creeping Takeovers in Deutschland und in der Schweiz“ In Grundmann/Haar/Merkt/Mülbert/Wellenhofer (Hrsg.), Festschrift für Klaus J. Hopt 2010 Zit.: *Emmenegger* in: FS Hopt, 2010, S. 1763
Emmerich, Volker *Habersack, Mathias*	Aktien- und GmbH-Konzernrecht 6. Aufl. 2010 Zit.: *Emmerich/Habersack*, Aktien- und GmbH-Konzernrecht, *§ Rn.*

Epping, Volker
Hillgruber, Christian
Grundgesetz
Beck'scher Online-Kommentar
Stand: 15.05.2013
Zit.: *Autor* in: Epping/Hillgruber, GG, *Art. Rn.*

Erfurter Kommentar
zum Arbeitsrecht
Kommentar
Band 51, 14. Aufl. 2014
Zit.: *Autor* in: ErfurterKomm, *Gesetz*, *§ Rn.*

Etzbach, Peter
„Die Regelung öffentlicher Übernahmeangebote: Unter besonderer Berücksichtigung der vorgeschlagenen 13. EU-Richtlinie zu Übernahmeangeboten und des Übernahmekodex", 2002
Zit.: *Etzbach*, Die Regelung öffentlicher Übernahmeangebote, *S.*

Faden, Christoph
„Das Pflichtangebot nach dem Wertpapiererwerbs- und Übernahmegesetz (WpÜG)", 2008
Zit.: *Faden*, Das Pflichtangebot nach dem Wertpapiererwerbs- und Übernahmegesetz (WpÜG), *§ S.*

Fleischer, Holger
„Schnittmengen des WpÜG mit benachbarten Rechtsmaterien - eine Problemskizze"
In Neue Zeitschrift für Gesellschaftsrecht 2002
Zit.: *Fleischer*, NZG 2002, 545

Fleischer, Holger
Schmolke, Klaus Ulrich
„Das Anschleichen an eine börsennotierte Aktiengesellschaft - Überlegungen zur Beteiligungstransparenz de lege lata und de lege ferenda"
In Neue Zeitschrift für Gesellschaftsrecht 2009
Zit.: *Fleischer/Schmolke*, NZG 2009, 401

Fleischer, Holger
Kalss, Susanne

„Das neue Wertpapiererwerbs- und Übernahmegesetz“, 2002
Einführende Gesamtdarstellung und Materialien
Zit.: *Fleischer/Kalss,* Wertpapiererwerbs- und Übernahmegesetz, *S.*

Fleischer, Holger

„Konkurrenzangebote und Due Diligence - Vorüberlegungen zu einer übernahmerechtlichen Gleichbehandlung der Bieter“
In Zeitschrift für Wirtschaftsrecht 2002
Zit.: *Fleischer*, ZIP 2002, 651

Forum Europaeum Konzernrecht

„Konzernrecht für Europa“
In Zeitschrift für Unternehmens- und Gesellschaftsrecht 1998
Zit.: *Forum Europaeum Konzernrecht*, ZGR 1998, 672

Fuchs, Andreas

Wertpapierhandelsgesetz
Kommentar
1. Aufl. 2009
Zit.: *Autor* in: Fuchs, WpHG, *§ Rn.*

Gei, Marc Christian
Kiesewetter, Matthias

„Praxisrelevante Aspekte öffentlicher Übernahmen in Zeiten volatiler Märkte”
In Die Aktiengesellschaft 2012
Zit.: *Gei/Kiesewetter*, AG 2012, 741

Geibel, Stephan
Süßmann, Rainer

Wertpapiererwerbs- und Übernahmegesetz (WpÜG)
Kommentar
2. Aufl. 2008
Zit.: *Autor* in: Geibel/Süßmann, WpÜG, *§ Rn.*

Geibel, Stephan
Süßmann, Rainer

„Erwerbsangebote nach dem Wertpapiererwerbs- und Übernahmegesetz“
In Zeitschrift für Bank- und Kapitalmarktrecht 2002
Zit.: *Geibel/Süßmann*, BKR 2002, 52

Glade, Achim
Haak, Andreas
Hellich, Peter

„Die Umsetzung der Übernahmerichtlinie in das deutsche Recht (Teil I)”
In Der Konzern 2004
Zit.: *Glade/Haak/Hellich*, Der Konzern 2004, 455

Grabitz, Eberhard
Hilf, Meinhard
Nettesheim, Martin

Das Recht der Europäischen Union
43. Aufl. 2011
Zit.: *Autor* in: Grabitz/Hilf/Nettesheim, *Gesetz, Art. Rn.*

Grunewald, Barbara

„Was bringt der Vorschlag einer 13 EG-Richtlinie über Übernahmeangebote für das deutsche Recht?“
In Zeitschrift für Wirtschafts- und Bankrecht 1989
Zit.: *Grunewald*, WM 1989, 1233

Grunewald, Barbara

„Der geänderte Vorschlag einer 13 EG-Richtlinie betreffend Übernahmeangebote“
In Zeitschrift für Wirtschafts- und Bankrecht, 1991
Zit.: *Grunewald*, WM 1991, 1361

Grunewald, Barbara
Schlitt, Michael

„Einführung in das Kapitalmarktrecht“
2. Aufl. 2009
Zit.: *Autor* in: *Grunewald/Schlitt*, Einführung in das Kapitalmarktrecht, *S.*

Haarmann, Wilhelm
Schüppen, Matthias

Frankfurter Kommentar zum Wertpapiererwerbs- und Übernahmegesetz
3. Aufl. 2008
Zit.: *Autor* in: FrankfurterKomm, WpÜG, *§ Rn.*

Habersack, Mathias	„Auf der Suche nach dem gerechten Preis - Überlegungen zu § 31 WpÜG" In Zeitschrift für Wirtschaftsrecht, 2003 Zit.: *Habersack*, ZIP 2003, 1123
Habersack, Mathias *Mayer, Christian*	„Der neue Vorschlag 1997 einer Takeover-Richtlinie - Überlegungen zur Umsetzung in das nationale Recht“ In Zeitschrift für Wirtschaftsrecht 1997 Zit.: *Habersack/Mayer*, ZIP 1997, 2141
Hahn, Dieter	„Die Regulierung von Übernahmen in der Europäischen Gemeinschaft“ In Zeitschrift für Bankrecht und Bankwirtschaft 1990 Zit.: *Hahn*, ZBB 1990, 10
Harbarth, Stephan	„Kontrollerlangung und Pflichtangebot“ In Zeitschrift für Wirtschaftsrecht 2002 Zit.: *Harbarth*, ZIP 2002, 321
Harrer, Herbert *Erwe, Peter*	„Der Neue Markt der Frankfurter Wertpapierbörse im Vergleich zu NASDAQ und EASDAQ“ In Recht der Internationalen Wirtschaft 1998 Zit.: *Harrer*, RiW 1998, 661
Hasselbach, Kai *Schumacher, Stephan*	„Hauptversammlung im Internet“ In Zeitschrift für Unternehmens- und Gesellschaftsrecht 2000 Zit.: *Hasselbach/Schumacher*, ZGR 2000, 258
Hasselbach, Kai *Klüsener, André*	„Referenzstichtag für Unternehmensbewertungen auf der Basis des Börsenkurses“ In Der Betrieb 2010 Zit.: *Hasselbach/Klüsener*, DB 2010, 657

Hasselbach, Kai *Hoffmann, Nils*	„Die Sanierungsbefreiung nach § 37 WpÜG bei der Übernahme börsennotierter Unternehmen“ In Der Betrieb 2009 Zit.: *Hasselbach/Hoffmann*, DB 2009, 327
Heidel, Thomas	Aktienrecht und Kapitalmarktrecht Kommentar 3. Aufl. 2011 Zit.: *Autor* in: Heidel, AktG, *§ Rn.*
Hein, Jan von	„Grundfragen des europäischen Übernahmekollisionsrechts“ In Die Aktiengesellschaft 2001 Zit.: *Hein*, AG 2001, 223
Heiser, Kristian	„Interessenkonflikte in der Aktiengesellschaft und ihre Lösung am Beispiel des Zwangsangebots“, 1999 Zugl. Hamburg, Dissertation Zit.: *Heiser*, Interessenkonflikte in der Aktiengesellschaft und ihre Lösung am Beispiel des Zwangsangebots, Diss. Hamburg, 1999, *S.*
Hemeling, Peter	„Gesellschaftsrechtliche Fragen der Due Diligence beim Unternehmenskauf“ In Zeitschrift für das gesamte Handels- und Wirtschaftsrecht 169 (2005) Zit.: *Hemeling*, ZHR 169 (2005), 275
Hirte, Heribert	„Anlegerschutz und Übernahmerecht in der Diskussion -Stellungnahme zu dem Entwurf eines Gesetzes zur Änderung des Wertpapiererwerbs- und Übernahmegesetzes (BT-Drucks. 17/3481)“ In Der Konzern 2010 Zit.: *Hirte*, Der Konzern 2010, 599

Hirte, Heribert

„Der Kampf um Belgien - Zur Abwehr feindlicher Übernahmen"
In Zeitschrift für Wirtschaftsrecht 1989
Zit.: *Hirte*, ZIP 1989, 1233

Hitzer, Martin
Düchting, Holger

„Flankierung des Übernahmerechts durch weitere Reformen der Beteiligungstransparenz im WpHG?"
In Zeitschrift für Wirtschaftsrecht 2011
Zit.: *Hitzer/Düchting*, ZIP 2011, 1084

Hitzer, Martin
Simon, Björn
Düchting, Holger

„Behandlung eigener Aktien der Zielgesellschaft bei öffentlichen Übernahmeangeboten"
In Die Aktiengesellschaft 2012
Zit.: *Hitzer/Simon/Düchting*, AG 2012, 237

Hölters, Wolfgang

Aktiengesetz
Kommentar
1. Aufl. 2011
Zit.: *Autor* in: Hölters, AktG, *§ Rn.*

Holzborn, Timo
Friedhoff, Martin

„Die gebundenen Ausnahmen der Zurechnung nach WpÜG - Die Tücken des Handelsbestandes nach § 20 WpÜG"
In Wirtschafts- und Bankrecht 2002
Zit.: *Holzborn/Friedhoff*, WM 2002, 948

Holzborn, Timo
Friedhoff, Martin

„Die Befreiung vom Pflichtangebot bei Sanierung der Zielgesellschaft nach § 37 WpÜG; § 9 Satz 1 Nr. 3 RVWpÜG"
In Zeitschrift für Bank- und Kapitalmarktrecht 2001
Zit.: *Holzborn/Friedhofff*, BKR, 2001, 114

Hommelhoff, Peter
Kleindiek, Detlef

„Takeover-Richtlinie und europäisches Konzernrecht“
In Die Aktiengesellschaft 1990
Zit.: *Hommelhoff/Kleindiek*, AG 1990, 106

Hommelhoff, Peter

„Konzerneingangs-Schutz durch Takeover-Recht? - Eine Betrachtung“
In Bierich/Hommelhoff/Kropff (Hrsg.), Festschrift für
Johannes Semler, 1993
Zit.: *Hommelhoff* in: FS Semler, S. 455

Hopt, Klaus

„Europäisches und deutsche Übernahmerecht“
In Zeitschrift für das gesamte Handels- und Wirtschaftsrecht, 1997
Zit.: *Hopt*, ZHR 161 (1997), 369

Hopt, Klaus
Mülbert, Peter
Kumpan, Christoph

"Reformbedarf im Übernahmerecht"
In Die Aktiengesellschaft, 2005
Zit.: *Hopt/Mülbert/Kumpan*, AG 2005, 109

Hopt, Klaus

„Grundsatz- und Praxisprobleme nach dem Wertpapiererwerbs- und Übernahmegesetz“
In Zeitschrift für das gesamte Handels- und Wirtschaftsrecht 2002
Zit.: *Hopt*, ZHR 166 (2002), 383

Hopt, Klaus
Wiedemann, Herbert

Aktiengesetz
Großkommentar
4. Band, 4. Aufl. 2008
Zit.: *Autor* in: GroßKomm, AktG, *§ Rn.*

Hopt, Klaus J.
Wymeersch, E.
"European Takeovers: law and practice", 1990
Zit.: *Autor* in: Hopt/Wymeersch, European Takeovers: law and practice, 1992, *S.*

Houben, Eike
„Die Gestaltung des Pflichtangebots"
In Wirtschafts- und Bankrecht 2000
Zit.: *Houben*, WM 2000, 1873

Huber, Ulrich
„Zum Aktienerwerb durch ausländische Tochtergesellschaften"
In Festschrift für Duden 1977
Zit.: *Huber*, FS Duden, 1977, S. 137

Hüffer, Uwe
Aktiengesetz
Kommentar
10. Aufl. 2012
Zit.: *Hüffer*, AktG, *§ Rn.*

Hügel, Hannes
Leitgeb, Christoph
„"Creeping-in"-Verordnung: Eine Falle für (sonst) pflichtangebotsfreie Alt-Aktionäre"
In Zeitschrift für das gesamte Bank- und Börsenwesen 2000
Zit.: *Hügel/Leitgeb*, ÖBA 2000, 965

Ihrig, Hans-Christoph
„Rechtsschutz Drittbetroffener im Übernahmerecht"
In Zeitschrift für das gesamte Handels- und Wirtschaftsrecht 2003
Zit.: *Ihrig*, ZHR 167 (2003), 315

Immenga, Ulrich
„Öffentliche Übernahmeangebote (Take over bids). Eine rechtsvergleichende Untersuchung der Regelungsprobleme"
In Schweizerische Aktiengesellschaft 1975
Zit.: *Immenga*, SAG 1975, 89

Jäger, Axel "Der Entherrschungsvertrag"
In Deutsches Steuerrecht 1995
Zit.: *Jäger*, DStR 1995, 1113

Jarass, Hans
Pieroth, Bodo Grundgesetz für die Bundesrepublik Deutschland: GG
Kommentar
11. Auflage 2011
Zit.: *Autor* in: Jarass/Pieroth, GG, *Art. Rn.*

Kallmeyer, Harald „Die Mängel des Übernahmekodex der Börsensachverständigenkommission“
In Zeitschrift für das gesamte Handels- und Zivilrecht, (1997)
Zit.: *Kallmeyer*, ZHR 161 (1997), 435

Karl, Christoph „Öffentliche Übernahmen" börsennotierter Unternehmen in Deutschland: Halbjahresreport 2. Halbjahr 2010“
In Corporate Financial Law 2011
Zit.: *Karl*, CFB 2011, 204

Kitanoff, Alexander „Der Erwerb eigener Aktien: Aktienrückkäufe und Interessen der Gläubiger, Aktionäre und des Kapitalmarkts“, 2009
Zit.: *Kitanoff*, Der Erwerb eigener Aktien, *S.*

Kleindiek, Detlef „Funktion und Geltungsanspruch des Pflichtangebots nach dem WpÜG“
In Zeitschrift für Unternehmens- und Gesellschaftsrecht 2002
Zit.: *Kleindiek*, ZGR 2002, 546

Klemm, David
Reinhardt, Wilhelm
„Verbesserungspotenziale im deutschen Übernahmerecht“
In Neue Zeitschrift für Gesellschaftsrecht 2007
Zit.: *Klemm/Reinhardt*, NZG 2007, 281

Klemm, David
Reinhardt, Wilhelm
„Vorbereitungshandlungen für eine erfolgreiche Übernahmeverteidigung“
In Neue Zeitschrift für Gesellschaftsrecht, 2010
Zit. *Klemm/Reinhardt*, NZG 2010, 1006

Klöhn, Lars
„Zur Frage des Bestehens eines ungeschriebenen Gleichbehandlungsgrundsatzes im europäischen Gesellschaftsrecht (Anmerkungen zu *EuGH*, Urt. v. 15.10.2009 = WM 2009, 2275)“
In Kommentierte BGH-Rechtsprechung Lindenmaier-Möhring, 2009
Zit.: *Klöhn*, LMK 2009, II, 135

Klöhn, Lars
„EuGH: Grundsatz der Gleichbehandlung der Aktionäre im Gemeinschaftsrecht“
In Kommentierte BGH-Rechtsprechung Lindenmaier-Möhring 2009
Zit.: *Klöhn*, LMK 2009, 294692

Klöhn, Lars
„Das System der aktien- und umwandlungsrechtlichen Abfindungsansprüche“, 2009
Zit.: *Klöhn*, Das System der aktien- und umwandlungsrechtlichen Abfindungsansprüche, 2009, *S.*

Knack, Joachim
Henneke, Hans-Günter
Verwaltungsverfahrensgesetz (VwVfG)
9. Aufl. 2010
Zit.: *Autor* in: Knack/Henneke, VwVfG, *§ Rn.*

Knoll, Heinz-Christian „Die Übernahme von Kapitalgesellschaften. Unter besonderer Berücksichtigung des. Wirtschaftsrecht und Wirtschaftspolitik“, 1992
Zit.: *Knoll*, Übernahme von Kapitalgesellschaften, 1992, *S.*

Kocher, Dirk „Die Sanierungsbefreiung vom Pflichtangebot“
In Zeitschrift für das gesamte Insolvenzrecht 2010
Zit.: *Kocher*, ZInsO 2010, 1215

Kölner Kommentar zum AktG
1. Band, 3. Aufl. 2011
6. Band, 3. Aufl. 2004
Zit.: *Autor* in: KölnKomm, AktG, *§ Rn.*

zum WpÜG
1. Aufl. 2003
Zit.: *Autor* in: KölnKomm, 1. Aufl. 2003, WpÜG, *§ Rn.*

zum WpÜG
2. Aufl. 2010
Zit.: *Autor* in: KölnKomm, WpÜG, *§ Rn.*

Kossmann, Alfred
Horz, Sebastian „Außerbörslicher Paketerwerb und befreiendes Übernahmeangebot nach § 35 Abs. 3 WpÜG“
In Neue Zeitschrift für Gesellschaftsrecht 2006
Zit.: *Kossmann/Horz*, NZG 2006, 481

Kossmann, Alfred „Bewertungspflichten von Vorstand und Aufsichtsrat nach § 27 WpÜG unter Berücksichtigung von IDW ES 8“
In Neue Zeitschrift für Gesellschaftsrecht 2011
Zit.: *Kossmann*, NZG 2011, 46

Krause, Hartmut „Die EU-Übernahmerichtlinie – Anpassungsbedarf im Wertpapiererwerbs- und Übernahmegesetz“
In Betriebs-Berater 2004
Zit.: *Krause*, BB 2004, 113

Krause, Hartmut „Das deutsche Übernahmegesetz vor dem Hintergrund der EU-Richtlinie“
In Zeitschrift für Unternehmens- und Gesellschaftsrecht 2002
Zit.: *Krause*, ZGR 2002, 500

Krause, Hartmut „Prophylaxe gegen feindliche Übernahmeangebote“
In Die Aktiengesellschaft 2002
Zit.: *Krause*, AG 2002, 133

Krause, Hartmut „Zur Gleichbehandlung der Aktionäre bei Übernahmeangeboten und Beteiligungserwerb - Teil I“
In Wirtschafts- und Bankrecht 1996
Zit.: *Krause*, WM 1996, 845

Krause, Hartmut „Das neue Übernahmerecht“
In Neue Juristische Wochenzeitschrift 2002
Zit.: *Krause,* NJW 2002, 705

Krause, Hartmut „Die Abwehr feindlicher Übernahmeangebote auf der Grundlage von Ermächtigungsbeschlüssen der Hauptversammlung“
In Betriebs-Berater 2002
Zit.: *Krause*, BB 2002, 1053

Krause, Hartmut „Das obligatorische Übernahmeangebot“, 1996
Zit.: *Krause*, Das obligatorische Übernahmeangebot, 1996, *S.*

Krieger, Gerd „Das neue Übernahmegesetz: Preisfindung beim Übernahmeangebot und Neutralitätspflicht des Vorstands der Zielgesellschaft“
In *Henze/Hoffmann-Becking* (Hrsg.), RWS-Forum Gesellschaftsrecht, 2001
Zit.: *Krieger*, RWS-Forum Gesellschaftsrecht, S. 289

Kuhr, Hans-Peter „Der Minderheitenschutz bei Übernahmeangeboten in Deutschland und Frankreich unter dem Einfluß der 13. EG-Richtlinie - Eine rechtsvergleichende Untersuchung des europäischen, deutschen und französischen Rechts“, 1992
Zugl. Konstanz, Dissertation
Zit.: *Kuhr*, Der Minderheitenschutz bei Übernahmeangeboten in Deutschland und Frankreich unter dem Einfluß der 13. EG-Richtlinie, Diss. Konstanz, 1992 *S.*

Land, Volker
Hasselbach, Kai „Das neue deutsche Übernahmegesetz“
In Betriebs-Berater 2000
Zit.: *Land/Hasselbach*, DB 2000, 1747

Land, Volker „Das neue deutsche Wertpapiererwerbs- und Übernahmegesetz - Anmerkungen zum Regierungsentwurf-„
In Der Betrieb 2001
Zit.: *Land*, DB 2001, 1707

Lappe, Thomas
Stafflage, Axel „Unternehmensbewertungen nach dem Wertpapiererwerbs- und Übernahmegesetz“
In Betriebs-Berater 2002
Zit.: *Lappe/Stafflage*, BB 2002, 2185

Lenz, Jürgen *Behnke, Thorsten*	„Das WpÜG im Praxistest - Ein Jahr Angebotsverfahren unter der Regie des neuen Gesetzes“ In Zeitschrift für Bank- und Kapitalmarktrecht 2003 Zit.: *Lenz/Behnke*, BKR 2003, 43
Letzel, Hans-Joachim	„Das Pflichtangebot nach dem WpÜG“ In Zeitschrift für Bank- und Kapitalmarktrecht 2002 Zit.: *Letzel*, BKR 2002, 293
Letzel, Hans-Joachim	„Das Pflichtangebot nach dem Übernahmekodex - mit Vorausschau auf das Pflichtangebot nach dem ÜbG“ In Neue Zeitschrift für Gesellschaftsrecht, 2001 Zit.: *Leztel*, NZG 2001, 260
Leuering, Dieter	„Zurechnung von Stimmrechten minderjähriger Aktionäre bei den gesetzlichen Vertretern“ In Neue Zeitschrift für Gesellschaftsrecht 2010 Zit.: *Leuering*, NZG 2010, 1285
Leyendecker, Benjamin *Kleinhenz, Holger*	„Keine Wertindikation im Rahmen der Stellungnahme nach § 27 WpÜG“ In Betriebs-Berater 2011 Zit.: *Leyendecker/Kleinhenz*, BB 2011, 2952 f.
Liebscher, Thomas	"Das Übernahmeverfahren nach dem neuen Übernahmegesetz" In Zeitschrift für Wirtschaftsrecht 2001 Zit.: *Liebscher*, ZIP 2001, 853
Liebscher, Thomas	„Die Zurechnungstatbestände des WpHG und WpÜG“ In Zeitschrift für Wirtschaftsrecht 2002 Zit.: *Liebscher*, ZIP 2002, 1005

Loritz, Karl-Georg
Wagner, Klaus-

„Das "Zwangsübernahmeangebot" der EG-Takeover-Richtlinie aus verfassungsrechtlicher Sicht“
In Zeitschrift für Wirtschafts- und Bankrecht 1991
Zit.: *Loritz/Wagner*, WM, 1991, 709

Loss, Louis
Seligman, Joel

Securities Regulation
3. Aufl. 2001
Zit.: *Loss/Seligman*, Securities Regulation, *S.*

Lüttmann, Ruth

Kontrollwechsel in Kapitalgesellschaften: Eine vergleichende Untersuchung des englischen, US-amerikanischen und deutschen Rechts
1. Auflage 1992
Zit.: *Lüttmann*, Kontrollwechsel in Kapitalgesellschaften, *S.*

Marsch-Barner, Reinhard
Schäfer, Frank

Handbuch börsennotierte AG
2. Aufl. 2009
Zit.: *Autor* in: Marsch-Barner/Schäfer, Hdb. börsen. AG, *§ Rn.*

Maul, Dr. Silja

„Die EU-Übernahmerichtlinie - Aussgewählte Fragen“
In Neue Zeitschrift für Gesellschaftsrecht 2005
Zit.: *Maul*, NZG 2005, 151

Maul, Silja
Muffat-Jeandet, Danièle

"Die EU-Übernahmerichtlinie - Inhalt und Umsetzung in nationales Recht (Teil I)",
In Die Aktiengesellschaft, 2004
Zit.: *Maul/Muffat-Jeandet*, AG 2004, 221

Maul, Silja
Muffat-Jeandet, Danièle

„Die EU-Übernahmerichtlinie - Inhalt und Umsetzung in nationales Recht (Teil I)“
In Die Aktiengesellschaft, 2004
Zit.: *Maul/Muffat-Jeandet*, AG 2004, 221

Maunz, Theodor
Dürig, Günter
Grundgesetz
Kommentar
69. Aufl. 2013
Zit.: *Autor* in: Maunz-Dürig, GG, *Art. Rn.*

Mayer-Uellner, Richard
„Die Finanzierung öffentlicher Übernahmen im Lichte des Vollangebotsgrundsatzes“
In Die Aktiengesellschaft 2012
Zit.: *Mayer-Uellner*, AG 2012, 399

Meijer, J. M. M.
Geens, Koen
“Defensive Measures Against Hostile Takeovers in the Common Market”, 1990
Zit.: *Autor* in: Meijer/Geens, Defensive Measures Against Hostile Takeovers in the Common Market, 1990, *S.*

Meilicke, Wienand
Meilicke, Frédéric
„Die Postbank-Übernahme durch die Deutsche Bank - eine Gestaltung zur Vermeidung von Pflichtangeboten nach § 35 WpÜG?“
In Zeitschrift für Wirtschaftsrecht 2010
Zit.: *Meilicke/Meilicke*, ZIP 2010, 558

Merkt, Hanno
„“Creeping in“ aus internationaler Sicht“
In Neue Zeitschrift für Gesellschaftsrecht 2010
Zit.: *Merkt*, NZG 2011, 561

Merkt, Hanno
„Unternehmenspublizität: Offenlegung von Unternehmensdaten als Korrelat der Marktteilnahme“, 2001
Zit.: *Merkt*, Unternehmenspublizität: Offenlegung von Unternehmensdaten als Korrelat der Marktteilnahme, 2001

Merkt, Hanno „Übernahmerecht in Praxis und Wissenschaft“ In *Rüdiger Veil* (Hrsg.): Übernahmerecht in Praxis und Wissenschaft, 2009
Zit.: *Merkt* in: Veil, Übernahmerecht in Praxis und Wissenschaft, 2009, S. 59

Merkt, Hanno
Göthel, Stephan US-amerikanisches Gesellschaftsrecht
2. Auflage 2006
Zit.: *Merkt/Göthel*, US-amerikanisches GesellschaftsR, *Rn.*

Mertens, Hans-Joachim „Förderung von, Schutz vor, Zwang zu Übernahmeangeboten?“
In Die Aktiengesellschaft 1990
Zit.: *Mertens*, AG 1990, 252

Meyer, Andreas
Lipsky, Max „Suspensiveffekt des Antrags gem. §§ 36, 37 WpÜG“
In Neue Zeitschrift für Gesellschaftsrecht 2009
Zit.: *Meyer/Lipsky*, NZG 2009, 1092

Michalski, Lutz „Abwehrmechanismen gegen unfreundliche Übernahmeangebote ("unfriendly takeovers") nach deutschem Aktienrecht“
In Die Aktiengesellschaft 1997
Zit.: *Michalski*, AG 1997, 152

Möller, Andreas „Rechtsmittel und Sanktionen nach dem Wertpapiererwerbs- und Übernahmegesetz“
In Die Aktiengesellschaft 2002
Zit.: *Möller*, AG 2002, 170

Mühle, Sabine „Das Wertpapiererwerbs- und Übernahmegesetz im Schnittfeld zwischen Gesellschafts- und Kapitalmarktrecht unter besonderer Berücksichtigung des ökonomischen Rahmenbezugs", 2002
Zit.: *Mühle*, WpÜG, *S.*

Mülbert, Peter „Übernahmerecht zwischen Kapitalmarktrecht und Aktien(konzern)recht – die konzeptionelle Schwachstelle des RegE WpÜG"
In Zeitschrift für Wirtschaftsrecht 2001
Zit.: *Mülbert*, ZIP 2001, 1221

Mülbert, Peter „Umsetzungsfragen der Übernahmerichtlinie - erheblicher Änderungsbedarf bei den heutigen Vorschriften des WpÜG"
In Neue Zeitschrift für Gesellschaftsrecht 2004
Zit.: *Mülbert*, NZG 2004, 633

Mülbert, Peter
Kiem, Roger
Wittig, Arne „10 Jahre WpÜG: Entwicklungsstand - Praktische Erfahrungen - Reformbedarf - Perspektiven", 2011
In Beiheft für die Zeitschrift für das gesamte Handels- und Wirtschaftsrecht 2011
Zit.: *Autor, Titel,* in: 10 Jahre WpÜG, ZHR-Beiheft 2011

Münchener Handbuch des Gesellschaftsrechts Aktiengesellschaft
3. Aufl. 2007
Zit.: *Autor* in: Münch. Hdb. GesellR, AktG, *§ Rn.*

Münchener Kommentar zum Aktiengesetz
Kommentar
1. Band, 3. Aufl. 2008
2. Band, 3. Aufl. 2008
4. Band, 2. Aufl. 2011
5. Band, 3. Auflage 2010
6. Band, 3. Aufl. 2011
Zit.: *Autor* in: MüKo, *Gesetz*, *§ Rn.*

zum Bürgerliches Gesetzbuch
Kommentar
5. Band, 6. Aufl. 2013
Zit.: *Autor* in: MüKo, BGB, *§ Rn.*

Munscheck, Karsten „Das Übernahmeangebot als Konzernbildungskontrolle“
In Recht der internationalen Wirtschaft, 1995
Zit.: *Munscheck*, RIW, 1995, 998

Neye, Hans-Werner „Der gemeinsame Standpunkt des Rates zur 13. Richtlinie - ein entscheidender Schritt auf dem Weg zu einem europäischen Übernahmerecht“
In Die Aktiengesellschaft 2000
Zit.: *Neye*, AG 2000, 289

Neye, Hans-Werner „Die EU-Übernahmerichtlinie auf der Zielgeraden“
In Zeitschrift für Wirtschaftsrecht 2001
Zit.: *Neye*, ZIP 2001, 1120

Neye, Hans-Werner „Der neue Vorschlag der Kommission für eine dreizehnte Richtlinie über Übernahmeangebote“
In Der Betrieb 1996
Zit.: *Neye*, DB 1996, 1121

Nieding, Klaus

„Schriftliche Stellungnahme zu dem Gesetzentwurf der Fraktion der SPD „Änderung des Wertpapiererwerbs- und Übernahmegesetzes“ - BT-Drucks. 17/3481“
Zit.: *Nieding*, Schriftliche Stellungnahme zu dem Gesetzentwurf der Fraktion der SPD *„Änderung des Wertpapiererwerbs- und Übernahmegesetzes*“ - BT-Drs. 17/3481

Nietsch, Michael

"Rechtsschutz der Aktionäre der Zielgesellschaft im Übernahmeverfahren"
In Betriebs-Berater 2003
Zit.: *Nietsch*, BB 2003, 2581

Nietsch, Michael

„Rechtsschutz der Aktionäre der Zielgesellschaft im Übernahmeverfahren“
In Betriebs-Berater 2003
Zit.: *Nietsch*, BB 2003, 2581

Noack, Ulrich

„Moderne Kommunikationsformen vor den Toren des Unternehmensrechts“
In Zeitschrift für Unternehmens- und Gesellschaftsrecht 1998
Zit.: *Noack*, ZGR 1998, 592

Oechsler, Jürgen

„Der ReE zum Wertpapiererwerbs- und Übernahmegesetz - Regelungsbedarf auf der Zielgeraden!“
In Neue Zeitschrift für Gesellschaftsrecht 2001
Zit.: *Oechsler*, NZG 2001, 817

Oechsler, Jürgen

„Der Grundsatz der angemessenen Gegenleistung bei Übernahmeangeboten nach § 31 Abs. 1 Satz 1 WpÜG“
In Festschrift für Walter Hadding 2004
Zit.: *Oechsler* in: FS Hadding, S. 1027

Oechsler, Jürgen „Acting in Concert beim Aktienerwerb (§ 30 II WpÜG)"
In Zeitschrift für Wirtschaftsrecht 2011
Zit.: *Oechsler*, ZIP 2011, 449

Paschos, Nikolaos, Goslar, Sebastian „Der Regierungsentwurf des Gesetzes zur Umsetzung der Aktionärsrechterichtlinie (ARUG)"
In Die Aktiengesellschaft 2009
Zit.: *Paschos/Goslar*, AG 2009 14

Peters, Klaus Werner, Horst „Banken als herrschende Unternehmen?"
In Die Aktiengesellschaft 1978
Zit.: *Peters/Werner*, AG 1978, 297

Pietzke, Rudolf „Das zwingende Übernahmeangebot bei Erwerb einer Kontrollmehrheit"
In *Großfeld/Sack/Möllers/Drexl/Heinemann* (Hrsg.), Festschrift für Wolfgang Fikentscher, 1998
Zit.: *Pietzke* in: FS Fikentscher, S. 601

Pluskat, Sorika „Das Scheitern der europäischen Übernahmerichtlinie"
In Wirtschafts- und Bankrecht 2001
Zit.: *Pluskat*, WM 2001, 1937

Pötzsch, Thorsten Möller, Andreas „Der Diskussionsentwurf des Bundesministeriums der Finanzen vom 29. Juni 2000 zu einem Gesetz zur Regelung von Unternehmensübernahmen"
In Wirtschafts- und Bankrecht 2000, Sonderbeilage 2
Zit.: *Pötzsch/Möller*, WM 2000, SB 2, 13

Pötzsch, Thorsten *Möller, Andreas*	„Das künftige Übernahmerecht - Der Diskussionsentwurf des Bundesministeriums der Finanzen zu einem Gesetz zur Regelung von Unternehmensübernahmen und der Gemeinsame Standpunkt des Rates zur europäischen Übernahmerichtlinie“ In Zeitschrift für Wirtschafts- und Bankrecht 2000, Sonderbeilage 2 Zit.: *Pötzsch/Möller*, WM 2000, SB 2, *S.*
Pötzsch, Torsten	„Das neue Übernahmerecht“, 2002 Zit.: *Pötzsch*, Das neue Übernahmerecht, *S.*
Raiser, Thomas *Veil, Rüdiger*	Recht der Kapitalgesellschaften 5. Aufl. 2010 Zit.: *Raiser/Veil* in: KapGesR, *§ Rn.*
Rau-Bedrow, Hans	„Ökonomische Analyse obligatorischer Übernahmeangebote“ In Die Betriebswirtschaft 1999 Zit.: *Rau-Bredow*, DBW 59 (1999), 763
Reichert, Jochem *Harbarth, Stephan*	„Veräußerung und Einziehung eigener Aktien“ In Zeitschrift für Wirtschaftsrecht 2001 Zit.: *Reichert/Harbarth*, ZIP 2001, 1441
Rentsch, Klaus	„Neuere Entwicklungen im spanischen Übernahmerecht“, In Recht internationaler Wirtschaft 2004 Zit.: *Rentsch*, RIW 2004, 767
Reul, Jürgen	„Übernahmeangebote in der ökonomischen Analyse. Zur Kritik des aktuellen Richtlinienvorschlags der EG“ In Jahrbuch junger Zivilrechtswissenschaftler 1990 Zit.: *Reul*, Übernahmeangebote in der ökonomischen Analyse, *S.*

Rieder, Markus	„Schutz von Minderheitsaktionären nach Gemeinschaftsrecht: Gleichbehandlung der Minderheitsaktionäre beim Ankauf ihrer Aktien (Anmerkungen zu *EuGH*, Urt. v. 15.10.2009 = WM 2009, 2275)“ In Gesellschafts- und Wirtschaftsrecht 2009 Zit.: *Rieder*, GWR 2009, 392
Riegger, Bodo	„Hauptversammlung und Internet“ In Zeitschrift für das gesamte Handels- und Zivilrecht 2001 Zit.: *Riegger*, ZHR 161 (2001), 204
Riehmer, Klaus *Schröder, Oliver*	„Praktische Aspekte bei der Planung, Durchführung und Abwicklung eines Übernahmeangebots“ In Betriebs-Berater, Beilage 5 zu Heft 20, 2001 Zit.: *Riehmer/Schröder*, BB-Beil. 5, Heft 20, 2001, 1
Rittmeister, Maximilian	„Due Diligence und Geheimhaltungspflichten beim Unternehmenskauf - Die Zulässigkeit der Gestattung einer Due Diligence durch den Vorstand oder die Geschäftsführer der Zielgesellschaft“ In Neue Zeitschrift für Gesellschaftsrecht 2004 Zit.: *Rittmeister*, NZG 2004,1032
Röhler, Klaus-Peter	„American Depositary Shares”, 1997 Zit.: *Röhler*, American Depositary Shares, 1997, *S.*
Röhrich, Martina	„Gleichbehandlungspflicht bei Kontrollakquisitionen - Eine Analyse der dreizehnten EG-Richtlinie aus ökonomischer Sicht“ In Recht der internationalen Wirtschaft 1993 Zit.: *Röhrich*, RIW 1993, 93

Roos, Michael	„Der neue Vorschlag für eine EG-Übernahme-Richtlinie" In Zeitschrift für Wirtschafts- und Bankrecht 1996 Zit.: *Roos*, WM 1996, 2177
Rosskopf, Gabriele	„Selbstregulierung von Übernahmeangeboten in Großbritannien", 2000 Zit.: *Roßkopf*, Selbstregulierung von Übernahmeangeboten in Großbritannien, 2000, S.
Sandberger, Georg	„Teilübernahmeangebote und Zwangsübernahmeangebote im Europäischen Take-over-Recht" In Deutsche Zeitschrift für Wirtschafts- und Insolvenzrecht 1993 Zit.: *Sandberger*, DZWIR 1993, 319
Santelmann, Matthias	„Notwendige Mindesterwerbsschwellen bei Übernahmeangeboten" In Die Aktiengesellschaft 2002 Zit.: *Santelmann*, AG 2002, 497
Schander, Albert	„Der Rückkauf eigener Aktien nach KonTraG und Einsatzpotenziale bei Übernahmetransaktionen" In Zeitschrift für Wirtschaftsrecht 1998 Zit.: *Schander*, ZIP 1998, 2087
Schanz, Kay-Michael *Wedell, Gregor*	„Der Zinsanspruch aus § 38 WpÜG bei unterlassenem Pflichtangebot" In Die Aktiengesellschaft 2011 Zit.: *Schanz/Wedell*, AG 2011, 615 ff.
Schindler, Hendrik	„Das Austrittsrecht in Kapitalgesellschaften", 1999 Zit.: *Schindler*, Das Austrittsrecht bei Kapitalgesellschaften, *S.*

Schmidt, Karsten *Lutter, Marcus*	Aktiengesetz Kommentar 2. Aufl. 2010 Zit.: *Autor* in: Schmidt/Lutter, AktG, *§ Rn.*
Schmidt, Karsten	„Unternehmensbegriff und Vertragskonzern - Zum Funktionswandel des § 291 AktG" In: Beiträge zum Unternehmensrecht, Festschrift für Hans-Georg Koppensteiner 2001 Zit.: *K. Schmidt*, FS für Koppensteiner, S. 191
Schmitthoff, Clive M *Goré, Francois* *Heinsius, Theodor*	„Übernahmeangebote im Aktienrecht. Take-over-bids und Offres publiques d'achat sowie die Abfindung der Aktionäre beim Erwerb von Mehrheitsbeteiligungen", 1976 Zit.: *Autor* in: Schmitthoff/Goré/Heinsius, Übernahmeangebote im Aktienrecht, *S.*
Schmitz, Winfried *Slopek, David*	"PIPE-Transaktionen aus rechtlicher Sicht - Aktien- und wertpapierrechtliche Gestaltungsmöglichkeiten von Private Investments in Public Entities" In Neue Juristische Online Zeitschrift 2009 Zit.: *Schmitz/Slopek*, NJOZ 2009, 1264
Schopper, Alexander	„Die "Creeping-in"-Verordnung - Neuigkeiten aus dem Übernahmerecht" In Österreichisches Recht der Wirtschaft 2000 Zit.: *Schopper*, RdW 2000, 130
Schwark, Eberhard *Zimmer, Daniel*	Kapitalmarktrechtskommentar Kommentar 4. Aufl., 2010 Zit.: *Autor* in: Schwark/Zimmer, Gesetz, *§ Rn.*

Seibert, Christoph
Heiser, Kristian
„Analyse des Übernahmerichtlinie-Umsetzungsgesetzes (Regierungsentwurf)"
In Die Aktiengesellschaft 2006
Zit.: *Seibert/Heiser,* AG 2006, 301

Seibt, Christoph H.
„Rechtsschutz im Übernahmerecht"
In Zeitschrift für Wirtschaftsrecht 2003
Zit.: *Seibt*, ZIP 2003, 1865

Seibt, Christoph H.
„Übernahmerecht: Update 2010/2011"
In Corporate Finance Law, Heft 05, 2011
Zit.: *Seibt*, CFL 2011, 213

Seibt, Christoph H.
„Reform der EU-Übernahmerichtlinie und des deutschen Übernahmerechts"
In Zeitschrift für Wirtschaftsrecht 2012
Zit.: *Seibt*, ZIP 2012, 1

Semler, Johannes
Volhard, Rüdiger
Arbeitshandbuch für Unternehmensübernahmen
Band 2: Das neue Übernahmerecht, 2003
Zit.: *Semler/Volhard*, Hdb. für Unternehmensübernahmen, Band II, *§ Rn.*

Semler, Johannes
Volhard, Rüdiger
Reichert, Jochem
Arbeitshandbuch für die Hauptversammlung
3. Aufl. 2011
Zit.: *Autor* in: *Semler/Volhard/Reichert*, HV Hdb., *§ Rn.*

Singhof, Bernd
Weber, Christian
„Bestätigung der Finanzierungsmaßnahmen und Barabfindungsgewährleistung nach dem Wertpapiererwerbs- und Übernahmegesetz"
In Wirtschafts- und Bankrecht 2002
Zit.: *Singhof/Weber*, WM 2002, 1158

Spindler, Dr. Gerald
Stilz, Eberhard
Kommentar zum Aktiengesetz
1. Band, 2. Aufl. 2010
Zit.: *Autor* in: Spindler/Stilz, AktG, *§ Rn.*

Stadler, Markus
„Befreiung des Treuhänders gem. § 37 WpÜG von der Abgabe eines Pflichtangebots bei der Übernahme börsennotierter Aktien, insbesondere im Falle doppelnütziger Sanierungstreuhandschaften"
In Neue Zeitschrift für das Recht der Insolvenz und Sanierung 2010
Zit.: *Stadler*, NZI 2010, 44

Steinmeyer, Roland
Häger, Michael
Wertpapiererwerbs- und Übernahmegesetz
Kommentar
1. Aufl. 2002
Zit.: *Autor* in: Steinmeyer/Häger, WpÜG, *§ Rn.*

Stelkens, Paul
Bonk, Heinz Joachim
Sachs, Michael
Verwaltungsverfahrensgesetz
7. Aufl. 2008
Zit.: *Autor* in: Stelkens/Bonk/Sachs, VwVfG, *§ Rn.*

Strenger, Christian
„Das deutsche Übernahmegesetz - Ausgewogenheit zwischen Unternehmens- und Anlegerinteressen als Pflichtprogramm"
In Zeitschrift für Wirtschafts- und Bankrecht, 2000
Zit.: *Strenger*, WM 2000, 952

Stumpf, Christoph
„Grundrechtsschutz im Aktienrecht"
In Neue Juristische Wochenschrift, 2003
Zit.: *Stumpf*, NJW 2003, 9

Süßmann, Rainer
„Unerwünschte Übernahmen"
In Neue Zeitschrift für Gesellschaftsrecht 2011
Zit.: *Süßmann*, NZG 2011, 1281

Terlitza, Ulfried
Zollner, Johannes

„Zum Anwendungsbereich der 2. Übernahmeverordnung"
In Zeitschrift für das gesamte Bank- und Börsenwesen 2000
Zit.: *Terlitza/Zollner*, ÖBA 2000, 671

Thaeter, Tim
Brandi, Oliver

„Öffentliche Übernahmen: Recht und Praxis der Übernahme börsennotierter Unternehmen", 2003
Zit.: *Autor* in: Thaeter/Brandi, Öffentliche Übernahmen, *Rn.*

Thoma, Georg F

„Das Wertpapiererwerbs- und Übernahmegesetz im Überblick"
In Neue Zeitschrift für Gesellschaftsrecht
Zit.: *Thoma*, NZG 2002, 105

Topalidou, Viki
Kipriotis, Lambros

"The International Comparative Legal Guide to Mergers & Acquisitions 2010"
Zit.: *Topalidou/Kipriotis*, Country Report Greece, in: The International Comparative Legal Guide to Mergers & Acquisitions 2010, *S.*

Traugott, Rainer
Schaefer, Franz W.

" Zulässigkeit von Paketzuschlägen - Rechtsvergleichende Untersuchung und praktische Konsequenzen für die Auslegung des deutschen WpÜG"
In Neu Zeitschrift für Gesellschaftsrecht 2004
Zit.: *Traugott/Schaefer*, NZG 2004, 158

Tröger, Tobias

„Unternehmensübernahmen im deutschen Recht (II)"
In Deutsche Zeitschrift für Wirtschafts- und Insolvenzrecht 2002
Zit.: *Tröger*, DZWIR 2002, 397

van Kann, Just	„Der Regierungsentwurf zur Umsetzung der europäischen Übernahmerichtlinie" In Deutsches Steuerrecht 2006 Zit.: *van Kann*, DStR 2006, 328
Veil, Rüdiger	„Unternehmensverträge", 2003 Zit.: *Veil*, Unternehmensverträge, S. 169
Verse, Dirk	„Übergang von gemeinsamer zu alleiniger Kontrolle – ein Fall für das Pflichtangebot?" In Neue Zeitschrift für Gesellschaftsrecht 2009 Zit.: *Verse*, NZG 2009, 1331
Verse, Dirk	„Zum zivilrechtlichen Rechtsschutz bei Verstößen gegen die Preisbestimmungen des WpÜG" In Zeitschrift für Wirtschaftsrecht 2004 Zit.: *Verse*, ZIP 2004, 199
Vetter, Jochen	„Die Gegenleistung für den Erwerb einer Aktie bei Ausübung einer Call Option" In Die Aktiengesellschaft Zit.: *Vetter*, AG 2003, 478
Vogel, Hans-Gert	„Finanzierung von Übernahmeangeboten - Testat und Haftung des Wertpapierdienstleistungsunternehmens nach § 13 WpÜG" In Zeitschrift für Wirtschaftsrecht 2002 Zit.: *Vogel*, ZIP 2002, 1421
von Falkenhausen, Joachim Frhr.	„Das nachgeholte Pflichtangebot" In Neue Zeitschrift für Gesellschaftsrecht 2010 Zit.: *von Falkenhausen*, NZG 2010, 1213

von Falkenhausen, Joachim Frhr.	„Reformbedarf beim Pflichtangebot gemäß § 35 WpÜG - Eine kritische Überprüfung nach acht Jahren" In Zeitschrift für das gesamte Handels- und Wirtschaftsrecht 2010 Zit.: *Von Falkenhausen*, ZHR 174 (2010), 293
von Falkenhausen, Joachim Frhr.	„Das "Takeover-Game" - Unternehmenskäufe in den USA" In Festschrift für Ernst C. Stiefel, 1987 Zit.: *von Falkenhausen*, FS Stiefel, 1987, *S.*
von Rosen, Rüdiger *Seifert, Werner G*	„Die Übernahme börsennotierter Unternehmen", 1999 Zit.: *Autor* in: von Rosen/Seifert, Übernahme börsennotierter Unternehmen, *S.*
Wackbarth, Ulrich	„Von golden shares und poison pills: Waffengleichheit bei internationalen Übernahmeangeboten" In Wirtschafts- und Bankrecht 2001 Zit.: *Wackerbarth*, WM 2001, 1741
Wackbarth, Ulrich	„Die Umgehung der Mindestpreisregeln des WpÜG durch zeitlich gestreckte Erwerbsvorgänge- und ihre Verhinderung" In Zeitschrift für Wirtschaftsrecht 2012 Zit.: *Wackerbarth*, ZIP 2012, 253
Wackerbarth, Ulrich *Kresse, Bernhard*	„Suspensiveffekt des Antrags nach §§ 36 f. WpÜG?" In Neue Zeitschrift für Gesellschaftsrecht 2010 Zit.: *Wackerbarth/Kresse*, NZG 2010, 418

Watter, Rolf
Vogt, Nedim Peter
Basler Kommentar zum Börsengesetz
1. Aufl. 2007
Zit.: *Autor* in: Watter/Vogt, BEHG, *Art. Rn.*

Weber, Martin
„Die Entwicklung des Kapitalmarktrechts im Jahr 2011“
In Neue Juristische Wochenzeitschrift 2012
Zit.: *Weber*, NJW 2012, 274

Weber, Martin
„Der geänderte Vorschlag der Kommission für eine Takeover-Richtlinie vom 10 11 1997“
In Europäische Zeitschrift für Wirtschaftsrecht 1998
Zit.: *Weber*, EuZW, 1998, 464

Weber, Stefan
Arnold, Stefan
Oberhofer, Katharina
“The Supervision of Takeover Matters in the European Union - The Austrian Part”, 2009
Zit.: *Weber/Arnold/Oberhofer*, The Supervision of Takeover Matters in the European Union - The Austrian Part, 9/2009, S.
abrufbar unter:
http://papers.ssrn.com/sol3/papers.cfm?abstract_id=1472419

Weber-Rey, Daniela
„Zum Verhältnis von Übernahmerecht und Umwandlungsrecht“
In Die Aktiengesellschaft 2001
Zit.: *Weber-Rey*, AG 2001, 325

Werner, Horst
Peters, Klaus
„Zwei Probleme konzernrechtlicher Abhängigkeit am Beispiel der Deutschen Bank und Daimler Benz“
In Betriebs-Berater 1976
Zit.: *Werner/Peters*, BB 1976, 393

Wernicke, Thomas „Die Befreiung vom Pflichtangebot auf Grund höheren Stimmrechtsanteils Dritter“
In Neue Zeitschrift für Gesellschaftsrecht 2011
Zit.: *Wernicke*, NZG 2011, 1404

Wieneke, Laurenz „Die Stellung des Inhabers von ADRs in der Hauptversammlung der Gesellschaft“
In Die Aktiengesellschaft 2001
Zit.: *Wieneke*, AG 2001, 504

Wiesner, Peter M. „Die neue Übernahmerichtlinie und die Folgen“
In Zeitschrift für Wirtschaftsrecht 2004
Zit.: *Wiesner*, ZIP 2004, 343

Winter, Martin
Harbarth, Stephan „Verhaltenspflichten von Vorstand und Aufsichtsrat der Zielgesellschaft bei feindlichen Übernahmeangeboten nach dem WpÜG“
In Zeitschrift für Wirtschaftsrecht 2002
Zit.: *Winter/Harbarth*, ZIP 2002, 1

Witt, Carl-Heinz „Regelmäßige „Wasserstandsmeldungen” - unverzichtbarer Bestandteil eines künftigen Übernahmegesetzes“
In Neue Zeitschrift für Gesellschaftsrecht 2000
Zit.: *Witt*, NZG 2000, 809

Witt, Carl-Heinz „Übernahmen von Aktiengesellschaften und Transparenz der Beteiligungsverhältnisse“, 1998
Zit.: *Witt*, Übernahmen von Aktiengesellschaften und Transparenz der Beteiligungsverhältnisse, 1998, *S.*

Witt, Carl-Heinz „Vorschlag für eine Zusammenfügung der §§ 21ff WpHG und des § 20 AktG zu einem einzigen Regelungskomplex“
In Die Aktiengesellschaft 1998
Zit.: *Witt*, AG 1998, 171

Wittig, Arne „Das Sanierungsprivileg im Übernahmerecht“
In *Gerhardt/Haarmeyer/Kreft* (Hrsg.), Insolvenzrecht im Wandel der Zeit, Festschrift für Hans-Peter Kirchhof, 2003
Zit.: *Wittig* in: FS Kirchhof, 2003, S. 533

Wolf, Martin „Konzerneingangsschutz bei Übernahmeangeboten“
In Die Aktiengesellschaft 1998
Zit.: *Wolf,* AG 1998, 212

Zachert, Matthias „Zugangsmöglichkeiten zum US-amerikanischen Kapitalmarkt durch American Depositary Receipts“
In Zeitschrift für Wirtschaftsrecht 1993
Zit.: *Zachert*, ZIP 1993, 1426

Zätzsch, Jörg
Gröning, Moritz „Neue Medien im deutschen Aktienrecht - Zum RefE des NaStraG“
In Neue Zeitschrift für Gesellschaftsrecht 2000
Zit.: *Zätzsch/Gröning*, NZG 2000, 393

Zietsch, Udo
Holzborn, Timo „Freibrief für pflichtangebotsfreie Unternehmensübernahmen?“
In Wirtschafts- und Bankrecht 2001
Zit.: *Zietsch/Holzborn,* WM 2001, 1753

Zinser, Alexander „Pflichtangebotsregelungen in europäischen Staaten“
In Neue Zeitschrift für Gesellschaftsrecht 2000
Zit.: *Zinser*, NZG 2000, 573

Zinser, Alexander „Der britische City Code on Takeovers and Mergers in der Fassung vom 09.03.2001“
In Recht der Internationalen Wirtschaft 2001
Zit.: *Zinser*, RIW, 2001, 481

Zoschke, Christian „Europarechtliche Mission: Das neue Wertpapierwerbs- und Übernahmegesetz“
In Der Betrieb 2002
Zit.: *Zoschke*, DB 2002, 79

Zumbansen, Peer
Lachner, Constantin „Die Geheimhaltungspflicht des Vorstands bei der Due Diligence: Neubewertung im globalisierten Geschäftsverkehr“
In Betriebs-Berater 2006
Zit.: *Zumbansen/Lachner*, BB 2006, 613

Zweigert, Konrad
Kötz/Hein Einführung in die Rechtsvergleichung auf dem Gebiete des Privatrechts
3. Auflage 1996
Zit.: *Zweigert/Kötz*, Einführung in die Rechtsvergleichung, *§, S.*